전 통 (傳 統)

북한사회 이해의 열쇠

전통(傳統)
북한사회 이해의 열쇠

박 광 호 著

책 머리에

이 책은 '전통'이라는 시각을 통해 북한의 정치, 사회의 본 모습에 접근해 보려는 하나의 시도이다. 북한의 정치, 사회적 특질이 자유주의 시장경제 체제의 국가들은 물론 다른 사회주의권 국가들과의 비교에서도 전통적인 성격을 강하게 띄고 있다는 것은 널리 공감되고 있는 사실이다. 그리고 그것은 북한의 사회주의가 사회주의 원형으로부터 동떨어지게 하고, 북한 고유의 이념 및 체제라고 일컬어지는 주체사상과 수령제 사회주의의 내용을 규정짓기도 하는 결정적인 변수의 역할을 해 왔다. 다른 각도에서 보면 사회주의와 주체 혹은 수령제 등 보편적으로 알려져 온 북한의 본질이라는 것은 사실 제도적이거나 표면적인 형태일 뿐 그것의 본질을 규정해 온 것은 전통의 흐름이었다는 것이다. 다만 그것이 학술적, 이론적 차원에서 충분히 다루어지지 않았을 뿐이고, 충분히 설명되고 입증되지 않았을 뿐이다.

이 책은 이를 사회주의 혁명과 산업화를 거친 국가들에서 공통적으로 나타나는 전통지속의 현상과의 비교의 관점에서 설명한다. 즉 전통과는 반대의 현상으로 여겨지는 혁명과 산업화를 겪은 후에도 전통이 새로운 사회주의의 여건 내에서 온존하거나 강화되는 역설적인 현상을 사회주의 혁명-전통지속의 가설로 정리하고, 북한의 경우가 이에 부합하는지 혹은 동떨어져 있는 지를 밝히는 방법으로써 북한의 전통의 실체를 밝히려 했다는 것이다. 한가지, 북한의 경우 김일성 통치가 긍정, 부정을 떠나 북한의 모든 것에 압도적인 영향을 미쳐왔다는 부인할 수 없는 사실을 고려하면, 전통의 실체도 김일성 통치와 전통의 원형간 의 오랜 기간에 걸친 상호작용의 결과로 이루어진 것으로 보아 야 할 것이다. 즉 김일성 통치가 전통을 어떻게 대해왔는가가 북한 전통의 실체를 가늠하는 바로메타가 될 수 있다는 것이다.

사실 해방 후 정권을 장악한 김일성 일파가 소련의 방식을 그대로 모방하여 혁명적 제 개혁을 통해 사회주의적 근대화를 급속히 달성하려 시도한 시절, 북한의 분위기는 온통 소련 쪽으 로 경도되어 있었다. 소련을 근대적 이상사회로 보고 이를 '따 라 배우려'는 열기로 가득 차 있었던 것이다. 이 개혁의 분위기 와 소련문물 도입의 홍수 속에서 전통이 설자리는 없었다. 전통 은 통째로 봉건유습 쯤으로 매도되고, 타파의 대상이 되어있었 다.

전통이 북한 사회 내에서 다시 위상을 강화하기 시작한 것은 김일성 일파가 소련의 정치적 영향력으로부터 벗어나고, 국내적 으로도 소련파, 연안파 등 강국에 등을 대고 있는 다른 파벌들 을 제압하는데 이를 원용하면서부터이다. 그것은 '주체' 및 관련 개념들의 도입, '사회주의적 애국주의'의 확산 그리고 소위 '혁명전통'의 대대적 유포로 나타난다. 그리고 이들을 꿰뚫는 중심 정서는 충성, 효성 등 전통적인 정서라는데 의심의 여지가 없다. 주체와 사회주의적 애국주의가 전통지향적이라는 것은 많이 지적되어 온 바 있지만, 혁명전통이라는 새로운 도그마도 실은 지도자와 추종자, 동지들 사이의 관계를 충성과 혁명적 동지애 등 전통적 정서의 틀 속에서 설정하고 있다. 산업화 과정에서의 전통활용도 중요한 한 측면이다. 북한의 산업화 과정이 처음부터 경제적 합리성과는 관계가 없는 정치논리 우선의 방식으로 추진됨으로써 각종 조직 내에서 전통적 인간관계가 널리 만연되는 결과를 가져왔다는 점을 차치하더라도, 노력동원에 직접적으로 사용된 논리와 정서까지도 김일성에의 충성, 혁명전통 등 지극히 전통적인 내용의 것들이었다.

그러나 다른 무엇보다도 김일성 정권의 전통활용의 정점을 이룬 것은 유일지배체제의 구축과 이의 정당화전략에서였다. 특히 사회주의 체제에서도 유래가 없는 부자(父子) 권력세습을 위해서는 조선왕조 왕위계승의 전통이 더 없이 훌륭한 소재였다. 유일지배체제 자체가 왕조적 성격의 체제였다. 수령을 정점으로 한 일사불란한 위계질서, 그리고 수령에 대한 절대적 충성의 논리구조 등은 이미 그 자체만으로도 왕조적 체제라고 불릴만하다. 이를 정당화하기 위해 김일성은 충성과 효성의 개념을 대대적으로 강조하였고 그의 아들 김정일을 효성의 화신으로 부각시켰으며, 사회정치적 생명체라는 유교적 이상론에 바탕을 둔 복잡한 논리를 개발해 내었다. 그에 따르면 개인은 수령의 일부로서 체제에 반대할 권리를 박탈당했다. 사회 전체적으로 가족주의적 전통을 확산시킨 것도 그것의 일환이었다.

오랜 기간에 걸친 김일성 통치의 전통 활용의 결과 북한의 정치, 사회는 전통적인 성격으로 유지되거나 변화되어왔다. 우선 사회 전체가 가부장적 논리와 정서로 운영된다. '아버지 수령'과 '어머니 당'이 '인민'들을 '사랑'과 '자애'로 보살피고 이끌어주며, 인민들은 오로지 '충성'과 '효성'으로써 이들을 받들어야 된다는 논리이다. 통치체제의 성격에 있어서도 빨치산 출신 혹은 김일성-김정일의 인척 등 일단의 일차적이거나 이에 가까운 인간관계의 인물들이 공식적 직책을 넘어 유사 '君-臣'의 관계 속에서 사회전체를 통치해 가는 모습을 볼 수 있다. 체제의 하부구조에서는 '인민'들과 당 및 행정관료들 사이의 관계가 사회주의적 공적관계 보다는 사적인 인간관계에 의해 더 많이 좌우되는 경향이 있다. 가족관계 속에서의 구성원들 사이의 관계도 전통적인 성격을 강하게 포함하고 있다. 사회에서 가족이 차지하는 비중 자체가 크고, 그 속에서 부자(父子)간의 관계, 가장과 부인의 관계 등이 전통적 특질을 강하게 띄고 있다.

이렇게 보면 북한의 경우는 사회주의 혁명과 산업화를 겪은 후에도 전통이 온존해 온 또 하나의 사례가 된다. 어쩌면 대표적인 사례에 가깝다. 이로부터 사회주의 혁명-전통지속의 가설은 타당성이 높아지며, 다른 한편으로는 북한의 경우 사회주의 혁명과 산업화 과정, 그리고 독특한 체제 형성과정에서 김일성의 적극적 활용에 힘입어 전통이 깊숙이 개입해 왔으며 이를 통해 정치, 사회가 전통을 유지하거나 강화하는 결과를 가져왔다는 점이 확인된다. 전통이라는 시각이 북한 정치, 사회의 참모습에 보다 가까이 접근할 수 있는 하나의 통로를 제공하고 있는 것이다.

목 차

1. 서 론

가. 문제의 제기

북한을 이해하는데 왜 '전통'인가, 그리고 '김일성의 활용'인가? 문제의 출발은 공산권 붕괴 이후 기존의 북한 연구에서 나타나기 시작한 틈새 혹은 불충분성에서 비롯된다. 해방 이후 사회주의 노선을 걷기 시작한 북한이 주체, 유일체제, 권력승계 등을 거치면서 자본주의는 물론 사회주의 일반으로부터도 벗어나는 독특한 성격으로 변모되어왔다는 것은 주지의 사실이다. 이에 따라 북한 연구도 이와 같은 특성들에 착안하여 다른 사회주의국가들이나 독재국가들과의 비교의 관점에서 북한의 본질을 이해하고자하는데 초점을 두고 진행되어왔고, 또 적지 않은 성과도 거둔 것이 사실이다. 브레진스키가 제시한 공산주의적 전체주의 틀로 북한의 일인절대권력체제를 연구하려 한 시각이 그렇고, 북한 체제의 본질은 역시 이념에 있다는 관점으로부터 이념연구를 통해 북한을 이해하려는 시각, 특히 1980년대 전반기까지 북한 연구방법의 대명사였던 주체사상에 관한 연구 혹은 비판이 그렇다. 조금은 다른 각도에서지만 '북한을 바로 알자'라는 취지에서 출발한 실증적 태도의 북한 연구도 결과적으로는 북한의 독특한 성격을 '실증적으로' 밝혀내는데 기여한 측면이 있다.

그러나 전 지구적으로 사회주의가 퇴조하는 시대적 흐름 속에서 새롭게 보이기 시작한 북한의 속 모습은 기존의 연구들만으로는 충분히 설명이 되지 않는 측면들을 다분히 노출시켰다. 그 모습은 북한의 공식 주장과는 달리 더 이상 '주체의 나라'도 아니고, 더구나 사회주의 원형과는 턱없이 동떨어져 있으며, '수령제'라는 틀로써도 설명이 어려운 것이었다. 물론 과거의 여러 제도들이 대부분 그대로 유지되고는 있지만, 그 운영은 처음 그것이 만들어질 때와는 매우 다르게 되어버렸다. 더군다나 새로운 시대환경 속에서 북한이라는 존재가 과거 우리를 항상 위협하는 일방적인 '적'으로부터 5천년 역사를 함께 해왔고 앞으로도 또 긴 역사를 함께 만들어갈 우리의 '일부'로서의 위상을 동시에 보유하게 되었다. 물론 선언적 측면에서는 이미 오래 전부터 이런 위상을 가졌지만 이제는 현실적으로도 이와 같은 의미가 요청되기 시작한 것이다. 자연 북한 연구도 과거와 달리 북한이 '다르다'는 것만을 밝혀내는데 만족할 수 없게 되었다. 설령 '다름'을 밝히더라도 통합을 향한 정합성을 의식하는 가운데 그 '다름'이 설정되어야 한다는 또 하나의 과제를 안게 된 것이다. 이 점에서 지금까지 우리가 그토록 통일을 이야기하면서도 북한의 다른 점을 이야기하는 것이 마치 분단을 더욱 고착시킨다는 듯이 있는 그대로의 북한을 이해하기를 두려워한다며 "한국인들은 melting pot 의식과 관계된 '다르다'는 개념을 가지고 있지 않다"고 지적한 어느 외국 학자의 말[1]은 되새겨 볼만하다.

이러한 상황이 '전통'이라는 시각을 새롭게 조명하기 시작하였다.

---

1) Roy Richard Grinker, *Korea and Its Futures* (St. Martin's Press, 1998), preface.

물론 이때의 '전통'은 민간부분의 여러 풍속, 의례뿐만 아니라 사회 구성원들의 사고방식과 상호관계 양식 측면에 주목한 보다 넓은 의미의 전통을 말하며, 이런 의미의 '전통'이라는 프리즘은 거시적인 접근방법의 하나로서 정치, 사회의 실체에 대한 새로운 깊이의 이해를 제공해 줄 수 있다고 여겨진다. 즉 '전통'은 기존의 북한 연구를 보완하여, 사회주의, 일인독재, 이데올로기 등 '상부구조'의 외피 밑에 역사적 맥락을 가지고 흐르는 북한 정치, 사회의 보다 본질적인 모습을 보여줄 수 있는 대안의 하나로 제시된다는 것이다. 그리고 그것은 다음과 같은 점들에서 타당성을 갖는다.

첫째, 전통이라는 것 자체가 인류 보편의 현상으로서 산업화, 근대화의 대응개념으로 의미가 부각되었지만 산업화, 근대화로 인해 소멸되는 대신 이들과 상호작용하며 정도의 차이를 갖고 각 국 정치, 사회의 중요한 흐름으로 위상을 이어오고 있다는 점이다. 주지하다시피 전통은 근대로의 이행이래 가장 핵심적인 질문의 하나가 되어온 보다 근원적인 문제이다. 그것은 근대화와 선명한 제로섬의 관계를 갖지도 않을뿐더러 근대화, 산업화 이후에도 형태를 바꿔가며 여전히 국가 사회에 깊은 영향을 미치고 있다. 역설적으로는 근대성과 산업사회적 성격 자체가 미래의 전통이 될 수도 있다. 전통의 문제는 오히려 *存否*의 문제가 아니라 정도의 문제이고 형태의 문제인 것이다. 이점에서 전통은 특정 정치, 사회를 보다 깊은 차원에서 이해하는 단서를 제공하고 있다.[2] 특히 자본주의건 사회주

---

2) 이 점에서 전통은 남한사회를 분석하는데 있어서도 타당성을 갖는다. 그 타당성과 분석력에 관해서는 Ha Yong-Chool, "Neo-Familism: The Social Consequences of Industrialization in South Korea," Yong-Chool Ha et. al., Colonialism, Neo-Familism and Rationality: Perspectives of

의건 전통이 뿌리깊게 존재하고 있고, 산업화·근대화를 서둘러 추진한 후발산업국가에서, 특히 아시아적 전통이 짙게 남아있는 국가사회들에서는 산업화가 성숙되는데도 계급이 뚜렷해지지 않고, 발전이 진행되는 가운데서도 여전히 구시대적 요소가 존재하거나 강화되는 등 계급론적 접근법이나 발전론적 시각을 비롯한 기존의 여러 시각으로는 설명이 온전치 못한 측면들이 나타난다. 이점에서 '전통'이라는 질문이 더욱 큰 의미를 갖으며 북한이 여기에 매우 근접하는 사례라는 것은 의심의 여지가 없다.

둘째, 사회주의 국가들의 경우, 특히 소련과 중국의 경우 이미 많은 전통 관련 연구가 이루어져 정치체제나 이데올로기 그리고 지도층에 관한 연구를 보완하며 그 정치, 사회의 실제를 이해하는데 많은 기여를 해왔다는 점이다. 특히 사회주의 자체를 발전의 한 방식으로 이해하는 입장에서는 오히려 근대화, 산업화를 국가주도로 급격히 달성하려 한 사회주의 국가들에서 전통이 더 폭넓은 활동력을 갖게 되고, 이에 따라 전통을 통한 정치, 사회 이해방식이 타당성을 더 크게 갖는 것으로 파악되고 있다. 물론 북한이 사회주의 일반의 경우로부터 멀어지기는 하였지만, 소련, 중국의 경우 타당성을 인정받은 접근방식이 북한의 경우에 타당성이 없다고 단정할 수는 없을 것이다.[3] 사실 소련, 중국의 경우에는 비교적 덜 폐

Korea Issues (Seoul: Sowha, 1995), p.88 참조.

3) 중국의 경우 전통, 그리고 문화적 차원의 논의와 구조론이 갖는 설명력의 비교는 Bruce J. Dickson "What Explains Chinese Political Behavior?: The Debate over Structure and culture," Comparative Politics October 1992 pp.103-117 참조. 이 글에서 저자는 Jean C. Oi, State and Peasant in Contemporary China (Berkeley: U.C. California Press, 1989), Lucian W.Pye, The Mandarin and the Cadre (Ann Arbor:

쇄적이었을 뿐더러 상대적으로 일찍부터 문호를 개방함으로써 서방의 학자들이 문화와 전통의 차원에서 접근을 해 볼 수 있는 여지가 있었던 반면, 북한의 경우에는 현지 방문은 물론 자료의 이용도 극히 제한되어있었던 현실적인 이유로 전통의 시각에서 북한을 접근하기가 어려웠던 측면이 있다. 그러나 북한에 관한 연구업적이 쌓이고 자료가 다소나마 개방된 조건에서는 전통 차원의 접근이 점차 실현 가능하고, 타당성을 갖게 되었다.

셋째, 북한 자체가 정권의 차원에서 그리고 사회·문화적 차원에서 역사적으로 전통에 기반하고 있는 듯한 많은 현상들을 보여왔다. 이것을 전통이라고 간주하기는 아직 이르고 또 전통의 개념을 어떻게 잡느냐에 달려있지만 적어도 이들 현상들은 북한의 본질이 많은 부분 전통과 공명하고 있고, 전통을 통하면 이 본질에 한 발 더 가까이 갈 수도 있다는 가능성을 보여주고 있다. 북한의 경우 다른 사회주의권 국가들과 마찬가지로 전통이라는 것이 유일하거나 가장 중요한 변수라고 할 수는 없어도, 체제의 여건으로서 혹은 정치공동체의 기본 성격으로서 적지 않은 영향력을 확보하고 있는 요소이다.

물론 '전통'의 입장에서 북한을 볼 경우, 기존의 계급투쟁론적 시각이나 이념 차원의 접근, 혹은 지배체제 중심의 연구와는 달리 북

University of Michigan, 1988), Anne F. Thurston, Enimies of the People (N.Y.: Alfred A. Knopf, 1987), Andrew Walder, Communist Neo-Traditionalism (Berkeley: U.C. California Press, 1986) 등 4건의 저술을 비교하며 현 정치체제가 지방 차원에서는 전통 문화패턴을 강화시켰지만, 문화혁명 등 중요 정치 현상들이 정치지도자에 대한 시민들의 태도를 재형성했다고 결론짓고 전통 등 문화적 측면과 구조적 측면이 상호 보완되어야 함을 강조하고 있다.

한의 '특수성'이 선명하게 부각되지는 않을지 모른다. 그러나 이것은 그들이 밝혀주지 못하는, 역사적으로 보다 큰 흐름 속의 북한사회의 성격을 밝혀주는 이점이 있고, 추상적 이념이나 최상층 권력층의 특성이 아닌, 전체적이고 실제적인 차원의 북한을 드러내줄 수 있다. 우리가 하나의 정치공동체를 전체적으로 이해하려면 구성원 하나 하나가 가지는 가치의 차원과 구성원들의 행위양식의 차원, 그리고 그 체제가 가지는 제도의 차원을 망라하여 고려하여야 한다고 할 때 전통이라는 것은 이 세 차원에 폭넓게 관련되어있는 하나의 포괄적인 변수라는 점에서 그렇다.4) 직접적으로는 사회주의적 개혁, 사회주의 공업화, 극단적 일인독재 등을 겪으면서 많은 변화를 거친 북한이라는 정치 공동체가 근원적으로 다른 성격의 어떤 것으로 변화했는지 혹은 눈에 보이는 부분은 변한 것 같아도 본질적인 측면에서는 그렇지 않은지를 전통이라는 잣대를 통해서는 재 볼 수 있다는 것이다. 즉 전통이라는 인류 보편의 현상을 통해 북한이 이로부터 얼마나 벗어나 있는지, 혹은 여전히 보편 속에 머물고 있는지를 더듬어 볼 수 있고, 이를 통해 자칫 북한 연구가 빠지기 쉬운 특수성론 중심의 편협성을 교정해주는 장점도 기대할 수 있다. 과거와 현재가 공명하는 '전통'은 이런 측면에서 주체사상, 사회주의, 수령제 등으로 포장된 북한이라는 정치공동체의 본질에 가까이 접근해볼 수 있는 열쇠를 제공해 줄 것으로 기대된다.

그렇다면 왜 '김일성의 활용'인가? 그것은 북한에서 김일성 통치

---

4) 가치, 행위, 제도의 3차원 접근법은 하용출 교수의 개념을 빌려온 것이다. Yong-Chool Ha, "Late Industrialization, the State and Social Change: The Emergence of Neofamilism in South Korea" 미 발간 논문.

가 갖는 압도적인 사회규정력 때문이다. 해방 이후 반세기 동안 김일성 정권은 절대적인 권력을 갖고 나름대로의 이념과 폭압체제와 교육제도 등 모든 장치를 갖추어가며 북한을 지배해왔다. 긍정, 부정을 떠나 그의 통치가 북한의 모든 것에 압도적 영향력을 미쳤다는 것은 부인할 수 없는 사실이다. 따라서 현재의 북한의 모습, 특히 공산권 붕괴 이후의 모습을 상정한다면 그것은 어느 순간 갑자기 만들어진 것이 아니라 반세기에 걸친 김일성의 통치가 빚어낸 것으로 보아야 할 것이다. 전통의 문제에 있어서도, 현재의 실체는 김일성 통치와 전통의 원형간의 상당히 오랜 기간에 걸친 상호작용의 결과로 이루어진 것으로서, 다만 그간 주체사상, 수령 등 북한 특유의 드러나는 특징들에 가려져 있었을 뿐이다. 이점에서 '김일성의 활용'이 중요한 의미를 갖는다.

물론 그의 통치가 진공상태에서 이루어진 것은 아니다. 북한이 처한 사회경제적 여건, 주민 의식의 정도, 주변국들과의 관계 등의 기반 위에서 그의 통치가 이루어질 수 있었다. 어떤 면에서는 이들 기반과의 상호작용 속에서 김일성 통치가 이루어져 왔다고도 할 수 있다. 다만 이 경우에도 김일성 통치가 이들에 끌려간 측면보다는 끌어간 측면이 훨씬 강하다는 것이다. 전통에 관해서도 마찬가지이다. 북한 사회의 저변을 흐르는 큰 흐름으로서의 전통이 있지만, 김일성 통치가 이것을 어떻게 대해왔느냐에 따라 그것의 현실이 크게 달라져있을 수 있다. 긍정적, 적극적으로 대했다면 활성화되었을 것이고, 처음부터 끝까지 정치적 비용을 감당하면서까지 이를 파괴하려하였다면 거의 사라져있을 것이다. 따라서 김일성 통치의 전통에 대한 태도를 보는 것만으로도 북한의 전통의 흐름에 상당부분 접근할 수 있다는 논리가 성립된다. 그리고 이를 통해 여러 '다름'의 표피 속에 감추어져있는 북한의 실제 모습에 가까이 다가갈 수 있을 것이다. 결국 이미 의미를 잃어가고 있는 주체사상이나, 언제까지 지속될지 모르는 김일성, 김정일 중심의 수령유일지배체제를 걷어낸다면, 앞으로도 오랫동안 남아있을 북한의 본질은 반세기 김일성 통치로 재규정된 전통과 그간의 사회주의화와 근대화, 산업화 과정이 어우러져 빚어낸 그 어떤 모습일 것임에 틀림없다. 그리고 그 모습은 인류 보편의 현상에서 크게 벗어나는 것이 아니리라 생각된다.

이처럼 전통의 시각에서 북한을 보아야 할 당위성과 김일성의 활용이라는 측면에서 접근해야 할 필요성을 인정한다면, 당연히 그 다음의 질문은 실제 김일성이 북한이라는 역사적, 정치사회적 공간 속에서 전통을 적극적으로 활용하려 하였느냐, 활용하였다면 어떻게 활용해 왔느냐, 그리고 그것이 북한의 전통과 정치사회에 어떤 영향을 미쳤느냐 등이 된다. 말하자면 북한 상황에서의 전통의 흐름 및 이것과 김일성 통치와의 상호관계, 그리고 그 상호관계가 빚어낸 북한 정치사회의 모습 등에 대한 구체적 검증이다. 이 책은 이에 대한 대답의 시도이다. 흔히 북한에서는 전통이 단절되었다고 한다. 그리고 다른 여러 사회주의 국가들의 지도자들과 마찬가지로 김일성은 전통을 활용해야한다거나, 활용하겠다고 명시적으로 말한 적이 없다. 그럼에도 불구하고 그의 통치는 전통을 간접적으로, 때로는 직접적으로 활용한 선명한 궤적을 보여주고 있다. 그가 왜 그의 통치에서 전통을 활용해야만 했는지, 그리고 어떤 방식으로 활용했는지를 구체적으로 찾아 보여주는 것이 이 책의 목표가 될 것

이다. 그리고 그 결과 북한의 정치사회가 어떤 모습으로 변모되었
는지, 변모된 과정과 모습이 사회주의 혁명과 산업화 과정을 겪은
후에도 새로운 의미의 전통을 키워온 사회주의 일반의 현상에서
벗어나 있는지 혹은 그 범주 안에 머무는지를 확인하는 것이 그
다음의 목표가 될 것이다. 북한에서 전통이 단절되었는지 여부의
판단은 그 논의 이후로 미루기로 하자.

나. 기존 연구의 검토

전통의 시각에서 북한의 정치, 사회를 보려는 시각은 북한 연구
의 역사에 비하면 비교적 새로운 시각이다.5) 특히 사회주의 혁명,
산업화·근대화 등과의 관련에서 거시적이고 실증적으로 이 문제를
보려는 시각은 드문 편이다. 따라서 이 분야의 연구 문헌도 아직은
충분하지 못하다. 다만 최근 들어 통일에 대한 기대가 높아지고 있
고, 북한 연구의 제한이 대폭 줄어듦에 따라 이 분야에 대한 학자
들의 관심도 늘어나는 추세여서 점차 연구 성과들도 편 수에서나

---

5) 민속학이나 문화인류학 차원에서의 연구로는 Mun Woong Lee, Rural
North Korea Under Communism: A Study of Social Change, Rice
University Studies Vol 62, No.1, Winter 1976 (Texas Houston: Rice
University)와 이문웅, 「남북한 사회의 변화와 전통유교문화: 가족과 친
족을 중심으로」, 경남대 극동문제연구소 편, 『분단 반세기 남북한의 사
회와 문화』(경남대학교 극동문제연구소, 1996), 주강현, 『북한민속학
사』(이론과 실천, 1991) 등 참고.

질적인 측면에서 증가하는 추세에 있다.

이 분야 연구의 시작은 북한의 유일지배체제 구축과 궤를 같이 한다. 북한이 그들의 이념, 즉 주체사상에 과거 왕조적 이념을 대폭 도입하자 이것이 유교적 전통과 가지는 상관성을 밝히는 글들이 나오기 시작하였다. 아마도 이 부문의 고전적 연구가 Bruce Cumings의 글 "Corporatism in North Korea"일 것이다. 1981년에 발표된 길지 않은 이 글에서 Cumings는 조합주의(corporatism)를 전통적 조합주의(traditional), 병리학적 조합주의(pathological), 신사회주의적 조합주의(neosocialist), 아시아적 조합주의(Asian) 등으로 나누고, 이 가운데 '가족'이라는 개념을 아시아적 조합주의의 핵심으로 꼽았다. 그리고는 북한 체제가 보인 아버지로서의 지도자, 어머니로서의 당, 주체이념, 가족 등의 언술체계와 김일성에 대한 상징어 등 예를 풍부히 드는 가운데 이를 소련 중국 등의 경우와 비교의 관점에서 '북한의 조합주의'라고 규정하고, 이것이 유교전통과 놀라우리 만치 공명한다고 분석한다.6) 그의 이 분석은 당시까지만 해도 주체사상 비판에 치중하던 한국의 북한연구 경향에 신선한 충격을 주었다. 그 뒤를 이어 북한의 '전통'에 주목한 외국의 학자가 일본의 스즈키 마사유키(鐸木昌之)이다. 그는 1992년에 펴낸 그의 책 『北朝鮮: 社會主義と 傳統の 共鳴』에서 북한 체제의 기원과 권력구조 등을 포괄적으로 분석한 뒤 이를 '수령제 사회주의'로 개념화하고, 혁명전통을 포함하여 의리, 충성, 효성, 충신, 효자, 간신, 불효자 등 '수령제 사회주의'의 국체론에 사용되는 용어들이 전통적 사유체계에서 비롯된 것이라는 점을 들어 '수령

---

6) Bruce Cumings, "Corporatism in North Korea," Journal of Korean Studies 4 (1982-83), pp.269-94.

제 사회주의'가 유교와 공명하고 있다고 단정한다.[7] 이들 연구들은 외국 학자들로서 북한 연구에 다양한 비교의 시각, 신선한 시각을 제공하는데 공헌하였다. 다만 북한 당국이 사용하는 주민들에 대한 공식 선전의 용어들을 맥락이 배제된 채 사용함으로써 이를 정치 사회적 흐름 속에 위치 짓지 못하는 아쉬움을 남겼다.

물론 국내 학계의 연구도 활성화되고 있다. 주로 1990년대 이후 들어 관심이 높아졌고, 연구성과도 증가되고 있다. 그 이전의 연구로는 1988년 발표된 최재현의 논문 「북한사회이념 속의 전통적 요소」가 두드러진다. 이 글은 주로 김일성 저작집에 나타난 김일성에 대한 표기방법과 전통이념을 연상시키는 대목들에 대한 인용 분석을 통해 사회이념 속에 용해된 전통이념을 추출, 분석하고 이를 기초로 "북한의 사회주의 이념은 공업화된 사회주의 체제에다 전통적인 지배구조를 접목하는 선에서 형성되었다"는 결론을 도출해내고 있다.[8] 그의 글은 북한의 이념과 전통적 요소의 상관성을 원자료를 충분히 활용하여 드러내줌으로써 이 분야의 관심을 환기시킨 바 있다. 그러나 이와 같은 공헌에도 당시까지의 시대적 영향이었는지 결국 '주체사상비판'에 머무르고 만 한계를 보였다. 1992년에는 북한 연구 선구자의 한 사람인 고성준이 「정치이념과 전통정치문화의 상호관련성 분석」을 발표했다.[9] 역시 정치이념 속에서의 전통정치문화, 특히 충성을 중심으로 하는 유교적 개념들의 수용을 분석

---

7) 鐸木昌之, 『北朝鮮: 社會主義と 傳統の 共鳴』(東京大出版會, 1992)

8) 최재현, 「북한사회이념 속의 전통적 요소」, 『동아연구』 14 (서강대학교 동아연구소, 1988), 97-119쪽.

9) 고성준, 「정치이념과 전통정치문화의 상호관련성 분석」, 고성준 외, 『전환기의 북한 사회주의』(대왕사, 1992)

하고 있다. 1990년대 이후로는 북한 전통 관련 박사학위 논문들도 다수 제출되었다.[10] 이 가운데 1991년 김영수의 논문 「북한의 정치문화: ‘주체문화’와 전통정치문화」와 1993년 김연각의 논문 「김일성 주체사상에 관한 연구: 그 민족주의적 성격에 관한 비판적 분석」은 앞선 연구에 속한다. 다만 김연각의 경우 비슷한 소재들을 ‘민족주의’로 해석하고 있는 점에서 다소 궤를 달리하고 있으며,[11] 김영수는 「주체문화」에 내포된 전통정치문화적 요소로서 최고지도자의 절대성 및 그와 연결된 충성에의 강요 그리고 권력 세습의 정당화를 들고, 그 사례로 ‘역사국유화’ 과정을 통해 전통의 ‘변용’을 시도했다고 보고 있어 흥미롭다.[12] 이 외에도 2000년 전미영의 「김일성 담화 분석을 통해 본 북한체제의 정당화 전략」 등[13] 전통의 시각과 관련된 논문들은 계속 제출되고 있다.

앞서의 국내 연구들이 북한의 이념 특히 주체사상과 관련한 김일성의 언술 속에서 전통의 흔적 혹은 전통적 언술의 차용을 찾아내는데 주력했다면, 북한 정치사회의 보다 깊숙한 곳에서 전통의 존재와 역할을 발견해 내려는 새로운 방향의 연구들도 있었다. 부남철의

---

10) 여기서 1990년대 북한 연구의 새로운 세대들이 대부분 박사학위 논문을 통해서 특정 분야의 북한 연구를 진전시키는 한편 그 분야에서 전문가적 권위를 획득하고 있다는 이종석의 지적이 적실성을 갖는다. 이종석, 『새로쓴 현대북한의 이해』(역사비평사, 2000), 203쪽.

11) 김연각, 「김일성 주체사상에 관한 연구: 그 민족주의적 성격에 관한 비판적 분석」(서울대 박사학위논문, 1993)

12) 김영수, 『북한의 정치문화: ‘주체문화’와 전통정치문화』(서강대학교 박사논문, 1991)

13) 전미영, 「김일성 담화 분석을 통해 본 북한체제의 정당화 전략」(한국정신문화연구원 박사학위논문, 2000)

1992년 논문 「북한의 유교적 전통윤리 정책: 가족윤리・법을 중심으로」가 그 한 예이다. 이 글은 기존 정치이념의 합리화 과정에서 '충성', '효성' 개념의 사용에서만 전통의 존재와 역할을 찾던 연구 태도에서 한 걸음 나아가 '가족'이라는 전통의 핵심 덕목에 착안하였고, 이에 대한 김일성 정권의 정책을 오감함으로써 북한 전통 연구의 지평을 넓혀 놓았다.[14] 이는 1999년 박현선의 논문 「현대 북한의 가족제도 연구」로도 이어진다.[15] 1993년 주로 영화분석을 통해 전통문화의 정치사회화에의 활용을 분석한 이우영의 『북한 정치사회화에서 전통문화의 역할』은 또 다른 경우이다.[16] 그는 이 글에서 영화가 다른 사회주의 국가들의 경우와 마찬가지로 북한에서도 중요한 정치사회화의 도구로 활용된다는 인식하에 그 속의 대사와 장면들이 전통문화의 맥락을 깊이 담고 있다는 점을 밝힘으로써 북한 정치사회화에의 전통의 활용을 지적한다.

그러나 이들 연구들은 가족, 혹은 전통문화의 활용이라는 '요소'를 드러내는데 기여한 바는 있으나, 이를 통해 북한이라는 존재의 정치사회를 보려는 거시적 차원에는 이르지 못하고 있다. 이 점에서 박형중의 1998년 논문 「북한에서 '현대와 전통', '정치와 종교'」는 주목할만한 글이다. 그는 사회주의 근대화는 그 체제적・발전전략적 특성상 전통적 측면에 대해 온존・포섭적이지만, 자본주의적 근대화는 그 체제적・발전전략적 특성상 대체로 전통 파괴적이라고

---

14) 부남철, 「북한의 유교적 전통윤리 정책: 가족윤리・법을 중심으로」, 통일원, 『북한・통일연구논문집 (IV)』(1992)

15) 박현선, 「현대 북한의 가족제도 연구」(이화여자대학교 박사학위논문, 1999).

16) 이우영, 『북한 정치사회화에서 전통문화의 역할』(민족통일연구원, 1993)

전제하고, 사회주의의 경우 봉건적 신분제로부터의 해방, 산업화 등 현대적 프로젝트로 탄생했지만 권력정당화의 방식, 권력 사유화 및 세습문제, 개인과 집단 간의 관계, 국가-개인 관계의 가족 은유 등에 있어 유사 전통적 측면을 갖는다고 밝히고, 이 양 측면으로 인해 사회주의 국가들 특히 북한에 있어 전통과 현대가 불완전한 융합을 보인다며 따라서 자본주의냐 사회주의냐에 따라 "'전통'이 현재 상태를 규정하는 것이 아니라 현 체제의 특성이 '전통'의 운명을 좌우한다"고 결론짓는다.17) 북한의 산업화와 발전의 문제를 학적 차원에서 진지하게 연구해온 저자는 이 글에서 북한에서의 전통 문제를 사회주의, 산업화, 현대와 전통 등의 문제의식에서 정면으로 다룸으로써 이 주제를 거시적, 역사적 맥락으로 끌어올리는 중요한 공헌을 한다. 특히 사회주의 자체의 성격에서 전통포섭적 측면을 밝혀내 이를 북한 상황에 비추어보려 한 시도는 북한 전통 연구의 시야를 넓히는 역할을 하였다. 그러나 이 글은 사회주의 자체의 전통 포섭적성격을 충분한 사례나 근거제시 없이 전제에 가깝게 제시하고 있고, 이를 발전시켜 전통과 체제의 상호관계를 반영하지 못하고 체제의 성격에 의한 일방적인 전통의 운명을 도출하고 있는 점, 그리고 북한의 경우에도 구체적 현실의 반영 없이 기존의 연구와 같이 몇 가지 정권의 언술을 추상화하는 선에서 전통과의 연결을 말하고 있다는 점 등의 제한을 보이고 있어 추후의 보충적인 연구의 여지를 남겨놓고 있다.

북한의 전통 문제에 관한 연구는 기존의 성과보다는 앞으로의

---

17) 박형중, 「북한에서 '현대와 전통', '정치와 종교」(1998년 한국정치학회 추계발표회 발표논문)

연구가 더 기대되고 또 절실한 분야이다. 특히 북한 사회가 조금씩 열리고, 자료의 문제도 점차 해소되게 되면 전통의 문제와, 이를 통한 북한의 정치 사회의 본질적 성격의 이해 등 보다 기초적인 연구들이 풍성해지면서 깊이를 더해갈 수 있을 것이다. 더욱이 통일 이후를 염두에 둔다면 정책적인 차원의 북한 접근과 아울러 북한 체제나 사회의 보다 기초적인 부분에 대한 연구가 어느 때 보다도 절실해진다. 당장의 생산성도 중요하겠지만 이의 기초가 되는 사회간접자본이 튼튼해야 제대로 된 경제성과가 이루어질 수 있는 것과 같다.

다. 연구방법 및 자료

북한 정치 사회의 성격 형성을 전통의 맥락에서 접근함에 있어, 먼저 그 출발을 사회주의 일반의 보편적인 현상을 정리하는 것에서 시작하려 한다. 즉 다른 사회주의 국가들의 경우 혁명과 산업화 과정에서 전통이 어떤 역할을 하는가, 그 이후에도 전통이 온존하는가 등의 문제를 앞선 다양한 연구들을 통해 정리하여 이를 하나의 가설로 설정한다는 것이다. 결론부터 말하자면 혁명과 산업화를 겪으면 전통이 파괴되고 단절될 것 같은 보편적 인식과는 달리 소련, 중국 등 사회주의 국가들의 경우 일반적으로 혁명과 발전의 과정에 전통이 지대한 역할을 하였고, 이후에도 사회 속의 중요한 성격으로 지속되어 왔다는 것이 이들 국가들에 관한 많은 연구들의 공통된 발견이다. 이를 '사회주의 혁명-전통지속'의 가설로 정리하려고 한다. 그리고 이를 북한의 경우에 대입해 봄으로써 북한의 경우가 사회주의 일반, 혹은 보편적 국가들과는 다른 특수한 경우인지를, 북한이 다른지 아닌지를 가늠해 보려는 것이다.

따라서 그 다음의 작업은 북한에서의 전통의 위상을 구체적으로 파악하는 일이 된다. 그리고 그 파악의 방법으로는 김일성 정권의 전통 활용, 전통과의 상호작용 등을 추적하는 방식을 택하려 한다. 그것은 김일성 정권이 강력한 정치권력을 배경으로 압도적 사회규정력을 행사해오는 가운데 그 정권의 전통에의 태도가 전통의 위상에 압도적 영향을 미쳤고, 거꾸로 정권 자체가 전통의 강인한 힘에 반응하지 않을 수 없었다는 면에서, 북한의 경우 김일성 정권의 전통에의 태도가 전통의 역할과 위상에 핵심적인 변수가 되어왔다는 점에서 타당성을 갖는다. 또한 이를 추적하는 방법으로는 전통의 시대적 흐름에 대한 검토와 분야별 사실확인의 방식을 종합적으로 활용하려 한다. 김일성 정권의 경우 오랜 집권의 과정에서 시대적으로 성격을 달이해왔고, 또 그 과정에서 정권의 확립과 변화, 산업화 등의 영역별 변동이 크게 일어난다. 이 시대적 단계마다, 영역별 분야마다 김일성 정권은 전통과의 깊은 관련을 보여왔다. 이 과정과 사실들을 시대적, 분야별 맥락에서 검토해보려는 것이다.

그 검토는 다음과 같은 순서로 이루어질 것이다. 우선 소련에 의해 해방이 되고 사회주의화가 진행되면서 북한의 사회나 정권이 모두 소련에 물리적으로 경제적으로 그리고 더욱 중요하게는 정신적으로 경도되고, 이에 따라 그의 반대편에 서 있는 전통은 크게 도전 받게 된다. 그 과정을 제3장이 다룰 것이다. 김일성 정권이 전통으로 회귀하는 것은 이 소련의 압도적 영향력으로부터 벗어난 이후부터이다. 이 시기는 북한이 '주체'를 내세우기 시작하는 시기와 일치한다. 소련은 곧 발전이고 근대화의 상징이었다. 이제 이를 부정하게 되면서는 '우리의 것', '전통'이 전면에 나서지 않을 수 없었다. 전통은 또한 김일성 정권의 공고화와 정권정당화에서도 일정한 역할을 한다. 이런 측면에서 주체와 자주, 자립 등이 전통과 관련을 가지고 진행되는데, 이는 제4장이 다룰 것이다. 제5장은 북한의 산업화 과정에서의 전통의 역할을 다룬다. 사회주의적 산업화 자체가 사회의 전통화를 부추긴다는 관찰도 있듯이 북한의 산업화도 추진방식이 정치적이었고, 동원의 논리와 기초적인 추진조직의 성격 등에 있어서 전통과 깊은 교감 속에 진행된다. 후발산업국가들의 산업화가 전통을 안고 진행되듯이, 북한의 경우도 전통의 도움을 얻어 산업화를 진행하고 있음이 확인된다. 그러나 전통적 맥락이 가장 두드러지게 활용된 부분은 김일성 정권이 유일지배체제(수령제)라는 왕조적 체제를 구축하고 이를 정당화하는데 있어서이다. 왕조적 성격의 체제를 정당화하는데 왕조적 이념보다 더 유용한 자원을 없을 것이다. 이 점을 제6장에서 다룰 것이다.

이렇게 보면 북한의 경우에도 사회주의 혁명과 산업화를 거쳤지만 전통은 김일성 정권의 활용에 힘입어 파괴되거나 단절되지 않고, 그 과정에서 일정한 역할을 했을 뿐만 아니라 그 이후로도 나름의 중요한 정치 사회적 위상을 유지해오고 있다는 것이 분명해진다. 북한이 다른 사회주의 국가들과 내용 면에서는 전혀 다르지 않은 것이다. 그 결과 북한도 실은 사회주의 속에 전통이 깊이 숨쉬는 형태의 정치 사회로 진행해 나왔다는 것이 이 글의 제7장 결론이 된다. 다만 김일성 정권의 전통 활용을 논의하는 가운데 '활용', '원용', '이용', '포섭', '조장', '방조', '변용' 등의 다양한 용어가 사용되는데, 이때 '활용', '이용' 등은 전통이 보다 직접적으로 동원되는 상황, 예를 들어 전통을 대표하는 개념들을 정권 정당화에 그대로 동원하는 경우를 상정한 용어들이고, '원용'은 간접적인 방식, 예를 들어 '주체'라든지 '혁명전통' 등의 매개개념을 통해 간접적으로 동원되는 상황을 지칭한 것이며, '포섭', '조장', '방조' 등은 전체로서의 전통을 하나의 개체로 보는 가운데 이것과 김일성 정권의 정책과의 관계를 설명하기 위해 사용한 용어들이다. 특히 전통이 새로운 구조와 여건 하에서 활용되었다는 이 책의 전체적 논지를 감안하면 '변용'이라는 용어가 여러 부문에 걸쳐 높은 타당성을 갖는 용어가 될 수 있다. 이들 용어를 하나로 통일하여 사용하는 것보다는 문맥에 맞는 보다 적절한 의미 전달을 위해 다양하게 사용하되, 그 중 대표적인 용어로는 '활용'을 쓰기로 한다.

동기와 방법이 아무리 훌륭하다고 해도 연구의 기초가 되는 자료가 충분치 않다면 좋은 성과를 내기 어려운 것은 두말할 필요가 없다. 아마도 북한연구에 있어 가장 어려운 점이 바로 이점일 것이다. 연구의 필요성이 다른 어떤 분야보다도 큼에도 불구하고 기존의 연구성과가 만족할만한 것이 드문 현실도 상당부분 이점에 기인한다고 할 수 있다. 다행히도 정권의 공식적 정책과 관련한 분야는 다른 분야에 비해 상대적으로 자료가 많은 편이다. 그렇지만 이와 관련한 출판물의 경우 다른 어떤 분야보다도 선전성이 강하다는 점과 북한의 경우 정권이 모든 출판물을 통제한다는 점은 물론 감안하여야 한다.

　　김일성 정권의 전통에 대한 태도가 표출되는 정확한 시점과 시대상을 보는 데에는 역시 『노동신문』이 도움이 된다. 여기에는 정권의 정책뿐만 아니라 당시 북한 사회의 분위기나 관심사가 많이 반영되어있기 때문이다. 『노동신문』은 국내에 1951년도 분부터 마이크로필름 형태로 보존되어있다. 정권의 태도를 이보다 조금 정제된 형태로 보여주는 것은 『근로자』이다. 『근로자』의 글들은 주로 집권층 내부의 인사들이 작성했는데 수령론이 북한을 지배하기 전까지는 다소 자유로운 주장들이 있었으며, 그 이후로도 정권의 공식적인 정책과 이념이 체계적인 형태로 다루어져 있어 활용될 만하다. 『근로자』도 1946년 10월의 창간호부터 1992년도 분까지 마이크로필름과 책자형태로 국내에 존재한다.

　　『김일성선집』, 『김일성 저작선집』, 『김일성저작집』 등 각종 김일성 저작물들은 김일성의 전통 활용을 확인하는데 있어 가장 중요한 자료가 아닐 수 없다. 김일성의 각종 글들에 관해서 주의할 것은, 수차에 걸쳐서 그 내용이 수정되어 왔다는 점이다. 그러나 수정부분은 주로 해방과 관련하여 초기 소련에 의한 조선의 해방과 이에 대한 감사의 표현들을 후에 김일성이 이끄는 조선해방군에 의한 자주적 해방으로 바꾸면서 삭제하거나 변경한 것들이 대부분을 차지한다. 전통과 관련해서는 '주체'를 이미 1930년대에 사용했다는 주장 외에는 대체로 『노동신문』에서 사용하고있는 시점과 일치하고 있어 자료로서 유용하다. 특히 민족통일연구원이 전산화한 『김일성저작집』은 김일성 정권의 태도 변화를 시대별로 손쉽게 확인해 볼 수 있는 장점이 있다. 이 외에도 『조선중앙년감』, 김일성 회고록 『세기와 더불어』 등이 간접적인 자료가 될 수 있으며, 6.25 당시 미군이 노획

한 북한문서들을 발굴 정리한 국사편찬위원회의 『북한관계사료집』
이 해방 이후부터 전쟁당시까지의 김일성 정권의 태도 연구에 도움
을 줄 수 있다.

　문제는 북한의 전통 문제를 정치 사회적 관점에서 추적하고 분
석한 2, 3차 자료들이 거의 없다는 점이다. 그것은 전통이라는 것
이 언어의 뉘앙스, 그리고 그 사회에 살고있는 사람들의 정서와 관
련된 것이어서 외국인으로서는 접근하기 쉽지 않으며, 우리사회 내
에서도 그간 북한연구를 금기시하거나 혹은 주체사상 비판만 하면
북한연구로서 충분한 것으로 여겨지던 분위기가 오랫동안 있어왔기
때문일 것이다. 다행히 1990년대 들어 정부의 북한자료 개방정책과
학계, 사회계의 '북한바로알기운동' 등의 영향으로 북한에 대한 연
구가 활성화되었고, 특히 소장학자들의 연구성과가 두드러지는 속
에서 북한의 각 분야에 관한 업적들이 쏟아져 나오기 시작했다. 그
가운데에는 참고할 만한 글들이 다수 나타났으나 아직 북한의 전
통을 정치 사회적 시각에서 본격적으로 다룬 글들은 아직 풍부하
지 못하다. 따라서 이 어려움은 1차 자료 격인 북한원전을 보다 면
밀히 살펴보고, 북한의 상황을 보다 생생히 느껴보는 방식으로 극
복할 수밖에 없을 것이다.

2. 이론적 개관

가. 전통, 산업화, 전통이론

「전통」(tradition)에 관한 논의는 산업화 혹은 근대화와의 관련에서 활발히 이루어져왔다.[18] 산업화, 근대화라는 새로운 현상이 나타나기 이전 전통사회에서의 전통은 당연한 현실의 일부였을 뿐 독자적으로 개념화될 이유가 없었고, 산업화, 근대화 현상의 반대편에 섰을 때 비로소 그 존재가 선명해지고 개념화될 수 있었기 때문이다.[19] 물론 전통에 관한 연구는 중세의 종교전통에 관한 연구, 고대의 문화전통에 관한 연구 등[20]을 포함하여 역사가 매우 깊다. 뿐만 아니라 문화인류학, 민속학적 측면에서는 특정 사회, 특정 전

---

18) Jessie G. Lutz and Salah El-Shakhs ed., Tradition and Modernity: The Role of Traditionalism in the Modernization Process (University Press of America, 1982), pp.1-4.

19) 산업화 현상과 근대화는 어떤 측면에서는 대조적인 개념일 수도 있으나(Irving Louis Horowitz, Three Worlds of Development: The Theory and Practice of International Stratification, New York and London: Oxford University Press, 1972), 산업화가 근대화에 필수 불가결한 요소이고 근대화는 산업화를 포괄하는 보다 폭넓은 개념임과 동시에 이 두 개념이 전통과는 대조적인 현상이라는 점에서 여기서는 이들을 크게 같은 범주에 속하는 것으로 간주하기로 한다.

20) C.E. Lewis, *The allegory of love: a study in medieval tradition* (New York, Oxford University Press, 1958) 등.

통의 전승과 재규정, 현대적 의미 등을 다룬 연구성과가 많이 있고, 이를 위한 현지조사, 인터뷰 등 연구방법론도 체계적으로 개발되어 왔다.[21]

그러나 이 경우는 특정지역, 특정 전통의 연구에 초점을 두어 진행됨으로써 다소 좁은 차원에 머물렀고, 인류보편의 현상으로서 그것이 활발하게 논의된 것은 산업화, 근대화와의 관련에서라고 보아야 할 것이다. 그것은 근대화의 시작으로 전통 일반이 처음으로 전 지구적 넓이에서 그 역할을 의심받거나 적대시되는 등 의미의 변화를 겪었던 사실과 관련이 깊다. 더욱이 산업화, 근대화가 경제뿐 아니라 정치, 문화, 사회 등 각 국가, 사회의 거의 모든 분야에 근본적인 전환을 가져온 계기가 되었던 만큼 이 문제와의 관련 속에서 진행되는 전통 논의는 범위와 깊이에서 다른 차원을 띠게 마련이다.

전통 논의의 출발은 그것이 산업화, 근대화 과정에서 어떤 역할을 하는가에 대한 것이었다. 하나는 전통과 근대화는 서로 대치되는 현상으로서 단절적인 관계에 놓여있고, 또 전통이 산업화, 근대화에 부정적 역할을 했다는 것이다.[22] 다른 하나는 긍정, 부정을

---

21) 연구방법론에 관해서는 Barbara D. Miller, *Cultural Anthropology* (Allan & Bacon, 1999), pp.31-52, Maurice Freedman, Main Trends in Social and Cultural Anthropology (New York, London: Holms and MeierPublishers, 1978), pp.105-126 등 참조.

22) Daniel Lerner, *The Passing of Traditional Society* (New York: The Free Press, 1964) 참조. Max Weber가 사회를 전통에 얽매인 사회와 행위 선택의 기준이 이익 극대화를 위한 이성적 계산에 있는 사회의 두 가지로 나누고 후자를 바람직한 것으로 본 것이나(*Wirtschaftsgeschichten: Abriss der universalen Sozial und Wirtschaftgeschichte*, Munich and Leipzig:

나누기 이전에 현실적으로 근대화 과정에 깊이 개입되어 그 결과를 다양한 모습으로 빚어내는 역할을 했다는 주장이다.23) 이들은 한편으로 근대화에 성공하려면 전통이 배척되어야만 한다는 주장, 그리고 전통은 근대화로 인해 크나큰 위기를 겪지만 이후에도 계속해서 새로운 모습으로 재규정되며 나름대로의 역할을 계속한다는 주장으로 연결된다.

첫번째 입장을 반영하는 사조가 바로 1880년 무렵 서구사회에서 시작하여 1920년대까지 계속된 모더니즘이다. 이 사조는 이후에도 전 지구적으로 확산되어 각지, 각 분야에 영향을 미쳤다. 모더니즘은 심볼리즘, 표현주의, 다다이즘 등 다양한 분야에서 다양한 명칭으로 불려졌지만 가장 기본적인 부분은 '현재'가 과거와는 단절된 것이고 오늘의 삶은 오늘의 논리에 기초해야 한다는 태도이다.24) 당연한 연장으로 전통이라는 것은 과거의 것으로서 관심을 기울일 필요조차 없을뿐더러 발전에 저해되는 것으로 인식되었다. 이에 이

Dunker and Humbolt, 1923), Tönis가 Gemeinschaft와 Gesellschaft로 양분하여 전자를 지향한 것(Ferdinand Tönnies, , Leibzig: Hans Buske, 1935) 등도 이와 같은 경향을 반영한다.

23) 근대화와 관련한 전통의 역할에 관한 논의는 시기에 따라 초기 도움이 되지 않는다는 주장에서부터 점차 나름대로의 역할을 한다는 방향으로 방향이 변화해 왔다. 방향전환에 선구적 역할을 한 논의들 가운데 R. Bendix, "Tradition and Modernization Reconsidered," *Comparative Studies in Society and History* (1967), pp.292-346, S. N. Eisenstadt, "Breakdown of Modernization," *Economic Development and Cultural Change* 12 (1964), pp.345-67, L. Rudolph and S. Rudolph, *The Modernity of Tradition* (Chicago: University of Chicago Press, 1967) 등이 있다.

24) David Gross, *The Past in Ruins: Tradition and The Critique of Modernity* (The University of Massachusetts Press: Amherst, 1992), ch.3.

어 1960년대~80년대를 풍미한 포스트모더니즘은 모더니즘의 반전통의 경향이 더욱 강화된 사조였다. 이 사조에서 전통은 사회적 의미를 잃어버리고, 단순한 지적 호기심의 하나의 대상 정도로 취급되었다.

사실 전통은 발전을 저해하는 비이성적, 비인간적인 어떤 것으로 받아들여지기가 쉽다. 근대화 초기에는 이런 인식이 두드러져 실제 근대화와는 관련도 없이 전통을 타파하는 것 자체가 곧 근대화인 것처럼 여겨지기도 했다. 이런 현상은 근대화, 산업화 과정이 내적 요인들에 의해 시간적 여유를 두고 이루어진 선진산업국들의 경우보다는 외국의 사례를 모범 삼아 압축적으로, 계획적으로 근대화를 달성하려한 후발산업국들의 경우에 더욱 두드러진다. 이 경우 산업화, 근대화는 전통의 토양과는 단절된 채 파괴적으로 진행되기 마련이다. 실제로 각 국의 사례를 보면 근대화를 추진하는 과정에서 '전통 타파'를 사회적 슬로건으로 내걸었던 경험들을 쉽게 찾아볼 수 있다.

그러나 역사적 사실을 보면 산업화나 근대화의 과정이 전통의 진공상태에서 진행된 것은 아니라는 것이 분명하다. 산업화 과정이 그 당시에는 전통과 관계없이 독자적으로 진행된 것처럼 보일지라도 역사적, 사회적 반추 과정에서 요소 요소에 전통에 의한 굴절 혹은 전통을 토양으로 한 산업화, 근대화의 모습이 속속 발견된다. 물론 일부 제도와 의식 등이 파괴되는 현상을 피할 수는 없지만, 전통의 기반 자체가 사라진 것은 아니었다.[25] 오히려 근대화에 성

---

25) Edward Shils, *Tradition* (The University of Chicago Press, 1981), ch.2-3, David Gross, ch.4-6 등.

공한 경우에도 전통은 그 방향을 결정짓는 중요한 요소로 작용함
으로써 근대화에 적지 않은 영향력을 행사하고, 또 그 과정에서 전
통 자체도 재규정을 받게 되어 전통과 근대화, 산업화의 상호작용
관계를 이루는 것이 보편적인 현상이다. 역설적으로 보면 산업화,
근대화는 전통사회가 변화해 가는 다양한 방향들 가운데 하나에
불과할 수도 있다.[26] 전통 사회가 근대화, 산업화 현상을 만나면
반드시 서구식의 근대화, 산업화의 방향으로만 진행되어야 하는 것
은 아니며[27] 변증법적으로 제3의 방향으로 진행할 가능성도 없지
않다는 것이다.

　결국 전통은 근대화 과정에서 종속변수, 혹은 대상으로서만이 아니
고 하나의 조건 혹은 독립변수로서의 기능도 가졌다는 점에 주목하여
야 한다. 전통과 근대가 단절이 아닌 연결선상에서, 전통사회구조와
산업화가 지속과 변화의 복합현상으로 이해되고,[28] ‘새로운’ 인간의
요소들은 ‘낡은’ 인간들 속에 존재한다는 설명[29]은 바로 이점을 말하
고 있다. 나아가서 산업화, 근대화라는 것은 19~20세기에 한정된 한

---

26) Blumer는 산업화 현상에 대한 전통 질서의 반응을 거부, 분리, 동화, 지지,
　　붕괴 등 5가지 형태로 분류해 설명한다. Herbert Blumer, *Industrialization as
　　an Agent of Social Change: A Critical Analysis* (New York: Aldine de
　　Gruyter, 1990), pp.85-102.

27) David Kopf, "Modernization and Westernization: Process and Pattern
　　in History," Jessie G. Lutz and Salah El-Shakhs, op. cit., pp.8-9.

28) Reinhard Bendix, "Preconditions of Development: A Comparison of
　　Japan and Germany," in R.P. Dore ed., *Aspects of Social Change in
　　Modern Japan* (Princeton: Princeton University Press, 1967), pp.17-23.

29) Lloyd I. Rudolph and Susanne Hoeber Rudolph, *The Modernity in
　　Tradition: Political Development in India* (University of Chicago Press,
　　1967), pp.8-11.

시적 현상이지만, 전통은 그 이전과 이후를 이어가며 훨씬 더 긴 생명력을 가지고 인간사회에 영향을 미친다는 설명도 있다.[30] 따라서 전통 혹은 전통에 관한 논의가 산업화와 관련해서 선명해진다는 것이지 근대화는 전통을 파괴하는 과정이라거나, 전통을 배제하면 그것이 근대화라는 2분법적 시각은 성립될 수 없다.[31]

현대사회에서 전통이 가지는 의미도 같은 맥락에서 이해되어야 한다. 나라마다 사회마다 정도의 차이는 있겠지만 각 국가들은 대체로 도시화, 문자해득률, 매체에 대한 참여, 정치적 참여 등 근대의 요건들[32]을 두루 갖추었고, 많은 경우에는 근대화를 넘어 탈근대화, 초근대화, 정보화, 지식산업화 등 사뭇 새로운 경향을 향해

---

30) 무라카미 교수는 일본사회의 특성을 전통의 차원에서 설명하면서 전통이 쉽사리 사라지지 않을 것이라는 점을 상기시킨다. Yasusuke Murakami, "Ie Society as a Pattern of Civilization," *Journal of Japanese Studies*, Vol.10 No.2 (Summer, 1984)

31) Reinhard Bendix는 "'전통의 근대화' 혹은 '새시대의 전통' 등의 용어처럼 어떤 사회도 전통과 근대의 연장선상에서 다른 쪽의 요소를 전혀 가지고 있지 않을 수는 없다", "전통과 근대가 '이전-이후' 모델로 설명될 수는 없다."는 말로 이점을 설명하고 있다. Bendix, "Tradition and Modernity Reconsidered," *Nation-Building and Citizenship* (Berkeley: University of California Press, 1977), p.391, p.396.

32) Daniel Lerner, *The Passing of Traditional Society* (New York: The Free Press, 1964), pp.65-68. John Fairbank는 정치적인 차원에서 근대화를 설명한다. 그는 근대화를 보다 합리적인 즉 효율성에 기초한 정치, 경제, 사회구조를 건설하는 것을 포함한다고 보고 구체적으로는 국민들 사이의 민주주의, 개인들간의 평등, 생산에 있어서의 노동분업 그리고 일반적인 기능분화, 관료조직 등 대규모 조직의 성장, 인구증가, 투자 무역 운송 통신과 시장의 연계 등의 특징을 지닌다고 설명한다. John K. Fairbank, *New Views of China's Tradition and Modernization* (American Historic Association, 1968), p.31.

진행하고 있다. 그럼에도 불구하고 그 속에 사는 사람들의 사고방식이나 행동양식 그리고 이들간의 사회적 관계는 전통적 특성들을 그대로 간직하고 있는 경우가 많다. 정치사회제도도 변화되었다고는 하나 그 운영의 측면에서는 여전히 전통적 행태가 깊이 스며있고, 변화의 양상 자체도 전통과의 일정한 상호관계 속에서 진행되기 마련이어서 그 결과로 나타난 현상 속에는 전통의 영향이 깊이 배어있기가 쉽다.[33] 보다 구체적으로는 가족에 대한 의식, 가족 내 성원들간의 상호관계의 성격, 마을 단위의 공동체의식의 정도, 직장에서의 상하관계, 정치지도자에 대한 태도, 관료와 민간의 관계, 정치적 의사결정 행태, 정치문화 등에서 전통적 요소가 저변을 차지하고 있다는 것이다. 어떻게 보면 전통이라는 것이 항상 그 사회 구성원 혹은 외부변수에 의해 재규정되는 과정을 겪는다는 점을 인정한다면, 변하는 것은 드러나고 제도화된 표면적인 현상들일 뿐, 인간의 사고와 생활을 구성하는 가장 기초적이고 내면적인 것들은 쉽게 변하지 않았고 또 변할 수 없는 것일 수도 있다. 일반적 인식과는 달리 실제로는 현대사회에서 전통의 문제가 죽은 것이 아니라 아직도 진행중인 문제이고 앞으로도 진행될 문제인 것이다.

이와 같은 맥락에서 전통의 역할을 새롭게 이해하려는 이론들이 본격적으로 제시된 것은 1950년대 후반 이후의 일이다. 특히 인도, 중국, 아프리카 각 국 등 2차 세계대전 이후 독립한 신생독립국들

---

33) 구체제의 폐해로 인해 발생한 프랑스 혁명으로 구체제는 철저히 파괴되었지만 그 속에서 다시 나타난 것은 결국 구체제의 핵심이었다는 또끄빌의 관찰은 이 점을 방대한 역사적 근거에 기초하여 실증적으로 보여준다. 또끄빌 지음, 이용재 옮김, 『구체제와 프랑스혁명』(서울: 일월서각, 1989년)

이 근대화를 추구하는 과정에서 서구와는 다른 발전방향을 보이게 되자34) 이들 사회에서 전통이 갖는 의미와 역할에 새로운 관심이 쏟아졌고 이에 각 국의 사례에 바탕을 둔 이론적 정립들이 1960년대 중반 이후 대거 나타나게 된다.35) 즉 어떤 측면에서는 전통 연구가 당시 미국 학계를 중심으로 성행하던 '발전론'의 다른 쪽 스펙트럼에서 출발의 계기를 찾았다고도 볼 수 있다. 자연히 이전의 전통 연구가 산업화, 근대화의 그늘에서 이루어진 것이라면 이때 이후의 전통 연구는 전통 자체에 초점을 맞춘 것이었고, 본격적인 의미에서의 전통 연구는 이때부터 이루어졌다고도 할 수 있다. 이들은 전통과 근대를 상호 배타적이고 전적으로 양립할 수 없는 체제로 묘사해온 경향을 강력히 공격하며 전통과 근대에 대한 새로운 이해를 형성하고자 하였다.36) 이러한 연구 경향은 1970년대 이

---

34) Daniel Lerner, *The Passing of Traditional Society* (New York: The Free Press, 1964), p.65.

35) 그 중 대표적 업적들로 인도의 전통과 근대화를 다룬 Loyd I. Rudolph, Susann Hoeber Rudolph의 1967년 저작, David Kopf의 1969년작 *British Orientalism and the Bengal Renaissance* (Berkeley: University of California Press), Milton Singer의 1959년 저작 *Traditional India: Structure and Change* (Philadelphia: The American Folklore Society) 그리고 중국의 전통과 근대화를 다룬 John K. Fairbank의 1968년 저작 000New Views of China's Tradition and Modernization (American Historic Association), A. A. Phillips의 1966년 저작 The *Australian tradition; studies in a colonial culture* (Melbourne, London, Cheshire- Landsdowne) 등이 있다.

36) Paul A. Cohen, *Discovering History in China: American Historical Writing on the Recent Chinese Past*(New York: Columbia University Press, 1984), 장의식 외 옮김 『미국의 중국 근대사 연구』 (고려원, 1995) 138-139쪽. Rudolph and Rudolf, Tipps("Modernization Theory and the Comparative Study of Societies"), Reinhard Bendix("Tradition and Modernity Reco-

후로 계속되며 각 사회의 구체적 사례에 기초하여 전통의 깊이와 역할을 보여주는 연구 경향으로 자리잡았다.[37]

각국의 전통에 대한 다양한 깊이의 연구 결과는 전통 자체에 대한 이론적이고 철학적인 접근을 가능하게 하였다. 그리고 이와 때를 맞추어 서구사회를 중심으로 산업화, 근대화에 대한 반성도 점차 일어나기 시작했다. 그 출발점이 되는 연구가 Edward Shils 교수의 『Tradition』이다. 그리고 그의 뒤를 이어 Jaroslav Pelikan(1984),[38] George Allen(1986),[39] David Gross(1992), Sanford Budick(2000)[40] 등 전통 자체를 철학적, 이론적으로 정리하려는 노력이 계속되었다.

이 가운데 Shils 교수는 1974년 Kent 대학에서 행한 4차례에 걸친 특강 내용을 정리한 앞의 책에서 전통의 체계화, 이론화를 본격적으로 시도하였다. 그는 기본적으로 현재 속에는 과거의 것이 견고하고 광범위하게 자리 잡고 있다는 점을 정연히 설명함으로써 현재 속에서 갖는 전통의 의미를 강조하고,[41] 전통이 어떻게 생겨

---

nsidered"), Joseph R. Gusfield("Tradition and Modernity: Misplaced Polarities in the Study of Social Change"), C.S. Whitaker, Jr.("A Dysrhythmic Process of Political Change") 등 참조.

37) Reinhold Bendix는 전통과 근대화의 관계의 다양성, 즉 각 사회마다 전통을 기반으로 하여 근대화를 추구해가는 과정이 다양하다는 점에서 이 관계를 일반화하는 이론이 적절치 않다는 점을 지적한다. "Tradition and Modernity Reconsidered," in *Nation Building and Citizenship* (Berkeley: University of California Press, 1977), pp.361-434.

38) *The Vindication of Tradition* (New Haven and London: Yale University Press, 1984).

39) *The importances of the past: a meditation on the authority of tradition* (Albany: State University of New York Press, 1986).

40) *The Western Theory of Tradition* (New Haven and London: Yale University Press, 2000).

나서 어떻게 왜 변화해 나아가고, 변화의 요인들은 어떤 것들이 있으며, 변화의 패턴은 무엇인가 하는 것들을 상세히 밝혔다.[42] 특히 그는 근대 이후의 가장 큰 특성인 합리화와 과학화, 인간해방 등과 전통을 대비시켜 설명하면서도, 합리화와 인간해방 등을 합리화의 전통, 인간해방의 전통 등으로 해석, 전통의 범위를 넓혀 잡았고, 전통이 현재의 인간사회에 영향력을 미치고 있는 만큼 미래사회에서도 사라지지 않고 계속 영향력을 발휘할 것으로 보았다.[43] 그의 연구는 전통이라는 관점에서 사회와 역사를 설명하려한 선구적 시도로서 그 이전의 전통연구 태도와는 크게 구별되는 접근으로 평가된다.

사실 여기까지의 연구를 전통의 '발견'으로 범주화할 수 있다면, 이것을 구체적 현실에 그리고 과거와 현재를 잇는 통시적 차원에서 투영하여 정치 사회 전체를 이해하려는 연구 태도는 전통 자체의 연구의 지평을 넓히는 작업임과 동시에 이와 같은 전통연구에 새로운 생명력을 불어넣는 일이기도 하다. 전통을 어느 높이에서 이해하느냐에 따라 다르겠지만 발현된 모습으로서의 전통은 인류 보편적일 수 없다. 전통이 한 사회에서 가지는 역할이나 전통에 미친 근대화의 충격, 전통의 변화 등은 보편적인 현상임에 틀림없으나 각 사회가 가지는 전통 자체, 전통의 특성, 변화의 방향 등은 그 사회 고유의 것일 수밖에 없다. 특히 산업화, 근대화의 영향으로 전통과 근대성이 어떻게 상호작용을 하고 전통이 어떻게 변화

---

41) Edward Shils, op.cit., pp.34-62.

42) Ibid., pp.162-258.

43) Ibid., pp.311-322.

해 나가는가 하는 것은 일반화될 수 없는 성질의 것이다. 이런 측면에서 전통 연구에 있어서도 보편적 현상에 관한 이론적 정립뿐만 아니라 각 사회의 구체적인 사례에 튼튼히 입각하여 그 사회 특유의 전통의 얼개를 구성해내는 연구가 못지 않게 중요한 작업이 된다. 바로 이런 측면에서 전통 연구는 전통 자체를 넘어 그 전통이 속하는 정치 사회를 이해하는 하나의 폭넓은 시각으로 확대될 수 있다. 이런 측면에서 무라카미 야스스케 교수의 일본사회 연구와 하용출 교수의 한국사회 연구는 선구적 사례에 속한다.

무라카미 교수의 연구는 역사 속에서 현 일본사회 구조의 원형이 되는 전통을 추출해 내고 이를 통해 일본 사회의 본질이 무엇인가를 보여준 것이다.[44] 그는 일본의 고대, 중세 및 근대의 역사에서 보다 엄밀한 혈족공동체인 '우지(氏)사회'와[45] 이것이 기능계층과 결합하여 확대된 공동체 개념인 '이에(家)사회'라는[46] 두개의

---

44) Murakami Yasusuke, "Ie Society as a pattern of Civilization", Journal of Japanese Studies, 10:2, 1984.

45) '우지(氏)'사회는 농경사회를 전제로 하는 가족, 친족, 씨족 등 확대가족 중심의 혈연사회를 말한다. 이 사회는 내부적으로 순수한 혈연적 연계와 부계 중심의 엄격한 위계질서를 가지고 있고, 외부적으로 배타적인 성격을 지닌다. 고대국가에서 정점을 이룬 후 16세기경 도쿠가와 막부시기에는 거의 사라지게 된다.

46) 이에(家)사회는 계층간에는 혈연 등 생태적 조건을 떠나 전체적으로 하나의 기능적 집단을 이루면서 그 기능의 부분적 역할을 각 층이 맡는 역할 중심의 위계질서를 이루고 있고, 이 가운데 상위계층은 혈연 중심이기는 하나 광범위하게 이루어진 양자제도를 통해 하위계층의 사람도 상위계층에 편입될 기회가 주어지는 등 혈연과 능력이 같이 인정되는 혈연-계약관계(kin-tractship)의 특징을 갖는다. 이에(家)사회는 의사결정에 있어서도 부계 상속되는 명목상 지도자의 일방적 결정이 아니라 실력자들의 합치된 의사가 존중되며, 집단 구성원들 간에는

사회형태를 추론해 내고, 12세기 일본 동부지역에서 발생한 '이에 사회' 형태가 그 이전의 '우지사회' 형태를 대체하며 발달하여 메이 지유신과 산업화 등의 과정을 겪으면서 근대 이후에는 일본사회의 골간을 이루게 된다고 규정한다.[47] 그에 따르면 이 '이에'사회는 현 대 일본의 전통의 원형으로서 '조직중심', '공동체 지향', 혹은 '집단 주의적'이라는 등의 현대 일본사회의 특성들은 바로 이 '이에사회' 가 사회의 골간을 이루고 있기 때문이며, 오늘날 일본의 경영조직 이 생산기능 뿐만 아니라 종업원들의 주택, 교육, 여가, 복지, 심지 어 자녀들의 진로에 이르기까지 책임을 지는 독특한 특징을 보이 는 것도 바로 기업이 하나의 '이에'의 성격을 갖기 때문이라고 해 석된다.[48] 그리고 그 연장선상에서 국가적인 차원에서의 準'이에'국 가('일본주식회사'), 관료사회의 부처간 관계 등 현대 일본사회의 전

군사적 경험을 통해 강한 충성심과 동질감을 형성하고 있다. 반면 명 목적인 중앙정부나 다른 '이에'에 대해서는 간섭을 하지도, 받지도 않 는 강한 독립성을 갖고 있다. 따라서 전체로 보아 혈연관계와는 상당 히 멀어진 하나의 기능집단으로서의 성격을 지닌다.(pp.302-312) 이들 家(ie)의 내부는 이러한 상호관계로 인해 국가는 이들 '이에'들의 집합 체로서 집권적이 되지 못하고 분권적 성격을 갖게된다. 'kin-tractship' 개념은 Francis L. K. Hsu의 용어이다. Francis Hsu ed., *Kinship and culture* (Chicago: Aldine Publishing co., 1971).

47) Ibid., pp.290-301. 무라카미 이전 일본 사회의 원형에 관한 개념논쟁은 '무라(村) 이론'(*mura* theory)과 '이에 결사체'(*ie* association)를 둘러싸고 진행되어 왔으며, 이들 개념은 각각 1940년 Eitaro Suzuki, 1943년 Kiza- emon Aruga에 의해 제시되었다. Noriaki Goto, "Tradition and Change in the Japanese Family and Community Life of Japan," Lee-Jae Cho and Moto Yada, ed., *Tradition and Change in the Asian Family* (Honolulu: East-West Center, 1994), pp.61-62.

48) Ibid., pp.356-357.

반적인 성격은 이 '이에사회'의 전통에서 비롯된 것으로 된다. 무라카미 교수의 이 방대한 연구는[49] 하나의 국가적 차원에서 역사적 사실의 천착을 통해 현대사회에 영향을 미치고 있는 전통의 원형과 구조를 추출해 보여주는 하나의 이론적 모델로 평가된다.

이에 비해 한국의 경우 급격한 산업화 이후 구성원의 행동양태를 포함하여 정치 사회 작동의 근원적 메카니즘을 전통의 관점에서 추론해 내려한 이론적 시도의 하나가 하용출 교수의 'Neo-Familism' 개념이다.[50] 그는 한국의 사회구조가 일제통치 및 한국전쟁을 거치면서 파괴된 바탕 위에 들어선 박정희 정권이 1960년대 이후 급격한 산업화, 특히 수출드라이브 정책을 추구하게 되는데 이 과정에서 혈연, 지연, 학벌 등 전통적 인간관계망이 대폭 확대·강화되며 한국사회에 새로운 구조를 정착시켰는데 그것을 과거의 역사적 전통과의 관련에서 'Neo-Familism'으로 개념화할 수 있다는 것이다.[51] 물론 박정희 정권이 급격한 산업화를 추구하게 된 데에는 후발산업국으로서 경제개발에의 시간적 급박성이 크게 작용했다는 설명이다. 그의 개념 틀은 전통이라는 측면에서 보아서는 전체적으로 지속보다는 변형 혹은 창

---

49) 이 연구의 원형은 1979년에 출판된 700여쪽에 달하는 구몬 슌페이, 사토 세이사부로 등과의 공저 『文明としての家-社會』이다.

50) "Neo-Familism: The Social Consequences of Industrialism"

51) 'Neo-Familism' 개념은 정부가 산업화 과정을 주도하는 가운데 기업들은 유수 대학을 졸업한 직원들을 뽑아 역시 비슷한 대학 출신들이 지배하는 관료들로부터 자원과 정보를 얻어냄으로써 기업활동을 도모하고, 기업의 최상층은 결혼을 통해 정치가, 관료들과 혈연적 관계를 맺으려 하는 가운데 이와 같은 특권에서 제외된 대학을 졸업하지 못한 지방출신 근로자들은 스스로의 방어를 위해 자연스럽게 같은 고향 사람들과 관계를 긴밀히 맺게 됨으로써 전체적으로 학벌, 지방, 혈연에 근거한 상호관계가 작동하는 구조를 말한다. Ibid., pp.73-88.

출이라는 관점에서 이해될 수 있으며, 스스로의 평가대로[52] 마르크스
주의적 계급관점이나 중산층 중심의 접근방법 혹은 대중사회론적 접
근에 비해 한국사회를 더욱 심층적으로 이해하는 이론적 틀의 역할을
할 수 있을 것이다.

나. 전통 개념의 정리

1) 전통 일반

전통에 관한 논의가 보다 엄밀해지기 위해서는 우선 몇 가지 점
이 명확해져야 한다. 첫째 전통이 무엇을 의미하느냐, 즉 전통의
정의와 이에 따른 개념적 경계 설정, 둘째 전통의 역할 및 이와 관
련한 전통의 '창조' 문제, 그리고 셋째 전통과 민족주의와의 관계
규정 등이 그것이다.

우선 전통의 개념과 관련하여, 가장 넓은 의미로 '과거로부터 전
해지는 것들'이라고 정의할 수 있다. 이는 Shils 교수의 정의로서[53]
전통의 모든 내용을 포괄하고있으나, 다만 전해지는 것들이 어느
정도의 과거로부터 전해져야 하는지, 전해지는 내용은 무엇인지, 어
떻게 전해져야 한다는 것인지 등 보다 엄밀한 경계설정은 유보되
어있다. 물론 이에 대해서는 학자들에 따라 다양한 견해가 제시되

---

52) Ibid., p.88.

53) Edward Shils, *Tradition* (The University of Chicago Press, 1981), pp.12-19.

어 있다.

우선 전통이 담고있는 내용을 어떻게 정의하느냐 하는 것은 전통을 보는 시각과 밀접히 연관되어있다. 이에 관해서는 '믿음이나 가치'를 강조하는 학자들이 있고[54] '계통, 관습'[55] 혹은 '문화적 창조물'[56] 등을 꼽는 학자도 있다. David Gross와 같은 학자는 가치관과 사회적 관계에 비중을 두기도 한다.[57] 그런가 하면 과거로부

---

54) Samuel Fleischacker는 "세대를 이어 전해진 일군의 관습, 그리고 이러한 관습들을 뒷받침하는 일련의 믿음과 가치"로 정의한다. *The Ethics of Culture* (Ithaca, Cornell University Press, 1994), p.45. 영국의 H. B. Acton경은 전통을 "한 세대에서 다음 세대로 전해지며 이견이 없이 받아들여지거나 존중되는 믿음이나 관행"이라고 정의한다. "Tradition and Some Other Forms of Oder," *Proceedings of the Aristotalian Society*, n.s., vol 53(1952-53): 2.

55) J.G.A Pocock과 같은 학자는 "전에 행해졌었다는 이유로 반복되는 일련의 행위"로 정의한다. Politics, Languige, and time: Essays on political thought and History (N.Y: Athenium, 1971), p.237. 『국어대사전』(민중서림, 1981)은 전통을 "이어받은 계통. 관습 가운데서 역사적 배경을 가지고 특히 높은 규범적 의의를 가진 것"으로 정의한다.

56) 아프리카의 전통을 연구한 Gwame Geke 교수는 정의 문제 자체를 상세히 다룬 후 "과거 세대에 의해 만들어지거나 추구된 문화적 창조물로서 그 다음 세대에 의해 전체적으로 혹은 부분적으로 받아들여지고 지켜졌으며 현재까지 이어지는 것"이라고 다소 장황하게 정의한다. Tradition and Modernity: Philosophical Reflections on the African Experience (New York: Oxford University Press, 1997) ch.8.

57) David Gross, The Past in Ruins: Tradition and The Critique of Modernity (Amherst: The University of Massachusetts Press, 1992), p.8. 소련 연구학자 William Blackwell도 이 범주에 속한다고 할 수 있다. 그는 "전통이 오랜 기간에 걸쳐 상대적으로 안정된 조건에 의해 생성된 행동양식 혹은 제도로 이루어지며 매우 강인하고, 조건이 지속된다면 더욱 지속적으로 된다."고 설명하고 있다. William L. Blackwell, The Industrialization of Russia: An Historical Perspective (New

터 전해지는 한 내용에 제한을 두지 않는다는 앞의 정의와 같은 태도도 있다.58) 전통을 부정적, 소극적으로 보는 입장에서는 전통이 담고있는 내용의 범위를 좁게 보게 되고, 적극적으로 해석하는 입장에서는 정의부터 폭을 넓혀 잡는 경향이 있다. 가장 적극적으로 해석하여 전통을 '과거로부터 전해 내려오는 모든 것'으로 볼 경우 전통의 모든 면을 충분히 반영한다는 측면에서는 바람직하나 인간의 사회생활은 물론 개인의 기본적인 본능과 생리적 욕구 해결의 방식, 물건, 건물에 이르기까지 인간생활의 모든 것이 포함됨으로써 지나치게 전통의 역할을 확대하게 되는 난점이 있다. 이 경우 사회가 존재를 지속하는 한 전통은 그 사회 작동의 가장 중심적인 요소가 되고, 변화와 혁신은 전통의 바다 위에서 움직이는 파도와 같이 표면적인 의미만을 갖게 된다. 반면 범위를 아주 좁혀 잡아 근대화 이전의 각 사회가 가지고 있던 특별한 행위양식쯤으로 제한할 경우, 전통에 대한 통상적 인식에 부합함으로써 쉽게 이해 가능한 측면은 있으나, 근대화 이후의 세계에는 전통이라는 것은 없어져야만 된다는 논리적 한계를 갖게 된다. 이 경우 전통의 문제는 현재 시점에서는 사회적 차원에서 논의의 대상조차 될 수 없게 되고 이는 사실과 맞지 않는 설명이 된다.

따라서 전통이 갖는 현실적 의미를 적절하게 파악하기 위해서는 이 양 스펙트럼 상의 가장 적절한 지점을 찾아 전통의 범위를 균형 있게 설정하는 일이 필요하다. 이 점에서 '과거로부터 전해지는

York: Thomas Y. Crowell Company, 1970), pp.167-168.

58) Shils 교수는 "관행이던, 조직이던 신념이던 심지어 예술품, 건조물이던 그 내용이 무엇이건 간에 적어도 3代 이상 전수되며 과거로부터 계속되는 것이라고 믿어지는 것들"이라는 취지의 정의를 제시한다.

관행, 이념이나 가르침, 세계와 자신에 관한 사고방식, 다른 사람을 대하는 방식 혹은 현실을 해석하는 방법'을 전통의 내용으로 들고 있는 David Gross의 견해는 타당성을 갖는다.[59] 왜냐하면 그의 설명대로 과거로부터 전해지는 물건이나 예술품, 건축물 등은 전통으로 연결하는 도구는 될 지라도 전통 그 자체로 보기는 어렵고, 반면 지극히 개인적인 종교적 신념이나 본능에 가까운 개인적 욕구해소 방법 등은 전통의 범주에 넣기 어렵기 때문이다. 그리고 이는 또한 주로 사회적 관계에 초점을 둔 내용들로서 전통을 통해 사회를 보려는 넓은 의미의 전통연구 경향과도 부합되기 때문이다.

어느 정도 오래되어야 전통으로 간주될 수 있는가 하는 문제에 있어서는 학자들간에 대체적인 공감대를 보인다. 대부분 기간문제를 언급하기를 주저하지만 나름대로의 근거를 들어 '적어도 3대' 정도로 특정하는 견해들이 대부분이다.[60] 다만 전해져 내려온 것들이 현재 시점에 사회 전체적으로 인정을 받아야 한다는, 즉 사회구성원들에 의해 받아들여져야 한다는 점은 공통적으로 언급되는 부분이다. 현재 활성화되어있지 않은 것이라면 역사의 일부에 불과한 것으로 전통은 될 수 없기 때문이다.

이를 정리하자면 전통은 약 3대 정도의 기간을 염두에 두고, '과거로부터 전해 내려오는 것으로 일반적으로 받아들여지는 사고방식이나 행위양식 그리고 사회적 관계의 틀'로 이해될 수 있겠다.[61]

---

59) David Gross, op. cit., p.8.

60) Edard Shils, Gwame Geke 등 참조.

61) 『옥스퍼드사회학사전』의 정의도 이와 유사하다. 여기서는 전통(tradition)이 "a set of social practices which seek to celebrate and include certain behavioural norms and values implying continuity with a real or

이와 같은 이해는 사회 구성원간의 사회 정치적 관계에 초점을 두고 있는 것으로서 민속학이나 문화인류학적 측면에서 강조되는 바와는 다소 각도를 달리한다. 다만 근대역사에서 전통이 문제시되는 대부분의 제3세계 국가들이 국가로서 탄생한 시점이 대체로 제2차 세계대전 이후라고 볼 때, '3대 정도의 기간'을 감안하면 이와 같은 의미의 개념 정의는 결국 근대와의 대조에서 이해되는 통상적 의미에서의 전통 개념과도 겹친다.

한편 3대 정도의 과거로부터 전해 내려오는 것으로 여겨지는 이와 같은 범주의 전통 개념은 대부분의 공동체들이 공통으로 가지고 있는 부분과 각 사회 고유의 논리, 정서(북한 혹은 우리 민족의 경우에는 유교적 사고방식)로 표현되는 부분의 양자로 구성된다. 엄밀한 의미에서 이 양자는 많은 부분을 공유하지만 서로 관련이 없는 부분도 있다. 비유하자면 공유부분이 큰 두 개의 집합과 같은 모양이 된다. 따라서 전체로서의 전통은 각 사회에 고유할 필요도 없지만 또 사회와 집단을 초월하여 같은 것이라고 말할 수도 없다. 그 중 공통으로 가지는 전통의 부분에서 핵심적인 요소로 꼽히는 것이 대면과 접촉으로 매개되는 '일차적 인간관계 지향성'이다.[62] 이는 합리성이나 법치, 무

---

imagined past and usually associated with widely accepted rituals or other forms of symbolic behaviour"로 정의되어있다. *Oxford Dictionary of Sociology* (Oxford University Press, 1998).

62) 일차적 인간관계는 그것이 나타나는 형태의 측면에서 일차그룹(primary group) 혹은 비공식그룹(informal group)으로도 불리어지며 긴밀한 대면 관계적 성격(face to face characteristic)을 가장 중요한 특성으로 하고 규모가 작고, 덜 위계적이며 법적 의식을 갖고 있지 않다고 한다. Barbara, p.236, Kathryn March and Rachelle Taqqu, *Women's Informal Associations in Developing Countries: Catalysts for Change?* (Boulder: Westview Press, 1986), p.5. 등 참조.

차별성 등 근대의 여러 속성들의 반대편에 서있는 것으로, 사회와 집단을 막론하고 전통의 대표적 요소로 거론된다. 사실 일차적 인간관계 지향성을 전통성의 가장 중요한 요소로 간주하는 학자들은 적지 않다. 전통을 개념화한 **Edward Shils**의 경우에 있어서도 합리화, 개인주의 등 근대성의 대조개념으로서 전통을 말하면서 족보, 친척관계(**kinship**), 개인적 관계 등을 그 중요한 구성요소로 염두에 두고 있고,[63] 특히 **Ken Jowitt, A. Walder**를 비롯해 사회주의 국가들의 전통을 연구한 많은 학자들이 일차적 인간관계, 그 중에서도 개인들간의 후견관계(**patron-client relationship**)를 여러 각도에서 집중적으로 조명하는 것으로 전통의 존재나 형태를 밝히고 있다.

공유부분에서는 보통 일반적 전통 부분이 고유의 논리를 통해 발현되는 한편, 전통적 고유논리는 또한 일반적 정서를 담지하고 조장하는 상호관계를 갖는다. 달리 말하여 일반적 의미에서의 정의가 내용이라고 한다면 각각의 사회에서 고유한 모습으로 표출되는 것들은 형식의 관계에 있는 것으로 이해될 수 있다. 이를 '일차적 인간관계'의 예를 통해 보면, 그것이 우리 민족의 전통 논리 속에서는 문중, 동향, 동문 등 다양한 형태에 반영되어 있는 반면 중국의 경우에는 '관시', 멀리 남태평양의 발리섬의 경우에는 같은 'Dadia'라는 독특한 형태로 표현된다고 한다.[64] 그러나 우리 민족이나, 중국 또한 발리의 전통이 문중, 동향, 동문, 혹은 '관시'나 'Dadia' 만이 아닌 것은 재론을 요하지 않는다. 각 사회와 공동체들은 이 일차적 인간관계 지향성 이

---

63) Edward Shils, op.cit., p.305.

64) Hidred Geertz and Clifford Geertz, *Kinship in Bali* (Chicago and London: The University of Chicago Press, 1975), pp.4-8.

외에도 아시아 유교권, 아랍권, 기독교권 등 권역에 따르는, 그 공동체 고유의 논리에 따르는 전통의 부분을 별도로 보유하는 것이다. 이 점에서 각 특정 사회에서 전통이 무엇이냐 하는 것은 그 사회에서 전해지는 것들의 모습 즉 그 사회의 고유의 틀을 감안하여 보완, 정의될 수밖에 없다.

전통 개념은 풍습(custom), 인습(convention) 등 인접개념들과는 일정한 경계를 두고 있다. 비유하자면 "관습은 재판관이 하는 일이고, 전통은 재판관들의 가발, 의류 등 의례화된 행사와 같은 것"이라고 한다. 이에 반해 인습은 "의례적이거나 상징적으로 중요한 기능이 전혀 없는 것"이라고 한다.65) 한편 풍습은 사회적 가치와는 크게 관련이 없는 표면적인 행동양식으로서 도덕적 판단과는 관련이 없는 것이지만, 전통은 도덕적, 가치적 함의를 포함하고 있는 것으로 구분 지어지기도 한다.66) 그리고 문화와의 관계에 있어서는 특정 시점에서는 문화가 전통을 포괄하는 개념이되, 문화의 전부 혹은 일부가 성공적으로 傳乘될 때 이것이 전통이 된다는 점에서 차이를 발견할 수 있다.67)

---

65) E. Hobsbawm, "Introduction", E. Hobsbawm, T. Ranger ed., *Invention of Tradition* (Cambridge University Press, 1983), 최석영 역, 『전통의 날조와 창조』 (서경문화사, 1996), 41쪽. 이 외에도 Anthony Giddens는 "전통은 기억, 특히 '집단적 기억'과 관련되어있고, 의식을 포함하며, '공식적 진리 개념'과 연계되어있으며, 보호자들을 가지고 있고, 관습과는 달리 통합하는 힘을 가진 어떤 것"으로 구분한다. "Living in a Post-Traditional Society", Ulich Beck, Anthony Giddens and Scott Lash, *Reflective Modernization* (Stanford University Press, 1994), p.63.

66) David Gross, op. cit., p.12.

67) Gwame Geke, ch.8.

한편 전통이 생성되고 존재를 이어갈 수 있는 이유는 그 기능에 대한 사회적 수요가 있기 때문이다. 전통은 미시적으로 보아 인간이 가지고 있는 안전하고 보호받고 있다는 느낌, 뭔가 의미 있는 연속선상에 속한다는 느낌, 기댈 수 있는 믿음직한 어떤 것에 대한 필요, 기본적으로 알지 못하는 것들에 대한 두려움 등을 해소해주는 기능을 가지고 있다고 한다.[68] 그리고 사회적으로 보아서는 한 사회의 기본적인 집합적 필요를 충족시키고, 확립된 가치나 행위양식을 세대를 이어가며 전달하면서 구성원을 문화적으로 정서적으로 묶어주는 역할도 한다.[69]

전통의 이러한 역할은 정치의 측면에서는 중요한 자원이 아닐 수 없다. 일찍이 **Max Weber**가 밝혔듯이 전통은 정당성과 권위를 인정받을 수 있는 가장 중요한 원천 가운데 하나이기 때문이다.[70] 국민 혹은 대중으로 하여금 지도자나 정치집단의 지배를 당연한 것으로 받아들이게 하고, 구성원 집단을 정서적으로 묶어 세우는 기능을 함으로써 전통은 정치적 안정을 이루는데는 유용한 장치가 될 수 있다.

대표적인 정치집단인 국가의 경우에 있어, 어느 국가든 때로 '정

---

68) David Gross, op. cit., pp.64-65.

69) Ibid., pp.20-21.

70) Max Weber, *Theory of Social and Economic Organization000 tr. by Talcott Parsons* (Macmillan, 1947) S. N. Eisenstadt, *Max Weber: on Charisma and Institution Building* (University of Chicago Press, 1968), pp.46-47. 여기에서 Weber는 잘 알려진 바와 같이 정당성을 담보해주는 지배와 권위의 ideal-typical type으로 합리적 지배(Legal Authority), 전통적 지배(Tra-ditional Authority) 및 카리스마적 지배(Charismatic Authority)의 3가지를 꼽고 있다.

당성의 위기'를 겪기 마련인데[71] 이때 전통의 힘을 빌릴 수 있다면 정치질서를 회복하는데 커다란 도움을 받을 수 있다. 즉 국가에 유리한 전통을 북돋아 불러일으킬 수 있다면 통합과 관련된 상징이나 기억 혹은 조직을 통해 기존 국가의 정통성과 권위를 높일 수 있게 된다. 국가 자체를 아주 오래된 정치 전통과 연결시킬 수 있다면 안정을 회복시킬 가능성은 그만큼 더 커진다. 때문에 국가는 스스로에게 유리한 전통의 생성과 지속, 기존 전통의 변화 등을 위해 노력하기 마련이고 스스로의 존재가 전통과 연관이 있다는 점을 입증하려고 노력한다. 특히 새로운 국가가 성립하거나 기존의 국가가 위기에 처해있을 때 전통에 대한 수요는 더욱 커지게 된다. 이런 측면에서 국가에 의한 전통의 '창조' 가능성이 제기된다.[72]

전통은 한 사회의 필요에 의해 자연스럽게 생성되어 그 필요가 소멸되거나, 외부로부터의 강한 영향에 의해 변화하고 사라지는 것이 보통이다. 즉 생성의 측면에 있어서 그 주체가 한 사회의 다수 구성원일 경우 그것은 자연스러운 전통의 생성으로 간주될 수 있다. 그러나 전통은 때로 어떤 특정한 주체에 의해 의도적으로 생성

---

71) Lucian Pye는 권위의 위기가 정치권력의 정당성의 문화적, 심리적 기반이 발전과정에 급속히 무너졌을 때, 특히 전통정치 형태의 권위가 명시적으로 근대화의 문제와 요구에 적응하지 못한다는 것이 드러났을 때 생기게 된다고 설명한다. *The Spirit of Chinese Politics* (Harvard University Press, 1968, 1992), p.6.

72) David Gross, op. cit, pp.68-71. 그는 국가가 전통을 활용하는 방법으로 1. 국가에 도움이 되는 성격의 전통, 예를 들어 민족주의와 같은 전통을 전폭적으로 지원하는 방법, 2. 오랜 전통 가운데 남아있는 것들을 모아 국가에 도움이 되는 방향으로 묶어 성격을 전환시키는 방법, 아예 새로운 전통을 만들어내는 방법 등을 들고 있다.

되기도 하고, 과거에는 존재한 적도 없었으나 사람들이 존재해온 것처럼 믿게 됨으로써 새롭게 만들어지는 경우도 있다. 이러한 사례를 흔히 전통의 '창조' 혹은 '날조'로 부르며 그 가장 빈번한 주체로 국가가 지목된다.

전통의 '창조'와 '날조' 문제는 Eric Hobsbawm에 의해 1983년에 본격 제기된 문제이다.[73] 그는 국기, 국가, 상징 또는 이미지, 다양한 민속축제, 국경일, 명절 등 주로 근대국가 형성과정에서 새로이 나타난 각 국의 전통의 사례들을 풍부히 들면서 이들이 실제 과거로부터 전해 내려온 전통과는 관련이 없음에도 불구하고 먼 과거와 연결된 것처럼 꾸며진 의례와 상징들이라는 점을 지적한다. 즉 국가가 국가적 일체감, 민족주의적 단합을 위해 '창조' 혹은 '날조'한 전통으로서 비교적 최근에 만들어진 것들이라는 것이다.[74] 물론 이 범주에 속하는 전통은 역사적이고, 보편적인 현상은 아니며, 한 사회가 간직하는 전통 전체의 폭과 깊이에 비하면 작은 비중을 차지할 수밖에 없다.

물론 전통창조의 주체로는 국가 이외의 것들도 있을 수 있다. 정당성과 권위를 위해 전통을 원용하려는 것은 국가 이외의 정치체나 집단의 경우에 있어서도 마찬가지이기 때문에 이들도 전통의 외형을 빌리려고 노력하게 되고 혹은 전통과의 연관성을 입증하려 노력하는 과정에서 전통을 창조 혹은 날조하게 된다. 이들 가운데 市場의 전통창조 기능은 눈에 띄는 경우이다.[75] 이들을 모두 포함

---

73) Eric Hobsbawm and Terence Ranger ed., *The Invention of Tradition* (Cambridge University press, 1983), 최석영 역, 『전통의 날조와 창조』(서경문화사, 1995)

74) Ibid., pp.45-47.

하여, 통상 과거로부터 전해져 내려온 것으로만 여겨지던 전통에 창조, 날조의 측면이 있다는 것은 분명 새로운 발견임과 동시에 전통 연구의 새로운 경향이기도 하였다. 또한 이 점은 전통과 민족주의를 이어주는 연결고리로서의 의미도 지니고 있다.

사실 Hobsbawm의 설명은 주로 국가가 '민족창출'을 위해 전통을 날조 및 창조해온 사례들로 가득 차있다. 여기서 민족창출을 위해 전통을 날조 및 창조하는 주체가 국가라면 이는 Benedict Anderson이 말하는 국가에 의한 민족의식의 형성과정과도 본질에 있어 크게 다르다고 할 수 없다. Anderson의 설명에 의하면 '민족'이란 개인이 일차적 접촉을 통해 경험할 수 있는 범위를 훨씬 넘어서는 거대한 실체라서 그 본질은 '상상에 의한 공동체(imagined community)'라는 측면이 강하고 여기에는 언어를 비롯한 넓은 의미에서의 전통이 중요한 촉매로서의 기능을 담당하게 된다는 것이다.[76] 여기서 '민족창출'을 위해서는 민족 '의식'의 형성이 선행되어야 하는데 이 과정을 설명함에 있어 Hobsbawm은 전통의 날조 및 창조를, Anderson은 언어를 중요 도구로 설정했다는 점이 다를 뿐이고, 게다가 전통을 가장 넓은 의미로 정의할 경우 언어는 그중 가장 중요한 요소가 될 수 있다는 측면에서 양자의 설명은 기반을 공유한다.[77] 민족의식의 형성이나 민족창출이

---

75) David Gross는 Hobsbawm의 '창조', '날조' 개념을 받아들이면서도 자본주의하에서는 시장도 중요한 주체가 될 수 있다는 주장을 펴 주체를 국가이외의 대상으로 확대시켰다. David Gross, op.cit, pp.72-86.

76) Benedict Anderson, *Imagined Communities: Reflections on the Origin and Spread of Nationalism* (London: Verso, 1983), ch.3, ch.7. Anderson은 인도차이나 민족의식 형성과정을 상세히 설명하면서 민족의식이 자본주의와 기술, 언어 등 3 요소에 의해 새로운 형태의 '상상의 공동체' 즉 민족이 만들어진다고 설명한다.

나 그것이 추구하는 방향은 일치하며 이것이 민족국가 형성과 함께 민족주의의 가장 중요한 내용임에 틀림이 없다. 이렇게 보면 전통, 특히 창조된 전통과 민족주의는 매우 밀접한 관계에 놓여있다고 볼 수 있다.[78]

실제로 민족주의와 전통을 구별해 주는 경계는 선명하지가 않다. 통상 민족주의는 그 민족 고유의 전통을 강조하는 경향이 있고, 민족 고유의 전통을 강조하게 되면 대외적으로는 민족주의적 색채로 비쳐지기 쉽다. 이러한 이유로 후발산업화 국가들에 나타나는 여러 가지 현상을 놓고 그것이 같은 현상임에도 민족주의라는 측면에서 설명되기도 하고 전통의 강화, 혹은 전통에의 회귀라는 측면에서 설명되기도 한다. 다만 전통이라는 측면에서의 설명보다는 민족주의라는 측면에서의 설명이 지금까지 보다 일반적이었고 보다 직접적으로 받아들여졌던 것도 사실이다.

물론 민족주의와 전통이 구별되는 측면도 있다. 전통이 민족주의로 비쳐지는 것은 특정 주체 혹은 사회 구성원 전체에 의해 의도적으로 전통이 강조되거나 창출, 날조되는 경우이지 대외적 함의가 없는 지극히 내부적인 현상으로서의 전통의 여러 가지 역할은 민족주의와는 관련이 없다. 예컨대 의도적이지 않은 전통의 지속, 전

---

77) '민족'의 정의에 있어서 핏줄, 언어, 경제적 공간의 공통성 등 객관적 요소들 못지 않게 구성원들의 같은 민족이라는 정서적, 주관적 공통성이 민족 구성의 중요한 요소로 꼽힌다.

78) 민족주의 형성의 과정이나 국가의 필요에 의해 전통을 창조해 나갈 경우, 국가가 지향하는 방향과 부합하거나, 이해관계가 없는 기존의 전통 자원들은 물론 국가가 새로운 창조의 필요 없이 활용할 수 있는 부분이다. David Gross, pp.68-69.

통적 인간관계 규범의 다른 형태로의 전이 등이 이에 속한다고 할 수 있다.

2) 북한 상황에서의 전통

앞서와 같은 전통의 일반적 정의에 따를 경우에도 '사고방식이나 집단적 행위양식 그리고 사회적 관계의 틀'이 구체적으로 무엇을 의미하는가는 모호하다. 이들은 실제로 각 사회의 역사적 상황과 현실여건에 따라 다르기 때문이다. 따라서 엄밀한 논의를 위해서는 이에 관한 추가적인 규정이 뒤따라야 한다. 북한 상황에서의 전통에 관한 개념규정이 추가적으로 필요한 이유가 여기에 있다.

북한에게, 그리고 우리 민족에게 있어서 약 3대 정도 이전부터 전해 내려오는 사고방식, 행위양식 등으로 여겨지는 것들에는 무엇이 있을까? 우선 가장 중요하게는 조선조 500년 동안에 만들어지고 전해 내려온 유교적 전통이 여기에 포함된다는 데 이견이 없을 것이다. 3대라면 약 1백년이 되고, 1백년 전이라면 조선조 말경이므로 이때부터 전해 내려오는 사고방식, 집단적 행위양식 등은 유교적인 것을 지칭한다고 할 수밖에 없다는 점에서이다. 그 경우 현 우리 민족의 가장 중요한 전통은 3대가 아니라 수십 대에 걸쳐 내려오는 것인 셈이다.

그러나 유교적 전통만이 그 시대부터 전해 내려오는 우리 민족의 전통의 전부라고 할 수는 없다. 물론 조선조 말기 우리 민족의 사고방식이나 행위양식 등은 유교적 전통으로 대표되지만, 그 이외에도 거기에는 전통사회 일반이 가지고 있는 특성들이 고스란히 포함되어있었고 그 가운데 많은 부분이 3대가 지난 현 시기에도 남북을 막론하고 우리 민족에게 전해지고 있다고 여겨진다. 그 가운데 빠뜨릴 수 없는 것이 앞서의 '일차적 인간관계 지향성'이다. 물론 이것이 유교적 전통과는 밀접한 연관 속에서 존재해 왔다는 점을 부인할 수 없지만 유교적 전통 속에 이것이 모두 망라될 수는 없는 노릇이다. 유교적 논리를 벗어나서라도 일차적 인간관계 지향성은 전통의 중요한 맥을 이루어왔음에 틀림없고, 이 점에서 불가피 이를 따로 떼어 취급하지 않을 수 없다. 바로 여기에 우리 민족의 전통 속에 유교적 전통 이외에 일차적 인간관계 지향성을 따로 포함시켜야 하는 이유가 있다.

유교적 전통을 우리 민족 고유의 전통 가운데 가장 핵심적인 부분이라고 인정할 경우에도 그것이 구체적으로 무엇을 말하는가에 대해서는 다시 한번 추가적인 규정이 필요하다. 유교적 전통의 내용에 관한 개념규정이다.[79] 이점에서 먼저 유교에서 상정하는 정치사회질서는 어떤 모습인가를 볼 필요가 있다.

유교이념은 君王을 정점으로 하는 중앙집권적 체제를 정치사회의 기본적인 모습으로 상정한다. 이를 유교적 전제주의라고도 한

---

79) 조선시대 유교의 주류는 朱子學 혹은 그 부분으로서의 성리학이었다. 朱子學은 朱子에 이르러 집대성된 중국 宋나라 때 儒學의 한 계통으로 漢나라, 唐나라이래 經書의 註釋만을 일삼던 訓詁學을 배척하고 性命과 理·氣의 관계와 같은 보다 깊은 철학적 통찰을 통하여 우주의 本體와 人性을 알고자 한 유교철학을 말한다. 우리나라에는 고려 말에 도입되었고 조선조에 들어오게 되면서 민족의 보편적 사상으로 자리잡았다. 당초 유교사상은 종교적인 형태로 나타난 것은 아니었는데 우리나라에 전래되어서는 종교적인 권위와 체제를 가지고 군림하는 사상이 되었다.

다.80) 유교적 전제주의 체제 속에서 가장 기본이 되는 단위는 ‘家’이다. 기본적으로 국가는 여러 家들이 모여 구성되는 것으로 보았으므로 국가보다는 오히려 家가 더 견실한 중심 개념이 된다.81) 이것이 「化家爲國」의 개념이며 조선조 유교 정치사회질서에서 가장 중요한 위치를 차지하는 매개개념이다. 이는 국가 운영의 원리를 가족의 운영원리에서 추론하는 것으로서, 조화로운 이상국가는 가족 성원간의 자연적 질서와 같은 원리에 따라 운영되는 것임을 강조한 유교국가의 운영론이다.82) 이것은 조선사회가 혈연중심의 가부장적 사회였던 사실과 관계가 깊다. 즉 사회성원들이 자기 가족이나 가문에서 일차적인 정체성을 찾았던 조선사회의 특성에서 家중심적 정향이 비롯되었고 이러한 정향이 거꾸로 사회의 이같은 성격을 강화하였다.83) 그리고 정치이념의 중심 축이 家였기 때문에

---

80) 이기백, “한국 유학의 정착과정”, 이을호 외, 『한국사상의 심층연구』
   (서울: 우석, 1982), 185쪽.

81) 이때의 家는 단순한 가구(household)의 개념이 아니라 혈연 친족집단
   과 거주 친족집단의 절충형 즉 성씨의 집단(clan)으로 존재하며, 중국
   의 종족개념이나 일본의 동족개념과는 범위를 달리한다. 김택규, “세
   판을 내면서”, 『씨족부락의 구조연구』, 일조각, 1979 참조.

82) 부남철, “북한의 유교적 전통윤리 정책-가족윤리·법을 중심으로”, 통
   일원, 『’92 북한·통일연구 논문집(4)- 북한의 경제·사회·사법제도
   분야』(서울: 통일원, 1992), 294쪽.

83) 이와 같은 정치체제에 질서를 부여하는 행위규범, 역할규범이 禮 개념
   이다. 이 禮는 부자관계를 중심으로 그것을 확대한 혈연공동체에서는
   家禮, 사제관계 중심의 학문공동체에서는 文禮, 군신관계를 중심으로
   하는 정치공동체에서는 典禮(王朝禮 또는 國家典禮) 등의 범주로 분류
   될 수 있겠는데 이 각각의 범주에는 나름의 공동체에 질서를 부여하
   는 행위규범이 설정되어 있고, 각 범주내 행위자들에게는 공자의 正
   名論(君君, 臣臣, 父父, 子子)에 상응하는 구체적 역할규범이 제시되어

자연 三綱·五倫 가운데서도 가족 내 행위규범을 대표하는 父爲子綱과 父子有親 덕목이 중시되었고, 이 두 덕목을 꿰뚫는 '孝'개념이 가장 기본이 되는 규범으로 인식되게 되었다.

孝가 조선조 유교사상 가운데 가장 중심 되는 개념이라는 점을 부인하는 견해는 찾아보기 어렵다.[84] 孝가 '老'와 '子'의 결합으로 이루어진 회의문자라는 데서도 엿볼 수 있듯이 이것은 연하자(자녀)가 연상자(부모)를 받들어 모신다는 개념으로서 어버이와 자식간의 관계를 규정하고 있다. 어버이와 자식간의 관계란 인간이 이 세상에 태어나면서 최초로 성립되는 관계이고 그 관계를 규율하는 질서가 바로 孝이다. 따라서 孝는 기본적으로 家의 윤리이며, 家의 확장인 씨족사회공동체로까지 적용되는 사회규범이다. 孝의 기본대상은 물론 부모이지만, 여기에 그치지 않고 조부모 그리고 그 이상의 먼 씨족 조상까지 그 대상이 확대되면 씨족사회 자체가 하나의 조상을 모신다는 연계가 성립되기 때문에 孝는 그야말로 '百行의 根本'이 되고 씨족사회의 핵심덕목이 된다. 물론 家의 행위양식에 孝만 있는 것은 아니다. 孝에 상대되는 개념, 부모의 자식에 대한 자세는 慈로 규정되어 父慈子孝를 이루고, 형제간 내지 집단내 동률선상의 친족간에는 悌로서 형제애가 적용된다. 그러나 부모로서의 慈는 천부의 속성이기 때문에 사회적으로 강조하지 않아도 그

있다. 이와 같은 제 범주의 행위규범·역할규범 가운데 가장 기본적인 것을 집약해 놓은 것이 바로 父爲子綱, 夫爲婦綱, 君爲臣綱, 父子有親, 夫婦有別, 君臣有義, 長幼有序, 朋友有信 등 三綱·五倫이다. 강광식, "조선조 유교정치문화의 구조와 기능", 한국정신문화연구원, 『조선조 유교사상과 유교정치문화』

84) 김재만, "효의 현대 교육적 이해", 한국교육학회 편, 『한국유교사상과 교육』(서울: 삼일각, 1976), 155쪽.

실천에 어려움이 없고, 형제간 혹은 동일항렬간의 관계는 가부장적 위계질서의 사회에서 부자관계 만큼은 비중을 차지할 수 없기 때문에 이들 개념은 孝만큼 중요할 수 없었다.[85]

孝개념은 기본적으로 家와 씨족사회에서 공동 사회적 연대성을 바탕으로 성립되었지만, 家의 문화적 확대개념인 국가(정치공동체)로 까지 확대 적용될 수 있는 것으로 이해되었다.[86] 孝개념이 국가로까지 확대된 개념이 바로 忠이다. 家의 차원에서 이루어지는 孝가 小孝라면, 국가적 차원으로 확대된 孝는 大孝로서 忠이다.[87] 忠에 대해 공자는 "군자는 임금을 섬길 때에 나아가서는 충성을 다할 것을 생각하고 물러 나와서는 임금의 허물을 보충할 것을 생각한다. 임금의 선행을 받들어 순종하고 임금의 약한 점을 바로잡아 악에서 구출한다. 그런 까닭에 임금과 신하는 서로 친애할 수 있게 된다"고 말하고 있다.[88] 忠의 내용이 임금을 정점으로 한 순종, 복종, 나아가서는 신격화한 왕에 대한 자기희생과 헌신의 방향으로

---

85) 이문웅 교수는 같은 유교권 국가들이지만 중국, 조선, 일본은 효 등 사람들 사이의 5가지 관계(오륜) 가운데 다소 다른 비중을 두고 있다고 설명한다. 즉 중국의 경우에는 5가지가 상대적으로 평등하게 다루어진데 반하여 조선은 압도적으로 효에 비중을 두었고, 일본은 충을 중시하는 특징을 보인다고 한다. Rural North Korea Under Communism: A Study of Social Change, Rice University Studies Vol 62, No.1, Winter 1976 (Texas Houston: Rice University), pp.9-10.

86) 강봉수, "북한에서 전통적 도덕규범의 지속과 변동", 월간 『북한』 1994년 6월호, 190-191쪽.

87) 강봉수, 앞의 논문, 191-192쪽.

88) 「孔子曰 君子一事君 進思盡忠 退思補過 將順其美 匡救其惡 故上下能相親也」, 小學 明君臣之義, 이원호, "「충」의 현대 교육적 이해", 한국교육학회, 앞의 책, 143쪽에서 재인용.

나타나고 있음을 볼 수 있다.

　체제의 구성원들이 이와 같은 의식을 내면화한 국가에서는 정치적 권위에 대해 자식이 부모에 대하듯 고도의 자발적이고 운명적인 복종성을 가지게되며 "부모는 부모이기 때문에 어떠한 경우에도 잘못이 면책되고 그 권위가 유지되어야 한다"는 식의 절대적 복종과 지지로 결합된 공고한 중앙집권적 정치권위가 형성되는 것이다.89) 따라서 忠 개념은 국가나 집단이라는 공동운명체에 대한 의무이행 이라는 측면에서 다루어지지 않고 자연인 왕에 대한 무조건적인 복종과 일방적 헌신을 미덕으로 강조하는 충복적 인간관계를 무의식적으로 강조한 경향도 없지 않았다.90)

　이에 반해 治者 즉 군왕 편에서의 행위규범은 德이다. 논어 위정편은 "백성들을 인도함에 政令으로 하고 백성의 풍속을 통일함에 형벌로써 한다면 백성들은 법망을 면하기는 하여도 수치심이 없어진다. 백성들을 인도하기를 德으로써 하고 풍속을 통일하기를 禮로써 한다면 백성들은 수치심도 있게 되고 또한 올바름에 이르게 된다."91)라고 하고 있다. 곧 임금은 德으로써 백성을 다스려야 한다는 것이고 이상적인 통치자의 자세는 德治라는 것이다. 이를 위해 치자는 德을 갖추어야만 하고(有德者 君主論) 스스로 格物 致知 誠意 正心 修身 齊家 治國 平天下할 것이 기대되었다. 德은 또한 仁을 구체적인 내용으로 하고 있고, 仁은 愛人 즉 인간을 사랑하는

---

89) 부남철, 앞의 논문, 294쪽.

90) 忠의 개념은 이원호, 앞의 글 참조

91) 論語 爲政編, '道之以政 齊之以刑 民免而無恥 道之以德 齊之以禮 有恥且格,' 김용운, 『유교의 민본사상』 (서울: 성균관대학교 출판부, 1987), 87쪽에서 재인용.

것이 된다.92) 따라서 덕치의 근본은 결국 백성을 사랑하는 것이 된다. 가정에서 子의 孝에 대한 상대개념이 父의 慈인 것과 같다. 여기에 한가지 덧붙여지는 것이 民本思想이다. 이는 백성을 존중하고 위해주는 것을 통치의 근본목적으로 보는 것으로, 經書에서 民本이라는 표현은 "백성은 나라의 근본이니 근본이 튼튼해야 나라가 안정된다"93)고 말한 데에서 비롯되었다. 이를 맹자는 "국가에 있어 민이 가장 중하며 사직이 다음이고 군주는 가장 가벼운 존재이다"라고 정리하여 백성이 나라의 주체임을 분명히 하기에 이른다.94)

이처럼 조선조 유교적 사고 속에서 국가사회의 모습은 被治者(백성, 신하)와 治者(군왕)가 각각의 역할과 의무를 가지고 조화와 균형 속에 상호 작용하는 것, 즉 임금의 慈愛와 신하의 忠誠이 조화를 이루는 것으로 상정되어있다. 家에서 孝하며 국가에서 忠하고 군왕은 德으로써 다스리는 나라, 즉 모든 이가 자기의 응분의 禮를 지키는 사회, 그것이 유교사상에서 꿈꾸는 바람직한 사회인 것이다. 결국 유교에서 지향하는 국가는 곧 모두가 한 가족처럼 되는 국가인 것이다. 여기에 덧붙여 '사랑'(仁)을 구비함으로로써 "자기의 어버이만을 어버이로 친애하지 않고 자기 자식만을 자식으로 사랑하지 아니하여 노인으로 하여금 편안하게 자기의 수명을 마치는 바가 있게 하고 젊은이로 하여금 충분히 자기의 역량을 발휘할 수 있게

---

92) "樊遲問仁, 子曰, 愛人", 『論語』, 顔淵 編, 박충석, 유근호, 『조선조의 정치사상』 (서울: 평화출판사, 1995), 12-13쪽.
93) 「民惟邦本 本國邦寧」 夏書, 五子之歌 편, 김낙필, "전통사상과 사회정의의 실현", 정신문화연구원, 『전통사상의 현대적 의미』(1990), 75쪽에서 재인용.
94) 「民爲貴 社稷次之 君爲輕」, 盡心下」, 앞의 논문 79쪽에서 재인용.

하며…재화는 그것이 땅바닥에 함부로 버려지는 것을 싫어하나 그렇다고 반드시 자기 한 사람의 사유물로 움켜쥐지는 않는다”는 ‘大同社會’에 이르게 되면 그것이 바로 유교정치에서 지향하는 理想鄕이다. 조선조는 이와 같은 이상사회를 지향하여 家에서는 孝를, 국가에서는 忠을, 군왕에게는 德을, 사회전체에는 仁을 요구하며 이를 교육해 나갔고, 국가체제를 여기에 맞추어 나아갔다.95) 이에 따라 조선조의 모든 문물이 유교이념에 따라 구성된 것은 말할 것도 없고, 그것이 1910년 일제 강점시기까지 오백여 년을 지속되어 오는 동안 지배층과 국민들의 사고의 틀로 공고히 유지되어왔다.96)

조선조가 지향했던 이와 같은 이념은 곧바로 구성원 사이의 사회정치적 관계로 반영되어 나타났다. 효의 강조는 자연스레 가족 내 가부장적 권위주의와 가족중심주의를 가져왔고, 여성들은 권위의 계선으로부터 소외되었다. 확대된 효로서의 충을 지속적으로 교육시킨 결과 정치권위에 대한 무조건적인 복종이 당연시되었다. 충,

---

95) 예컨대 아이들이 천자문을 떼고 처음 배우는 童蒙先習은 부자관계, 부부관계, 나이에 따른 위계질서 등을 중시하는 교리문답식으로 되어있다.

96) 김재만, “효의 현대 교육적 이해”, 한국교육학회 교육사연구회 편, 『한국유학사상과 교육』 (서울: 삼일각, 1976), 154쪽. 유교적 정치의식이 우리민족의 전통적 의식으로 틀 지워진 이유를 좀더 분석적으로 살펴보면 첫째, 조선조 개국세력인 신진사대부가 유교이념으로 무장하여 새로운 국가에서는 유교의 이상사회를 실현해보려 하였기 때문에 유교이념은 국가의 통치이념으로 자리잡았고, 둘째 이에 따라 조선조 국가사회의 구조가 유교이념에 따라 형성되었으며, 셋째 부자관계, 부부관계, 나이에 따르는 위계질서 등을 중시하는 교리문답식의 『童夢先習』으로 시작하는 유아교육을 비롯하여 유일한 출세의 길이었던 과거시험 과목이 유교이념이었으며, 넷째 이러한 체제가 변동 없이 500여년을 지속하였다는 사실 등을 들 수 있다.

효, 인, 덕 등을 이념이라 한다면 이와 같은 특성들은 유교적 이상이 현실에 발현된 사회관계들로서 이들이야말로 조선조 사람들 사이의 그리고 조선조 말기 이후로도 맥맥히 이어져 내려오며 우리 민족의 그리고 북한의 전통을 구성하게 된다.

이것을 바탕으로 앞서의 전통일반에서의 개념규정을 포함시켜 북한 상황에서의 전통 개념을 도출해 볼 수 있다. 즉 북한 상황에서의 전통은 **"일차적 인간관계 지향성과 충, 효, 인, 덕 등 유교적 이념에 기초한 사고 및 행위양식"**을 뜻하는 것으로 이해하기로 한다. 그리고 여기에서 유교적 이념에서 비롯되는 중요한 파생개념으로는 가부장적 권위주의, 가족중심주의 등이 있다. 물론 이와 같은 정의는 북한의 전통 전부를 포괄하는 것이기보다는 사회정치적 측면에서의 전통에 초점을 맞춘 것이라는 점을 염두에 두어야 하겠다.

한편 전통이라는 것이 그 담지자들에 의해 재규정되고 재창조되는 과정을 통해 끊임없이 현실과 대화하는 가운데 존재하고 발전해 간다고 볼 때[97] 우리 민족이 스스로의 전통을 재규정할 권한을 박탈당했던 36년 간의 일제강점은 전통의 흐름에 대한 치명적 도전이었다. 이로 인해 유교적 전통이 단절되었는가 여부는 하나의 중요한 논란거리가 아닐 수 없다. 결론부터 말하자면, 일제의 강점은 우리 민족의 유교적 전통에 중대한 손상을 가져왔지만 그것이 유교적 전통의 완전한 단절을 가져왔다고 보기는 어렵다는 것이다. 이를 분명히 하기 위해서는 일제 통치의 본질적 특성을 전통의 측

---

97) Edward Shills, *Tradition* (The University of Chicago Press, 1981), 홉스보옴 랑거 편, 최석영 역 『전통의 날조와 창조』 (서경문화사, 1995) 등 참조.

면에서 조명해 볼 필요가 있다.

식민통치 기간 동안 일제는 조선의 사회구조를 근본적으로 바꾸어 놓았다. 우선 5백년 조선왕조를 폐지하고 대신 근대적 관료제를 표방하는 총독부를 설치함으로써 유교사회의 상층부를 개편하였다. 이에 따라 조선사회의 특권계층이자 전통적 관료제를 독점하던 양반계층이 해체되었다. 이어 토지조사사업을 통해 전통사회의 경제적 기반을 흔들어 놓았고, 경찰력과 행정력을 동원하여 정책적으로 우리 민족을 일제에 동화시키려 노력하였다. 말년에는 우리 민족의 말과 글을 쓰지 못하게 하였고 이름조차 일본식으로 바꾸도록 강요함으로써 우리 민족의 정체성을 뿌리째 뽑아내려 하였다. 그렇다고 하여 일제가 의도한 바가 소위 '內鮮'의 수평적 동화가 아니었다는 점은 익히 알려진 바와 같다. 예를 들어 창씨개명을 강요하면서도 호적대장의 양식을 새로 만들어 본적과 이전 호주의 이름을 적어 넣게 함으로써 개명 이후에도 조선사람과 일본사람을 구분할 수 있는 근거를 만들어 조선사람은 여전히 일본사람과 같은 대우를 받지 못하도록 하는 따위였다.[98]

물론 이 과정에서 우리 민족의 전통은 크게 손상을 입을 수밖에 없었다.[99] 전통을 담지하고 있던 조선조의 사회구조가 전면적으로 해체되는 변혁 속에 이웃 간에 유무상통하고 상호 부조하는 두레, 품앗이나 각종 계조직 등 전통적 조직들은 「결사집회금지령」, 「계취체규칙」, 「범죄즉결령」과 같은 방법들을 통해 일부는 강압적인

---

98) 김내창, 『조선강점시기 일제가 감행한 미풍량속말살책동』 (평양: 과학, 백과사전출판사, 1978), 116쪽.

99) 일본은 조선의 전통적 미풍양속 말살을 민족동화정책의 중요한 고리의 하나로 삼았다. 김내창, 같은 책, 1쪽.

탄압으로, 일부는 '개량'을 통해 변질되나 해체되었다.[100] 기타 전통 풍습에 대해서는 소위 「왜풍」을 조장시켜 이를 대체시키려 하는 등 우리나라의 전통적 미풍양속을 상당부분 훼손시켰다.

의식의 차원에서는 유교국가의 구심점이자 충성의 대상이었던 왕조가 사실상 사라졌다는 점이 충격이었다. 이는 유교적 정치이념의 상층부가 제거되었고 이로써 유교이념 자체가 불구가 되었다는 것을 의미했다. 일제는 조선왕조 대신 천황에게 충성을 다할 것을 강요하였지만 그것이 조선왕조에 대하듯 그렇게 자발적일 수 없었음은 물론이다. 왕권의 대행자로서 정책을 집행하던 관리들이 사라지고 근대적 합리성을 표방한 총독부 예하 관료들이 우리 민족의 일상사에 관여하게 된 점 또한 중요한 의식변화의 요인이 되었다. 여기에 천황을 신으로 모시는 「神道」를 비롯하여 일본으로부터 들어온 각종 미신들이 범람하게 된 것, 그리고 사회 저변의 풍속 변화[101] 등이 국민들의 의식을 바꾸어 놓는 요인으로 작용하였다.

그러나 일본 자신이 근대화 이후에도 유교적 전통을 강하게 품고 있던 터여서, 조선에 대한 오랜 강점에도 불구하고 조선의 유교적 의식을 기반부터 없애려고는 하지 않았다. 없애는 것이 불가능할 뿐만 아니라 그럴 필요가 없었다. 일제는 오히려 조선조의 유교적 의

---

100) 김내창, 같은 책, 10-17쪽.
101) 예를 들어 일본강점 이후 '기생'의 성격이 바뀌고 그 수도 급격히 늘어났는데 1913년 당시 총독부가 발표한 자료에 의하면 조선에 창녀는 3,348명, 예기는 2,000명, 작부는 1,616명이었고 창녀 가운데 조선인이 1,091명, 일본인이 2,245명으로서 일본인이 조선인에 비해 근 1.5배나 되었다고 한다. 그리고 창녀의 수는 10년 후인 1924년에는 8,304명(일본인 4,891명, 조선인 3,413명)으로 늘어났다. 『동아일보』 1924년 5월 9일자. 같은 책, 52쪽, 88쪽에서 재인용.

식을 식민통치에 최대한 이용하는 적극적인 정책을 보였다. 한편으로는 조선의 전통적 풍속과 의식을 존중한다는 「舊慣尊重」의 구호 아래 뿌리깊은 조선의 유교의식을 조장하고, 다른 한편으로는 유교의식을 부분적으로 변조하여 일제에 대한 충성으로 유도하려하였다.

이 부분을 북한 학자의 연구성과를 통해 좀더 자세히 살펴보자. 일제는 1911년 「조선총독부 부령」으로 고려시기부터 존속되어온 성균관을 폐지하고 그 장소에 유교교육의 중앙기관으로서 경학원을 설치하였다. 일제는 경학원 설치의 목적을 "경학을 강의하고 문묘를 제사하며 풍덕교화를 보존하고, 이름 있는 유학자들을 우대함으로써 유림을 존중하고 유학을 중시하는 미풍을 장려하며 나아가서는 인륜을 부지하고 인심을 계발하는데 둔다"고 하였다.102) 그리고 같은 해 10월 경학원의 지방조직으로 향교를 복구함으로써 위로는 경학원, 아래로는 향교라는 일련의 유교교육 체계를 완비하였다. 그 기반 위에 1911년 10월 24일 천황은 유교적인 忠, 孝 윤리도덕관을 교육의 근본원칙으로 삼을 것을 설교한 「교육에 관한 칙어」를 조선총독에게 내려보내 즉시 집행하도록 하였다.

총독 데라우치는 천황의 칙어에 따라 자신이 직접 경학원의 제사에 참가하였으며 각 도 도장관, 부윤 및 군수들에게는 지방의 향교들에서 지내는 제사에 참가하여 "공자를 존경하고 유교를 숭상하는 모범을 보이며 덕치교화의 대의를 보이도록" 지시하였다. 특히 유교적인 행사를 과거의 풍습대로, 예컨대 공자의 제사 때에는 전통적인 제사풍습대로 반드시 제복을 입고 지내도록 하였다.103) 그러나 유교

---

102) 『시정25년사』, 177-180쪽, 김내창, 앞의 책, 48쪽.
103) 김내창, 같은 책, 48-49쪽.

교육의 제도는 부활하였지만 실제로 이를 운영하는 인적자원은 철저히 일제가 관리하였다. 즉 경학원을 총독의 감독 하에 두고 그 직원을 일제에 협력하는 사람들로 채워 넣어 운영을 항시 지휘 감독하였을 뿐만 아니라 지방 향교의 직원들도 일제에 협력하는 사람들 위주로 채용하여 그 관리와 제사를 맡아보게 한 것이다.

1930년대 이후에는 유교의 정신에 따른 지방의 전통적 기초 자치단체였던 향약을 대대적으로 조장하여 '동약', '신향약', '북관향약' 등 각종 이름을 가진 향약단체들이 생겨났다. 원래 향약은 덕업상권, 과실상규, 예속상교, 환난상휼의 4절목을 가진 상호부조 조직으로서 양반들이 중심이 되어 엄격한 신분적 구별을 유지하면서 유교적 원칙에 입각하여 운영되었으므로, 향약의 새로운 보급은 조선 기초사회에 대한 유교적 생활원리의 보급이 된다. 그러나 일제는 향약을 보급하면서도 그 우두머리인 약장은 도지사 혹은 군수가 직접 임명하도록 하고 4개 절목들의 내용을 '시대의 추세에 맞게' 수정한데 더하여104) 새로운 절목들을 만들어 넣기도 하였다.

유교이념의 차원에서는, 조선의 왕조를 무력화하였지만 대신 그 자리에 천황을 앉힘으로써 자연스럽게 왕 대신 천황에 대해 충성을 바치도록 유도하였다. 즉 조선인의 뿌리깊은 유교정치의식의 틀에서 '군주'만 천황으로 치환함으로써 조선인들이 무의식적 정치의식의 도움으로 일제에 자발적이고도 무조건적인 충성을 다하도록 하려는 것이었다. 일제는 나아가 천황을 하나의 신으로 모시는 그

---

104) 과실상규의 경우, 과실의 내용을 "나라의 헌법을 존중하지 않으며 기타 향약규칙을 좇지 않는 것"으로 규정하고 상규의 내용도 "과실이 엄중할 때에는 즉시 관청에 보고할 것"으로 하였다.

들의 의식에 따라 조선인에게도 천황을 종교적으로 숭배하도록 강
요하였다. 이것이 신사참배와[105] 궁성요배, 정오묵도, 황국신민의
서사 등이었다. 북한에서의 김일성의 위치를 연상시키는 대목이 아
닐 수 없다.

　요컨대 일제는 조선의 유교의식을 의식적으로 조장하여 그 속에
담긴 권위에 대한 무조건적인 복종의식을 식민통치에 십분 활용하
였다. 따라서 일제 36년간 전통이 적지 않게 훼손되었다 하더라도,
그것은 제도와 일부 풍습 등 표현된 형태의 것들에 그쳤고 유교적
의식과 사람들 간의 관계 등 본질적 내용 즉 행위와 의식 차원의
전통들은 상당부분 지속될 수 있었다.

다. 사회주의 혁명-전통 지속의 假說

　앞서의 논의와 같이 근대화, 산업화 이후에도 전통은 나름대로의
역할을 하며 위상을 지켜오는 것으로 이해된다. 그러나 이 논의들
은 사실 그 대상을 대부분 자본주의적 산업화, 근대화의 길을 걸어
온 정치 사회들로 전제하고 있다. 사회주의 혁명과 산업화를 겪은
정치 사회들에서도 같은 현상이 나타나는지는 또 다른 검증이 필
요하다. 이양자의 성격이 다른 만큼, 앞서의 논의를 그대로 다른

---

105) 1935년 현재 조선에는 크고 작은 신사가 315개소에 이르렀고 사람들
　　은 신사 앞을 지날 때에는 멈추어 서서 한참동안 눈을 감고 두 손을
　　높이 올려 손뼉을 치고 절을 하여야만 하였다. 같은 책, 107쪽.

한쪽에 투사할 수는 없기 때문이다.

사회주의 혁명을 겪은 국가에서의 전통은 그렇지 않은 경우와는 다른 측면이 있다. 바로 사회주의 혁명과 산업화, 근대화 현상을 이중으로 겪는다는 점이다. 사회주의 혁명에 성공한 나라들은 거의 예외 없이, 혁명의 정당화 차원에서라도 산업화에 나섰기 때문이다. 사회주의 혁명 자체를 '발전'의 한 변형으로 이해하려는 시각도 이와 같은 사실에서 출발한다고 볼 수 있다.[106] 공산주의 혁명을 상대적으로 경기가 침체되고 후진적인 사회에서 발생하는 '발전혁명'(development revolution)으로 보고, 러시아 혁명도 프러시아와 일본에서 발생한 '위로부터의 혁명'과 구성요소의 결합만 다를 뿐 본질에 있어서는 다를 것이 없다고 해석하는 태도나,[107] '사회주의란 電氣化(electrification)에 소비에트를 더한 것'이라는 레닌의 유명한 정식은 모두 이와 같은 맥락에서 나온 것이다.[108]

사회주의 혁명이 국가 사회적으로 획기적인 변혁을 가져온다는 것은 주지의 사실이다. 혁명이라는 것 자체의 속성이 과거의 모든

---

106) William L. Blackwell, *The Industrialization of Russia: An Historical Perspective* (New York: Thomas Y. Crowell Company, 1970), pp. 166-167. 그는 볼셰비키 혁명을 산업적 분화로 스탈린 시대의 산업화를 1856-1913 간 짜르의 제1차 산업화에 이은 제2차 산업화로 설명한다.

107) Elbaki Hermassi, *The Third World Reassessed* (Berkeley: University of California Press, 1980), p.52.

108) 사회주의와 산업화, 근대화에 관한 논의는 Alexander Gerschenkron, "Reflections on the Concept of 'Prerequisites' of Modern Industrialization," *Economic Backwardness in Historical Perspective* (Cambridge, Mass.: The Belknap Press of Harvard University Press, 1966), John Kautsky, *Communism and the Politics of Development* (New York: John Wiley & Sons, Inc, 1968) 등 참조.

제도, 관행 및 사고방식을 부정하는 것인 데다가 더욱이 사회주의 혁명의 경우 정치권력뿐만 아니라 경제 및 사회체제 그리고 지향하는 이념에 이르기까지 그 사회의 틀을 근본적으로 바꾸어 놓게 되기 때문에 변혁의 강도와 깊이가 통상의 혁명과 비교할 수 없을 정도로 크다. 여기에 사회주의 혁명 국가들이 모두 산업화에는 뒤떨어진 나라들로서 혁명에 성공한 이후에는 서둘러 국가주도형의 급속한 산업화를 추구하게 되기 때문에 산업화 그 자체가 사회에 주는 충격도 배가된다. 이 경우 기존의 소유관계 및 지배질서를 기초로 하여 진행되는 자본주의적 산업화와 달리 사회주의적 공업화, 산업화는 기존의 소유 및 지배질서를 완전히 청산하는 기초 위에 추진되기 때문에 충격이 커지는 것이다. 결국 그 사회는 혁명으로 인한 변혁 위에 급격한 산업화 과정이 주는 충격을 중첩적으로 겪게되고, 그만큼 과거와의 단절이 보편화된다. 그 속에서 계속성을 전제로 하는 전통은 설자리를 잃는 것이 오히려 당연한 것으로 여겨진다. 사회주의 국가에서 전통이 단절되었다고 믿게되는 것도 이와 같은 맥락에서이다.

그러나 사회주의 혁명이 안정기 이후로 접어들면서 이와는 다른 관찰들이 새롭게 나타나기 시작하였다. 사회주의 국가에서 의례와 같은 눈에 띄는 전통은 대부분 파괴된 것이 사실이나 사람들 사이의 관계 양식이라든지 체제의 작동패턴과 같은 보다 깊은 차원에서의 전통은 사회주의가 빚어낸 새로운 제도의 틀 속에서 적응된 형태로[109) 상당부분 그 모습을 유지하고 있거나 혹은 혁명이 정착

---

109) 여기서 새로운 여건에 적응된 형태라는 것은 사회주의 유일정당에 의한 지배, 사유재산제도의 폐지, 중앙계획적 경제체제 등 사회주의

되어감에 따라 영향력을 드러내고 있다는 관찰들이 그것이다.[110) 즉 전통이 총체적으로 파괴된 것으로 간주되던 사회주의 사회에서도 겉모습과는 달리 내부적으로는 전통이 여전히 지속되고 있다는 주장과 근거사례들이 제기된 것이다.[111) 그리고 연구가 진행되어감에 따라 이러한 주장은 더욱 다양한 관찰 사례들과 함께 폭넓게 받아들여지고 있다.

사회주의 혁명 이후 전통의 존재 혹은 부활을 개념적으로 보여준 선구적 연구가 1983년에 발표된 Ken Jowitt교수의 '新傳統主義'(Neo-traditionalism) 연구이다.[112) 그의 설명에 의하면 소련에서 사회주의

적 제 제도와 이념들에 맞추어진 형태로 전통의 핵심요소들이 다시 발현된 상태를 말한다.

110) 전통의 범위규정 문제는 여기에서도 중요한 요소로 부각된다. 이를 지극히 제한적으로 보아 과거와 형식과 내용이 모두 같은 의례와 행위양식과 같은 것으로 규정한다면 글자 그대로 사회주의 국가에서의 전통 문제는 논의의 여지가 매우 줄어들 것이다. 그러나 앞에서 논의한대로 전통의 범위를 다소 탄력적으로 설정할 경우 사회주의 국가들에서 새로운 환경에 적응한 형태의 전통들이야말로 어떤 측면에서는 더욱 의미 있는 전통으로 간주될 수 있다.

111) 새로운 여건에 적응된 전통이라는 것은 '적응'이라는 측면에만 주목할 경우 변형 혹은 원형의 상실로 보아 더 이상 전통이 아닌 것으로 비쳐진다. 그러나 그들이 전통의 기본 요인들을 간직하고 있다는 측면에서는 '적응된' 혹은 '변형된' 형태로의 '전통'으로 간주되어야 할 것이다. 이 점을 염두에 둔 많은 학자들은 '적응' 혹은 '변형'의 측면을 상기시키기 위해 전통 앞에 '신', 'Neo- '등 수식어를 붙이고 있다. 그러나 개념적 차원에서 전통 자체가 재규정, 재해석을 본질적 측면의 하나로 내포한다는 점을 염두에 둔다면, 그와 같은 수식어는 반드시 필요하다고 볼 수는 없다.

112) Ken Jowitt, "Neotraditionalism" in New World Disorder (University of California Press, 1992). 이 논문은 당초 1983년 "Soviet Neotra-ditionalism: The Political corruption of Leninist Regime"이라는 제목

혁명 초기에는 레닌주의로 표현되는 새로운 형태의 공평무사한 당체제 즉, 당료 개인의 영웅주의와 조직의 초개인주의를 융합하여 공산당을 카리스마적 영웅조직으로 만들어냄으로써 짜르시대의 개인적 충성관계로 얽힌 관료들과는 달리 서구 사회의 '절차적 초개인주의'를 갖춘 공적 조직으로서의 소련공산당 및 당료상을 만들어내었으나, 스탈린이 경제발전에 전당을 동원했던 것을 끝으로 후르시초프 이후로는 당조직이 추구해야 할 당면한 사명을 제시하지 못함으로써 당이 목표의식 없이 표류하게 되었고 이에 따라 당이 초개인주의적 영웅조직으로서의 기상을 잃어버리며 변질되었다는 것이다. 이런 환경에서 당료들이 개인의 이익을 위해 부하들의 불법행위를 돌보아주고 그 대가로 복종과 '공물'을 받는 식의 조직적 부패가 만연되는 속에서 정치경제에서는 '영웅', '전리품' 지향성, 사회관계에서는 블라트(blat)[113] 중심의 성격, 산업경제에서는 '산술적' 개념, 정치생활의 비밀주의적 특질, 집단농장을 초점으로 하는 사회정치생활 조직 등의 현상이 나타나고, 이들 현상이 갖는 카리스마적이고 동시에 전통적이며 또한 현대적인 복합적 특성을 레닌주의와의 비교적 관점에서 신전통주의라고 부를 수 있다는 것이다.

그의 연구는 사회주의 혁명을 겪은 사회에서 시간이 흐르면서 '신'전통주의가 나타나는 메카니즘을 선명히 보여줌으로써 사회주의 전통 문제를 개념적으로 그리고 설득력 있게 제시하고 있다. 다만 그의 경우 신전통주의를 부각시키는 가운데 상대적으로 혁명 직후

으로 Soviet Studies 35, no 3 (July1983)에 실렸었다.

113) 사회조직원 간의 비개인적이고 엄밀히 계산할 수 있는 표준화된 가치의 교환이 아닌 느슨한 상호관계의 끈을 지칭, 동 논문 131쪽.

의 당의 모습을 짜르시대 러시아적 전통이 상당부분 극복된 '카리스마적 초개인주의'로 묘사함으로써 전통의 문제가 혁명 초기에는 존재하지 않는 듯한 함의를 주고 있다.

그렇지만 전통은 사회주의 혁명 과정과 그 직후에도 이미 개입되고 있었다는 것이 여러 연구를 통해 밝혀졌다. 슈람(Stuart Schram)이 "모택동이 전통 속에 뿌리박고 1920년대와 1930년대의 중국사회의 진정한 요구와 열망을 민감하게 느낀 것이 그로 하여금 '그가 했던 역할'을 할 수 있게 하였다"고 본 것이라든지,114) 셔만(Franz Schurman)이 중국 공산주의자들이 자연부락을 따라 조직을 결성해야만 한다는 것을 깨닫게 되었고, 이에 지방에 새로운 당을 만들고 당료를 새롭게 훈련시킴으로써 자연부락에 튼튼히 기초하는 가운데 국가에 충성하는 조직을 만들 수 있었다고 지적한 것115) 등이 이에 속한다. 모두가 과거의 전통을 비난하고 반대하면서도 실제 혁명을 추진해 나가는데 있어서는 전통을 활용할 수밖에 없었고, 그리고 그것이 혁명을 성공으로 이끈 원동력이었다는 분석이다.

보다 직접적으로는 공산화 직후 시점인 1949년~52년의 3년간 중국 天津시내 사람들의 다양한 관계를 인터뷰를 통해 관찰한 끝에 전통적 '관시'가 지속적으로 영향을 미치고 있다는 것을 밝혀낸 Kenneth Lieberthal의 연구가 이를 실증적으로 보여준다.116) 그는 천

---

114) Stuart Schram, Mao Tse-tung (New York: Simon & Schuster, 1966), p.60.

115) Franz Schurman, *Ideology and Organization in Communist China* (Berkeley: University of California Press, 1966), p.416.

116) Kenneth Lieberthal, *Revolution and Tradition in Tientsin*, 1949-1952 (Stanford, California: Stanford University Press, 1980)

진시를 전통적부문, 근대적부문, 운송노무자부문 등 3부문으로 나누고 각 부문 속에서 진행되는 인간관계의 양상들을 추적해 본 결과, 공산 혁명 이후 당의 정책에 따라 다소의 기복은 있지만 전통적 인간관계망인 '관시'가 여전히 다양한 층에서 깊은 영향력을 지속하고 있다는 사실을 확인한다. 당이 선전선동의 방식, 조직화의 방식 등 다양한 전략을 동원하여 천진시 사회를 계급중심의 사회, 의식화된 사회로 만들려고 노력하였지만, 그중 가장 효과가 컸던 조직화의 방식조차 일상생활 속의 '관시'의 두터운 벽을 철저히 뚫지는 못하였다는 것이 그의 관찰이다. 그 영향으로 당의 정책은 직접적인 목표 집단 바깥으로는 거의 전파되지 못하였고, 시민들 편에서는 여전히 당의 정책을 포함하여 자신의 관계 영역 바깥에서 일어나는 일에 관심을 보이지 않았다는 것이다. 자연스럽게 그는 "오늘날까지도 상당한 정도로 '관시'가 사람들의 관심사의 한계 및 그들의 주의와 염려의 테두리를 결정짓는다."[117]는 결론을 내 놓는다. 사실 전통의 문제가 사회주의 혁명 초기부터 개입되어 있거나 내재해 있었다는 견해는 대부분의 학자들이 공감하고 있는 부분이다.

시기적으로 전통이 혁명초기부터 개입되어 있었다면, 그 다음으로 밝혀져야 할 것은 전통이 공간적으로 그리고 정치 사회의 여러 층의 차원에서는 과연 어떻게 작용을 하고 영향을 미치고 있었는가 이다. 여기서 다시 앞서의 제도, 행위, 가치의 3차원 분류방식을 채택해 본다. 이때 이 분류를 지역적으로 치환해 보자면, 대체로 제도의 측면은 중앙정부 혹은 당조직의 차원으로 정책결정이 어떻게 이루어지는가와 관련이 있고, 행위의 측면은 지방 혹은 하위 당

---

117) Ibid., p.186.

조직내의 범위로서 중앙의 정책들이 어떻게 집행되는가, 오차 없이 집행되는가 혹은 '휘어지는'가 등의 문제와 연관되어있으며, 가치의 측면은 공산당 지도부의 의식도 포함하지만 대체로는 '인민' 혹은 근로자 한사람 한사람의 인식과 관계된다. 제도, 행위 그리고 의식이 뚜렷한 경계로 나누어질 수 없듯이 중앙과 지방, 정책의 수립과 집행, 개인과 집단의 의식과 이데올로기가 선명하게 구분될 수 없다는 면에서 이들 각각의 범주는 상응하는 관계를 갖게 되고, 이들에 따르는 개념적 분류가 분석적 의미를 가질 수 있다.

우선 제도의 차원에서는, 사회주의 혁명이 이루어지고 산업화가 진행이 되면 전통사회의 각종 제도들은 모두 파괴되는 것이 상례였다. 왕정이 폐지되고 새로운 '민주적' 체제가 도입되기 때문이다. 그러나 '민주적' 제도가 운영되는 측면을 보면 반드시 전통이 파괴되었다고만은 할 수 없다는 것이 각종의 연구 결과이다. 소련의 시스템 연구 그리고 엘리트 충원방식 등의 연구를 빌어 이 점을 검증해 보자.

Moshe Lewin은 市場과 정치권력이라는 관점을 통해 이 문제에 접근하고 있다.118) 그는 러시아의 역사적 전통이 어느 정도는 소련 시스템의 형성에 영향을 미쳤고, 사회주의 개념들 속에 민족주의적 색채를 가미시켰을 뿐 아니라 사회주의의 형식면에서도 역사적 관행들이 섞이게 하였다고 본다.119) 그의 설명에 따르면 시장과 구체제가 결합하여 근대화를 이룬 독일의 경우와는 달리 러시아의 경우에는 시장의 성장이 체제의 기반을 위협하게 되는 특이한 여건

---

118) Moshe Lewin, *Russia/USSR/Russia* (New York: The New Press, 1995)
119) Ibid., p.163.

상, 짜르가 전 국토를 국가소유로 하였듯이 소비에트 정권도 모든 생산수단을 국가소유로 하였고, 짜르가 중앙과 지방 모두에서 강압적 수단으로 사회경제 분화, 농민 생산성 저하, 사회불안정 등에 대처하고 시장의 힘을 통제하고 억압하였듯이 소비에트 정권도 비록 다른 이데올로기적 정당성과 야망으로 무장하기는 하였으나 같은 행태를 보였다는 것이다. 그럼으로써 사회의 전체 구조는 사회주의라는 새로운 레짐으로 넘어갔으되 농민이나 관리나 전문가나 인텔리나 할 것 없이 마음속으로는 강력한 문화적 정치적 전통을 그대로 품고 있었다는 것이다.[120] 이에 비해 **William Blackwell**은 좀더 직접적으로 시스템의 전통성 문제를 다룬다. 그는 1970년에 내 놓은 소련사회 연구서 속에서 러시아의 산업화 과정과 이로 인한 정치사회의 변화를 시대별로 고찰하면서 관료주의, 군사적 동원(military mobilization), 공물제도(tribute system), 농노제도, 폭력성 등 5가지의 제도적 차원의 대표적 러시아의 전통을 하나 하나 적시한다. 그리고 이를 토대로 이들 하나 하나가 소비에트 시대에 와서도 전혀 변하지 않았음을 밝혀내고 "러시아는 변하지 않는다"는 결론을 내린다.[121]

엘리트의 충원과 동원과정에서도 전통적 체제는 발견된다. 브레즈네프에서 고르바초프에 이르는 시기동안 2000여명의 당료들의 신상정보를 가지고 당료들간의 인간적 관계망을 연구한 **John P. Willerton**의 연구는 이 점에서 보다 구체적이다.[122] 그는 이 연구를 통해 러시

---

120) Ibid., pp.164-168.

121) William L. Blackwell, op.cit., pp.168-171.

122) John Willerton, *Patronage and Politics in the USSR* (Cambridge Uni-

아에 맑스-레닌주의가 정착한 이후에도 엘리트의 충원과 동원에서 후견인제도(patronage)[123]의 중요성은 감소하지 않았다는 것을 입증해내고, 강력한 중앙독재제도와 힘있는 인물들에 의한 통치 등 전통적 정치관행이 짜르시대 이래의 이른바 전통적 후견관계(clientelistic relations) 즉, 힘있는 자들의 보호를 받고 당이 아닌 개인에게 충성과 경제적 이익을 바치는 관계를 각계 각층에서 번성하게 하였다고 설명하고 있다. 이에 그는 "소련체제가 인물의 충원에 있어 전통적인 러시아의 후견관계 의존 패턴에서 이탈하지 않았다"고 결론짓는다.[124] 이 점은 혁명 직후로부터 1980년대에 이르기까지 당내 지방인맥의 하나인 트랜스코카시안 네트웍의 영향과 부침을 통해 공식제도 속에서도 비공식 인맥의 전통이 살아 중요한 영향을 미친다는 것을 밝힌 Gerald M. Easter의 연구에서도 다시 한번 입증된다.[125]

행위의 차원에서 전통의 지속 혹은 부활 여부는 아무래도 중국의 경우가 선명하다. 수 천년의 문화 속에 전통의 뿌리가 깊은 중국의 경우 전통의 영향력이나 지속의 가능성이 더욱 클 수밖에 없을 것이다. "20세기까지 중국의 역사는 혁명이 아니라 놀라운 계속성과 안정, '전통 속의 변화'[126]의 모습을 보여준다"는 John Fairbank의 지

---

versity Press, 1992)

123) 그의 설명에 의하면 정치적 후견제도(political patronage)는 "인간적 정치적 관계의 비대칭적이고 상호의존적인 비공식 망으로, 한 나라의 정치 엘리트들의 경력 야망에 안전성과 방향성을 확보해주는 비공식 메카니즘이다"라고 정의된다. ibid., p.7.

124) Ibid., p.39.

125) Gerald M. Easter, "Personal Networks and Postrevolutionary State Building: Soviet Russia Reexamined," *World Politics* 48.4 (1996), pp.551-578.

126) 이 '전통 속의 변화' 개념은 1950, 60년대 미국의 중국연구의 핵심개

적127)은 이를 말한다. 그리고 그것은 개인 및 집단의 행위의 차원에서, 중국 특유의 전통적 인간관계망인 '관시'(關係)를 중심으로 다양하게 관찰된다. 저명한 중국학자인 Tu Wei-ming의 말을 빌면 "공산당이 높은 권위를 누리고, 공식 이데올로기에 도전할 자가 없던 때에도 혈연이나 종교, 역사 등에 뿌리박은 전통적 형태의 관계망은 중국의 도시와 농촌을 막론하고 중요한 역할을 하였다."128)는 것이다. 이 점에서 Andrew G. Walder의 작업장 내 인간의 행위에 관한 세밀한 관찰, 그리고 여기에서 도출되는 신전통주의 개념은 중요한 근거로 된다.129) 그리고 그에 의해 앞서 Jowitt교수의 신전통주의 개

념이라고 할 수 있다. 즉 "(동아시아 각 국에서)한때 형성되었던 전통적 형태의 사고와 행위는 이미 주어진 길을 계속 따라가는 성향의 무기력한 추진력을 가졌을 뿐이다. 서구와의 직접적인 접촉이 없는 상황에 머무르는 한, 그들은 변혁(transformation)이 아니라 단지 '전통 속의 변화'만을 경험했을 것이다."라는 것이다. 이는 서구화를 경험하지 않고는 근대화되지 못한다고 말하는 것과 비슷한 것이다. Paul A. Cohen, *Discovering History in China: American Historical Writing on the Recent Chinese Past* (New York: Columbia University Press, 1984), 장의식 외 옮김 『미국의 중국 근대사 연구』 (고려원, 1995) 115쪽. 그러므로 Joseph Levenson으로 대표되며 Fairbank가 그중 하나인 1950-60년 類의 연구는 서구화 중심론에 대한 상당한 반성을 겪은 후인 80년대 이후 연구와 전통의 지속이라는 면에서는 같은 결론일지라도 접근의 각도는 다르다는 점을 염두에 두어야 할 것이다.

127) John Fairbank, *New Views of China's Tradition and Modernization* (American Historic Association, 1968), p.4.

128) Tu Wei-ming, "Introduction: Cultural Perspective" in Tu Wei-ming ed., China in Transformation (Cambridge, Massachusetts: Harvard University Press, 1994).

129) Andrew G. Walder, Communist Neo-Traditionalism (University of California Press, 1986)

념은 더욱 精緻한 개념으로 발전한다.

그의 관찰은 사회주의 사회 특히 중국 사회에서 공장이라는 공간이 갖는 개인과 국가의 접점으로서의 성격에 착안하여 공장 내에서 일어나는 인간관계에 집중되고 있으며 인터뷰를 통해 이를 확인한다. 즉 직장 내에서 당 일꾼들이 승진의 기회라든지 가옥과 기타 특별한 분배물들에 대한 권한을 가지고 있는 상황에서 자연스럽게 당 일꾼들과 노동자 사이에 사적인 충성과 보호의 관계(clientelist system)가 성립되게 된다는 것이다. 그런데 이 관계는 당 및 공산주의 이념에 대한 공식적인 충성과 당 일꾼-근로자들 사이의 사적인 충성관계가 혼합된 형태로서(party-clientilism) 바로 이 공-사가 혼합된 관계형태라는 점에서 新전통적이며130) 이는 개인간의 충성에 기초하는 전통적 보호자-피보호자 관계를 말하는 소위 '관시'(關係)와는 다르고 파벌, 붕당 등과도 다르다는 설명이다. 달리 보자면 전통적 관계의 속성을 가지고 있으면서도 사회주의의 새로운 여건에 맞는 재규정된 형태의 관계망인 셈이다. 그는 혁명 이후의 중국 사회의 실제를 설명하는 데에는 이 신전통주의적 '이미지'가 가장 적합한 것이라고 한다. 그리고 이 신전통주의는 Jowitt의 경우와는 달리 사회주의 체제가 성립한 이래 성립되었고, 毛澤東에서 鄧小平에 이르는 동안 정책이 많이 변화하고 사회 및 당내 분위기도 금욕적 분위기에서 가부장적 온정주의로 변화해 왔지만 조직내에서 크게 변화하지 않고 지속되고 있다고 한다.131) 다만 그의 경우 신전통주의를 전통의 범주에 포함시킬 것이냐

---

130) Ibid., pp.6-7, 25.

131) Ibid., pp.222-241. Walder의 분석은 중국에서 공식조직에는 따르지만 실제 개인의 생활에 있어서는 '관시'를 따르는 이런 구조가 파벌(faction)을 낳게되고, 중국정치의 동인이 된다는 Pye의 관찰(The Spirit

하는 문제에 있어서는 판단을 유보하고 있다.

행위차원의 전통은 지방 특히 농촌의 경우 더 뚜렷이 나타난다. Vivienne Shue의 농민들의 생활패턴에 관한 관찰이 이를 탁월하게 보여 준다.[132] 즉 중국 농민들의 생활패턴을 볼 때, 하나의 지방 당료를 중심으로 농민들이 주변에 모여, 다른 지역과는 사회적, 심리적으로 독자적인 하나의 소사회를 이루고 있는 모양이 전체적으로 보아 벌집과 같은 모양이라는 것이다. 이 점에서 이 이론이 '벌집(honeycomb)이론'으로도 불린다. 중요한 것은 이러한 사회관계가 공산혁명 이전 과거 지방 귀족과 농민들로 구성되었던 농촌 소사회를 지방귀족이 지방 당료로 바뀌었다는 것 이외에는 이를 거의 그대로 이어받았다는 것이다.[133] 그리고 그 속에서 당료의 역할은 형식적으로는 중앙당의 직접적 위계질서 속에 놓여있지만 당의 명령을 굴절시키기도 하고 권력을 남용하기도 하면서 나름대로의 독자적인 영역을 구축, 과거의 중앙-지방 갈등의 특성을 그대로 지속

---

of Chinese Politics, 1992, Ch.10)과 통하는 바가 있다.

132) Vivienne Shue, The Reach of the State (Stanford, California: Stanford University Press, 1988).

133) 지방행정의 지배-자치 관계의 전통에 관해서는 Kuhn, "Local Self-Government Under the Republic: Problems of Control, Autonomy, and Mobilization," in Fredric Wakeman, Jr. and Carolyn Grant, eds., Conflict and Control in Late Imperial China (Berkeley: University of Berkeley Press, 1975) 참조. 이 외에도 중국연구가 Zhengyuan Fu는 중국정치전통의 특징을 '관료제 국가의 사회에 대한 지배'로 보고, 이와 같은 측면에서 "중국공산당 통치하의 중화인민공화국 건설은 (중국) 정치전통의 종결이 아니라 재활성화한 복원이다"라고 지적한다. Zhengyuan Fu, "Continuities of Chinese Political Tradition," Studies in Comparative Communism, Vol.XXIV, No.3, September 1991, p.278-279.

하며 지방의 영주로 군림하고 있다는 것이다.[134)

가치의 차원에서 사회주의 혁명 이후의 전통의 문제를 단적으로 보여주는 것은 중국 공산당 지도부의 태도이다. 원래 중국혁명의 지도자들이 중국의 유교적 전통에 대해 매우 부정적이었다는 것은 잘 알려진 사실이다. 陳獨秀가 옛날부터 전해 온 종교·정치·도덕성을 기만적이며 비합리적인 우상이라 규정하고 '우상을 파괴하라!'고 역설한 것이라든지,[135) 毛澤東이 유교전통을 '경직되고 낡은 봉건주의의 이데올로기적 무기'라 하여 이것을 '타격'하고 '파산'시켜야 한다고 주장한 사실[136) 그리고 胡適, 吳虞, 魯迅, 郭沫若 등이 유교를 신랄하게 비판한 사례들이[137) 이를 보여준다. 그러나 중국혁명 성공 40년만인 1989년에 공자 탄생 2000주년을 맞아 중국 당국이 이를 공식적으로 축하하여 공자의 고향 곡부에서 기념국제학술회의를 개최하였고, 중국공산당 주석 장쩌민이 공자를 '중국의 위대한 사상가 가운데 한사람'으로 규정하고 "그의 훌륭한 사상을 철저히 공부해야 하고 나아가 이를 미래까지 간직해야 한다."고 말하게[138)까지 되었

---

134) Ibid., p.106.

135) 陳獨秀, "偶像破壞論"(1918.8.15), 송영배, 『유교적 전통과 중국혁명』 (철학과 현실사, 1992), 287쪽에서 재인용.

136) Mao Zedong, Ausgewahlte Werke, Bd. IV, S.486. 송영배, 앞의 책 275쪽에서 재인용.

137) 송영배, 앞의 책 참조.

138) "Confucius: Still a Subject of Interest," *Beijing Review*(1989), Vol. 32, No. 52, pp. 17-21. Adrian Chan, "Confucianism and Deng's China," Mabel Lee and A.D. Syrokomla-Stefanowska ed., *Modernization of Chinese Past* (Broadway, Australia: Wild Peony; Honolulu Hawaii: University of Hawaii Press, 1993), p.20에서 재인용.

다는 것은 이데올로기의 측면에서도 점차 공산주의 사회주의 이데
올로기가 전통을 공개적으로까지 받아들이게 되었다는 반증이다.

중국인들의 '권위'에 대한 관념 속에서도 전통의 흔적은 발견된다.
이것을 보여주는 탁월한 연구가 이미 1960년대에 중국 연구의 권
위자 가운데 하나인 **Lucian W. Pye**에 의한 가정과 국가에서의 '권
위체'에 관한 연구이다.[139] 중국의 근대화 과정에서 전통적 권위체
들 특히 가정과 아버지, 그리고 정부가 나약하다는 것이 드러나면
서 전통적 권위가 형편없이 실추되게 되었고, 이로써 중국의 권위
의 위기가 시작되었다는 것은 주지의 사실이다. 더욱이 혁명 이후
개인적으로 아버지와의 관계가 몹시 나빴던 주덕, 팽덕회, 모택동
등[140]을 지도부로 하는 공산당 정권이 1950년대 이후 어린이들에게
아버지의 정치적으로 불손한 생각이나 행동을 당국에 고발할 것을
장려할 정도로 기존 가족관계 및 권위를 부정하는 태도를 취함에
따라 위기는 심화될 수밖에 없었다. **Pye**는 그럼에도 불구하고 중국
에서 무능한 父, 허약한 정부에 대한 실망은 기존 권위의 철저한
파괴가 아닌, 새로운 새대의 유능한 父, 강력한 정권에의 갈구 즉
과거와 같이 위계적이고 과거보다 더욱 강력한 권위의 추구로 나
타났다고 진단한다. 그리고 毛 등 지도부가 나이가 들게 되면서 문
화혁명 직전 이후부터는 경험은 매우 값진 것이라며 노인들을 공
경할 것을 장려하기에 이르렀고, 가족의 권위는 공식적으로 되살아
났다는 것이다. 이 경우 가족의 권위는 정부의 권위를 해치지 않는

---

139) Lucian W. Pye, *The Spirit of Chinese Politics* (Harvard University Press,
    1968, 1992)
140) 그 일화들은 같은 책, 118-123쪽 참조.

범위 내에서만 인정이 되는 것임은 물론이다.[141]

이처럼 사회주의 혁명 및 산업화와 전통의 관계에 있어서 전통이 시기적으로는 혁명 초기부터, 특히 혁명이 안정기에 접어든 이후에는 더욱 강하게, 그리고 그 범위에 있어서도 위로는 제도 (중앙 및 당), 아래로는 행위(지방 및 생활현장), 개인과 집단의 가치 (의식, 이데올로기)에 이르기까지 다양한 넓이에 걸쳐 지속되거나 부활하는 경향이 있다는 것이 많은 실증적, 이론적 연구 업적을 통해 확인된다.[142]

그렇지만 이와 같은 사실 확인과 이론들을 아직 정착된 일반이론이라고 할 수는 없다. 즉 개별 사회주의 국가들 속에서의 사례들을 통해 전통의 존재, 전통의 계속성을 밝혀주는 관찰들의 풍부한 집합이 있고, 이에 근거한 여러 이론들이 있다는 것은 사실이지만,[143] 사

---

141) Ibid., pp.90-91.

142) 그렇다고 하여 혁명 및 산업화 이후의 사회주의 정치·사회 전체에서 전통이 모든 것을 지배하는 요소라는 의미는 아니다. 마땅히 그 정치·사회는 사회주의적 요소, 산업사회적 요소, 전체주의적 요소 등을 다같이 보유하고 있고, 그 속에서 전통적 요소가 중요한 부분을 차지하고 있으며 시간이 흐를수록 그 중요성이 커지는 것으로 보인다는 것이다. 그런 점에서 이 가설은 소련과 중국 등 사회주의 사회를 전체주의 모델이나 신-마르크시즘 등 과거의 모델로는 설명하기 어렵다는 견해에 동의한다. (하용출 교수가 소련사회를 설명함에 있어 전체주의모델, 신베버리안모델, 네오마르크시스트모델 등이 충분하지 않음을 밝히고 "소련 체제는 근대 산업화, 조직적 봉건화, 사회주의적 사회정책 등의 혼합물이다"라고 진단한 것이라든지("East German Socio-Political Structure and It's Implications for North Korea," p.28), Vivian Shue가 중국사회 연구에서 역시 전체주의모델, 관료정치모델 등의 한계를 지적(Shue, 1988, ch.1.)하고 '벌집이론'을 제시한 것 등.)

회주의 혁명이 진행된 국가 사회들에서 보편적으로 전통이 지속되거나 시간이 흐를수록 다시 강화된다고 일반적으로 말할 수는 없다는 것이다. 이러한 맥락의 주장들이 일반화되기 위해서는 더 많은 검증과 더 많은 이론화 작업을 필요로 하며, 이와 같은 점에서 아직은 이들을 하나의 가설의 차원에서 받아들일 수밖에 없다. 그리고 여기서는 이 가설을 전체적으로 '사회주의 혁명-전통 지속의 가설'로 정리하기로 한다.144) 이를 표로 정리하면 다음과 같다.

---

143) 여기서 한가지 염두에 두어야 할 것은 이때의 전통이 과거 그대로의 것은 아니라는 점이다. 각각의 관찰에서 발견할 수 있듯이 모두가 과거 전통의 연장선상에서 이해될 수 있는 것임과 동시에 혁명과 산업화가 빚어낸 새로운 제도, 새로운 환경의 테두리 안에서 작동하며, 새로운 사회의 주인공들에 의하여 재규정된 형태인 것이다. 이점에서 Traditionalism이나 Familism이 아닌 Neo-Traditionalism(Jowitt, Walder) 혹은 Neo-Familism(하용출) 등으로 개념화되기도 한다. 앞서의 논의에서도 파악되듯이 전통이 사실은 그 사회 주인공들에 의한 재규정을 거치지 않는다면 이는 죽은 전통이랄 수밖에 없다. 생명력을 잃은 화석에 불과하기 때문이다.

144) 이 가설은 사회 정치적 차원 즉 정치적 관행이나 제도의 운영면 그리고 사람들간의 관계 및 가치 의식 등에 초점이 맞추어진 가설이다. 민속이나 의례, 의식 등 차원에서의 전통 연구는 민속학, 문화인류학 등 분야의 연구에 미룰 수밖에 없을 것이다.

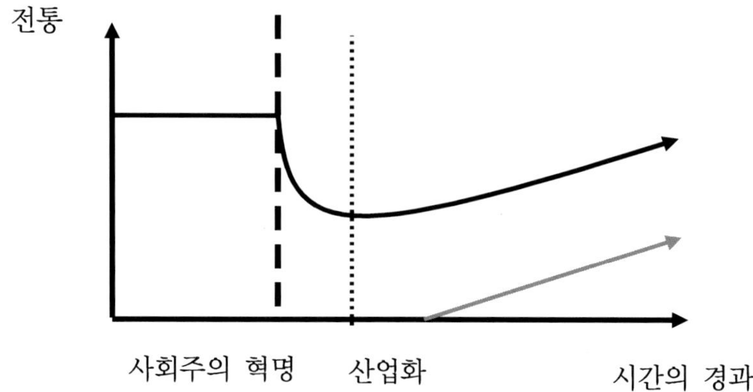

※ '사회주의 혁명' 이후 화살표의 모양이 다른 것은 전통이 사회주의의 새로운 여건에 맞추어 재규정 되었음을, 아래의 작은 화살표는 혁명 이후 전통이 단절되었다가 일정한 시점이 지난 후 다시 살아난다는 측면을 표현

한편 이와 같은 가설이 성립된다고 인정할 경우에도, 이 가설은 나타난 현상으로서의 (신)전통을 적절히 검증해내고 이론화해내는 데는 성공하고 있지만 그 현상을 가져오는 과정, 주체의 측면에는 침묵하고 있다. 따라서 사회주의 혁명과 산업화로 그처럼 큰 변혁을 겪은 이후에도 전통이 계속해서 의미를 지속할 수 있도록 만든 動因 혹은 주체는 무엇인가 하는 문제에 대한 답을 찾아내 보여주는 것이 가설이 안고있는 가장 큰 과제이다.

점에 대해 우선 쉽게는 전통 자체가 오랜 세월에 걸쳐 형성되는 것이니 만큼 한번 형성된 후에는 강한 지속성을 가지며, 이러한 지속성이 전통으로 하여금 사회주의 혁명 이후의 단절을 뛰어넘어 사회의 저변에 살아남을 수 있도록 하는 원동력이 되었다고 할 수 있다. 그러나 더욱 중요하게는 전통을 규정하는 혹은 재규정하는 주체, 그 가운데서도 사회주의 국가의 경우에는 압도적 영향력을 가지는 국가 혹은 공산당 지도부의 태도가 문제시된다. 지도부의 입장에서 보면 혁명 그리고 산업화, 근대화라는 것이 모두 과거에 겪어보지 못한 새로운 현실이다. 즉 각각이 하나의 혼돈이고 불확실성인 데다가 시간적으로도 이들 시급히 달성해야 하는, 쫓기는 상황에 놓이게 되는 것이다. 결국 시급한 목표 달성을 위해 겉으로 외치는 구호와는 달리 전통의 강한 힘에 타협하거나 이를 활용하려하기 쉽다.

이를 다른 각도에서 보자면 전통의 힘에 거슬러 혁명과 산업화를 추구하기보다는 그의 골과 능선을 따라 이를 추진해 가는 편이 훨씬 안전하고 목표달성을 담보 받을 수 있는 길이 된다는 것이다. 더욱이 전통은 통치자에게는 전술한 바와 같이 혼란기 정권의 정당성을 확보하기 위한 중요한 자원이 된다. 따라서 혁명과 산업화의 길이 급할수록, 그 사회에 전통의 힘이 뿌리깊을수록 더욱 전통에 타협하고 이를 활용하게 된다. 모두가 과거의 전통을 비난하고 반대하면서도 실제 혁명을 추진해 나가는데 있어서는 전통을 활용할 수밖에 없었고, 그리고 그것이 혁명을 성공으로 이끈 원동력이었다는 분석이다. 물론 앞서 든 연구 사례들에서도 중국혁명 지도자들의 사례, 소련 엘리트의 충원 등 사례가 제시되었지만 이는 다소 추상적인 결론의 차원이다. 국가가 혹은 혁명 지도부가 어떤 현실 속에서 어떤 대안을 선택하여 전통의 지속이라는 '결과'를 가져왔느냐 하는 부분이 특히 보완되어야 할 과제이다.

이 점에 있어서 국가 혹은 지도자 개인의 영향력이 극단적인 경우에 속하고 혁명과 산업화 이후에도 국가가 전통을 직접적으로 그리고 적극적으로 활용한 북한의 사례 확인은 가설의 완성을 위해 귀중한 검증자료가 될 것이다. 김일성의 전통활용에 관한 연구가 전통이론에 공헌할 수 있는 부분이 있다면 바로 이 부분일 것이다. 결국 북한이라는 구체적인 현실을 이해하는데 있어서도 이 가설이 설득력을 가진다면 우리는 북한을 이해하기 위한 또 하나의 '틀'을 얻는 셈이 되고, 거꾸로 북한의 사례를 통해 가설은 더욱 강력해질 수 있다.

문제는 북한이라는 정치공동체가 가설에서 전제하는 사회주의 국가 일반의 범주에 들어갈 수 있느냐이다. 그렇지 않다면 북한의 경우는 가설을 뒷받침하는 사례로 될 수 없고, 가설과는 관계없는 특별한 하나의 사례로 되고 말 것이기 때문이다. 곧 '북한 특수성론'이다. 사실 '북한 특수성론'은 지금까지 대부분 북한 연구의 배경에 깔린 가정이 되어왔다. 많은 연구들이 북한이 우리 사회는 물론 다른 사회주의 국가들과도 다른 특수한 점을 밝히는 데에 집중되어온 것이 사실이다. 그리고 그 핵심 주제는 일인 절대권력체계와 주체사상이었다.[145] 왜 북한에 일인 절대권력체계가 들어서게 되었으며, 그 과정은 무엇이고, 그 성격은 무엇인가, 혹은 주체사상은 논리적으로 어떤 점에서 맞지 않으며 그 성립과정은 무엇인가 등등이 그것이다. 물론 이점은 수십 년에 걸친 김일성체제 통치의 결과로 빚어진 북한의 특성에 대한 이해이다. 기반과 과정으로서의 북한의 특수성 혹은 보편성은 첫째 김일성 정권이 이어받은 북한

---

145) 북한 특수성론을 둘러싼 우리 학계의 연구 경향에 관해서는 박형중, "북한정치연구," 북한연구학회 편, 『분단 반세기 북한 연구사』(한울, 1999), 제1장 참조.

사회의 사회경제적 제 여건, 둘째 혁명 및 산업화 추진 과정, 셋째 그 이후의 정권의 시책 및 사회 변화 등 세 가지 측면으로 나누어 관찰될 수 있다.

일제가 패망한 후 북한 정권이 접수한 북한 사회는 몇 가지 특징적인 여건을 가지고 있었다. 봉건적이며 유교적인 사회이념이나, 식민시대를 거치면서 기형적으로 왜곡된 경제형태, 이와 관련한 강한 민족주의적 기풍 등이 그 예에 속할 것이다. 특히 오랜 세월에 걸쳐 뿌리가 내린 유교적 이념과 제도, 인간관계와 행동양식 등은 매우 완고한 것이어서 쉽게 사회주의 이념으로 대체될 수 없는 특별한 힘을 가진 것이었다. 산업화의 정도나 경제발전의 단계 등에 있어서도 독특한 측면이 있었다. 일제의 식민정책에 따라 독자적 경제단위로서가 아니라 소위 본토에 딸린 부속경제체로서, 대륙 진출을 위한 병참기지로서 왜곡된 산업구조를 가지고 있었고, 식민지로 강요된 경제단계에 머무르고 있었던 점은 재론이 필요 없는 부분이다.

더욱 중요하게는 사회주의 정권 수립 과정이 독자적 사회주의 혁명을 통한 것이 아닌 외세 즉 소련의 힘에 의해 강제된 것이었다는 점이다. 이로 인해 새로 들어선 김일성 정권은 권력의 정당성을 내세우기도, 내부 권력다툼에서 쉽사리 다른 파벌들을 평정하기도 어려운 상황이었다. 결과적으로 정권은 혁명승리를 대신해준 소련 정권에 대해 극히 종속적인 자세로 출발할 수밖에 없었고, 정권 정당화를 위해 역사를 왜곡해야만 했으며, 내부적으로 사회 전체적인 지지를 얻기 위해서는 사회주의 이념의 실천보다는 봉건전통의 타파나 근대화, 산업화 등에 더욱 큰 무게를 둘 수밖에 없었다. 혁명과 산업화 이후 정권의 시책과 사회의 성격변화는 가장 독특한 북한적 특성을 이룬다. 앞서의 설명과 같이 김일성 정권은 유일지배체제라는 매우 강력한 독재체제를 구축해왔고, 주체사상이라는 독특한 이념을 만들어왔다. 특히 김일성 사망 이후 김정일에의 부자 정권승계는 공산주의 국가에서도 유례가 없는 특별한 사례이다.

그러나 북한이 갖는 이와 같은 성격들은 다소 거시적이고 근원적인 차원에서 볼 경우 다른 사회주의 국가들과는 다른 독특한 특성이라고 보기 어렵다. 우선 식민지배의 청산은 제2차 세계대전 이후 독립한 다른 신생식민지 사회주의 국가들과 공유하는 경험이고, 이어받은 사회가 뒤떨어지고 왜곡된 산업 및 사회상을 가졌다는 점, 따라서 근대화, 산업화의 절박성이 컸다는 점도 다른 신생 독립국가들과 다를 바 없는 부분이다. 오랜 기간에 걸쳐 형성되어온 유교적 사고방식과 사회적 관행, 인간관계 등의 전통은 쉽게 근절되기 어려운 완고한 성질의 것임이 분명하지만 각 국의 유교이념의 해석상의 차이를 감안한다면 이 또한 중국, 베트남 등 다른 동아시아 유교권 국가들과 공유하는 성격이었다. 혁명 자체와 관련하여서도 비록 자체 공산주의자들에 의한 혁명은 아니었지만 다른 사회주의 나라들처럼 생산수단의 국유화, 농업협동화와 같은 사회주의 제도를 도입했고, 이념과 제도 모두를 사회주의를 넘어 공산화하기 위한 각종 시책을 추구하는 등 결과적으로 자체의 혁명을 거친 사회에서와 같은 혁명적인 사회주의 '개혁' 과정을 겪었다. 소련의 위성국으로서 소련의 정치체제와 사회를 닮으려고 노력한 점도 다른 소련위성국들과 공유하는 부분이고, 근대화와 산업화를 위해 모든 노력을 경주함으로써 이 부분에서 어느 정도는 성과를 이루었다는 점도 다른 사회주의 국가들과 유사한 경험이다. 다만 산업화와 발전의 과정에서 수령에 의한 유일지배체제라는 독특한 정치체제를 만들어낸 점과 이를 뒷받침하기 위해 주체사상이라는 특별한 논리를 만들어냈다는 점은 다른 사회주의권 국가들과 차이를 부분이다.

이렇게 보면 북한이 다른 사회주의 국가들과의 비교에서 다양한 특수성과 보편성을 갖는 것이 사실이지만 보다 넓은 차원에서는 이들 특수성 가운데에도 많은 부분이 사실은 공통의 기반 위에 표현된 각론적 특수성으로서, 전체적으로는 북한이 다른 사회주의권 국가들과 폭넓은 공통성을 가지고 있다고 할 수 있다. 바로 이점에서 '가설'이 북한에도 적용될 가능성이 도출된다. '가설'이 기반하고 있는 사례들의 여건과 북한이 가진 여건들이 여러 부분에서 유사하기 때문이다.

다만 한가지 더 전제되어야 할 것은 북한에서 김일성 정권이 구축해온 유일지배체제, 그리고 그 속에서의 김일성 통치의 북한사회에 대한 압도적 규정력을 감안할 때, 북한의 혁명과 산업화 과정 속에서 전통이 지속되었는지 여부는 김일성 통치가 전통에 대해 취한 태도와 정책, 즉 전통을 적대시하고 파괴하였는가 아니면 부분적으로든 전체적으로든 전통과 타협하고 이를 활용하려 하였는가에 대한 확인으로 치환, 검증될 수 있다는 것이다. 다시 말해 김일성 통치가 전통을 어떻게 취급했는가하는 것은 곧바로 김일성 정권의 압도적 영향력을 통해 북한사회 내 전통의 실제에 직접적으로 반영될 수밖에 없었고 우리는 이를 통해 전통의 지속 여부를 확인할 수 있다는 것이다.

한편, 이 가설에는 몇 가지 한계도 있다. 그중 가장 중요한 것으로는 소련, 중국 등 몇몇 사회주의 국가들의 사례를 일반화할 수 있느냐는 점이다. 사회주의 혁명을 거친 각 나라들의 형편이 다르고 전통의 특질이 다양하다는 점은 이와 같은 한계를 더욱 부각시킨다. 그러나 다행히 이들 사례들이 다루고 있는 전통의 본질이라는 것이 인간의 사회적 관계의 특성에 있는 만큼, 이들 특성이 나라마다 다른 점도 있지만 인간 사회의 기본적 속성이라는 차원에서 공통의 범주에 포함될 수도 있다는 점에서 가설을 일반화하기 위한 정당성을 찾을 수도 있겠다. 또 다른 한계는 인간의 사회적 관계, 제도 중심의 관찰이 전통 일반의 지속으로 확대 이해될 수 있느냐는 것이다. 이는 전통을 어떻게 이해하느냐와 직결되는 문제이다. 앞서의 논의와 같이 전통을 변화하지 않는 고착된 의례형식 정도로 한정적으로 이해한다면 분명 사회주의 혁명 이후 전통은 파괴되었다고 할 수밖에 없고 자연히 앞서의 가설은 성립될 수 없다. 그러나 전통이 이러한 차원을 넘어 인간생활의 보다 깊은 면까지를 포함하는 것으로 다소 폭넓게 이해될 수 있다면, 앞서의 사례들이 가설 성립의 근거로 해석될 수 있다. 즉 전통 자체의 지속으로 간주될 수도 있다는 것이다. 더욱이 본 연구가 민속학이나 문화인류학 차원의 전통 연구가 아닌 사회 정치적 차원에서의 전통 연구를 목표로 하는 것이니 만큼, 앞서의 제한적 의미의 전통이 아닌 사회적 관계, 정치적 관계에 초점이 맞추어지는 것은 자연스럽다. 그리고 그런 측면에서 전통의 존속이 입증된다면 이는 곧 전통 자체의 존속으로 치환될 수도 있게 된다. 사회마다 시대마다 그 구성원들의 동의에 의한 재규정 과정을 도외시한다면 전통의 본질을 파악해 내기가 어렵다고 볼 때, 사회주의의 새로운 환경 속에서 새로운 여건에 맞추어 변형된 형태로 존재하는 전통적 인간관계는 비록 전통 그대로의 모습이 아닐 지라도 그 이상으로 전통적이다.

3. 북한 사회주의화와 전통

　북한의 사회주의화는 다른 의미에서는 강도 높은 반전통에의 강요였다. 일제 강점 기간 존립의 기반을 위협받았던 전통의 흐름이 해방과 사회주의화 과정을 겪으면서 더욱 크게 근원에서부터 도전을 받게된 것이다. 사회주의 혁명을 겪은 사회에서 전통이 크게 흔들린다는 것은 앞서 본 바와 같다. 그리고 그 사회주의 혁명이 외부의 힘에 의해 주어진 것일 때는 그 흔들림이 더욱 클 수밖에 없다. 외부의 힘이라는 것 자체가 내부의 전통과는 적대적이기 쉽기 때문이다. 북한은 동구라파 공산국가들과 유사하게 소련의 점령정책 속에서 사회주의화 과정을 겪은 경우이다. 자연 북한 자체의 논리, 역학관계 보다는 외부논리가 가공 없이 북한사회에 강제로 덮어씌워진 측면이 두드러졌고, 전통과는 그만큼 철저한 결별이 요구되었다.

　아울러 북한의 사회주의화는 해방 과정과 맞물려 진행되었다. 즉 아시아 지역에서는 드물게 사회주의 외세(소련)에 의해 식민지배로부터 해방이 되었고 이로부터 사회주의화가 비롯되었다. 이점은 전통에의 또 다른 도전이었다. 소련은 북한을 일제로부터 '해방시켜준' 존재였을 뿐만 아니라 당시 낙후한 북한에게는 여러 가지 측면에서 따라 배워야 할 선진산업국이었다. 이에 북한지역으로부터 소련을 지향하려는 강렬한 분위기가 자발적으로 형성되었고, 이와는 반사적으로 전통을 홀대하는 분위기가 내부로부터 팽배하게 된다. 이 점은 전통의 측면에서는 사회주의화 과정 못지 않게 강한 부정적 영향력을 지닌 것이었다. 먼저 소련 지향성의 측면부터 보자.

가. 소련 지향의 근대화 추구

1) 북한의 해방과 親蘇定向

소련은 북한을 '해방' 시켰다. 두 차례의 원폭투하로 일본의 패망이 결정적으로 굳어진 시점인 1945년 8월 8일, 소련은 일본에 대해 선전포고를 한 후 곧바로 바실레프스키 원수가 지휘하는 극동군 약 158만을 동원하여 만주 주둔 일본 관동군 약 70만을 동, 서, 북 세 방면으로부터 포위 공격해 들어갔다. 전투개시 이틀 후인 8월 11일 제1방면군 제25군 일부가 사령관 치스차코프 대장의 지휘 하에 함경북도 경흥지방으로 진주함으로써 한반도에 최초로 진입하였고, 그 다음날인 8월 12일에는 소련 태평양함대 소속 해병대가 웅기항을, 8월 14일에는 격전 끝에 청진을 점령하였다. 마침내 일본군 사령부는 8월 15일 항복을 선언하였고 9월 중순까지는 소련군이 38도선 이북의 거의 모든 지역을 점령하였다.146)

오늘날 북한의 공식 역사서는 조선인민혁명군이 1945년 8월 8일 함북 경흥군 토리(현 선봉군)에서 습격전투를 벌인 것을 시작으로

---

146) 안드레이 란코프, 『북한 현대정치사』 (서울: 오름, 1995), 57-58쪽, 김
    학준, 『북한 50년사』 (동아출판사, 1995), 65-66쪽.

북한 각지를 점령함으로써 8월 15일 "위대한 수령 김일성 동지께서 일제를 격멸하고 조국을 해방하였다"고 쓰고 있으나[147] 유감스럽게도 그것은 사실이 아니다. 다만 김일성부대의 일부가 소련군에 동행하여 웅기상륙작전에 참가하였을 뿐이다. 후일 북한에서 민족보위성 부상, 노동당 군사부장, 군사위원회 부위원장 등 군 요직을 두루 거친 오백룡 일행이 그들이다. 그는 조선의 웅기상륙작전에 동료 8명과 함께 참가하여 서수라(西水羅)의 토치카를 공격하였으며 이후 나진, 청진으로 진격하였다고 회상하고 있다.[148] 이것이 사실이라면 오백룡과 그 일행은 조선의 해방을 위한 전쟁에 남북을 통틀어 유일하게 참전한 9명이 되는 것이다.[149]

북한을 '해방'시킨 소련 점령당국은 이후 각 郡단위까지에 걸쳐 북한 전역에 주둔하고 있던 약 4만 점령군의 힘을 배경으로 북한의 지도자와 지배집단 그리고 북한 사회를 깊숙이 통제함으로써 북한체제 형성과정에 절대적인 영향력을 행사했다는 것은 오늘날 보편적인 역사해석일 뿐 아니라[150] 하나의 사실로 확인되고 있다.[151] 이 상황에

---

147) 과학백과사전 종합출판사, 『조선전사』 년표 2 (평양, 1991), 103-104쪽.

148) 오백룡, 「붉은 군대와 더불어」, 『항일 빨치산 참가자들의 회상기』 4 (평양, 1960), 146-147쪽, 와다 하루끼 지음, 이종석 옮김, 『김일성과 만주항일전쟁』(창작과 비평사, 1992), 285 쪽에서 재인용. 森田芳夫는 "조선인 약 80명이 소련군과 함께 쾌속정을 타고 두만강을 건너 토리(현 선봉군 소재)에 내습했다"고 쓰고 있다. 『朝鮮終戰の記錄』(東京: 巖南堂書店), 29쪽.

149) 이에 반해 조선을 해방하는 전투에서 소련군은 4천 7백명의 사상을 보았고 이 중 전사자는 1500명이었다. 『조선역사』 제2권 (모스크바: 나우까, 1974), 162쪽, M. E. 뜨리구벤꼬, 「한반도 분단상황에서의 인민민주주의 혁명의 성격」, 연세대 대학원 현대사 연구회, 『북한 현대사』 (공동체, 1989), 159쪽.

서 북한의 자율성이 발휘될 여지는 없었다. 실제로 당시 소련의 지도자였던 스탈린 자신이 유고슬라비아의 밀로반 질라스(Milovan Djilas)를 만난 자리에서 "한 영토를 점령한 자는 누구라도 그 자신의 사회제도를 그곳에 강요한다. 누구나 그의 군대가 도달하는 데까지 그 자신의 제도를 강요한다"152)고 발언, 점령지에 대한 소련체제 이식 방침을 노골적으로 드러낸 바 있고, 연해주 군관구 군사평의회 위원으로 부임한 이래 소련의 대북한 정책을 입안하였을 뿐만 아니라 점령군 최고책임자로서 이를 실천에 옮기는 과정에서도 주도적인 역할을 했던 쉬띠꼬프 대장이 남긴 당시의 일기는 1945년 10월의 소군정 성립이래 소련이 북한의 크고 작은 일에 어떻게 개입하였는지를 상세히 보여주고 있다.153) 또한 이를 당시 소련민정청장관이었던 레베제프는 회고를 통해 "해방직후 북한에서 이루어진 일들 가운데 쉬띠꼬프가 관여하지 않은 일은 하나도 없을 정도였다"고 확인한다.

---

150) 김학준, 『북한50년사』 (동아출판사, 1995), 77쪽.

151) 소련의 점령정책과 그 규정력에 관해서는 Erik Van Ree, Socialism in One Zone-Stalin's Policy in Korea, 1945-1947 (Oxford: BERG, 1989), 서대숙, 「정권수립과 변천과정」, 최명 외, 『북한개론』(을유문화사, 1990) 참조.

152) Milovan Djilas, *Conversations with Stalin* (N.Y.: Harvest Book, 1962), p 114. 김학준, 『북한 50년사』 (동아출판사, 1995) 77쪽.

153) 전현수, 「「쉬띠꼬프 일기」가 말하는 북한정권의 성립과정」, 역사문제연구소, 『역사비평』 1990년 가을호, 133-162 쪽. 그는 또한 미소공동위원회 첫 회의에서 소련 측 수석대표 인사말을 통해 "소련은 조선이 진정한 민주주의적인 독립국가가 되기를 바랍니다. 그리고 조선이 장래 소련을 침범하는데 필요한 요새나 근거지가 되지 않기를 기대합니다"라고 발언, 북한에 대한 소비에트화 시책이 미국에 대한 견제의 측면도 지니고 있음을 암시하였다. 카미야 후지(神谷不二) 편, 『朝鮮問題戰後資料』 제1권 (일본국제문제연구소, 1976), 190쪽.

‘현실로서의 소련’의 모습이다.

그러나 이와 더불어 또 하나의 중요한 측면은 소련 점령당국의 규정력의 맞은 편에서 북한의 지도자, 지식인, 그리고 대중들 사이에 소련을 이상향으로 여기고 이것을 따라가려는 강렬한 열망이 팽배해 있었다는 사실이다. ‘소련풍’으로도 불렸던 이러한 풍조는 당시 조선노동당이 제시한 ‘소련을 향하여 배우라’는 호소로 잘 대변되고 있다. 이는 소련의 점령정책 혹은 소비에트화 정책이 북한 측으로서는 거부할 수 없는 여건 속에서 이루어진 것이 사실이지만, 그것이 전적으로 점령군의 폭력에 의해 북한의 지도자들과 대중들의 정서에 반하여 강제적으로만 이루어진 것이 아니라 어느 정도는 북한지역으로부터의 동의와 자발적인 바램에 기초하여 이루어질 수 있었다는 점을 말한다. 그 자발성은 크게 소련이 일제로부터 북한지역을 해방시켜준 은인이라는 점, 그리고 소련이야말로 북한을 근대화·산업화시키기 위한 모델로 비쳐졌다는 점등의 두 가지 측면에서 비롯된다. 우리는 이 측면에 주목할 필요가 있다. 이것이 북한의 근대화를 촉진시키는 데서 밑거름이 되었을 지는 몰라도 그 그늘 속에서 전통의 기반을 흔드는 사회적 배경의 역할을 한 것으로 보이기 때문이다.

북한을 점령한 소련이라는 존재가 당시 북한 사람들에게 36년간의 일제의 가혹한 압제로부터 북부조선을 해방시켜준 은인으로 비친 것은 당연한 일이었다. 그리고 여기에는 소련 점령군 측의 몇 가지 적극적이고도 호의적인 제스처가 큰 역할을 했다. 종전 당일인 8월 15일 25군사령관 치스차코프는 「해방된 조선인민에게 보내는 소련 극동군 제1전선 제25군 사령관 호소문」을 발표한다. 그것은 “쏘련

군대와 동맹국 군대들은 조선에서 일본 약탈자들을 구축하였다. 조선은 자유국이 되었다"고 시작하여 "쏘련 군대는 조선 인민이 자유롭게 창작적 노력에 착수할 만한 모든 조건을 지어 주었다"고 공언한 후 "이제는 모든 것이 죄다 당신들에게 달렸다. 행복은 당신들의 수중에 있다. 조선 인민 자체가 반드시 자기의 행복을 창조하는 자로 되어야 할 것이다"라고 촉구하고 있다.[154] 이런 말들은 36년 간 식민지 조선인들이 꿈에 그리던 것들이었다. 여기에 소련 점령군은 8월 26일- 10월 12일 사이에 「붉은 군대는 무슨 목적으로 조선에 왔는가」라는 게시문과 「쏘군 사령관의 담화」 등을 계속 발표하여 소련에게는 영토를 점령하거나 다른 나라 인민들을 정복하려는 목적이 없음을 거듭 확인하고, 그들의 목적이 오직 "그 인민들의 해방투쟁을 도와주며 그들이 자기의 땅에서 자기 소원대로 자유롭게 생활하도록 하려는 것"임을 분명히 하였다.[155] 10월 12일에는 「북조선 주둔 쏘군 25군 사령관의 성명서」를 통해 "쏘련 군대는 조선에서 쏘베트 질서를 설정하거나 또는 조선 지역을 얻으려는 그런 목적들을 가지지 않았다"라고까지 공언하였다.[156]

요컨대 소련은 북한 주민들에게 '해방자'로 자처하였다. 그들이 북한 지역에 대하여 어떠한 복안을 가지고 있는지 당시로서는 정확히 알 수 없었어도 적어도 이들 포고문들에 따른다면 그들은 북한에 독립과 자유를 선사한 진정한 '해방자'였다. 그리고 실제로도 조선인들로 조직된 인민위원회에 많은 권한을 넘겨주었고, 그 이외

---

154) 『조선중앙년감』 1949년판, 57-58쪽.
155) 『조선중앙년감』 1950년판, 20-21쪽.
156) 『조선중앙년감』 1949년판, 58쪽.

의 통치에 있어서도 소련 군정이 직접 나서는 대신에 인민위원회를 통하여 간접 통치하는 방식을 취했다. 이러한 방식은 소련군이 1948년 북한으로부터 철수할 때까지 계속되었다.

조선을 일제로부터 해방시켜준 이 명확한 사실에 대해서는 북한인들 모두가 환영하고 감사해 마지않았다. 1945년 10월 14일 평양시 공설운동장에서 열린 소련군 환영 평양시민 군중대회[157]에는 저명한 민족주의자이며 기독교인인 조만식이 시민대표 자격으로 참석하여 민족통일국가가 하루 빨리 세워져야 한다는 애국적인 연설로 청중들의 심금을 울리는 가운데 조선을 해방시켜준 소련군에 대한 깊은 감사를 표했다. 이어 조만식의 소개로 등단한 김일성은 "돈있는 자는 돈으로, 지식있는 자는 지식으로, 노력을 가진 자는 노력으로, 참으로 나라를 사랑하고 민주를 사랑하는 전민족이 완전히 대동단결하여 민주주의 자주독립국가를 건설하자"[158]고 연설하였고, "쏘련군대와 스탈린 대원수 만세!"를 외쳤다. '해방'에 대한 감사에는 민족주의자 혹은 공산주의자가 따로 없었다.

그렇지만 초기의 일치된 환영의 분위기가 그대로 계속된 것은

---

157) 대회가 김일성을 환영하기 위한 것이 아니라 소련군을 환영하기 위한 것이었다는 것이 당시의 관계자들의 증언이다.

158) 『김일성 선집』 1 (평양, 1963), 11-12쪽. 이 구절은 마오쩌뚱이 1937년 8월 25일 국민당과의 연합전선을 염두에 두고 한 연설 「저항전쟁에서의 승리를 위해 전민족의 힘을 동원할데 대하여」 가운데 나오는 대목이다. 원문을 옮겨 보면, "온 나라의 인민이 움직여 무기를 들고 저항전쟁에 나서게 하자. 힘을 가진 자들은 힘을 내고, 돈을 가진 자들은 돈을 내고, 총을 가진 자들은 총을 내고, 지식을 가진 자들은 지식을 내게 하자"이다. Mao Tse-tung, *Selected Works* 2 (Peking: Foreign Language Press, 1975), p.26.

아니었다. 북한에 처음 들어온 소련군인들이 주민들에게 저지른 만행으로 소련군에 대한 인상이 흐려졌고, 민족주의, 기독교계 등 공산주의 이외의 세력들은 소 군정의 노선과 필연적으로 갈등을 일으킬 수밖에 없었기 때문이다. 사태의 심각성을 깨달은 소련은 1945년 10월 점령군을 초기의 질이 나쁜 군대를 보다 우수한 군대로 바꾸고, 점령군 사령부가 강력한 통제를 실시함으로써 소련군의 민간인에 대한 만행은 근절되었지만, 주민들의 두려움은 금방 가셔질 수 없었다.159) 민족주의 세력과는 5년 간의 신탁통치를 규정한 모스크바 3상회의 결정 찬반문제를 둘러싸고 갈등관계로 돌아섰고, 기독교계와는 46년 3.1절 기념행사문제 즉 소련군정이 조직한 행사에 참석하지 않고 평양의 장대현교회에서 자체행사를 치른 것을 계기로 갈라서게 되었다. 학생들은 함흥(1945. 11. 7, 46. 3. 3), 신

---

159) 이는 당시 북한지역을 여행하고 이 지역 정세를 소개한 한 책자에서 일부 확인된다. 최범용, 『北鮮의 政治狀勢』(해방청년동맹 연구부, 1945. 11.5), 4 쪽. 이 책은 20×15㎝, 24 쪽의 등사판 책이다. 이 책에서 저자는 "이번 조선에 드러온 소군은 로서아북방지역에서 강제노동을 하든 수인들 이란 것 그리하야 소질이 낫고 란폭하다는 것을 알지 않으면 안된다. 「케페우」가 발견하야 총살로 처벌하여도 끝치지를 않었다. 그러나 지금은 이 군대를 완전히 귀국식히고 강간같은 겄은 전연자최를 감추어버렸다."고 쓰고, 그럼에도 그들은 "필자를 맞날때마닥 「우리들은 조선을 해방식히려고 싸워왔는데 웨 조선사람들은 웨 우리를 무서워하고 피하느냐 도저히 이해하기 어려운 일이다」고 한탄을 하얐다."고 전하고 있다. 그리고 만주에서의 일본군의 만행, 러시아에서의 독일군의 비행을 예로 들면서 이와같은 불상사가 전쟁에 반드시 부수하는 현상이므로 "매우 섭섭한늣김이 업지안으나 양해해야될 걷이다."라는 태도를 보이고 있다. 이 책에서 또 한가지 흥미를 끄는 점은 공산당5도대회(서북 5도 당 책임자·열성자 대회를 지칭)가 10월 12일에 열렸다고 기술하고 있는 점이다.

의주(1945. 11. 23)등지에서 반소·반공시위를 벌였다. 그리고 1946
년 3월 1일에는 소군정 주최 3.1절 기념행사장에 폭탄이 투척되는
사건도 일어났다.[160] 중요한 점은 이처럼 소련군정과 뜻을 달리한
세력들은 점차로 세력을 잃거나 남하하는 등의 방식으로 북한의
무대에서는 사라져갔고 북한지역에서는 소련을 환영하고 감사하는
분위기가 여전했다는 것이다.

당시 북한 지도층의 이러한 분위기는 공산당에 반대하는 세력들
이 완전히 정리되고 난 후의 시점인 1947년에 출판된 한 문학인의
논문집,[161] 1948년 4월 19-23일간 평양의 모란봉극장에서 열린 「남
북조선 제정당 사회단체 대표자 연석회의」의 김일성 연설,[162] 그리

---

160) 중앙일보사, 『조선민주주의 인민공화국』 (하)(1994), 28-42쪽.

161) "위대한 쏘련군대의 決定的打擊앞에 日本帝國主義는 無條件降伏하였
　　으며 朝鮮은 日本帝國主義의 植民地的 統治에 終止符를 찍었을뿐만아
　　니라 정치적 경제적 문화적 모든 방면에 있어서 自主獨立富强한 民主
　　朝鮮을 創建할 수 있는 가능성을 갖어왔다. 그리하여 전체조선인민앞
　　에는 全民族的宿望인 完全自主獨立의 民主主義人民共和國을 樹立하는
　　歷史的課業이 나섰다." 尹世平, 『新朝鮮民族文化所論』 (평양: 민주조
　　선 출판사, 1947), 116쪽. 저자 윤세평은 문학평론가로서 尹圭涉이라는
　　이름으로 45년 「현정세와 문화전선」, 「민족문화론」을 발표하는 등 활
　　동하다가 월북후 이름을 바꾸어 인민위원회 선전국 부국장으로 활동
　　한 인물이다. 그가 이름을 바꾼 사실은 徐光霽, 『北朝鮮紀行』 (서울:
　　靑年社, 1948)에서 확인된다.

162) "1945년 8월 쏘련 군대는 우리나라 강토에서 왜놈의 군대를 구축하고
　　우리 조선민족을 자유롭게 해방시키면서 우리 조국에 진주하였습니
　　다. 그 결과 우리민족의 천추에 사모친 멸시와 노예의 시대는 종국되
　　었으며 우리 민족앞에는 양양한 재생의 전도가 열리였습니다.(박수)…
　　그렇기 때문에 우리의 후손들까지도 우리민족을 해방시키기 위하여
　　자기의 생명을 아끼지 않고 영웅적으로 투쟁한 쏘련군의 영예스러운
　　공적을 대대손손으로 기억하게될 것입니다.(박수)" 김일성, 「북조선

고 6.25가 한창이던 1950년 8.15 해방 5주년 평양시 경축대회 김일성보고[163] 등을 통해 지속적으로 확인된다.[164]

　더욱 중요한 것은 북한 주민들의 태도이다. 남으로 내려온 주민들에 의해 소련 군인들의 만행이 부각되어 전해진 바 있으나, 북한에 남은 대부분의 주민들이 소련이라는 존재를 어떻게 받아들이고 있었는지는 하는 문제이다. 이를 엿볼 수 있게 하는 대목이 있다. 소련 군대가 남한 점령 미군과는 달리 1948년 북한으로부터 '조건 없이' 철수하였을 때의 일이다. 사실 소련이 3년 간의 군정을 통해 북한을 소련체제와 비슷한 소비에트형 사회주의국가로 빚어놓았다고는 하지만 결국 북한을 북한인의 손에 맡기고 철수하겠다는 것이 알려졌을 때 소련에 대한 북한사람들의 감격은 자못 컸던 것 같다. 이로써 점령초기의 불미스러운 일들마저도 묻어지고 북한사람들의 가슴에 소련이 다시 한번 정당성을 회복하는 계기가 되었

정치정세」, 『남북조선 제정당 사회단체 대표자 연석회의 중요 자료집』 (서울: 신흥출판사, 1948), 5쪽. 같은 회의에서 "남조선 정치정세"를 보고한 박헌영, 백남운 등도 물론 같은 시각이었다. 이 회의에 남측에서는 김구, 김구식 양인이 참석하고 있었다.

163) "우리가 이러한 거대한 성과를 쟁취하게 된 것은 우선 조선인민이 위대한 쏘련군대의 무력에 의하여 일본제국주의의 식민지 통치에서 해방되었을 뿐 아니라 위대한 쏘련이 조선인민에게 사심없는 우의적 원조를 준 까닭입니다.(박수)…그렇기 때문에 전체 조선인민들은 해방 5주년기념일을 맞이하면서 위대한 쏘련인민과 세계근로대중의 수령이시며 조선인민의 해방의 구성이신 쓰딸린 대원수에게 전민족적 축하와 감사를 드리는 바입니다."

164) 소련에 의한 북한의 해방이나 김일성의 소련 찬양 부분은 북한의 공식 문건에서 사라진 지 오래되었지만 당시 발행된 문건에서는 이런 부분이 여러 곳에서 확인된다. 『당 열성자들에게 주는 주간보』 제 2호 (서울: 1950), 5쪽 등.

다. 이때 북한 주민들은 소련 정부에 감사의 편지를 보냈는데 이
편지는 명주천에 쓰여졌고 1천 7백만의 북한 주민이 서명하였다고
한다. 그 내용은 다음과 같다.

> 소련 정부의 이 결정은 다시 한번 소련이 소수 민족의 자유,
> 독립과 평등을 존중하고 있으며 소련이 사심이 없고 일관성을
> 유지하고 있다는 것을 다시 한번 보여주고 있습니다. 위대한
> 소련에 향하는 조선 인민의 감사의 감정은 모든 조선 사람의
> 가슴 속에서 불타고 있습니다. 조선 인민은 자기의 해방자인
> 위대한 소련을 결코 잊지 않을 것입니다.… 소련군을 전송하며
> 우리는 가슴에서 우러나오는 감사의 뜻을 표시하고 소련군이
> 우리 조국앞에 세운 공훈에 대하여 경의를 표시하여 영광이 있
> 기를 바랍니다.[165]

그리고 이런 감사의 마음을 평양의 모란봉과 해주, 원산에 각각
"해방탑"을 세워 기렸다. 이 탑은 화강석으로 만들어졌으며 높이
70여 척에 그 북면에는 "조선인민을 일본의 압박에서 해방시키고
조선의 자유와 독립을 가져온 위대한 쏘련의 영웅적 공훈은 천추
만대의 길이 빛나리라. 1945년 8월 15일", 남면에는 "위대한 쓰딸
린 대원수의 영도로써 일본제국주의의 대한 승리는 이루어졌으며
이 승리와 조선의 해방을 위하여 흘린 피로써 쏘련 인민과 조선인

---

165) 『소연방과 인민조선의 관계』, 63 쪽, M. E. 뜨리구벤꼬, 「한반도 분
단상황에서의 인민민주주의 혁명의 성격」, 연세대 대학원 북한현대
사 연구회(편), 『북한 현대사』 1 (공동체, 1989), 169쪽. 김일성은
1949년 신년사에서 "993만 명의 남반부 동포들과 683만 여명의 북
반부 동포들이" 이 편지에 서명했다고 밝히고 있다.

민의 친선은 굳게 맺혀 졌나니 여기에 탑을 세워 전 인민의 감사를 표하노라. 1945년 8월 15일"이라고 조각되어 있었다고 한다. 그리고 그 밑에는 조선여성이 백두산 천지 위에서 태극기를 드높이 휘날리고 있는 것이 동판으로 조각되어있고 서면에는 소련군의 전투장면이, 동면에는 조선인민과 소련군의 굳세게 어깨를 같이 한 동판조각이 붙어있었다고 한다.[166] 이러한 움직임에는 당시 북한정권의 적극적인 동원이 개입되었을 수 있다. 그러나 거의 전체 주민이 별다른 저항 없이 이에 협조했다면 그것은 시대의 분위기로 간주될 만하다.

사실 당시에는 이런 시각이 수정되어야 할만한 특별한 이유가 존재하지 않았다. 소련 점령군의 눈에 보이는 혹은 보이지 않는 鑄造에 힘입어 북한정권이 탄생하였고, 그런 만큼 소련군이 철수한 후에도 양국간의 일방적이긴 하지만 긴밀한 관계가 정치, 경제, 문화 등 국가 전반에 걸쳐 변함 없이 지속되었기 때문이다. 크고 작은 일에 직접 관여하였던 남한 주둔 미군의 통치방식과는 달리 소련인들은 대중들의 눈에는 잘 드러나지 않도록 배려하면서 지배가 아닌 '영향력 행사방식'이라는 특유의 방식으로, 그것도 북한인 지도자들을 통한 간접통치의 방식을 택했다는 점이[167] 초기의 소련군의 만행에도 불구하고 이런 시각이 지속되는 한 요인이 되었던 것으로 여겨진다.

---

166) 서광제, 앞의 책, 152-153 쪽. 물론 이 "해방탑"은 오늘날에는 북한 땅에는 남아있지 않다.

167) 안나 루이스 스트롱, 「북한, 1947년 여름」, 『해방전후사의 인식』 5 (한길사), 503-504쪽.

2) 근대화의 모델-소련

북한사람들에게 비친 소련의 또 다른 하나의 이미지는 '근대화된 선진국'라는 것이다. 소련은 선진적인 문물과 그것을 뒷받침하는 이상적인 제도는 조선인들의 눈에 마땅히 본받아야 할 대상이었던 것이다. '이상으로서의 소련'의 모습이다. 이러한 인식은 '우리 민족을 해방시켜준 나라'로서의 인식과는 달리 북한측의 자발성을 좀더 깊이 내포하고 있는 것으로서, 해방 당시의 조선의 현실과 조선이 나아가야 할 길에 대한 모색의 결과물이라는 측면도 가지고 있다. 즉 봉건적이고 피폐한 조선을 시급히 발전시켜야 할 과제를 안고 있던 조선인들에게 선진적인 소련의 모습은 발전은 곧 소련을 닮는 것이라는 등식을 안겨준 것이다. 이에 따라 소련의 문물을 무비판적으로 수용하려는 경향이 팽배하게 되는 것은 필연의 사실이다. 그리고 그것과 대조되는 조선의 현실, 그리고 그 현실을 빚어온 '전통적인 것들'에 대한 인식은 더욱 부정적으로 되어갔다. 북한사람들에게 소련이 근대화의 모델로 인식되는 과정을 보자.

해방 직후 북한 공산주의자들의 우리 민족현실에 대한 인식은 한마디로 '식민지 봉건사회'라는 것이다. 일본 제국주의의 식민통치로 우리 민족의 모든 것이 박탈되어 남은 것이라고는 파괴된 산업과 빈곤, 봉건적 불평등과 착취관계, 낙후된 문화수준밖에 없었던 현실을 반영한 것이다. 당시의 이러한 현실인식은 소련점령군에 대한 초기 인식이 그랬듯이 민족주의자, 공산주의자 모두가 공감하는 것이었다. 오늘날 이러한 인식이 가장 생생하게 확인되는 것은 1946년 2월 북한의 행정기관 격인 북조선인민위원회가 설치되면서부터 북한 행정의 실질적인 책임자가 된 김일성의 각종 보고를 통해서이다.

우선 상황이 가장 심각했던 농촌문제에 관해서 김일성은 일본 침략자들이 봉건적 소작제도를 보존함으로써 수천만 농민들이 기근과 빈궁에 처하게 되었고, 바로 그 봉건적 소작제는 농촌경제가 발전하지 못한 근본원인이 되었다고 보았다.[168] 즉 "오랫동안 조선 농민은 일본제국주의자들과 그 식민지통치의 지주로 되어있던 조선인 지주들의 무제한한 봉건적, 식민지적 착취의 대상으로 되어 있었으며 빈궁과 질병과 문맹과 암흑 속에서 신음하게 되었던 것이다. 그러기 때문에 조선에 있어서 봉건적 토지소유관계-소작제도는 조선 민족사회 발전에 있어서 그 고질로 되어 있으며 민주주의적 자주독립국가 건설에 있어서 그 기본적으로 되는 장해물로 되어 있다."[169]는 것이다.[170]

---

168) 김일성, 「목전정치형세와 북조선 인민위원회의 조직문제에 관한 보고」, 8.15해방 1주년 기념 중앙준비위원회(한설야 편), 『反日鬪士演說集』 (1946. 8. 10), 2쪽.

169) 「김일성장군의 주장 민주주의 조선 임시정부 수립에 관하여」('북조선 민전산하 각 정당 사회단체 열성자대회'에서 행한 연설), 『북한현대사』 1, 435-436 쪽.

170) 김일성이 일본측 수치를 인용, 발표한데 따르면 전 조선농가의 80% 이상이 봉건적 토지관계에 묶여 착취를 당하고 있었으며 그 가운데 토지가 적은 농가가 24%, 토지가 없는 농가가 52%, 고농이 4%를 차지하고 있었다. 불과 3.3%밖에 되지 못하는 지주들이 50% 이상의 토지를 소유하고 있었으며 72.2%나 되는 농민들이 10.5%의 토지밖에 소유하지 못하였다. 소작료의 경우에는 봉건적 지대형태(정조, 타조, 집조)가 전 농작물의 60% 이상 90%에 이르렀으며 그 위에 농민은 또 무보수 노력의 제공, 수세, 비료대 등에 대한 강탈적 고리이자를 지주에게 제공하지 않을 수 없었다고 한다. 그 결과로 전 조선농

산업과 상업에 관해 김일성은 일본 침략주의가 전 상업과 산업을 장악하여 조선의 산업 및 경제발전을 고의적으로 저해시킴으로써 발전이 저해되고 왜곡된 것으로 보았다. 다만 일본이 '대동아 전쟁'을 준비하면서 북한 지역에 산업시설을 건설하였으나 그것도 일본의 전쟁물자를 제조하기 위한 것이었지 결코 조선의 경제발전과 민중의 물질생활수준을 향상시키려는 것은 아니었다는 것이다.[171] 더구나 일본은 이들 산업체에 종사하는 조선의 노동자 및 사무원들을 잔혹하게 착취하여 일일 노동시간이 12~14 시간에 달하였고 소년 및 여성노동을 광범위하게 착취함으로써 그들을 대대로 육체적 불구에 이르게 하였다는 것이다.[172]

가장 '봉건성'이 두드러진 부분은 여성들의 위상문제였다. 36년 동안 조선의 여성들은 일본제국주의의 끊임없는 모욕과 잔혹한 착취를 받은 결과 "중세기적, 봉건적 가정관계가 여성들의 정치적, 경제적 압박을 강화시켰으며 멸시와 모욕과 문맹은 조선 근로여성 대중의 운명이 되었다"는 것이 김일성의 인식이었다.[173] 이 외에도

가의 77%가 1년 내내 '역우와 같이 고역하고서도' 새 수확기까지 식량부족을 당하였으며 그 중 47%가 지주에게 식량을 차용했던 것이고 그 조건은 봄에 1斗를 빌리면 가을에 1.5斗~2斗의 고리였다는 것이다. 「쏘미공동위원회 공동결의 제 5 호, 제 6호 해답서」. 미소공위 공동성명 제 5, 6 호에 대해 47년 7월 3일자로 위원장 김두봉, 대표 김일성 명의로 북조선 노동당의 입장을 밝힌 소책자임. 『북한현대사』 1, 441-447쪽에서 재인용.

171) 김일성, 「목전정치형세와 북조선 인민위원회의 조직문제에 관한 보고」, 『반일투사연설집』, 2-3 쪽

172) 「북조선 노동자 및 사무원에 대한 노동법령에 대한 결정서」(1946. 6. 24), 『북한현대사』 1, 392쪽.

173) 「북조선의 남녀평등권에 관한 법령」, 앞의 책.

김일성은 아동의 반수 이상이 문맹자로 되어있었고 대학 기타 기술전문학교에의 입학권은 최저한도로 제한되어 있었으며 민족언어는 도처에서 천대받는 가운데 일본침략자들은 고유한 조선문화를 폐지하고 민족적 감정과 민족적 정신을 영영 말소하려 하였다고 보았다.

이와 같은 현실인식은 김일성의 말로 대표되었을 뿐 실은 당시 조선의 지식인, 지도자들 모두가 공유하는 것이었다. 문제는 이러한 인식을 바탕으로 우리 민족의 미래를 어떤 방향으로 설계해 가야할 것인가 하는 것이었다. 즉 "이제는 모든 것이 당신들에게 달렸으니" 해방된 우리 민족이 나아가야 할 방향은 적어도 형식적으로는 북한의 지도자들이 결정해야할 문제였던 것이다. 이 점에 있어 일차적으로는 '자주독립국가 건설', '국민생활 향상', '일제잔재 청산', '민주주의' 등의 방향이어야 한다는데 민족 전체가 대체로 일치된 인식을 갖고 있었던 것 같다. 사실 이러한 목표자체는 이념과는 상관없는 민족 공동의 염원으로서 이를 위해 조만식과 같은 기독교계 인사도 초기에는 소련군정 및 공산당과 힘을 합쳐 일해보려 하였던 것 같다. 그리고 이것을 위해 얼마나 애써왔느냐, 애쓰고 있느냐가 애국자의 기준이었고 정당성의 원천이었다. 김일성은 이 점에 있어서 결코 뒤지지 않는 인물이었다. '보천보전투'174)를 비롯한 만주항일투쟁의

---

174) '보천보전투'는 혜산 근처의 보천보라는 작은 읍을 김일성 부대가 공격한 것으로, 보천보가 일개 경찰 지서가 방어를 담당하는 작은 규모였음에도 불구하고 인근 혜산이 부산에서 출발하는 철로의 종착지로 이야기가 전해지기 쉬웠다는 점에 힘입어 당시 동아일보에 크게 보도되었고 당시의 시대적 엄혹성에 비추어 우리 국민들에게 널리 알려진 전투이다.

행적이 국내에 잘 알려진데다가[175] 귀국 후에도 일치 단결하여 새 국가를 건설할 것을 독려[176]하는 등 애국적이고 민족주의적인 연설을 계속하여 스스로를 애국자로 부각시켰다. 더욱이 그의 무장투쟁이 비록 중국공산군의 일부로서 시작되었지만 그 점은 당시 일제가 '공동의 적'이었다는 것을 감안하면 일부 이해가 가능한 부분이고, 그의 부대가 투쟁의 후반기 들어 국내진공 쪽으로 방향을 잡고 조국광복회 조직의 운영을 통해 국내조직과의 연계를 꾀했던 점[177]등은 그의 회고록 『세기와 더불어』에 의하지 않아도 그의 투쟁방향이 '민족을 초월한' 또는 '민족을 수단으로 한' 공산주의의 추구라기보다는 처음부터 '민족을 위한' 공산주의라는 성격에 기반하고 있었지 않았나 하는 평가의 가능성도 남겨둔다.[178]

---

175) 김일성의 항일무장투쟁에 관해서는 학자들간에 진위에 관한 다소의 이견이 있었으나 오늘날에는 일본측 관헌자료의 충분한 발굴 등에 힘입어 대체로 '진짜'설이 받아들여지고 있다. 가짜 주장의 대표적 논자는 이명영(『김일성 열전』, 1974 등), 허동찬(『김일성 평전』, 1987, 88) 등, 진짜 주장은 와다 하루끼(「김일성과 만주항일전쟁」, 1988), 이정식(『한국공산주의 운동사』 1, 1986), 서대숙(『북한의 지도자 김일성』, 1989) 등.

176) 그 대표적 사례가 「평양시 군중대회」의 애국적 연설 4일 후인 10월 18일 평남인민정치위원회에서 베푼 환영식에서이다. 여기에서 그는 "속담에 '나라없는 사람은 상가집 개만도 못하다'는 말이 있거니와 참말로 무엇보다도 나라가 있어야겠다는 것-이것을 뼈저리게 느껴가지고 싸워왔다.", "우리에게 무엇보다도 중요한 것은 단결입니다. 모든 애국적 민주주의 역량이 굳게 단결하여야 합니다.…모두 다 힘을 합하여 새 민주주의 국가를 건설하기 위하여 힘차게 투쟁합시다.", "우리 민족의 대동단결로서 신조선 건설운동에 대중적 단결과 곤난을 무릅쓰고 전국운동에 참가하는 정신을 가져야 합니다." 등 민족주의적 내용의 연설을 하였다. 『김일성 선집』 1 (평양, 1963), 11-14쪽.

177) 와다 하루끼, 이종석 역, 『김일성과 만주항일전쟁』 참조.

 그러나 더욱 중요한 것은 그 다음 단계로서 이 같은 목표를 추구하기 위한 방법론에 대한 인식이었다. 이 점에서는 우익과 좌익의 의견이 기본적으로 달랐고 초기에는 좌익 내에서도 일부 정파가 주류와는 다른 생각을 갖기도 하였다. 그렇지만 적어도 좌익진영이라면 남북을 막론하고 그 방법이 사회주의 건설을 통한 것이어야 한다는 것이었다. 물론 민족주의자들이나 기독교계 등 여타의 세력이 남하하거나 기반을 잃어감으로써 북한지역에서 더 이상 소련점령군 및 공산당의 시책에 의미 있는 저항을 할 수 있는 세력이 존재하지 않게 된 이후 시점부터는 공산주의자들 사이에 확정된 노선은 곧 전체 북한의 노선으로 치환될 수 있었으므로 북한지역에서는 사회주의 건설을 통해 조국의 독립과 발전 등 목표를 추구해야 한다는 것이 거의 초기부터의 노선이었던 셈이다.

 바로 이 점에서 소련이 모델이 된 것이다. 혁명을 추구하는 공산주의자들에게 사회주의 소련은 이념적 고향인 데다가 일본의 패망과 중국혁명 등을 목격한 당시 북한인들에게 가장 눈부신 발전과 근대화의 상은 소련일 수밖에 없었다. 소련이 이룩해놓은 것, 소련의 문물에 대한 동경은 자연스러운 일에 속한다. 소련과 같은 사회주의 국가를 건설하기 위하여 공산당 내에서는 혁명의 단계가 논의되었고, 문화계에서는 소련문화 흡수의 당위성이 주장되었다. 당시 소련이 북한인들에게 어떻게 비쳤는지를 두 가지 사례를 통해 보자. 첫 번째는 앞서 본 한 북한 문학인의 논문집이다. 저자는 먼

---

178) 그가 조국해방과 건설을 위한 방법으로서 공산주의라는 '방법'을 활용했는지 여부와 한국전쟁 및 후일의 그의 북한통치의 공과가 다른 기준에서 평가받아야 함은 물론이다.

저 소련의 북한점령으로 "오랜 동경의 대상이던 쏘련의 선진문화와 자유롭게 접촉할 수 있게 되었다"고 기쁨을 표시한 뒤, "오늘의 쏘련사회주의문화는 단순히 쏘베트인민의 역사적 발전의 귀결일 뿐만 아니라 전세계의 문화적 발전의 총화", "쏘련문화는 세계사의 발전도상에 있어서 과거에 창조된 최상의 것과 현재 창조되고 있는 최상의 것을 상속한 정당한 후계자" 등으로 소련의 문화를 극찬하며 조선의 낙후한 문화수준을 급속한 시일 내에 선진적인 문화수준으로 끌어올리는 한편 우리의 민족문화를 진정한 인민의 문화로 발전시키기 위해서는 '최상의 문화'인 소련문화를 섭취하는 길이 가장 정당하고도 빠른 길이라는 견해를 내놓고 있다.[179]

두 번째 사례는 「역사제문제」 1950년 3호에 실린 백남운의 책 『쏘련인상』 광고이다. 여기에는 "위대한 쏘련을 소개하는 방문기와 기행문들은 종래에도 많이 출판되었습니다."고 전제하고, 이와는 달리 이 책은 "조쏘양국간의 경제적 및 문화적 협조에 관한 협정체결을 위하여 쏘련을 방문한 조선민주주의인민공화국 정부 대표단의 일원으로서 저자 백남운선생이 직접 참가하여 쓰딸린대원수와 김일성수상의 회견을 비롯한 쏘련정부요인들과의 회견기를 수록"하였으며, "저자는 오래전부터 동경하던 위대한 쏘련을 참관하고 정치 경제 문화 각방면에 걸친 쏘련인민들의 창조적 노력을 예술적으로 풍부하게 묘사하였다."는 점을 특이점으로 선전하고 있다. 이미 여러 편의 소련 방문기들이 출판 판매되었고, 백남운과 같은 당시 저명한 학자이자 고위인사도 소련을 방문하고 난 후의 인상을 책으로 만들어 널리 독자들과 공유하고자 하였으며, 또한 소련을 경험해보지 못한 대중들로부터도 이

---

179) 『신조선민족문화소론』, 59-71쪽.

에 대한 상업적 수요가 있었다는 것을 이 광고를 통해 볼 수 있다. 당시 북한의 일반인들의 소련문물에 대한 동경을 보여주는 좋은 예이다.

3) 소련식 산업화, 근대화 추구

‘소련 따라 배우기’는 당시 북한에 있어서는 하나의 시대조류였다. 소련은 북한이 닮아야 할 모범이고 나아가야 할 방향이었으므로 소련의 모든 것을, 그것도 가장 빨리 모방하고 흡수하는 일이야말로 북한이 근대화하고 부흥시키는 지름길이라는 믿음이 적어도 공식적으로는 북한을 지배하였다. 실제로 정치체제는 물론이고 경제발전 전략, 사회문화 등 모든 면에서 소련의 것을 도입하는 것으로 산업화·근대화하려한 흔적을 풍부히 목격할 수 있다.

노동당의 형태라든지 1948년 수립되는 정부의 모양이 소련의 그 것들을 모범으로 한 것임은 재론의 여지가 없다. 가장 중요하게는 소련의 발전 전략을 그대로 답습한 점이다. 물론 소련 군정 하에서 다른 발전 전략을 추구한다는 것이 애초에 불가능한 일이기도 하였지만 북한으로서도 이를 적극적으로 받아들여 뒤떨어진 북한의 발전에 기하려는 노력들을 전개한 것도 간과할 수 없는 사실이다. 소련혁명과 개혁을 모델 삼아 북한이 처한 당시의 상황이 어떤 ‘혁명’을 필요로 하는지를 조심스럽게 모색했던 사실, 즉 북한의 발전 단계에 대한 토론이 진지하게 진행된 사실은180) 소련의 사례를 북

---

180) 실질적인 북한 노동당의 창건인 1945년 10월 10~13일의 ‘조선공산당 서북 5도 당책임자·열성자대회’에서의 혁명단계 논의를 예로 들 수 있다. 이 회의는 당시 우리나라의 혁명의 단계를 ‘부르조아 민주주의

한의 현실에 더 잘 적용시키려는 적극적인 활동의 일면으로 해석될 수 있는 사안이다. 결국 북한이 당시 가장 중요한 문제이던 농업문제에 있어 토지개혁과 각종 개혁조치, 그리고 후일 협동농장화를 추구해 나간 것이라든지, 공업부문에 있어 국가를 산업화시키려 내외의 어려움에도 불구하고 지속적으로 중공업 우선 건설의 방침을 견지해 나간 사실 등은 스탈린의 정책을 연상시키는 것들이다.[181] 1946년 북조선임시인민위원회를 수립하고 토지개혁을 한 이후 1947년과 1948년 두 차례의 1개년계획을 필두로 1949-50년의 2개년계획 및 1954년-56년의 전후복구3개년 계획, 1957년-61년의 인민경제발전5개년 계획 등으로 이어지는 경제계획에 의한 경제건설 방식도 소련의 예를 따르는 것이었다.

문화, 예술 그리고 학술 차원에서의 소련 지향은 더욱 두드러진다. 소련 문물에 대한 동경, 그리고 이것을 도입하려는 실제적인 노력이 정권차원에서 경주되었고 학술차원에서 실천되었다. 우선 정권차원에서 소련의 문화를 수입하는데 들인 노력은 체계적이고도 방대하

혁명단계'로 규정하였다. 그리고 이 회의에서 "부르조아 민주주의 혁명과 사회주의 혁명의 동시수행"을 주장했던 일부의 의견이 정리되었다. 이때 김○○이 보고한 '당조직문제 보고'는 이에 관해 "조선이 역사적 사명을 하는데 있어서 내본적 조건으로 보면 노동자 단결이 없고 반동 부르죠아지는 청산되지 않았다. 우리가 할 역할은 전힘을 다하여 민족통일정권을 수립해야 한다. 이곳에는 자본가도 참가한다. 민족적 독립과 인민의 생활을 높일 정부를 세워야 한다.... 현단계에 있어서는 자본민주주의 정권을 세워야 한다."라고 주장하고 있다. 조선산업노동조사소 편, 『옳은 노선』(동경: 민중신문사, 1946), 40-44쪽.

181) 스탈린의 농업협동화와 중공업우선 정책, 그리고 그것이 가져온 사회적 결과 등에 관해서는 하용출, "스탈린체제와 강성국가의 쇠퇴", 미출판 연구논문 참조.

다. 북한은 이미 1946년부터 소련에 유학생을 파견하기 시작하였고 러시아어 강습을 위해 각지에 러시아어 강습소를 설치하였다. 1948년 소련 점령군이 철수하자 북한은 그 이듬해 3월 17일 모스크바에서 소련과 '조·소 경제문화협정'을 체결하는데, 이 협정은 모스크바와의 무역관계 뿐만 아니라 언어, 예술, 무용, 연극, 영화, 출판, 방송 등 각종 문화교류를 계속할 수 있는 제도적 장치가 되었다.[182]

소련으로부터 각종 문화를 수입하는 실무 창구역할은 「朝蘇文化協會」가 맡아 하였다. 해방직후 "조소문화의 교류와 선진 쏘련문화의 섭취"를 그 주요 목적으로 탄생된 이 기구는 각 도 시 군에 지부를 두고 있었다. 한 문화인(영화인)이 기자 자격으로 1948년도의 북한을 여행하고 기록한데 수록되어있는 1947년도 조소문화협회의 각종 실적을 보면[183] 당시 북한 문화 수입의 규모와 열기를 다소나마 실감할 수 있다. 이 가운데 소련영화 관람객수, 서적 부수, 강연회 청중 수 등 몇몇 사항은 주민들에 대한 직접적인 영향력을 반영하는 것으로, 이로 보아 소련문화 지향이 북한 주민들에게 상당히 침투해 들어갔음을 추론하기 어렵지 않다. 아니 거꾸로 대중들의 소련문화에 대한 갈증을 풀어주기 위해 정권 차원에서 이러한 노력을 기울였다고 보는 것이 타당할 것이다.

---

182) Chin O. Chang, *Pyongyang between Peking and Moscow: North Korea's Involvement in the Sino-Soviet Dispute, 1958-1975* (The University of Alabama Press, 1978), pp.11- 12.

183) 서광제, 『북조선기행』 (서울: 청년사, 1948), 41-44쪽. 표 가운데 1은 『민주조선』 1948.4.16일자, 2-3은 『조선신문』 1948.1.11일자, 4-10은 조쏘문화협회기관지 『조소문화』 1947년도 10월 혁명 특집호에 게재된 조소문화협회사업총괄(1947.2.9~47.9.30)과 11은 출판서적총목록(1947.10월 말 현재)에서 전재.

<u>1947년 조소문화협회 사업 실적</u>

사업내용	실 적	비 고
1. 소련서적 번역물 출판	총 64 종 76만부	문예작품 17종, 사회과학 32종, 자연과학서적 3종, 잡지 5종, 부록 7종 등
2. 소련화보 전람회	1,913회	
3. 소련영화 이동 영사회	1,489회 상영, 110만 1,689명 관람	
4. 전람회 사업	216회에 동원인 수 78만 7,623명	蘇聯邦事情展, 소련체육사진전, 인민의 나라 소련, 소련과학연구소전, 소련예술사진전, 소련농업사진전, 재건 쓰딸린그라드사진전, 모쓰크바사진전, 소련 각공화국소개사진전, 선거사진전, 소련여성사진전, 소련미술사진전람회 등
5. 영화사업	147회에 21만 6,748명을 관람	5.1절, 승리의 관병식, 해방된 유고스라비야, 石花, 怪魔征服, 위대한 전환, 蘇獨攻擊戰과 뉴-스 등, 조선말로 모다 해설
6. 강연회사업	178회, 청중 10만 2,090명	소련사정소개강연회, 소련시찰단귀환강연회, 방소의사단귀환강연회, 방소교원단귀환강연회 등
7. 기념사업, 각종행사	71회, 7만 5,669명	소련문호혁명가들의 탄생기념 서거기념, 소련음악사절단, 소련연극단, 조쏘각종친선사업 등
8. 로어보급		
9. 도서관사업	도서관수 17, 장서 1만 2,754권	로어원서, 기타외국어와 조선서적으로 소련연구에 필요한 서적구비

사업내용	실 적	비 고
10. 강좌사업	112회에 1만 884명의 청중	소련의 정치 문화 경제면에 걸친 모든성과를 소개섭취하기 위한 대중적 문화강좌
11.「조쏘문고」 제36집까지 출판		4×6판, 50항에서 200항 내외

　학술차원에서는 역사학 분야의 소련 경도가 두드러진다. 북한에서 역사연구는 북한정권이 수립된 직후인 1948년 10월 2일에 벌써 '내각결정 11호'에 의하여 '조선력사편찬위원회'가 설치될 정도로 비교적 일찍이 출발하였다. 이 '조선력사편찬위원회'는 1949년 1월 14일자 '내각지시 8호'를 통해 식민사관의 극복, 유물사관의 역사법칙에 따른 서술, 사회적 생산기구의 성격과 생성발전 및 전변관계를 과학적으로 규명할 것 등을 기본과제로 부여받는다.[184] 이에 따라 우리 역사연구의 주요 분야로는 소위 '민족해방투쟁사'가, 주요 방법론으로는 유물사관이 정착되게 된다. 그 결과의 하나로 1949년『조선민족해방투쟁사』가 간행된다.

　이 시기 역사학계 자체가 작성한 역사학 방법론이『력사제문제』1950년 제1집에 실려있다. '조선력사편찬위원회'에서 설정한「朝鮮人民歷史講座」시리즈의 첫 호로 실린 이 글('제1장 력사연구의 몇가지 문제'라고 제목이 붙어 있음)에서 제시하고 있는 '방법과 과업'의 7개

---

184)　『력사제문제』5집 (1949)에는 내각결정 제11호 '조선력사편찬위원회에 관한 결정서'와 내각 수상이 편찬위원회에 하달한 '조선력사편찬위원회의 조직 및 기본과업에 관하여'라는 문건이 수록되어있다.

항 중 다섯째 항은 "조선력사의 특수성을 표현함과 동시에 세계사와 분리시켜 고립된 현상으로 생각할 것이 아니라 항상 세계사의 한 고리로 취급하여야 할 것이다. 조선민족의 해방은 오로지 조선민족자체의 고립적인 투쟁에서 쟁취한 것이 아니라 실로 세계민주력량의 발전행정에서 위대한 쏘련인민들의 그 력사적과업을 수행한 결과인 것이다."라고 규정하고 있다.[185] 역사를 유물변증법적이고 계급적인 입장에서 서술하는 데서도 그 방법에 있어서는 소련을 중심으로 한 세계민주역량과의 관계에서 서술하라는 것은 소련의 역사학을 더욱 추종하게 하는 요인이 되었을 것이다. 그리고 실제에 있어서도 유물사관=소련의 방법론이라는 등식이 성립되어 소련 학계의 연구성과를 흡수하는 것이 역사학 연구에서의 중요한 과업이 되어버렸다.

　1948년 7월에 창간되어 1950년 한국전쟁으로 중단되기까지 18호를 발행한 역사 학술지 『력사제문제』[186]의 경우, 계급사관 민족사관의 입장에 서서 일제에 의해 왜곡된 우리 민족사를 바로 잡으려는 노력을 보이는 가운데에도 '外國史潮'나 '史籍評論'과 같은 코너를 빠짐없이 마련하여 소련학계의 논문들을 번역 소개하였다. 물론 『역사제문제』라는 제목 자체도 소련의 그것을 본 딴 것이다. 『조선민족해방투쟁사』의 해방이후 부분은 아예 소련인 샤브시나가 직

---

185) 첫째, 둘째 항은 변증법적 유물론에 입각한 계급사관으로 역사를 기술하라는 주문, 그리고 셋째와 넷째 항은 일본 사학자들의 식민사관에 의해 훼손된 우리 민족사의 자주적이며 긍정적인 부분을 복원하고 부각시키라는 요청이었고 여섯째 항은 김일성의 영도적 역할 강조, 일곱째는 역사가가 사료에 충실할 것이 아니라 자기가 설정한 문제해결을 위해 사료를 취사선택해야 한다는 것이었다.

186) 조선역사편찬위원회에서 발행하였다.

접 집필하고 있다.[187]

일제에 의해 부정되었던 우리 민족사의 긍정적인 측면을 복원해 내려는 노력의 흔적이 곳곳에서 발견되지만 그 역사해석의 틀은 소련의 것을 그대로 차용하는 형편이었고 전체적으로 보아서는 민족사의 발견보다는 소련의 방법에 더 큰 비중이 가있는 편이었다. 과학원 역사연구소가 발행하는 『력사과학』에 실린 회고에 따르면, 해방후 역사학계 전체가 소련 학계가 달성한 성과를 학습하는데 열심이었다는 것이다. 여기에서 『소련공산당력사』와 『레닌주의 제문제』, 소련공산당 기관지 『볼쉐위크』나 소련의 『력사제문제』 등이 "이론수준을 제고하는데 유용한 교재"가 되었고 특히 세계사 교과서는 "거의 대부분 쏘련 교과서들에 의거하여 우리 실정에 적합하게 편찬되었다"는 것이다.[188] 우리 민족사 연구의 틀은 소련의 것을 빌어 썼고 세계사는 소련 책들을 그대로 베껴 썼다는 실토나 다름없다.

경제학 분야에서의 소련식 추구도 실정은 마찬가지여서, 1947년에는 이미 소련 대학들의 경제학 강의요강과 교재들을 도입하여 쓰고 있었으며 소련인 경제학자들을 장기 초빙하여 강의를 받기도 하였다. 그 결과로 경제학계 기성간부들의 "맑스-레닌주의 기본학습과 쏘련의 선진경제학계의 성과와 경험의 습득이 크게 추동"되었다는 것이다.[189]

앞으로 건설할 문화의 성격을 설정하는데 있어서도 북한의 현실

---

187) 민족통일연구원, 『조선전사해제』 (1994), 17쪽.

188) 「8·15 해방후 조선 역사학계가 걸어온 길」, 『력사과학』 1960년 제6호.

189) 「해방후 15년간의 경제학계의 발전」, 『경제연구』 1960년 제 3 호, 이병천 편 『북한학계의 자본주의 관계 발생 논쟁』.

을 반영한 새로운 모델의 모색보다는 소련의 것을 그대로 차용하려는데 머물렀다. 해방 직후 좌익계열의 문학평론가들 사이에는 해방된 우리나라에 어떤 문화를 건설할 것인가 하는 문제를 가지고 38선 이북, 이남을 넘어 광범위한 논의가 벌어진 적이 있었다. 여기에서 일단 '민족문화'를 건설해야 한다는 데에는 이견이 없었으나, 민족문화의 내용이 무엇이냐에 있어서는 의견들이 갈리고 좌편향, 우편향 등 다양한 입장이 드러났다. 먼저 제기된 주장이 1946년 2월 9일과 10일에 걸쳐 발표된 「조선 민족문화 건설의 노선」이다. 이 글은 특정인의 이름이 아닌 '당 중앙위원회' 명의로 발표되어 당시 조선 문학자대회의 지침 역할을 했던 것으로 보인다. 여기에서 주장되고 있는 장차 건설될 신문화의 핵심은 프로레타리아 문화가 아니라 반제·반봉건의 민주주의 민족문화이며 그것은 내용에 있어서 민주주의적이고 형식에 있어서 민족적이라는 것이다.[190] 당시 조선혁명의 단계가 프로레타리아 단계가 아니라 민주주의 혁명단계라는 잘 알려진 혁명정세 판단에 충실하게 근거하여, 건설될 신문화의 내용도 민주주의적이어야 한다는 결론에 도달하고 있음을 볼 수 있다. 그리고 '新文化'라는 용어를 사용함으로써 마오쩌뚱의 신민주주의론에서의 문화론을 염두에 두고있는 듯한 인상을 풍기고 있다.[191]

---

190) 같은 책, 46-47쪽에서 재인용.

191) 마오쩌뚱이 신민주주의론에서 주장하고 있는 신문화의 내용은 '형식에 있어서 민족적이고 내용에 있어서 신민주주의적'인 것이며 그것은 곧 민족적이며 과학적이며 대중적인 문화를 의미하는 것으로 기술하고 있다. Mao Tse-tung, "On New Democracy(40년 1월)," Selected Works of Mao Tse-tung Vol. 2 (Peking: Foreign Language Press, 1975),

이에 대해 논쟁에 참여한 평론가들은[192] 일제히 혁명의 단계가 민주주의 혁명단계라 하여 건설할 문화도 도식적으로 민주주의여야 할 필요는 없다는 논지로 이를 비판하고 대신 프로레타리아가 주도하는 사회주의적 내용을 가진 문화를 건설해야 한다고 주장하였다. 이것은 1946년 이후 북한에서 보편적인 명제로 성립되어 간다. 이것을 이 논쟁에 참여한 사람 중의 하나인 평론가 윤세평은 "민주주의의 발전과 문화의 발전 사이에 불가분의 관계를 가지고 있는 곳은 엄밀하게 말하여 쏘련 이외에는 존재하지 않는다"고 전제하고 "조선사회가 것고있는 현역사계단이 낡은 뿌르조아민주주의가 아니라 새로운 민주주의 사회를 건설하는데 있는 만큼 조선사회가 수요하는 문화도 낡은 뿌르조아민주주의 문화가 아니라 새로운 민주주의 문화이다."라고 설명한다.[193] 이는 당시의 북한 문화계가 부르조아민주주의 혁명이라는 우리의 혁명현실을 넘어 프로레타리아 문화, 사회주의문화를 지향한다는 것을 원칙으로 설정했음을 보여준다.[194] 물론 여기에는 1946년 이후 토지개혁, 중요산업 국유화, 노동개혁 등 제반 민주개혁과 함께 노동자, 농민의 대표를 자처하

---

pp.381. 그리고 이것은 대중을 위하여 복무하는 문화를 이야기한 유명한 옌안에서의 문학예술에 관한 연설과도 연결되고 있다. Mao, "Talks at the Yenan Forum on Literature and Art(42년 5월)," Selected Works of Mao Tse-tung Vol 3 (Peking: Foreign Language Press, 1967), pp.69-98.

192) 이 논의에 참여한 주요 논자들은 임화, 안함광, 이원조, 윤세평, 안막 등이다. 이들은 주로 남쪽에서 활동하다가 월북, 북한의 문예총 등을 중심으로 활동한 사람들이다.

193) 윤세평, 『신조선민족문화소론』 (평양: 민주조선출판사, 1947), 43쪽.

194) 북한 문학 경향의 역사적 흐름에 대해서는 김재용, 『북한 문학의 역사적 이해』 (서울: 문학과지성사, 1994) 참조.

는 북한 노동당과 북한 정권이 성립되고 있다는 혁명현실의 변화
도 상당정도 반영된 것으로 보아야 할 것이다. 그럼에도 불구하고
북한의 문화가 부르조아 민주주의 문학도 아니고 중국식의 新文化
도 아닌 '사회주의적 내용에 민족적 형식'이라는 스탈린의 명제를
한치의 에누리 없이 하나의 공식으로서 수용하고 있다는 사실은
당시 북한 문화계의 소련 지향성을 보여주는 한 예라고 하지 않을
수 없다. 소련의 것에 대한 무조건적인 수용의 한 단면이다.

나. 사회주의적 제 개혁

　혹독한 일제의 탄압이 남과 북이 공통으로 겪은 전통 파괴과정
이었다면 해방 후 북한지역에서 실시된 급격한 '민주개혁'은 북한이
겪은 전통 파괴의 첫 번째 파도였다. 주지하다시피 '민주개혁'이란
해방 이듬해인 1946년 2월 8일 북한의 중앙행정기관격인 「북조선
임시 인민위원회」가 결성된 후 그 해 말까지 1년이 채 안 되는 기
간동안 이 위원회가 주체가 되어 단행한 갖가지 개혁조치들을 말
한다. 이 가운데서도 토지개혁과 중요산업국유화 그리고 노동개혁,
남녀평등권실시 등은 가장 큰 영향을 미친 것이라고 볼 수 있다.
　토지개혁은 임시인민위원회가 1946년 3월 5일 「토지개혁에 관한
법령」과 「동 개혁 실시에 대한 임시 조치법」을, 3월 8일에는 「토
지개혁에 관한 시행세칙」을 각각 발표하여 법적 토대를 구축한 후
이를 근거로 같은 해 3월 8일부터 30일까지 22일 동안에 실시된,

토지 소유 및 운영체계 개혁을 말한다. 이 개혁의 전위대는 전국적으로 구성된 1만 1천 5백여 개의 '농촌위원회'였다. 당시 북한 주민의 74.1%가 농민이었고, 그중 4%에 해당하는 지주가 총 경지의 58%를 차지한 반면, 농민의 80%가 빈농 내지 고농 이었다는 현실이 '인민위원회'가 가장 먼저 토지개혁에 착수한 배경이 되었다. 토지개혁의 방법은 일본인 및 일본인 단체를 비롯하여 5정보이상의 토지를 소유한 지주들로부터 무상으로 토지를 몰수하여 이를 농민들에게 토지이용권만을 인정하여 무상으로 나누어주는 방식이었다. 이 개혁으로 분배받은 토지에 대해서는 매매와 양도가 일체 금지되었고, 수확량의 25%를 농업현물세로 내도록 하였다. 그 결과 총 186만 정보의 경지 가운데 54%인 100만여 정보가 몰수되었으며 98만여 정보의 토지가 72만 4천여 농가에 분배되었다.195) 한 사회에 수백 년에 걸쳐 내려온 토지소유제도가 단 22일만에 전면적으로 개편되었으니 가히 혁명적인 변화라 할만하다.196)

김일성은 토지개혁의 성과에 자신을 얻고, 이를 남쪽에까지 전파해야 한다는 생각을 키운다. 북한의 성과를 고통받는 남쪽민족에게도 누리게 해야된다는 의미에서였다. 남침을 향한 초기 발상인 셈이다. 토지개혁이 막 끝난 시점인 1946년 4월 10일 김일성은 토지개혁으로 "과거에 봉건적 노예이던 농민은 해방된 자유로운 인민이 되어 전조선 반팟쇼적 민주주의진영에 중요한 중심역량으로 되었다"며 이는 "북조선 민주주의의 기초가 될 뿐 아니라 또 전조선

---

195) 북한연구소, 『북한총람』(1983), 153, 710쪽.

196) 북한에서의 이와 같은 전격적인 토지개혁 성공에는 해방 후 지주계층이 대량 월남함으로써 토지개혁에 저항할 세력이 약화되어있었다는 점이 큰 이유로 작용했다는 연구도 있다.

민주주의 건설의 기초”로서 “봉건제도와 잔재의 근거지인 북조선 농촌을 민주주의 근거지로 변환시켰다”고 주장한다.[197] 여기에서는 ‘민주주의 근거지’, ‘민주주의 기초’, ‘민주주의 진지’ 등의 용어도 보인다. 그것은 1개월이 채 되지 않는 세계적으로 유래가 없는 짧은 기간에 성공적으로 실시된 토지개혁이 인구의 대다수를 차지하던 농민들에게 충격적인 희열로 받아들여졌고 아울러 이것이 김일성 정권의 지지기반과 정당성을 결정적으로 확대시킨 점에 기인한다.

중요산업국유화는 1946년 8월 10일 「산업·교통·운수·체신·은행 등의 국유화에 관한 법령」 발포로 일제와 민족반역자가 소유하고 있던 1천 34개의 생산시설과 중요 경제기관들을 무상몰수 국유화한 것으로 기간산업과 운수·체신·은행·상업·대외무역 등의 국유화를 가져왔다.

이와 맞물려 진행된 개혁이 노동개혁과 남녀평등권의 실시였다. 1946년 6월 24일 채택된 「북조선 노동자 및 사무원에 대한 노동법령」은 8시간 노동제(제1조), 14세 미만 노동 금지(제4조), 남녀 동일 임금지급(제7조), 약 2달간의 출산휴가(제14조), 노동자에 대한 의무적 사회보험제 실시(제18조) 등을 규정하고 있다.[198] 같은 해 7월 3

---

197) 김일성, 「토지개혁’사업의 총결과 금후과업-조공 북조선분국 6차 확대집행위원회에서의 보고」, 『당의 정치노선 및 당사업 총결과 결정: 당 문헌집』 (1), (평양: 정로출판사, 1949), 25-43쪽. 『김일성선집』 1954년 판은 역시 이 부분을 크게 손질하여 “둘째로 토지개혁은 북조선에 있어서만 민주주의의 기초로 되는 것이 아니라 전조선적으로 민주건설의 기초로 되는 것입니다. … 우리 당은 토지개혁을 실시함으로써 북조선을 통일조선의 튼튼한 민주기지로 전변시키는 역사적 위업에 착수하기 시작하였습니다.”라고 쓰고 있다. 『김일성선집』 1, 57-103쪽.

일에는 「남녀 평등권에 대한 법령」이 발효되었다. 이 법령은 "국가 경제·문화·사회·정치적 생활의 모든 영역에 있어서 여성들은 남자와 같은 평등권을 가진다"(제1조)고 선언하고 봉건제도의 유습인 일부다처제와 축첩제도, 기생제도 등 여성인권유린의 폐해를 금지하며(제7조) 여성들에게도 남성들과 동등한 재산 및 토지 상속권을 인정하였다.[199]

북한이 겪은 전통 파괴의 두 번째, 그리고 보다 근본적인 파도는 소위 사회주의적 개조의 과정이었다. 이 과정은 농업부문에서의 사회주의적 개조 즉 농업협동화(협동농장화) 과정과 상공업 부문에서의 사회주의적 개조 즉 협동조합화 과정의 양면에서 진행되었다.

농업협동화는 한국전쟁이 끝난 직후부터 진행되었다. 농업협동화가 이때에 시작된 데에는 전쟁의 피해가 극심하여 넓은 지역에서 농민들이 노동력을 결집하지 않고는 영농작업을 하기가 어려워졌다는 객관적 조건과, 이를 '전부락적 전시 다수확투쟁', '집단적 다수확투쟁' 등과 결합시켜 생산성을 향상시키고 빈농문제를 해결하려는 북한정권의 정책이 동시에 배경으로 작용했다고 보아야 할 것이다.[200]

이 양면의 최초의 접점은 1953년 8월의 조선노동당 중앙위원회 제6차 총회이다. 여기에서 북한 정권은 농업협동화 정책의 시작을

---

198) 「노동자 및 사무원에 대한 노동법령에 대한 결정서」('46.6.24), 대륙연구소, 『북한법령집』 제4권, 255-256쪽.

199) 「남녀평등권에 대한 법령」('46.7.30), 대륙연구소, 『북한법령집』 제4권, 549-550쪽.

200) 강정구, "한국전쟁과 북한사회의 사회구조적 변화", 경남대 극동문제연구소, 『한국전쟁과 북한사회주의체제 건설』, 189-192쪽.

선포한다. 휴전협정 조인이 1953년 7월 27일이므로 휴전 이후 한 달이 채 못되어서 일이다. 그리고 만 5년간의 시행 끝에 1958년 8월말 이 사업은 완성되었다. 1946년의 토지개혁이 한 달이 채 걸리지 않았던데 비해 이 사업에는 만 5년이라는 기간이 걸린 데에는 농민들의 입장에서 농업협동화란, 얻었던 자기 땅을 다시 빼앗기는 것이기 때문에 저항감이 만만치 않았다는 배경이 깔려있다.

  농업협동화 사업은 3단계에 걸쳐 추진되었다. 처음에는 勞動相助라는 취지에서 작업만을 공동으로 하도록 하였으나 농민들의 참여가 소극적이었고 관리운영 측면의 결함으로 부진을 면치 못했다. 두 번째 단계에 가서 1954년 11월 당중앙위원회 총회에서 협동화 운동을 대중적으로 발전시키기 위한 방침을 수립한데 따라 중농을 대거 협동조합에 가입시킴으로써 이 사업은 급격히 진전되었다. 이 단계의 협동화형태는 토지를 통합하여 공동경영하고 노동과 토지의 크기에 따라 분배하는 본격적인 협동농장 형태였다. 이것이 끝으로 토지와 기본적인 생산수단을 통합하여 노동량에 따라 분배받는 최종완성형태로 진행하였으며[201] 부농, 도시주변 상업 겸 농민, 전쟁 후 편입지구의 농민을 포함하는 전 농민의 농업협동화가 1958년 8월에 완결되게 되었다.[202]

  농업협동화가 당시의 시대적인 필요에 의해 시작되었다고는 하나 실제 시행의 과정에서는 당의 결정에 의해 다수의 중농들이 한 꺼번에 협동농장에 편입되는 등 반 강제적인 성격을 띄었다는 점

---

201) 국토통일원, 『북한의 농업생산에 관한 연구』 (1989), 12쪽, 주.
202) 김한주, 『우리나라에 있어서 맑스 레닌주의 농업강령의 승리적 실현』 (조선노동당출판사), 102쪽.

에서 이 사업의 후유증이 적지 않았을 것임을 쉽게 짐작할 수 있다. 실제로 농민들의 자원에 의해 협동조합화 과정을 추진한다는 본래의 이상과는 달리 이에 대한 저항이 적지 않았고,[203] 북한 당국은 설득에서부터 강제까지 다양한 방법을 통해 이를 포섭해 나갔다는 것이 북한측 자료에 의해서도 확인된다.[204] "우리는 협동화 운동에서 강제적 방법을 배격하고 농민들이 협동경리에 자원적으로 들어오도록 하기 위하여 농민들 속에서 사상교양사업을 강화하는 것과 함께 경험적 단계를 설정하고 실천적 모범을 통하여 농민들에게 협동경리의 우월성을 보여주도록 하였습니다"라는 김일성의 후일 발언[205]은 당시의 사실을 왜곡해 미화한 것일 뿐이다.

상공업의 사회주의적 개조 과정은 1955년 초부터 본격적으로 추진되었다. 상공업 부문에서는 자기의 노동으로 생산을 하는 개인수공업과 고용노동을 이용하여 잉여가치를 추구하는 사영상공업이 혼

---

203) 농민들의 저항은 1954년 이후 농업협동화가 대중적 발전단계로 들어서면서부터 거세졌는데, 저항의 방법은 소극적으로는 수매사업에의 비협조, 가축도살, 태업 등으로 적극적으로는 협동농장에서 탈퇴하는 소위 '배천바람'으로 나타났다. 김연철, 『북한의 산업화와 경제정책』 (역사비평사, 2001년), 107-111쪽.

204) 김한주, 『조선민주주의 인민공화국에서의 농업협동화 운동의 승리』 (조선노동당출판사, 1959), 22쪽. 이에 따르면 북한 당국은 "동요하는 중농층에 대해서는 해설과 설복 그리고 실물교양의 방법을 통하여 조합에 인입하며 부농층에 대해서는 그들의 착취적 경향을 엄격히 제한하면서 건실하게 일하려는 자들에 대해서는 조합의 문을 열어주어 사회주의적 근로자로 개조하며 협동화 운동을 방해하는 극소수 분자들에 대해서는 응당한 제재를 가하는 방침을 취하였다"고 한다.

205) 김일성, "조선노동당 건설의 력사적 경험"(1986년 5월 31일, 김일성고급당학교창립 40돐에 즈음하여 집필한 강의록), 『김일성선집 8권』 (조선노동당출판사, 1998), 72쪽.

재해 있었는데 1956년 말에 우선 개인수공업의 사회주의적 개조가 완성되었다. 이어 사영상공업의 사회주의적 개조가 1957년 초부터 전면적으로 전개되어 1958년 8월에 완성되었다.[206] 따라서 1958년 8월에는 농업과 상공업을 망라하여 북한 사회에 사회주의적 개조가 완성된 것이다. 농민들은 오직 그들이 투여한 노동량에 의해서만 분배를 받을 뿐이었다.

다. 전통의 단절 문제

소련 지향의 근대화·산업화 추구는 북한에서의 전통의 위기를 불러온 지반이 되었다. 소련 문물의 일방적인 수용, 거의 맹목적이다시피 한 소련지향성은 그것과는 반대방향에 서 있는 우리의 전통에 대한 홀대와 배척의 정서적 기반이 된 것이다. 당시 북한의 새로운 정권이 취한 전통에 대한 적대적인 태도와 정책, 각종 사회주의적 성격의 개혁정책은 이와 같은 정서에 그 기반을 두고 있고, 성격상 이것을 실천하는 것이었다. 새로운 사회체제가 성립되면 기존 체제를 부정하는 정책을 실시하는 것은 일반적인 현상이다. 이러한 과정에서 기존 체제를 유지하였던 지배이념, 정치체제, 사회구조 등에 대한 공격과 이를 대체할 새로운 이념, 체제, 구조 등의 정립, 그리고 이들의 확산이 시도된다. 더욱이 혁명을 통하여 신질서가 구축되었을

---

206) 북한연구소, 『북한총람』(1983), 577쪽.

경우에는 기존 체제에 대한 부정이 적극적일 수밖에 없다. 사실 고전적 공산주의 이론은 국가와 가족을 소멸되어야 할 대상으로 인식한다. 중국 혁명 초기에 전통적으로 존중되던 '가족주의'와 '효도'가 중국 공산당에 의해 공격을 받았고, 소련도 초기에 反가족주의적 정책을 펴는 등 기존의 전통문화와 단절하고 새로운 사회주의 이념을 정립하려고 시도하였던 사실들이 그 예이다.[207]

북한의 경우에 이러한 경향은 두드러진다. 정권수립 초기부터 우리의 전통적인 가족제도를 계급성과 비생산의 반사회적 유물로 취급하였고, 국가가 자녀의 양육과 교육을 관리하는 국가관리체제를 구축한 후 자녀에 대해서도 부모의 반혁명적 성향을 비판하고 고발하게 하도록 함으로써 가족 간의 유대관계를 파괴하고 가정과 가족의 의미를 퇴색시켰다.[208] 이것은 해방 후 북한에 들어선 새로운 정권의 성격과도 관련이 있다. 물론 김일성 정권이 소련 점령당국의 후견을 배경으로 만들어진 '화물선 정권'[209]이라는 생래적인 한계를 안고 있었지만, 해방 공간에서 북한 주민들의 지지를 그나마 얻을 수 있었던 것은 '민주적 자주독립국 건설' 즉 '근대화'를 제1의 모토로 하였기 때문이다. 이에 따라 당시 남아있던 친일잔재와 봉건적 제 제도 및 관습, 고루한 사고방식 등은 버리고 가야할 구시대적 유물로서 개혁의 대상이 되었다.[210]

---

207) 이우영, 『북한 정치사회화에서 전통문화의 역할』 (민족통일연구원, 1993), 13-14쪽.

208) 국제정보연구원, 『북한정보총람』 (1999), 406쪽.

209) '유격대 국가' 북한의 핵심 세력인 김일성과 그의 빨치산 동료들이 1945년 9월 19일 소련 함정 푸가초프호를 타고 원산을 통해 귀국한 데서 붙여진 이름이다.

　당초 북한의 김일성 정권은 과거 조선왕조와 일제가 남겨놓은 유습, 생활태도 및 제도 등을 일소하고 새로운 근대화된 조국을 건설한다는데 정권의 목표를 두고, 정치의식을 포함하여 모든 전통유산들에 대해 '봉건적'이라는 이름을 붙여 반대한다는 입장을 분명히 하였다. 이 점에서는 당시 북한 '인민'들의 광범위한 지지를 얻을 수 있었고 이것이 정권의 정당성 획득에도 일정한 도움을 주었다. 앞서 살펴본 각종 민주개혁 조치들이나 후의 사회주의 개혁 조치들이 모두 이러한 노선에 부합되는 것들이었음은 물론이다.

　이를 추진하기 위한 대중적 캠페인 즉, 전통 유산을 버리고 새로운 '공산주의적 인간'을 만들어가자는 취지의 캠페인이 「건국사상총동원운동」이었다. 1946년 11월 25일 북조선임시인민위원회 제3차 확대위원회에서의 김일성 연설[211]이 발단이 되어, 12월 3일 북조선노동당 중앙위원회 상무위원회 제14차회의가 「사상의식개변을 위한 투쟁을 전개할데 대하여」라는 '결정서'를 채택함으로써 시작된 이 운동은 "우리나라에서 혁명발전의 새로운 요구에 맞게 낡은 사상잔재를 종국적으로 청산하고 사회의 모든 성원들을 공산주의적 인간으로 만들기 위한 사상혁명"이며, "일제가 남겨놓은 모든 타락적이고 퇴폐적인 유습과 생활태도를 없애고 새로운 민주조선의 일

---

210) 이러한 성격은 1945년 10월 14일 '김일성 장군 환영 평양시민대회'에서의 김일성의 연설에서도 잘 나타난다. 이 연설에서 김일성은 예의 "힘 있는 사람은 힘으로, 지식 있는 사람은 지식으로…"의 표현을 써가며 민주주의 자주독립국가 건설에 총력을 다하자고 역설하였다.

211) 연설의 제목은 「민주선거의 총화와 인민위원회의 당면과업」이었으며, 주요 내용은 "…전국적으로 광범한 인민대중속에서 건국사상총동원운동을 힘있게 밀고나가며 낡은 사상의식을 개변하기 위한 투쟁을 벌여야 하겠습니다." 등이다.

군다운 정신과 풍모, 도덕과 전투력을 전면적으로 키우며 생기발랄하고 약동하는 민족적 기풍을 창조하기 위한 일대 사상개조운동"이었다는 것이 이에 대한 북한측의 설명이다.212) 당시 북한 당국은 「직업총동맹」, 「농민동맹」, 「문학예술동맹」 등 각종 사회단체들을 이 운동의 선두에 세우고 당, 정권기관, 공장, 농촌 등지에서 이와 관련한 집회를 개최하도록 함으로써 이 운동이 전 군중적 운동이 되도록 하려고 노력하였다. 그 결과 「건국사상총동원운동」은 당시 북한 사회를 한바탕 뒤흔들어 놓았다.

이와 함께 북한 정권이 취한 각종 사회주의적 성격의 개혁정책은 그 성격상 전통의 약화와 단절을 제도화하고 뒷받침하는 효과를 가져왔다. 이들 개혁은 하루아침에 북한 사람들의 생활을 바꾸어 놓았다. 토지개혁과 중요산업국유화는 생활의 토대를 바꾸어 놓았고, 노동개혁과 남녀평등권법령은 사회관습을 바꾸어 놓았다.

토지개혁이 북한 농민의 생활에 가져온 변화를 일부나마 확인시켜주는 것으로 1948년 처음 소집된 최고인민회의에서 대의원들의 토론이 있다. 여기에서 한 대의원은 "과거에 소작논 5,330평과 밭 2,200평에서 소작료를 물고나면 곡식이 24가마니 밖에 남지 않아 농량도 부족하였는데, 토지개혁의 결과 전에 소작하던 토지 전부가 자기 소유로 된 후로는 현물세를 바치고 벼 61가마니와 잡곡 5가마니가 남게되어 식량을 넉넉히 쓰고도 오히려 26가마니의 곡식을 팔게되었으며 좋은 가구를 장만하고 아들을 둘씩이나 중학교에 보내게 되었다."고 증언한다.213) 선택된 모범적 사례일 것이나 당시

---

212) 백과사전출판사, 『조선대백과사전』 (평양, 1995), 509쪽.
213) 국토통일원, 『북한최고인민회의자료집』 제1집(1988), 45쪽.

북한농민들의 생활상이 얼마나 변했는지를 보여준다. 더구나 토지개혁은 「토지개혁법령에 관한 세칙」에 따라 토지의 분배가 "가족수와 그 가족내의 노동능력을 가진 자 수의 원칙"에 따라 이루어짐으로써 여성들도 남성들과 거의 동일한 조건으로 토지를 분배받을 수 있게됨에 따라 전통적 가부장제의 물적 토대를 붕괴시키는 신호탄 역할을 했다.

토지개혁이 가져온 변화와 이로 인한 농민들의 기쁨이란 건 우리가 상상할 수 있는 이상으로 컸던 것 같다. 그것을 오늘날 우리는 몇 되지 않는 남은 기록들을 통해 더듬어 볼 수밖에 없지만, 그것만으로도 그 날의 기쁨과 희망을 확인할 수 있다. 먼저 남한에 살다가 북한을 여행하게된 예술가(영화인)의 앞의 기록을 보자. 그는 평양에 가면서 그리고 평양으로부터 돌아오면서 본 농촌마을 풍경을 다음과 같이 적고 있다.

> 나는 이 수자에 놀랬다는이보다 농민자신이 그들의 집은 깨끗이 짓고살고 농구를 새로 작만하고 소를 작만하고 전기가 농촌에 드러가고 라듸오와 가구가 농촌으로 작구 드러가는 것을 만현서 평양에 갈때나 평양서 만현에 도라올때나 여러곳에서 많이 보았다.… 북조선의 토지개혁이 새삼스러히 위대하게 성공되었다는 것이 생각드렀다. 나는 북조선에 발을 드려노차 여기서부터 눈물이 흘는 것이 평양을 위시해서 여러군데를보고 다시 만현에 도라올때까지 눈물은 끝이지않고 흘렀다. 이 눈물은 설꼬 분해서 흘르는 눈물이 않이라 감격과 감격의 끊임없는 눈물이였다. 나의 조상이 사러있다면 북조선을 보혀주고 싶었고 나의 친한 친구들과 이곳에 같이올수있었다면 모다 보혀주고 싶었다.214)

토지개혁으로 사는 형편이 달라진 농민의 기쁨을 최고인민회의가 설
립될 당시 대의원으로 선출된 농민들의 소박한 발언에서 엿볼 수 있다.

안달수라는 농민은 해방직후에 경상남도에서 맨몸으로 이민
한 고용농민이었는데 토지개혁의 혜택을 입은 후에는 작년만
하여도 벼만 66叺를 수확하여 18叺를 현물세로 바치고 나머지
로는 가족들의 1년양식을남기고 7간의 집을 신축하였습니다.
또 새로히 전등을 가설하고 라디오를 구입하였으며 기타 가구
들을 사놓았습니다. 그 농민은 금년도에도 파종을 제때에 완료
하고…열심히 일하고 있습니다.215)

해방전에는 우리 농민들로 말하면 지주에게 예속되어 봄철에
는 자기일을 내놓고 지주일을 몇일씩 해주고 해마다 정월1일과
보름에는 닭마리를 안고다녀야 땅을 얻어부칠수 있는 비참한
굴욕의 생활을 하였던 것은 기억에 새롭습니다. 그러다가 해방
후 북조선에서는 토지개혁을 실시함으로써 우리 농민들이 한평
생 소원이던 토지를 무상으로 나누어 주었기 때문에 우리 북조
선농민들은 땅의 주인으로 되었으며 내땅에서 씨뿌리고 내땅에
서 기음매고 내땅에서 곡식을 거두는 자유로운 농민이 되었습
니다. 이전에는 오막사리집한간 가지지못하였던 우리들이 지금
은 새기와집을 짓고 그의 주인이되며 도야지 한 마리 못먹이던
우리 농민들이 소를 먹이게 되었습니다.… 그외에 나도 작년가
을에 기와집을 지었습니다. 나도 소 한 마리 큰 도야지 두 마

---

214) 서광제, 『북조선기행』 (서울: 청년사, 1948), 19-20쪽.

215) 황해도 출신 채백희 대의원 토론, 『조선민주주의인민공화국 최고인
　　　민회의 제1차회의 회의록』 (조선민주주의 인민공화국 최고인민회의
　　　상임위원회, 1948. 12. 5), 125-126쪽.

리와 새끼도야지를 합쳐 열마리를 기르고 있습니다.[216]

　1947년 북한지역을 특파원 입장으로 두루 돌아본 한 서구인은 북한 농민대중들의 생활을 "농부들은 소작료를 물어야 할 필요가 없기 때문에 집을 새로 짓고 라디오를 사며 노동자들은 이전의 일본인 별장에서 휴가를 즐긴다. 북한 사람들은 이것이 바로 '해방된 땅'에서 자연스럽게 일어나는 일이라고 확신한다. '남한은 아직 해방되지 않았어요. 미군이 친일반역자들에게 권력을 잡게 하고 있거든요'라고 그들은 내게 말한다"라고 전하고 있다.[217]

　남녀간의 위상에 있어서도 민주개혁은 적어도 법령상으로는 혁명적인 변화를 가져왔다. 「북조선 노동자 및 사무원에 대한 노동법령」은 제7조에서 "동일한 노동과 동일한 기술을 가진 로력자에게 연령과 성별을 불관하고 동일한 임금을 지급한다"로 명시, 북한 여성들이 남성들과 똑같은 노동의 권리와 의무를 갖을 수 있는 법률적 여건을 마련하였다. 나아가 「남녀평등권에 대한 법령시행세칙」은 제1조에서 "모든 령역에 있어서 녀성들은 남자와 같은 평등권을 가진다"고 명기함으로써 反家父長的 지향을 분명히 했다. 노동개혁과 남녀평등권법 시행이 북한에 가져온 변화를 역시 같은 회의 여성 대의원의 발언에서 엿볼 수 있다. 조복녀라고 이름을 밝힌 한 여성 대의원은 "북조선의 민주개혁은 봉건적 압박과 식민적 착취로부터 여성들을 해방하여 여성들이 남성과 동등한 권리를 가지

---

216) 평북출신 김용국 대의원 토론, 같은 책, 238-239쪽.
217) 안나 루이스 스트롱, 「북한, 1947년 여름」, 『해방전후사의 인식』 5, 506쪽.

고 정치 경제 문화 각 방면에서 적극적으로 동참할 기회를 주었다”
며 “조선 력사가 있은 뒤 처음으로 북조선 여성들은 행복하고 자
유로운 생활을 하고있다.”고 감격해했다.[218] 다소 추상적이기는 하
나 이들 개혁이 북한사회에서 급격한 여성의 지위 변화를 가져왔
다는 것을 보여주고 있다.

　다소 간접적이기는 하지만 북한이 일찍이 한자를 폐지한 것도
전통 의식이 지속되는데 방해요인으로 작용하였다. 북한은 1947년
9월 5일 북조선 임시인민위원회 제175호를 통해 일거에 한자 통용
을 금지시킨 것이다. 주지하다시피 한자는 전통적 사고가 담지된
도구였고, 문자에의 접근을 제한함으로써 전통적 신분질서가 유지
되는데 사회적 일익을 담당했던 존재이다. 이것이 폐지되어 모든
것이 한글로 표기됨으로써 새로운 사회분위기, 보다 평등한 사회분
위기가 조성되는데 도움을 주었다.

　이들 개혁으로 인한 북한사회의 변화가 주민들의 전통의식에 충
격을 가했으리라는 것은 어렵지 않게 추측할 수 있다. 구시대적 토
지소유제도는 곧 유교적 사회의식의 물적 표현이었다. 즉 왕가를
비롯한 양반, 지주들의 경제적 토대가 되었고 봉건적, 전통적 사회
제도의 물질적 기초였다. 일제 식민통치 과정을 거치면서도 상당부
분 남아있던 이와 같은 신분제의 물적 토대가 민주개혁으로 거의
무너져버린 것이다. 그리고 직접적으로는 전통사회에서의 여성 차
별적인 각종 제도와 여성관을 획기적으로 바꾸어 놓았고, 가부장적
의식에 상당 부분 충격을 주었다.

　이에 이은 사회주의적 개조는 북한에서 가족의 의미와 가족 내

---

218) 같은 책, 65-66쪽.

부관계를 근본적으로 변화시켰다. 과거 오랫동안 사회의 기본 단위였던 가족은 그 기능이 대폭 약화될 수밖에 없었다. 생산단위로서의 기능은 거의 상실되었고, 종교의 기능도 줄어들었으며, 사회화의 기능조차 국가나 당이 떠맡게 되어 하나의 보조적인 단위로 전락하고 말았다. 사회주의적 개조는 아울러 전쟁 이전까지 과도적으로 인정되던 사유제를 완전 철폐하였고, 그 결과로 상속제도도 소멸되었다. 상속제의 폐지는 북한에서 봉건적 가족제도의 물질적 기반을 다시 한번 붕괴시키는 역할을 하였다. 효가 전통적 가족제도의 정신적 기반이었다면, 재산의 상속 특히 토지상속제도는 그것을 물질적으로 뒷받침하는 기능을 하였었기 때문이다. 가장의 경우 이제 자신이 관할하고 통제할 수 있는 토지도 없고 자식들에게 물려줄 재산도 없어졌으며, 가정 바깥에서의 자식들의 활동에 대해 통제력을 행사할 수도 없어져 지위가 크게 약화되었다. 모든 사람들이 각자가 투입한 노력의 대가로만 생계를 유지하기 때문에 결혼하여 새로운 가구를 이루는 것도 쉬운 일이 되었다.[219]

이와 더불어 북한은 1955년 3월 5일 「공민의 신분등록에 관한 규정」을 발표, 호적제를 폐지하였다. 호적제의 철폐는 한국전쟁으로 인한 호적문서 손실을 현실적으로 반영하는 것이기도 하였지만 전통적 가족제도를 지탱하던 마지막 법적 장치를 걷어내는 효과를 가져왔다.[220]

이에 따라 북한의 가족관계에서 세대주(가장)와 가족원의 관계,

---

219) 이문웅 교수는 사유재산제의 폐지와 이에 관련된 상속제의 소멸을 전통적인 한국의 가족제도에 가장 큰 영향을 준 요인으로 본다. "남북한 사회의 변화와 전통유교문화: 가족과 친족을 중심으로", 경남대 극동문제연구소 편, 『분단 반세기 남북한의 사회와 문화』(1996), 139-140쪽.

220) 전상인, 『북한 가족정책의 변화』(서울: 민족통일연구원, 1993), 15-31쪽.

여성과 남성의 관계가 변질되었다. 즉 "종래의 사적 소유에 근거한 봉건적 부르조아적 가족형태" 또는 "개인적 재산관계에 의존한 예속적인 부자관계, 부부관계"는 소멸되었으며 대신 "생산수단에 대한 사회주의적 소유를 토대로 하여 예속과 굴종이 없으며, 남녀간의 사회적 불평등이 없는 사회주의적인 새로운 가족관계"가 형성되기 시작하였다. 그리고 그 '사회주의적 가족관계'의 특징은 가족 성원들 간의 "동지적 협조, 상호주의적 상호방조에 있다"고 한다.[221]

조금 더 구체적으로는 말하자면, 세대주는 가족(노력적 집단)의 성원들에 대해서 특별한 권력을 가지지 않고 단지 가족 집단의 대표자이며 제때에 국가에 세금과 지불금을 납부하는 법적인 책임자일 뿐이었다. 가족 성원들이 협동조합의 생산에 참가하여 연말결산 때 받은 분배물은 가족의 공동 예산으로 되기 때문에 이를 세대주가 관리하지만, 개별적 가족 성원들의 요구에 알맞게 서로 상담하여 지출해야만 하며, "세대주인 늙은 아버지는 아들이든지 가족의 기타 성원들과 상담하지 않고서는 공동 수입을 사용하려고도 하지

---

221) 김일출, "농촌노동자들의 새로운 문화와 생활풍습에 관하여", 중앙정보부, 『북한 민속학 자료집』(1974) 20-22쪽. 이 논문은 1957년경에 쓰여진 것으로 보이는데, 가족간의 새로운 관계의 극적인 예를 다음과 같이 들고 있다. "새날 협동조합 제10작업반원인 임모(53세)는 같은 작업반의 반장인 자기의 며느리 유모씨에 대하여 ≪내 며느리라서 그렇게 말하는 것이 아니라, 정말 일을 잘 하고 많이 하지요≫하고 칭찬하였으며, 시어머니인 그의 처는 ≪나는 저 애가 며느리지만, 아들 삼아 딸 삼아 서로 믿고 살지 않쉬까≫하고 목멘소리를 하였다. 시어머니가 며느리인 작업반장의 지시에 쫓아서 생산활동에 열성을 다하는 이러한 동지적 관계, 며느리를 아들로, 딸로 생각하는 지성 어린 이러한 인간적 관계, 여기서 우리는 사회주의적 가정의 생생한 실례를 찾아볼 수 있지 않은가"

않으며”, “지금에 와서는 적은 일이라도 주부인 여자와 토론하지 않고 남자가 독단적으로 하는 일은 거의 없어졌다”고 한다.222) 재산분배가 함축된 개념으로서의 分家란 관념도 사라지게 되었다. 뿐만 아니라 가족 중심의 경제적 기반과 가부장적 위계질서의 파괴는 바로 대가족 제도의 붕괴였고 여기서 사회 구조의 변질과 아울러 새로운 가족관계가 생겨나기에 이르렀다.

북한의 해방과 사회주의적 제 조치들은 주민들의 의식구조를 대폭 바꾸어놓는 가운데 ‘봉건적’ 전통에 대한 부정적 정서를 확산시켰고, 전통이 깃들어있던 제반 사회경제제도를 붕괴시켰다. 심지어 일부 가족 내부에서의 위상의 변화도 감지되었다. 이로써 해방과 사회주의화는 일견 북한지역에서 전통을 단절시킨 것으로 보인다. 실제 단절시켰을지도 모르는 일이다.

그러나 사회주의적 제 개혁의 과정 자체가 전통을 단절시키기에는 일부 철저하지 못했던 측면이 있고, 사회전체의 의식이 유교적 의식에서 사회주의적 의식으로 전이해 가기는 하였지만 북한에서의 전통의 핵심 요소들이 근본적으로 손상되었다는 근거 또한 찾아볼 수 없다. 즉 전통을 제도, 행위, 가치의 3차원으로 나눌 경우 제도의 측면에서는 상당부분 손상이 있었으나 행위 특히 사람들 사이의 관계 그리고 가치 등의 측면에서는 그렇다고 단정하기 어렵다는 것이다. 심지어 제도의 측면에서조차 전통의 온존을 조장하는 부분을 여전히 남겨놓고 있다. 토지개혁, 농업협동화와 자연부락(마을)의 관계가 그 한 예이다.

마을은 북한이 사회주의화하고 토지개혁을 하고, 농업협동화를

---

222) 김신숙, “우리나라 협동조합 농민들의 가족풍습”, 중앙정보부, 같은 책 30-31쪽. 이 논문도 1959년경에 쓰여진 것으로 보인다.

하는 동안 많은 변화를 겪는다. 지주는 땅을 빼앗긴 채 타 지역으로 배치되고, 그것이 집성촌일 경우 일부 친척은 마을을 떠난다. 고래로 독자적이던 살아오던 마을들이 농업의 협동화가 이루어지자 협동농장에 소속되게 되었고, 1958년 10월 11일 '농업협동조합을 리단위로 통합할데 대한 내각 결정'을 계기로 협동농장을 보다 큰 규모로 통합하는 작업이 이루어지자 이제는 리와 동격이 된 보다 큰 협동농장에 소속되게 된다. 행정적으로, 경제적으로 마을의 많은 일들이 협동농장 차원에서 결정되게 된다.

그러나 그 과정 속에서도 대부분의 마을 형태나 주민들은 내내 그대로 존속했던 것으로 보인다. 두 가지 사례를 보자.

> 평안남도 문덕군 농림리. 마을에 협동조합이 조직된 것은 1954년 봄이었다. 여기에는 19호의 농가가 망라되였다. 이것이 농업 협동조합의 출발이였다. 그 후 조합은 거대한 생활력을 가지고 발전하여 다음 해에는 벌써 리내에 7개의 농업협동조합이 조직되였고 1958년에는 리내에서 협동화가 완성되였다. 그리고 다음 해에는 하나의 협동 조합-농림 농업 협동 조합으로 통합되였다.[223]

> 개안 마을이 공화국 품에 안긴 후 당은 이들에게 협동화의 길을 가리켜 주었으며 바로 이 길에서 사람들의 생활에는 커다란 변화가 일어 났고 마을도 산천도 몰라보게 달라졌다...생활은 개안리 사람들에게도 우리 당의 올바른 령도와 크나큰 혜택을...그리하여 조합원들의 정신생활에서는 커다란 변혁이 일어

---

223) 리근영, "전변된 협동벌", 『근로자』 1960년 7호, 44쪽.

나고 있는 것이다. 이 마을에는 두 아들과 손자를 원쑤놈들에게 빼앗긴 애국 렬사 유가족 강죽희 로인을 중심으로 일곱 명의 로인으로 된 공예 분조가 있다.[224]

이 외에도 평양 인근 순안지역 택암리의 상양마을의 경우 일제 이후 105가구가 살았고 이중 7가구가 지주였는데 토지개혁 과정에 지주 3명이 쫓겨나고 1953년 현재 103가구가 남았는데 협동농장화 과정에서 이들이 이웃 마을들과 통합되어 '조중친선농업협동조합'이 된 경우도 있다.[225] 모두 재래의 마을들이 사회주의적 제 개혁을 겪으면서도 모양을 그대로 유지하면서 협동농장에 속하고 있음을 보여준다.[226] 그리고 그 속에서 마을 혹은 부락은 하나의 단위로 기능했던 것으로 여겨진다. 이미 김일성이 농업협동조합을 통합하여 리 단위로 만들면서 "부락별로 분장 또는 작업반을 적당히 조직하여야 하겠습니다"라고 교시한 점이 이를 뒷받침해 주고 있다.[227]

---

224) "연안 벌 한 마을의 어제와 오늘", 『노동신문』 1960년 7월 9일자.

225) 황철산, "조중친선농업협동조합 농민들의 문화와 풍습", 조선민주주의 인민공화국 고고학 및 민속학연구소 민속학 연구 총서 제2집 『민속학 론문집』 (과학원출판사, 1959), 206쪽.

226) 이 외에도 자연부락(마을)의 온존을 입증하는 증언은 Mun Woong Lee, *Rural North Korea Under Communism: A Study of Social Change*, Rice University Studies Vol. 62, No.1 Winter 1976, pp.79-80 에도 실려있다. 여기서는 1964년 집성촌에 살던 한 젊은이가 군대에 나갔다 돌아와 보니 영향력 있는 친척들이 마을을 떠나고, 마을 간부들이 다른 지역에서 새로 들어왔어도 주민의 대부분은 같은 성씨의 사람들이었다고 증언한다.

227) 김일성, "사회주의 건설의 새로운 앙양을 위하여 나서는 몇 가지 문제"(1958년 9월 25일 당, 국가, 경제기관, 사회단체책임일군협의회에서 한 연설), 『김일성저작집』 12권-1958.1~1958.12, 528쪽.

농촌의 협동농장화가 완성된 시점인 1959년에 발표된 '농업협동
조합에 관한 현지 민속자료 수집 요강'은 전체적 차원에서 자연부
락의 존속되고 있음을 보여준다. 민속학 현지조사의 방법론으로 제
시된 이 요강은 '부락' 장에서 "부락 명칭의 발생과 그 변화 과정,
부락 명칭이 어떤 내용을 가지고 있으며 무엇에 기준하여 선정되
였는가.…한 개 리에 몇 개의 자연부락이 망라되고 있으며 그 자연
부락간의 거리는 얼마나 되는가.…조사대상 부락에 어떤 성씨가 많
은가, 그중 어느 성씨가 가장 오랜 력사를 가지고 있으며 그 성씨
와 부락 개척과의 관계는 어떠한가." 등을 조사할 것을 지시하고
있다.228) 1959년 시점에서도 농촌의 자연부락이 온존하고 있다는
점을 역설적으로 증언하고 있는 셈이며, 그 속에서 고래로부터 살
아왔던 사람들이 변함 없이 살고 있다는 것을 보여주고 있는 셈이
다. 모두가 북한 사회의 기층 조직이 사회주의 개혁의 와중에서도
그다지 손상을 입지 않았다는 추측을 가능하게 하는 대목들이다.

재래의 마을이 전통적 사고와 인간관계의 요람 역할을 하는 것
은 물론이다. 더욱이 협동농장 조직의 완성과 더불어 북한 사회가
이동성이 매우 제한되는 사회로 전이해 감으로써 그렇지 않아도
다른 지역으로 왕래할 일이 많지 않은 농촌 생활이 더욱더 마을단
위, 크게 잡아 마을의 집합체로서의 협동농장에 고착되는 결과를
가져오게 된다. 물론 이것은 일차적 인간관계의 강화로 이어지는
효과를 수반하게 된다. 북한이 탈전통의 방향을 추구하던 바로 그
순간에도 전통의 씨앗은 여전히 남아있었던 셈이다.

---

228) 민속학연구실, "농업협동조합에 관한 현지 민속자료 수집 요강", 주
강현, 『북한민속학사』(이론과 실천, 1991), 529쪽에서 재인용.

4. 정권 공고화에의 원용

김일성이 북한정권 수립 이후 전통에 대해 내심 어떤 생각을 갖고 있었는지는 확인하기 어렵다. 다만 각종 봉건유습 타파를 주장한 것이라든지, 이조의 양반 사대부를 중심으로 한 왕조체제를 폄하한 것 그리고 소련을 따라 배우려고 적극 노력한 것 등 드러난 것들로 보아서는 적어도 전통에 대해 부정적인 입장을 가졌던 것으로 추정된다. 설혹 긍정적인 태도를 가졌었다 하더라도 근대화를 향해 나아가는 시대 분위기와 영향 속에서 그것이 표현되기는 어려웠을 것이다.

그의 태도에 조심스런 변화가 보이기 시작한 것은 이미 1940년대 말부터이다. 그리고 1950년대 중반부터는 전통에 대해 보다 적극적인 견해를 보이면서 통치의 핵심부분에 이를 활용하고 의존하려는 태도로 선회하였다. 특히 아직은 불안하였던 그의 정권 공고화와 관련하여 전통을 원용하였던 측면이 두드러진다. 북한이 주체를 외치기 시작한 때와 같은 시기의 일이다. 여기서 '원용'이라 함은 대부분의 전통에서 그렇듯이 직접적인 도구로 활용되었다기보다는 이것을 뒷받침해주는 기반 혹은 배경으로서의 역할이 컸다는 점에서이다.

김일성은 그의 정권 공고화를 위해 3가지 측면에서 전통을 원용하였다. 첫째는 정권을 장악하기 위한 배경세력으로 그의 빨치산 동료집단을 활용하였다는 측면이다. 이때 빨치산 동료집단이란, 해방된 지 10여년이 지난 당시의 시점에서는 조국의 독립이나 공산주의 이념 등과는 관련이 희박해진, 과거 생사를 같이 했던 전우라는 정서적 결합을 전제로 하는 일차적 인간관계 집단의 성격을 강하게 지닌 것이었다. 물론 정권 장악을 위해 지도자가 그와 가장 가까운 인간 집단을 동원하는 사례는 세계적으로, 그리고 오늘날에도 낯선 현상이 아니지만 그렇다고 그것이 전통적 현상이 아닌 것은 아니다. 새로이 정비된 행정, 당, 군부 등 근대적 공식조직 대신 이 집단을 정권의 배경세력으로 활용한 것은 일차적 인간관계에 의존하는 전통적 행위의 측면을 내포한다고 보지 않을 수 없다. 소련혁명 이후 트랜스코카시안 인맥이 당내 주요세력을 형성했었다는 사례를 연상케 하는 대목이다.[229] 둘째는 그간 김일성을 짓누르던 소련으로부터의 '해방'과 국내 정권 확보를 위한 투쟁의 명분으로 전통을 원용한 측면이다. 그리고 그 중심에 '주체'가 서 있음은 널리 알려진 사실이다. 이 점은 흔히 민족주의로 해석이 되나 앞서의 설명에서와 같이 민족주의와 전통이 실제로는 동전의 앞뒤처럼 혼재되어 나타나기도 하고, 전통이 민족주의의의 기본 자원이 된다는 점에서 전통의 측면에서 해석되어야할 이유가 있다. '주체' 자체가 전통 지향적 성격의 것이라는 점도 재론의 여지가 없다. 셋째는 정권 정당화를 위해 전통을 원용한 측면이다. 이미 '주체'가 정권 확보의 수단인 동시에 정권 정당화의 근원이 되었던 것과 함께, 김일성과 그의 빨치산 동료 일행은 조국의 독립 및 사회주의를 위해 투쟁했다는 소위 '혁명전통'이라는 것을 만들어내어 이를 '인민'들에

---

229) Gerald M. Easter, "Personal Networks and Postrevolutionary State Building: Soviet Russia Reexamined," *World Politics* 48.4 (1996), pp.551-578.

게 주입시킴으로써 스스로의 정당성을 확충하려하였다. 그런데 이 '혁명전통'이라는 것이 역사적으로나 이념적으로나 더 이상의 정당성의 근원을 찾아낼 수 없었던 김일성 빨치산 집단의 대안이기도 하지만 그 논리의 내부를 보면 이념, 합리성, 규칙 등 근대적 덕목보다는 오히려 충성, 의리, 가족 등 전통적 정서에 기반하고 있다는 점에서 그 자체가 전통의 연장으로서의 성격을 갖는다. 따라서 '혁명전통'을 통해 정권 정당화를 추구하는 가운데서도 전통은 원용되고 있었다고 할 수 있다. 이들 측면들을 차례로 보자.

가. 김일성 정권의 공고화

1) 소련으로부터의 '독립'

이미 지적한 대로 북한이 정치적으로 소련의 영향력 하에 있고 국가 발전을 위해 사회주의 개혁을 추구하는 가운데 경제, 사회, 문화적으로 압도적으로 소련을 향해있는 한 전통이 발붙일 여지는 없었다. 그 와중에 전통이 사회의 깊은 차원에서 온존되어있고 사실상 그것이 여전히 북한 사회의 큰 흐름이었다 하더라도 정권으로서 이를 인정하거나 명시적으로 찾아내 활용할 수는 없는 형편이었다. 적어도 북한에서 전통이 숨을 쉬기 위해서는 소련의 정치적 영향력, 사회주의 회오리 그리고 소련을 향한 사회 문화적 열기 등이 사그러지는 것이 전제되지 않으면 안되었다.

북한이 소련의 압도적인 영향력으로부터 벗어나 북한 자신의 정체성을 찾으려는 시도를 보이기까지는 정권수립이후에도 꽤 오랜 기간이 필요했다. 소련 점령군이 북한 땅으로부터 철수하고 나서도 한국전쟁의 준비와 수행, 그리고 경제사회 건설을 위하여 소련의 도움을 절대적으로 필요로 하였고, 사회주의권 내부의 강력한 구심점으로 군림하던 스탈린의 카리스마적 영향력 때문이었다. 그것은 비단 북한정권에만 한정된 현상은 아니었고 갓 공산혁명에 성공한 중국을 비롯하여 동구의 소련 위성국가 등 사회주의권 전반에 걸치는 현상이었다. 각국 공산당 수뇌들은 스탈린의 "혁명가는 이의 없이 무조건, 공공연히, 그리고 정직하게 소련을 보위하고 강화하는 사람"230)이라는 명제를 따르지 않을 수 없는 형편이었다.

사회주의권의 이러한 분위기에 변화가 일기 시작한 것은 1953년 3월 5일의 스탈린의 사망으로부터이다. 그의 죽음은 우선 즉각적인 권력투쟁에 이어231) 국내외적으로 '해빙'과 '스탈린 격하 (de-Stalinization)'를 가져왔다. 강압적인 국내외 분위기에 해빙이 와서 많은 사람들이 강제노동 수용소로부터 풀려났고 고통받았던 수많은 희생자들이 평온한 삶으로 되돌아오는 가운데 1956년 2월 14일부터 25일까

---

230) Joseph Stalin, "The International Situation and the Defense of the U.S.S.R." Speech to the Joint Plenum of the Central Committee and Central Control Commission of the CPSUCB Aug. 1. 1927, *Works* Vol. 10, pp.53-54.

231) 소련 최고지도부는 일단 말렌코프, 베리아, 후르시초프의 3두체제로 구성되었으나 격렬한 권력투쟁 끝에 결국 후르시초프의 승리로 결말이 난다. 그는 1956년 소련공산당 제20차대회를 통해 지도자로서의 위치를 굳힌다. Adam B. Ulam, *Expansion and Coexistence: Soviet Foreign Policy 1917-73, Second Edition* (N.Y.: Praeger, 1974), pp.540-543.

지 크레믈린궁에서 열린 소련공산당 제20차대회에서 후르시초프가 비밀회의를 통해 스탈린 개인숭배의 폐해를 '공개적으로' 비판하고 나섬으로써 스탈린 격하운동이 비롯된 것이다.232) 이와 함께 후르시초프는 국제무대에서의 평화공존 특히 미국과의 평화공존을 모색하여 소련공산당 20차대회에서 소련의 정책으로 공식 채택된다.

권력투쟁과 해빙, 그리고 스탈린 격하는 서로 상승작용을 일으키며 사회주의권내에 특히 동구와 북한 등의 '小스탈린'들에게 큰 소용돌이를 일으켰다. 우선 소련의 지도자들은 권력투쟁에 몰두하느라 다른 나라의 일에 간섭할 여유도 없었고 달라진 분위기 속에서 예전처럼 러시아 경제를 위하여 각 위성국들을 테러와 경찰의 방법으로 강압할 수도 없었다. 따라서 이들 위성국에는 보다 넓은 자율성과 보다 많은 기회가 주어졌다.233) 후르시초프의 소련은 각국에 대한 통제 메카니즘을 포기하기에 이른다.234) 이같은 분위기는 공산주의운동의 구심점이 사라지고 흡인력이 약화된 것을 의미한다.235) 소련의 변화는 위성국 소스탈린들에 대한 집단지도체제로의

---

232) 연설원고가 출판되지는 않았지만 수많은 사람들에게 배포되었고 다른 나라 당들에 알려졌으며 마침내 일반적으로 알려지게 되었다.

233) Adam B. Ulam, op.cit., p.544.

234) 이 메카니즘은 첫째 소련이 참여하는 합작기업, 둘째 다른 나라의 행정부에 포진하고 있는 소련 고문단 망, 셋째 소련 시민들이 다른 나라에서 국가의 높은 직책을 차지하고 있는 체제 등을 말한다. Erik van Ree, "The Limit of Juche: North Korea's Dependence on Soviet Industrial Aid, 1953-76," Journal of Communist Studies Vol.5 No. 1 (1989), p. 52.

235) 이것을 선명하게 보여주는 예가 유고슬라비아 공산당의 경우이다. 유고 공산당 지도자 티토는 과거 독자적인 노선을 걸으려고 시도하였던 관계로 스탈린 시대에 소련으로부터 심한 견제를 당해왔었다. 그

전환압력으로도 나타났다. 스탈린의 사망으로 선택의 여지없이 집단지도체제로 전환한 소련이 과거 권력이 일인에게 집중됨으로써 겪었던 스스로의 폐해를 지적하며 위성국들에게도 소련의 예를 따라 개인독재체제를 개선할 것을 요구한 것이다.

스탈린 사망 이후 사회주의 진영에서 일어난 또 하나의 변화는 중국의 부상이다. 물론 1949년 전 중국을 장악한 중국공산당은 이미 사회주의권의 대국으로 성장해 있었지만 스탈린의 카리스마에 가려 힘에 걸맞는 위상을 차지하지 못하고 있었다. 이제 양국관계는 달라지게 되었다. 보다 대등한 관계로 변화되기 시작한 것이다.236) 나아가 공산중국은 아시아전체, 나아가서는 모든 저개발국들의 리더가 되려고 노력했다. 그리고 일정한도 내에서는 이것이 성공을 거두고 있었다. 1955년 인도네시아의 반둥에서 열린 국제회의는 이것을 입증해준 회의였다. 이 회의에 중국대표로 참석한 주은래는 그의 식견의 깊이와 인품으로 참석한 아시아 아프리카 대표

러나 1954년에는 유고가 그리스 그리고 터키와 동맹관계를 맺음으로써 발칸지역에서 자본주의세력의 근거지로 변하고 있어 티토와 계속 나쁜 관계를 유지하는 것은 이 위기의 시기에 다른 위성국들에게 좋지 않은 본보기로될 수 있다고 판단한 후르시초프는 유고로 '카노사의 여행'을 떠나 1955년 5월 26일 티토를 만난다. 그 영향으로 1956년 6월 20일 "다양한 형태의 사회주의 발전…에 대한 상호존중"을 언급한 소련-유고슬라비아 공동성명이 발표되었다.

236) 달라진 양국관계는 주중 소련대사의 급 격상(직업외교관으로부터 소련 당내서열에서 상당한 위치에 있던 쿠즈네초프로), 같은 해 10월에 있은 후르시초프, 미코얀 등 소련의 최고지도자들의 북경방문(과거 모택동이 모스크바 방문),이 방문에서의 중국내 소련 군사기지(Port Arther) 철수 합의(중국측의 반대) 등으로 나타났다. Adam B. Ulam, op. cit., pp.554-559.

들의 호감을 얻었을 뿐 아니라 혁명의 수출에 대한 강력한 반대
발언으로도 많은 지지를 얻었다.[237] 북경은 공산주의의 절대적 진
리의 또 하나의 중심이 되어가고 있었다. 이제부터 두 명의 지도자
가 있고 인민들이 따라가야 할 두 개의 공산주의 노선, 마르크스
레닌주의에 대한 두 가지의 정당한 해석이 있게 되었다.[238]

사회주의권 내부의 역학관계의 변화에 따라 소련과 북한과의 관
계도 조금씩 변화의 기반을 마련하기 시작하였다. 그 변화는 3가지
계기에서 비롯되었다.

첫째는 한국전쟁시 지원과 관계된다. 전쟁 중 수세에 몰린 김일
성은 "쏘련 군대의 직접적 출동이 절대로 필요합니다"라는 파병요
청서한을 보내는 등 스탈린에게 지원을 간청한다.[239] 특히 미 공군
에 의해 막대한 피해를 본 북한으로서는[240] 소련의 우수한 공군력
의 지원에 대한 아쉬움은 가장 큰 것이었다. 그러나 소련은 전투병
력의 투입은 물론, 전쟁물자 지원조차 충분히 해주지를 않았다.[241]

---

237) Ibid., p.561.

238) 민병천 편저, 『북한공산주의』(서울: 대왕사, 1983), 52쪽.

239) 「1950년 9월 29일 김일성이 스탈린에게 보낸 소련군 파병요청 서한」,
『월간조선』 1996년 1월호 별책 「한국현대사 비자료 125건」.

240) 이에 관해 전쟁초기 미 극동 공군사령관을 역임했던 오도넬은 맥아
더 청문회에서 "모든 것이 파괴되었습니다. 한국에는 목표물이 없습
니다."라고 증언한다. I. F. Stone, 『비사 한국전쟁』(신학문사, 1988),
334쪽.

241) Chin O. Chung, *Pyongyang between Peking and Moscow: North Korea's
Involvement in the Sino-Soviet Dispute*, 1958-1975 (The University of
Alabama Press, 1978), p.17. 최근 들어 소련이 직접적으로 참전한 바
있다는 여러 증언들이 나타나고 있다. John Halliday, "Secret War of
the Top Guns," The Observer 5 July, 1992. 그러나 그 경우에도 소

평양의 지도자들이 이에 불만을 가졌을 것임은 자명하다.

둘째는 전후복구과정에서의 소련의 주도권 약화다. 전쟁이 끝나자 소련은 1953년 10월 20일 북한측과 공동성명을 통해 북한에 약 2억 5000만불 상당의 원조와 물자를 제공하기로 약속하고 1954년에 시작하여 1956년에 끝나는 북한의 3개년계획에 맞추어 이를 인도하였다.[242] 중국은 북한과 1953년 11월 23일 경제문화협조조약을 체결, 북한에 대해 이전의 부채를 모두 면제해줌은 물론 1954년부터 1957년까지 약 3억 2000만불 상당의 원조를 제공하기로 한다.[243] 문제는 소련의 원조가 적어서가 아니라 중국이 그 이상의 원조를 제공함으로써 전후복구과정에서의 소련의 주도권이 손상을 입은 것이다.[244]

세 번째는 소련의 새로운 정책들에 대한 불만이다. 소스탈린적

───────────────

련은 참전사실을 감추기 위한 여러 조처들을 취했는데 이것은 스탈린이 미국과의 관계악화를 우려한 결과라는 해석이다. 박명림, 『한국전쟁의 발발과 기원』 (고려대 박사학위논문, 1994) 참조.

242) 이 원조 가운데 특별히 언급된 목표들은 수풍수력발전소의 재건, 금속공업 공장들의 재건과 건설, 화학과 시멘트공업, 직물 및 식품공업 건설 등이다. 이들 부문에 대해 소련의 해당부문들은 설계도면 작성과 물자 장비를 제공하고 진행과정에서 기술적 지원을 제공하며 북한인들을 훈련시키기로 되어있었다. George Ginsburg, "Soviet Development Grants and Aid to North Korea, 1945-1980," *Asia Pacific Community* No. 18 (Fall, 1982), pp.44-47.

243) 원조의 목표는 석탄, 섬유, 면화, 곡물, 건설자재, 농기구, 어선, 그리고 "다른 인민들의 일상생활에 필요한 것들"이었다. 중국은 또한 북한이 파괴된 철도를 복구하고 건설하는데 도움을 주기로 하고 기관차, 객차, 화차 등을 제공하기로 약속하였다. Chin O. Chung, op. cit., pp.18-19.

244) 소련 중국 이외에도 동독, 폴란드, 체코, 헝가리, 루마니아, 불가리아 등이 북한에 대해 경제원조를 주었다.

권력집중현상을 없애고 집단지도체제로 전환하라는 소련의 압력은
완전한 권력장악을 향해 노력을 경주하고 있는 김일성에게는 심히
거북한 주문일 수밖에 없었다. 더구나 평화공존이라는 새로운 노선
은 이제 막 전쟁을 끝낸 북한으로서는 선뜻 받아들이기 어려운 노
선이었다. 전쟁 중 1950년 10월과 12월 사이 북한지역이 미군의 강
점 하에 들어간 동안 각지에서 북한주민들이 미군의 만행245)을 겪
는 등 북한측 추계246)로 약17만 2000명의 북한주민이 살해된 데다
가 평양시에 파괴되지 않은 건물이 단 한 채밖에 남지 않았다고
할 정도로 철저히 파괴를 당한 북한으로서는 미국에 대한 적개심
이 소련과 같을 수가 없었다. 이 점도 북한에게는 불만사항이었을
것이다.

　이와는 대조적으로 중국은 북한에 대해 우호적인 관계를 차분히
다져왔다. 1950년대 중반에 이르러서는 이것이 북한을 소련으로부
터 떼어놓기에 충분할 정도로 축적이 되었다. 중국이 북한에 대해
베푼 호의 가운데 제일 중요한 것은 역시 중국 인민지원군의 한국
전 참전이었다. 미국의 개입으로 북한정권 자체가 소멸될 뻔한 위
기를 팽덕회를 사령관으로 하는 중국군이 적시 참전하여 구해주었

---

245) 한국전쟁중 미군의 학살과 야만행위에 대해서는 1951년 국제민주여
　　　성동맹과 국제민주법률가협회가 파견한 진상조사단의 일원으로 참가
　　　한 Monica Felton의 북한 방문기 *That's Why I Went* (London: La-
　　　wrence & Wishart, 1953)와 국제민주법률가협회의 보고서 "미국의
　　　범죄에 대한 국제민주법률가협회 조사단의 보고서", 김주환 엮음,
　　　『미국의 세계전략과 한국전쟁』 (청사, 1989) 참조. 북한은 가장 만
　　　행이 심했던 신천에 미군범죄를 되새기기 위한 기념관을 지어놓고
　　　해마다 6·25가 되면 기념집회를 갖고있다.
246) 과학백과사전출판사, 『조선전사』 26권, 129-30쪽.

다. 모택동의 아들도 여기에 참가했다가 전사한다.

중국 인민지원군의 북한주민에 대한 태도도 모범적이었다. 모택동은 1950년 10월 8일 인민지원군에 대해 출동명령을 내리면서 그 명령서의 제2조에 "북한에 머무르는 동안 한국인민의 지도자 김일성뿐만 아니라 한국의 인민, 인민군, 정부, 노동당 그리고 다른 민주적 정당들에 대해 형제적인 정과 존중을 보여주고, 군사 정치규율을 엄격히 지키라"고 지시하고 "이것이 군사적 임무완수를 확보해줄 가장 중요한 정치적 기초다"라고 덧붙였다. 그리고 1951년 1월 19일 한국전 참전 인민지원군에게 보낸 메시지에서도 "우리나라와 우리 인민을 대하듯이 한국의 모든 언덕, 모든 강 그리고 한 포기의 풀이라도 사랑하고 한국사람들로부터 단 하나의 바늘, 단 하나의 실이라도 빼앗지 말라"고 당부했다.247) 이에 힘입어 중국군은 초기 소련군과는 달리 북한주민들을 괴롭히지 않았고 재산을 빼앗지도 않았다. 이것이 해방직후 소련점령군에 의한 수만은 만행을 생생히 기억하고 있는 북한인들에게 좋은 인상을 심어주었을 것임은 물론이다. 뿐만 아니라 중국군은 전쟁이 종료된 이후에도 북한에 남아 전후복구를 위해 각종 노력을 제공했고248) 경제원조를 비롯한 양국간 경제관계도 이에 따라 점차 긴밀해져갔다.249)

---

247) Mao Tse-tung, "Order to the Chinese People's Volunteers," *Selected Works of Mao Tsetung* Vol.5 (Peking: Foreign Language Press, 1977), pp.43-44.

248) 이들은 거의 500만 작업일을 통해 4,107개의 교량공사, 5개의 저수지공사, 3,768건의 제방공사(346 Km)를 마쳤다. 중국군이 철수하던 해인 1958년도 전반 6개월만 해도 총 130만 작업일을 북한의 전후복구를 위해 제공했다. Chin O. chung, op. cit., p.18.

249) 1957년의 북한의 무역관계를 보면 소련이 역시 57%를 차지했고 중

이러한 변화는 북한이 그간의 압도적인 소련의 영향에서 벗어날 수 있는 하나의 기반이 될 수 있었다. 비록 소련의 경제원조가 적지 않게 계속되고는 있었지만 이제는 전적으로 소련에만 매달리는 상황은 아니었다.

북한 내부도 안정을 찾아갔다. 사회주의권내 여러 국가들의 헌신적 도움과 북한 자신의 노력에 힘입어 북한은 3개년계획이 끝난 1956년도 시점에는 대부분의 분야에서 전전의 수준을 회복할 수 있었다. 분야에 따라서는 1949년 수준을 훨씬 능가하는 경우도 있었다.[250] 그러나 대외무역액은 1949년에 비하여 41%에밖에 미치지 못하는 등 전체적으로는 아직 완전히 전전 수준을 회복했다고 볼 수 없지만 전쟁으로 입은 혹독한 피해에 비하면[251] 짧은 기간에 이 정도의 복구를 이룩한 것은 대단한 성과라고 하지 않을 수 없다.[252] 어

국이27%를 차지하였다. 중국과의 무역이 소련에 비하면 절대적으로 적지만 그것이 1955년도에는 9%에 불과했었던데 비하면 많은 변화라고 할 수 있다. Ibid., p.20.

250) 예를 들어 국영 및 협동단체공업총생산액은 1949년도의 그것을 56% 능가하였고, 소매상품총유통액은 70%, 국민소득은 11% 능가하였다. 김일성, 「조선노동당 제3차대회에서 한 중앙위원회사업총화보고」, 『김일성 저작집』 10 (1980), 198-212쪽.

251) 북한의 인구는 1949년 962만명에서 전쟁이 끝난 1953년 849만명으로 감소하였고, 평양의 인구는 40만명에서 8만명으로 줄어들었다. 전쟁에서 인민군은 50만명이 전사했고 100만명의 민간인이 실종되었다. 또 8700여개소의 공장건물, 60만호의 주택, 5000여개소의 학교, 1천여개소의 병원 및 진료소, 263개소의 극장 및 영화관과 수천개소의 문화기관들이 파괴되었다. 『북한최고인민회의자료집』 제1집 (서울: 국토통일원, 1988), 663쪽.

252) 북한이 전쟁의 피해를 완전히 복구했다고 선언하게 되는 것은 이보다 2년 후의 일로, 김일성은 1958년 공화국창건 10주년 기념경축대회에서 한 보고를 통해 "공화국창건 10주년을 경축하는 오늘 우리는 인민

떤 학자들은 이것을 '북한의 기적'이라고 부르기도 한다.253) 이와 더불어 노동당내 김일성 일파의 위치도 상당히 공고해졌다. 전쟁 중 김일성은 군사위원회 위원장 겸 조선인민군 총사령관의 위치에 있으면서 연안파의 유명한 장군 무정을 후퇴시기의 실책에 대한 책임을 물어 숙청하였고, 당원 모집과정에서 관문주의의 과오를 저질렀다고 하여 당창건에 중대한 공헌을 하였던 소련파의 거물 허가이를 몰아냈다. 이어 1953년에는 조선공산당의 대부 박헌영을 '미제의 고용간첩 두목'으로 몰아 재판에 처하였으며 1955년 12월 15일 사형을 언도하였다.254) 그 결과로 나타난 것이 김일성 빨치산파의 약진이었다. 1956년 제3차 당대회 때 김일성의 빨치산파는 당 중앙위원회 위원 11명, 후보위원 6명을 차지하였고, 6명의 최고위급 중앙위원 가운데 4명을 차지하였다.255)

이와 같은 국내외적 변화를 배경으로 하여 북한 정권은 점차 소련으로부터의 독립을 모색하게 된다.256) 그 첫 번째 결과는 소련의

생활에서 입었던 참혹한 전쟁의 피해를 완전히 없애버렸다"고 선언하였다. 김일성은 또한 이 보고를 통해 전쟁직후부터 추진해오던 농업협동화 등 "사회주의적 생산관계가 완전히 승리하였다"고 보고하였다. 『김일성 저작선집』 2 (조선노동당출판사, 1968), 193-232쪽.

253) Joan Robinson, "Korean Miracle," *Monthly Review* 16, No.9 (January 1965), p.543, Erik van Ree, op. cit., pp.57-58. 그러나 전후복구 3개년계획기간 동안 북한에서의 자본투자의 75.1%는 사회주의권 국가들의 원조로 조달되었고, 정부예산의 24.6%가 역시 사회주의권의 원조였다. 같은 논문.

254) 『노동신문』 1955년 12월 18일자.

255) 서대숙, 「정권의 수립과 변천과정」, 최명 편, 『북한개론』 (서울: 을유문화사, 1991), 73쪽.

256) 실제로 1956년의 북한정권의 행태변화를 "emancipation from soviet control"로 표현하는 견해도 있다. Donald S. Zagoria, "North Korea:

요구와는 다른 경제발전전략의 고집이다.

소련의 새로운 지도자 후르시초프는 1956년 2월 소련공산당 20차대회에서 "각각의 사회주의 국가들이 소련이 그래야만 했던 것처럼 중공업의 모든 부문을 다 발전시킬 필요는 이제 더 이상 없다…"라고 선언한다. 아울러 소련 자신도 평화공존의 추구와 발맞추어 스탈린 시대의 중공업 일변도로부터 "전체 사회주의 경제의 기초인 중공업의 우선적인 발전템포를 앞으로도 보장하면서 인민소비품 생산을 현저히 확장하고 경공업 및 식료품공업의 발전을 꾸준히 추진시킬 것"임을 밝힌다.[257] 스탈린 시절 사회주의권 전체가 나라가 크던 작던 중공업에만 매달리던 사회주의 특유의 경제건설 방식에 대한 수정이다. 이것은 북한과 같은 작은 나라에 대해서는 중공업제품은 소련에서 구입하고 대신 광공업 등 원료생산공업, 농업·경공업 등 인민생활에 밀접한 부문 등에 힘을 쏟으라는 요청이고, 사회주의권 전체로 보아서는 국제적인 분업인 셈이다.

이에 대해 북한은 '낡은 방식'의 경제발전 전략을 고집하는 것으로 대응하였다. 이미 북한은 중공업을 우선적으로 발전시키면서 경공업과 농업을 동시에 발전시킨다는 김일성의 노선에 따라 전후 경제복구사업을 위한 3개년 계획을 진행시켜오고 있었다.[258] 그런데 이 노선은 3개년 계획이 끝나고 소련 제20차 당대회의 분위기

Between Moscow and Beijing," Robert A. Scalapino and Jun-Yop Kim ed., *North Korea Today* (Berkeley: University of California, 1983), p.356.

257) 소련 20차 당대회 후르시초프 보고, 『노동신문』 1956년 2월 23일자에서 재인용.

258) 복구사업의 골간은 1954년 4월 23일 최고인민회의에서 채택된 「1954-56년 조선민주주의 인민공화국 인민경제발전 3개년 계획에 관한 법령」이었고 여기에 김일성의 노선이 반영되어있었다.

가 그대로 전해진 이후에도 변함 없이 북한의 경제건설 노선으로 지속된다. 1956년 4월 23일 김일성은 노동당 제3차대회에서 그 다음 해부터 진행될 제1차 5개년계획의 기본방향에 대해 다음과 같이 보고한다.

> **5개년계획기간에 인민경제발전에서 주도적역할은 무엇보다도 중공업이 담당할 것입니다.** 왜냐 하면 중공업을 우선적으로 발전시키지 않고서는 인민경제 모든 분야에서 확대재생산을 보장할 수 없으며 인민경제의 기술적개건과 노동생산능률의 끊임없는 장성을 보장할 수 없기 때문입니다. 따라서 우리는 중공업의 우선적발전에 의거하면서 경공업과 농업을 빨리 발전시켜야 하며 그 기초우에서 인민들의 물질적복리를 도모하여야 하겠습니다.[259]

이것은 한마디로 '중공업의 우선적 발전과 농업, 경공업의 동시발전' 이라는 김일성의 기존 노선의 재확인이었다.

이에 소련은 동 대회에 소련대표로 파견한 프레즈네프의 축사를 통해 북한의 산업생산수준이 전쟁 전 수준을 능가하게된 것을 축하하면서 "이것은 공화국 발전에 절실히 필요한 과업인 농업의 보다 급속한 부흥 및 가일층의 앙양을 위한 문제를 일정에 올릴 수 있는 가능성을 조성하고 있습니다"라고 하여 농업부문 활성화를 촉구한 후, "인민경제의 발전을 위한 앞으로의 5개년 계획을 수행함에 있어서 당신들은 아마 적지 않은 난관에 부닥치게 될 것입니다"

---

259) 김일성, 「조선노동당 제3차대회에서 한 중앙위원회사업총화보고」, 『김일성저작집』 10 (평양: 조선노동당출판사, 1980), 213-214쪽.

라며 현 계획대로 진행할 경우 어려움이 적지 않을 것임을 지적하고 "당신들의 대회는 이 난관을 보다 용이하게 또 급속히 극복할 수 있게 할 그러한 결정들을 작성할 것입니다."라고 새로운 계획을 작성할 것을 종용하였다. 그는 나아가 "새 생활 건설을 위한 자기의 창조적 활동에 있어서 조선민주주의 인민공화국은 사회주의 국가들의 협조와 형제적 호상 원조에 의거하고 있다"며 소련의 권고대로 노선을 수정하지 않는다면 원조를 받는데 어려움이 있을 것임을 노골적으로 비치기도 하였다.260)

북한이 이와 같은 소련의 권고를 받아들이지 않았다는 것을 우리는 우선 5개년계획이 끝나던 해인 1961년 노동당 제4차대회에서의 김일성의 보고를 통해 확인할 수 있다. 김일성은 여기에서 "5개년개획기간에 사회주의건설분야에서의 중심과업은 사회주의적 공업화의 기초를 닦으며 인민들의 먹고 입고 쓰고 사는 문제를 기본적으로 푸는데 있었다"고 전제하고 "이 과업을 성과적으로 실행하기 위하여 당은 중공업의 우선적 장성을 보장하면서 경공업과 농촌경리를 동시에 발전시키는 경제건설의 기본 로선을 계속 철저히 집행하였습니다."라고 확인하였다. 그리고 그는 "이 로선은 정전직후에 채택되었으며 전후복구사업의 실천을 통하여 그 정당성과 생활력이 확증되었다"고 강조하였다.261) 결국 북한은 소련의 권고를 거

---

260) 조선노동당 제3차대회에서의 브레즈네프의 축하연설, 『노동신문』 1956년 4월 25일자에 전문 번역수록.

261) 김일성, 「조선노동당 제4차대회에서 한 중앙위원회사업총화보고」, 『김일성저작선집』 3 (평양: 조선노동당출판사, 1968), 62쪽. 같은 보고에서 김일성은 이를 수치로써 보여준다. 즉 1957년부터 1960년까지의 4년 동안에 공업총생산액은 3.5배로 늘어나면서 연평균 36.6%의 높은 성장

부한 것이다. 이에 "중공업과 기계제작공업에 중점을 둔 새로운 5개년계획은 소련의 승인 없이 북한 독자적으로 수행되었다"는 평가도 나올 수 있었다.[262]

두 번째는 집단지도체제 도입 요청을 거부한 것이다. 소련은 앞서 본 바와 같이 주변의 소스탈린들에 대해 집단지배체제를 도입할 것을 요청하였다. 특히 북한에 대해서는 예의 브레즈네프의 축하연설을 통해 "대회(북한 노동당 제3차대회)는 당 단체들 속에서 우로부터 밑에 이르기까지 집체적 령도의 레닌적 원칙을 완전히 수립하도록 방조할 것인바 이 원칙의 실천은 매개 맑스주의 당에 대하여 강력한 힘을 부여하며 당으로 하여금 개인 숭배와 관련된 오유를 범하지 않도록 합니다"라고 하여 거의 직접적으로 집단지도체제 수립을 요구하였다.[263]

이에 대해 북한의 지도부는 몇 달간의 침묵[264] 이후 7월 16일

률을 기록했다는 것이다. 이 가운데 전력공업은 1.8배, 연료공업은 2.6배, 야금공업은 3배, 화학공업은 4.5배, 기계제작공업은 4.7배로 늘어났다고 한다. 상대적으로 중화학공업의 성장률 이 월등 높은 것을 볼 수 있다. 경공업부문도 방직공업 3.5배, 식료품 및 기호품 공업 4.2배, 문화용품 및 가정용 생산은 6.8배를 기록하는 등 높은 성장을 했다는 것이다. 그러나 유독 농업에 있어서 만은 수리화·전기화·공업화를 독려했음에도 불구하고 32% 성장을 보였다고 한다. 같은 책, 76-83쪽.

262) Ellen Brun and Jacques Hersh, *Socialist Korea: A Case Study in the Strategy of Economic Development* (New York: Monthly Review Press, 1976), p.181.

263) 노동당 제3차대회 브레즈네프 축하연설, 『노동신문』 1956년 4월 25일자.

264) 그간 개인숭배의 폐해를 지적한 소련 공산당 중앙위원회의 결정서 「개인숭배와 그 후과들을 극복할 데 대하여」를 노동신문에 소개하였을 뿐이다. 소련 공산당 중앙위원회는 1956년 6월 30일자로 이 결정서를 채택하였는데 이를 7월 2일자 『프라우다』가 실었고 그 4일

『노동신문』을 통해 "집체적 지도원칙을 확고히 준수한다는 것은 이 지도가 당의 군중로선에 엄밀히 립각한 여부에 의하여 평가되어야 한다"며 "우리 당 중앙위원회는 집체적 지도원칙을…군중 로선에 튼튼히 립각하여 자기 활동에서 그를 충분히 구현하였으며 또 하고있다"라는 입장을 밝힌다. 한마디로 북한에는 개인숭배 문제가 없고 집체적 지도원칙도 잘 지켜지고 있다는 주장이다. 북한은 여기서 한 걸음 더 나아가 종파주의가 개인영웅주의의 산물로서 개인숭배를 상습적으로 책동한다며, "개인 숭배를 반대하며 집체적 지도를 강화하기 위한 투쟁이 당내에서 종파주의적 사상잔재를 끝까지 청산하는 데로 돌려져야 한다"고 주장, 개인숭배 문제를 오히려 종파주의 청산 쪽으로 돌렸다. 여기에서 종파주의란 김일성 스스로가 밝혔듯이[265] 박헌영 일파를 염두에 두고 하는 말이다. 그리고는 집체적 지도를 강화하는 사업은 당내 민주주의가 광범히 발양되고 중앙집권제 원칙이 잘 준수되는 조건 하에서만 실현될 수 있다며 새로 개정된 당규약의 민주주의적 중앙집권제 원칙[266]을 재확인 한 뒤, "우리의 중요한 과업은 김일성 동지를 위수로 한 당

후인 7월 4일 『노동신문』이 이를 전재하였다.

265) 노동당 제3차대회 보고.

266) 1956년 4월 28일에 개정한 당규 제21조. 여기에는 "ㄷ. 당원은 당의 조직에 복종하며 소수는 다수에 복종하며 당 하급기관은 당 상급기관에 복종하며 전체 당 단체는 당중앙위원회에 절대 복종한다. ㄹ. 당 하급기관은 상급기관의 결정을 의무적으로 집행하여야 한다. 당 상급기관은 당 하급기관의 사업을 계통적으로 지도 검열한다."고 규정되어있다. 고려대학교 아세아문제연구소, 『북한연구자료집』 제2집 (1974), 821쪽. 이 원칙에 따르면 당중앙위원회라는 집체적 기구가 최종결정권을 가진 것으로 되어있으나, 김일성은 이미 당중앙위원회를 장악함으로써 이 위원회보다 상급의 기관이 되어 있었다.

중앙위원회의 주위에 전당을 더욱 튼튼히 결속시켜야 한다"고 결론 지음으로써 김일성 개인숭배를 강화할 방침임을 밝힌다.[267] 북한정 권으로서는 소련의 요청을 따를 생각이 없다는 것을 바로 표현하 고 있는 것이다. 북한의 실제 행태를 보아도 노동당 제3차대회가 열린 대회장에 김일성의 대형초상화를 걸어놓지 않는 등[268] 소련의 직접적 지적을 면하려는 조심스러운 태도를 보였지만 김일성 일파 에로의 권력집중현상은 점점 가속화되었다.

세 번째 북한이 소련의 직접적인 영향력을 벗어나는 마지막 계 기는 김일성 빨치산파 에게는 하나의 위기의 형태로 닥쳐온 1956 년 8월의 소위 '8월 종파사건'이었다.[269] 그것은 소련파와 연안파가 연합하여 김일성 일파에 도전한 사건이었고 이때 소련파의 중심인 물은 박창옥, 소련파의 중심인물은 최창익·윤공흠·서휘·이필규 등이었다. 이들은 소련에서의 스탈린 격하운동을 배경으로 당시 북 한 노동당내의 김일성 개인숭배 현상, 중공업 우선 정책의 지속 등 을 비판함으로써 결국 김일성을 권력에서 축출하려 하였다. 그리고 그 무대로 삼은 것은 1956년 8월 30일과 31일 이틀에 걸쳐 개최된 당중앙위원회 전원회의였다.

---

267) 『노동신문』 1956년 7월 16일자.

268) 『노동신문』 1956년 4월 24일자는 대회장 사진을 싣고있는데 여기에 서 김일성의 사진이 빠져있음을 확인할 수 있다.

269) 지금까지 나온 이 사건에 대한 연구 가운데에서 가장 심도 있는 연 구는 소련의 자료와 소련의 당시 사건 관련자들과의 인터뷰를 충분 히 활용한 안드레이 란코프의 연구일 것이다. 그리고 참고할만한 연 구로는 Scalapino와 이정식교수의 Communism in Korea (Berkeley, Los Angeles, and London: University of California Press, 1972)의 해 당부분(510-516쪽)이 있다.

그러나 이들의 계획은 사전에 새어나가 김일성에게 알려지고, 김일성은 방어준비를 철저히 할 수 있었다. 회의가 열렸을 때 첫 번째 발언자로 나선 윤공흠은 개인숭배 등의 문제를 들어 김일성을 공격하는 연설을 하였다.[270] 그러나 그의 발언은 당 중앙위원들의 별다른 호응을 얻지 못한다. 최창익, 박창옥, 서휘, 이필규 등도 연설을 시도했으나 그들 또한 회의를 자신들에게 유리한 방향으로 이끌지 못했다.[271] 자신들의 시도가 실패한 것을 깨달은 윤공흠, 서휘, 이필규 등은 다른 연안파 인물인 김강과 함께 그 날 압록강을 건너 중국으로 망명한다. 그들은 곧바로 당중앙위원회에서 추방당하고 당적을 박탈당한다. 그리고 박창옥은 당중앙위원회 위원에서, 최창익은 간부회의 및 중앙위원회 위원에서 제명 당했다. 이것이 소위 '8월 종파사건'의 경위이다.

북한은 사건이 일어난 지 6일 후 노동신문에 '정령'을 내고, 최창익을 부수상의 직책으로부터, 그리고 박창옥을 부수상 겸 기계공업상의 직책으로부터 해임한다고 논평 없이 짤막하게 공고하였다.[272]

---

270) 윤공흠이 구체적으로 어떤 내용의 발언을 했는지는 분명치 않다. 개인숭배문제, 경제문제 등 중요문제들에 관해 발언했다는 연구가 있는가 하면(Scalapino & Chong-sik lee) 개인숭배문제만을 발언했다는 견해도 있다(서대숙, 「정권수립과 변천과정」, 최명 편, 『북한개론』(을유문화사, 1991), 안드레이 란코프).

271) 이들이 실제로 발언을 하였는지에 대해서도 다른 의견들이 있다. 서대숙교수는 최창익이 북한 경제발전의 난관들 특히 중공업 치중을 비난하였다고 하고 있으나 Scalapino & Chong-sik Lee, 란코프 등은 이들이 발언하지 못했다고 한다.

272) 『노동신문』 1956년 9월 5일자. 8월 전원회의 자체에 관해서는 "1, 형제적 국가들을 방문한 정부 대표단의 사업총화와 우리 당의 당면한 몇 가지 과업들에 관하여 2. 인민 보건 사업을 개선 강화할 데

그리고는 9월 11-12일 평양시 당 열성자회의를 시발로[273] 8월 전원회의 결정 실행대책을 토의하는 모임을 전국적으로 확대시켜 나아갔다. "당내에 아직 남아 있는 종파 사상잔재를 근절하기 위하여 계속 완강한 투쟁을 전개하기"위하여서였다.

그러나 문제는 이것으로 끝나지 않았다. 이 사건은 즉각 북경과 모스크바에 알려졌고,[274] 마침 북경에서 9월 15일 열리게 되어있던 중국공산당 8차대회 관계로 북경에 가있던 미코얀과 모택동이 이 문제를 협의, 이 일을 조사하기 위해 소·중 대표단을 북한에 파견하기로 결정하였다. 대표단의 양측 대표는 소련측은 미코얀이 중국측은 한국전쟁에 중국인민지원군 사령관으로 참전한 팽덕회가 선정되었다. 평양에 도착한 대표단은 8월 사건 이후 발생된 당내 상황을 검토하기 위하여 조선공산당 중앙위원회 전원회의를 새로이 소집할 것을 요구하였다. 대표단은 김일성을 파면하는 문제까지 고려하였다고 한다. 이에 북한은 9월 23일 단 하루 동안 회의를 개최하

대하여" 토의 되었다고 보도하고 "전원 회의에서는 또한 조직 문제가 취급되었다."고만 덧붙였다.

273) 평양시 회의의 내용은 "토론자들은 당의 령도에 대한 대중의 신임과 존경을 훼손시키며 당의 중앙집권적 지도를 무시하고 당 지도부에 대한 불신임을 조성하며 정면에서는 말하지 않고 뒷골목에 앉아서 당의 정책과 결정들을 비난 혹은 반대하며 간부들을 중상하며 당의 통일과 단결을 와해시키려는 따위의 일체 자유주의적, 무정부주의적, 반당적, 종파적인 행동들은 당내에서 추호도 용허될 수 없다는 것을 강조하였다"는 것이다. 『노동신문』 1956년 9월 15일자 "8월 전원회의 결정 실천을 위하여".

274) 북경에는 망명한 윤공흠 일행이, 그리고 모스크바에는 연안파에 속하는 인물로서 주 모스크바 북한대사로 나가있던 이상조가 박창옥을 통해 사건을 전해듣고 전달하였다고 한다. Scalapino & Chong-sik Lee, p.514.

였고, 여기에서 8월 사건 참가자들 및 동조자들을 당에 복귀시키기로 하였고, 김일성은 소련파와 연안파 출신들에 대한 대대적인 탄압을 중지하기로 약속하고 이 약속을 지켰다.[275] 박창옥과 최창익은 제재소 및 양돈장 책임자로 남아있었다. 김일성으로서는 8월 사건 자체보다도 더 큰 위기였던 셈이다.

그러나 김일성은 그 약속을 오래 지키지 않았다. 1957년 9월초 박창옥과 최창익은 투옥되었다.[276] 뿐만 아니라 1956년 9월 1일부터 그 해 12월말까지 실시된 '당증 교환사업'을[277] 통해 당원을 철저히 심사하고 종파에 관련 있는 자들에 대한 대대적인 숙청작업을 벌여나갔다. 그리고 끝내는 1958년 들어 연안파의 최고지도자로서 최고인민회의 상임위원회 위원장직을 맡고있던 김두봉마저 숙청하고 명실공히 빨치산파에 의한 당을 이룩한다. 이때의 권력투쟁과 숙청작업이 어느 정도였는지를 보여주는 것이 이듬해 1957년 9월에 실시된 제2기 최고인민회의 대의원 선거이다. 이 선거에서는 약 215명의 대의원이 선출되었는데 제1기 대의원 중에서 75명이 재선되고 나머지 140명은 새로이 선출되는 대폭적인 교체가 있었다. 김일성과 그의 빨치산 동료들은 그들에게 도전 가능한 모든 집단들을 제거했다.[278]

북한은, 정확히 말하자면 김일성은 끝내 압력을 뿌리친 것이다. 후일 김일성 자신이 이 시기를 '준엄한 시련의 시기'였다고 실토한

---

275) 안드레이 란코프, 앞의 책, 231-239쪽.
276) 같은 책, 242쪽.
277) 1956년 6월 29일자 "당증 교환사업을 영예롭게 맞이하자".
278) 서대숙, 앞의 글, 75쪽.

다. 그리고 '역사적인 전환의 시기'였다고도 회상한다.[279) 실로 김일성은 시련을 이기고 전환을 이룩하였다. 그것은 소련으로부터의 독립이었다. 1945년이 일본으로부터의 해방이라고 한다면 1956년은 북한이 소련으로부터 독립한 해로 기록되어야 마땅할 것이다.[280) 이점에서 안드레이 란코프의 말이 인상깊다.

> 그러므로 1945년이 아니라 1956년이 김일성체제가 탄생된 해로 간주되어야 한다. 1945-56년 기간동안 북한은 가난하고 낙후된, 그러나 대체로 동유럽국가들과 비슷한 이른바 '인민민주주의' 국가였다. 그러나 1956년 이후 북한은 그 무엇과도 비교할 수 없는 독특한 국가체제를 보여주기 시작했다.[281)

소련으로부터의 '독립'은 '현실로서의 소련'을 거부하는데 성공했음을 뜻한다. 그것 자체가 북한 정권에게는 선택의 폭을 열어놓는 효과가 있었다. 그러나 그것은 동시에 '이상으로서의 소련'을 잃어버리는 부수 효과도 동반한다. 양자가 분리될 수 없기도 하지만, '독립'의 과정에서 김일성 일파가 원용한 명분 즉 '우리의 것'이 중심이 되어야 한다는 명제가 곧 '이상으로서의 소련'을 부정하는 것

---

279) 김일성, 「조선노동당 제4차대회에서 한 중앙위원회사업총화보고」, 『김일성 저작선집』 3 (평양: 조선노동당 출판사, 1963), 152쪽.
280) 이 사건은 북한의 발전전략의 측면에서도 중대한 의의를 가진다. 스탈린식의 중공업 우선의 발전방식과 농업·경공업 위주의 발전방식이 극적으로 격돌했다는 측면에서이다. 이 점에 관해서는 김연철, 『북한의 산업화와 경제정책』 (역사비평사, 2001) 및 김근식, 『북한 발전전략의 형성과 변화에 관한 연구』(서울대 박사학위논문, 1999) 등 참조.
281) 안드레이 란코프, 앞의 책, 246쪽.

이었기 때문이다. 이는 좀더 중대한 결과를 파생시킨다. '이상으로서의 소련'은 곧 근대성이었고, 산업화였고, 사회제도의 선진화, 문화의 발전이었다. 지금까지 거의 맹목적으로 추구해 오던 이 이상을 잃어버린 북한 정권이 이제 찾을 수 있는 대안, 기댈 수 있는 기반은 그것의 반명제 즉 전통으로의 회귀 밖에는 없었다. 실제 '독립'의 과정에서도 전통이 활용되지만 그 이후의 북한 정권은 거의 모든 것의 정당성을 전통에서 끌어와야만 했다. 정권이 기반하고 있는 명분의 거대한 전환인 셈이다.

2) 김일성 권력 확립

'8월종파사건'과 이에 이은 당증교환사업, 중앙당집중지도 등 북한을 격렬한 숙청의 회오리로 몰아넣은 일련의 사건들을 거치면서 김일성과 그의 빨치산 동료들은 그들에게 도전할 수 있는 세력들을 모두 제거하는데 성공하였다. 김두봉을 끝으로 소련파와 연안파의 중요 인물들이 모두 실각한 것이다. 물론 이것이 모든 권력을 빨치산파가 독점했다거나, 당내에서 이견이 나올 가능성이 완전히 배제되었다는 것을 의미하는 것은 아니지만 1950년대 후반에 몰아닥친 한바탕의 숙청의 회오리는 김일성 일파의 권력에 정면으로 도전할 수 있는 집단으로서의 세력을 해체시키고 무력화시키기에는 충분했다. 그 회오리를 일단락 지은 것이 1958년의 조선노동당 제1차 대표자회였다.282)

---

282) 노동당 제1차 대표자회 개최 이유에 대해 『조선전사』는 반종파주쟁에서 거둔 성과와 경험, 교훈을 총화하고 새 환경에 맞게 당의 통일

1958년 3월 3일부터 4일간 평양의 국립예술극장에서 열린 노동당대표자회는 그 전해부터 시작된 제1차 5개년계획의 목표들을 재점검하고 "전 당의 통일과 단결"을 다진다는데 의미가 있었다.[283] 회의의 의정도 1. 조선 민주주의 인민공화국 인민 경제 발전 제1차 5개년(1957-1961)계획에 관하여 2. 당의 통일과 단결을 더욱 강화할데 대하여 3. 조직문제 등으로 채택되었다.[284] 따라서 이 회의는 경제문제에 대한 토의와 함께 이미 진행된 '반종파투쟁'의 결과가 당 내외에 공표되고 총화되는 자리였다. 종파문제는 대회 이틀째인 3월 4일 당 조직문제를 관장하던 당 중앙위 부위원장 박금철의 발언으로부터 다루어졌다. 그는 최창익과 박창옥 등의 반당종파행위를 길게 논죄하고 "최창익 도당의 극악한 죄행은 100여만의 우리 당원들과 전체 인민들의 치솟는 증오와 격분을 자아내게 하였으며 이 반당 종파분자들을 반대하는 전 당적, 전 인민적 투쟁이 전개되었다"고 소개함으로써 '8월종파사건' 이후 숙청이 얼마나 치열하게 전개되었는지를 보여주었다.[285]

국내파 오기섭과 연안파의 거두 김두봉 등에 대한 단죄는 김일성

과 단결을 더욱 강화하며 당의 령도적기능을 한층 더 높여야 할 문제가 제기되었고 이것은 이 시기 국제공산주의운동 안에 복잡한 정세가 조성된 사정과도 관련하여 더욱 절실한 문제로 되었기 때문으로 설명하고, 이에 김일성은 천리마의 대진군을 다그쳐 사회주의 건설을 빨리 전진시키며, 종파오물을 쓸어버리기 위한 당내투쟁을 총화하고 당대열의 통일단결을 강화하기 위한 대책을 세우기 위하여 당 대표자회를 열었다고 쓰고 있다. 『조선전사』 29 (과학·백과사전출판사, 1981), 38쪽.

283) 「필승 불패의 맑스-레닌주의 기치하에」, 『노동신문』 1958년 3월 3일자.
284) 『노동신문』 1958년 3월 4일자.
285) 『노동신문』 1958년 3월 6일자.

이 직접 맡았다. 그는 회의 결론보고를 통해, 김두봉은 "우리한테는 속을 안주고 한빈과 최창익에게만 속을 주었다"며 그가 적지 않은 젊은 사람들을 못쓰게 만들었다고 단죄하였다. 오기섭에 대해서는 "당의 정책을 믿지 않고 당을 반대하여 딴 것을 하나 내놓아볼까 하는 생각에서" 정책연구에만 몰두하였다며 이는 "당에 대해서는 충실치 못하고 출세와 영예만 탐내는 개인영웅주의"라고 규정하고[286] 이들에게는 "《사회주의분배원칙》에 의해서 그들이 《번것》만큼 (벌을)주자"고 주장하였다. 사실 오기섭, 김두봉 등에게 법적 차원의 죄는 없었던 것 같다. 왜냐하면 그들의 죄를 결속하자는 당 대표자회에서 김일성이 열거한 그들의 죄라는 것이 김일성에게 '속을 주지 않은 것', 혹은 나름대로의 정책을 연구한 것 정도에 그치고 있기 때문이다. 그러나 이들이 범한 정치적 죄는 컸다. 김일성 일파에게 '속을 주지 않은 것'은 이제는 북한의 상황에서는 살아남을 수 없는 중대한 죄에 속했다. 이미 김일성 일파에게 충성하는 자만이 생존할 수 있는 정치구조가 북한에는 만들어진 것이다.

당 대표자회를 통해 '파벌'들의 우두머리들에 대한 단죄를 마친 김일성 일파는 당의 하부조직들에까지 종파주의와의 투쟁을 확산시켜 나가는데 힘을 기울였다. 물론 당 대표자회에서 김일성에 의해 오기섭, 김두봉과 함께 비판을 받은 소련파 박의완은 회의가 끝나자마자 부수상의 직책을 박탈당한다.[287] 이후 북한은 노동신문을 통해 모든 당원들이 당의 단결과 통일을 항상 "눈동자와 같이" 수호할 것과, 종

---

286) 김일성, 「제1차5개년계획을 성과적으로 수행하기 위하여」, 『김일성 저작선집』 2 (1968), 124-126쪽.
287) 1958년 3월 8일자 정령, 『노동신문』 1958년 3월 9일자.

파의 근원을 뿌리 채 없앨 것을 지속적으로 요청[288]하는 한편, 당 내외에 대한 숙청을 계속해 나갔다. 이 여파로 1958-59년간 적어도 90명의 인사들이 가지고 있던 직책을 잃었다고 한다.[289] 북한의 『조선전사』는 당 대표자회가 "사회주의 건설을 힘있게 밀고나가며 종파의 오물을 깨끗이 청산하고 당의 통일단결을 확고히 보장하게 한 회의"였다고 자평하고 "당 대표자회가 있은 다음 당의 통일과 단결을 더욱 강화하기 위한 전당적인 투쟁이 힘있게 벌어졌다"고 쓰고 있다.[290]

이 모든 과정이 끝나고 김일성을 위시한 빨치산 일파가 최후의 승리, 즉 권력의 배타적 독점을 선언하고 이를 자축하게 되는 것은 1961년의 노동당 제4차대회였다. 이 대회는 북한이 제1차 5개년 계획을 성공적으로 끝마친 상황에서 그 성공의 공로자인 노동자들을 '승리자'로 추켜세우며 이를 '승리자의 대회'라고 명명하였는데[291] 다른 한편으로는 김일성 일파의 정치적 승리를 축하하는 또 다른 의미의 '승리자의 대회'이기도 하였다. 승리를 내외에 과시하기 위한 대회였던 만큼 대회 자체도 성대하게 치러졌다.[292]

---

288) 노동신문의 1958년 3월 7일자 사설 「우리 혁명 승리를 촉진하기 위하여 당을 가일층 공고히 하자」, 3월 9일의 사설 「영광스러운 우리 당의 령도하에 새 승리를 향하여 앞으로!」, 3월 21일자 리효순의 기명논설 「당 통일의 강화를 위한 투쟁은 매개 당 단체와 당원들의 고상한 임무」 등.

289) Scalapino and Lee, p.524. 이들 중 주 타격 대상은 역시 소위 연안파와 소련파였으며, 약 30명은 1956년에 만들어진 재북평화통일촉진협회에서 일하던 안재홍, 조소앙, 윤기섭, 엄항섭 등 남한 출신의 인사들이었고 다른 당들의 지도자들도 들어있었다.

290) 『조선전사』, 앞의 책, 41쪽.

291) 『노동신문』 1961년 9월 11일자 사설 「영광스러운 승리자들의 대회」 참조.

대회는 3차 당대회 이후의 지난 기간을 총결하고 7개년계획이라는 새로운 전망을 제시하였다. 당중앙위 사업 총화보고에 나선 김일성은 "반당 종파 분자들은 어려운 시기에 당과 혁명을 반대하여 나섰습니다. 그러나 우리 당은 모든 시련들을 이겨 내였으며 투쟁의 모든 전선에서 승리하였습니다"라고 발언, 당내에서 종파가 완전히 청산되었음을 선언하였다.293) 이때 중국공산당 대표단장으로 이 대회에 참석한 등소평은 "중국 공산당과 중국 인민은 무한한 경탄과 기쁨 속에서 이 빛나는 성과들을 바라보고 있습니다"는 등의 축사로294) 북한 내부상황 전개를 인정하였다.

그러나 더욱 중요한 것은 '승리'의 선언보다 그것이 실제로 표현된 중앙지도기관 선거였다. 물론 여기에서 가장 특징적인 것은 제3차 당대회까지만 해도 당 중앙위원회 내에 상당한 자기 몫을 가지고 있던 소련계와 연안계가 완벽하게 몰락한 사실이다. 이 대회에서 선출된 당 중앙위원들의 소속 계열과 제3차 당대회때 선출된 중앙위원들의 그것을 비교해 보면 이 사실이 확연히 드러난다. 당 제4차대회에서 선출된 85명의 중앙위원 가운데 소련계는 남일 한

---

292) 대회는 9월 11일부터 8일간에 걸쳐 진행되었는데 여기에는 116만 6,359명의 당원과 14만 5,204명의 후보당원들 가운데에서 뽑힌 1,157명의 대표가 참석하였다.(이때의 당원 및 후보당원의 숫자는 이 대회의 김일성의 총화보고 참조) 국외로부터도 중국, 소련대표단을 위시하여 세계의 32개 공산당 및 노동당 대표단이 참석하였다. 『노동신문』 1961년 9월 12일자.

293) 김일성, 「노동당 중앙위원회 사업 총화보고」, 『노동신문』 1961년 9월 12일자.

294) 「중국 공산당 대표단 단장 등소평 동지의 축하연설」, 『노동신문』 1961년 9월 13일.

사람이었고 연안계는 김창만, 하앙천, 김창덕 세 사람이었다. 그러
나 이들은 일찍이 자기파를 떠나 김일성계열에 합류하거나 김일성
의 신임을 받고 있던 인물이었다. 이와는 대조적으로 항일유격대
관련 인사들은 무려 37명이나 중앙위원으로 진출하였다. 이에 김일
성의 만주파는 당중앙위원회를 독점적으로 장악하여 전당을 일원적
으로 장악하기에 이르렀다.295)

여기에 한 가지 덧붙일 사실은 이 대회에서 있은 당 규약 개정
이다.296) 이 대회에서 개정된 당 규약은 조선노동당을 "항일무장투
쟁의 영광스러운 혁명전통의 계승자"로 규정하여 보다 직접적으로
김일성의 항일무장투쟁을 당의 존재근원으로 명시하였다.297)

이렇게 보면 북한과 김일성이 소련으로부터 '독립'하는 과정은
김일성 정권의 공고화 즉 김일성을 정점으로 하는 빨치산파가 북
한의 권력을 독점해 가는 과정과 서로 맞물려 있다는 것이 드러난
다. 물론 사회주의권 내부의 변화가 기반이 되었지만 자신이 믿을
수 있는 빨치산파가 권력을 든든히 장악하고 있었기 때문에 소련
으로부터의 중대한 압력들을 거부해 낼 수 있었고, 또 그 과정에서
다른 파벌들을 물리칠 수 있었다. 그리고 그 결과로 빨치산파는 더
욱 굳건히 단결하고 정권을 더욱 확고히 장악해 갈 수 있었다. 한

---

295) Scalapino and Lee, op.cit., p.571.

296) 개정된 당 규약 전문은 「조선노동당규약(1961. 9.18)」, 『안보통일문
　　제 기본자료집(북한편)』 (동아일보사, 1972).

297) 제3차 대회시 당규약은 당을 "우리나라의 민족적 독립과 해방을 위
　　하여 일본 및 기타 식민주의자들을 반대하여 투쟁한 조선인민의 혁
　　명적 전통의 계승자다"라고 하여 당의 연원을 다소 일반적으로 규정
　　하였다. 「조선 노동당 규약(1956년 4월 28일)」, 『북한연구자료집』
　　제2집(고대아세아문제연구소, 1974), 817쪽.

가지 덧붙일 것은 후술하듯 김일성 및 빨치산파가 소련, 중국과 연계된 다른 파벌들을 물리칠 때 기반으로 삼은 '명분'이 이들이 '우리의 것'을 도외시하고 다른 나라만 쳐다본다는 즉 '주체'가 없다는 것이었다. 여기서 '우리의 것'을 찾는다는 것은 달리 보아 과거로부터의 우리 고유의 것을 중시하고 새롭게 발견한다는 것이고 그것은 곧 전통의 재발견이다. 결과적으로 김일성 정권의 공고화, 북한의 소련으로부터의 독립의 연결고리는 바로 '전통' 이었던 셈이다.

한편 북한에서 김일성 빨치산파가 정권을 독점해 간다는 것은 김일성과 함께 과거 특별한 경험을 함께 한 하나의 일차집단이 북한을 움직여 가는 배타적 그룹으로 되어간다는 것을 뜻한다.[298] 이들 특정 일차집단이 지배집단이 된다는 것 자체가 전통적 행태의 한 표현이지만, 다른 한편으로 이들이 스스로를 정당화해 나가는 과정에서 사회적으로 일차집단 지향의 경향을 가져왔을 가능성이 있다는 측면 또한 전통 강화의 측면이다. 보다 직접적으로는 권력을 독점한 이들이 노동당 등 국가조직의 하부구조를 구성하면서, 그리고 국가를 운영하면서 합리성, 능률, 법(규칙) 같은 것보다는 '당성'이라는 정치적 기준으로써 모든 것을 재단하려 했다는 점이다.[299] '당성'은 달리 표현하면 김일성에게 '충성'하는 정도를 말한다. '충성'은 엄밀한 기준이 있을 수 없는 속성상 판단이 어느 정도는 상급자의 자의에 의할 수밖에 없다. 이 점에서 가장 높이는 권

---

298) 이 과정을 이종석은 빨치산파가 '양파껍질을 벗기듯' 다른 파벌들을 물리치고 권력을 장악했다고 표현하고 있고, 와다 하루끼 교수는 '유격대국가의 성립'으로 규정한다. 와다 하루끼 지음, 이종석 옮김, 『김일성과 만주항일전쟁』 (창작과비평사, 1992), 314-319쪽.

299) 생산에 있어 '당성'의 지배는 김연철, 앞의 책, 269-277쪽 참조.

력을 장악한 빨치산파에 대한 충성 그리고 밑으로는 계선을 따라 상급자에 대한 인간적 충성을 동반할 수밖에 없다. 정당성이 충분치 않은 소수 집단으로서 국가 전체를 통합하여 발전의 방향으로 시급히 이끌어 가려한 빨치산파로서는 '충성'을 매개로 하는 이와 같은 일차적 인간관계를 원용하지 않을 수 없었을 것이다. 이점 또한 김일성 통치의 중요한 전통 원용의 측면이다.

나. 김일성의 전통 가치에 대한 태도 변화

전통에 대한 김일성의 태도에 변화의 조짐이 보이기 시작한 것은 이와 같은 분위기 속에서였다. 소련으로부터의 영향을 거부해 내고 정권이 공고화되던 1950년대 후반 북한의 분위기는 자연스럽게 김일성의 전통에 대한 태도를 보다 긍정적인 것, 적극적인 것으로 바꾸어 가도록 하는 토양으로 작용을 했다. '우리 것' 중심의 독자노선을 추구하려는 당시의 시대 분위기는 이전과는 달리 '과거의 우리 것'이 부각될 수 있는 여건을 만들어 준 셈이다. 물론 거꾸로 김일성이 '주체'와 '자주' 그리고 '자립' 등을 역설하려다 보니 결국 '우리 것'을 강조하게되고 '우리 것'을 강조하려다 보니 '과거의 우리 것', '전통'을 부각시키지 않을 수 없었던 측면도 있을 수 있다. 오히려 후자 쪽이 더 설득력 있는 것으로도 보인다. 결국 김일성이 필요에 의해서 '우리 것', '전통'을 활용하게 되고 그것이 북한사회 전체에 민족주의적 분위기를 키워갔고, 이는 다시 김일성의 태도를

‘우리 것’ 지향적으로 만들어 가는 방식으로 상승작용을 했다고 보는 것이 타당할 것이다. 그러나 중요한 것은 그것이 어느 쪽에서부터 비롯되었는가 하는 것이 아니라, 당시 북한의 분위기가 전통이 숨쉴 수 있는 방향으로 흘렀다는 것과, 결과로서든 원인으로서든 김일성의 전통에 대한 태도에 변화가 있었다는 점이다.

문제는 당시 김일성이 전통 자체를 어떻게 본다든지, 보아야 한다든지 하는 입장을 정면으로 표명한 바를 찾아보기 어렵다는 점이다. 있다손 치더라도 김일성의 입장의 변화를 직접적으로 보여주는 언급들은 이후의 북한 체제가 용인하기 어려웠을 것이다. 잘 알려져 있다시피 김일성은 ‘무오류의 존재’로서 처음부터 끝까지 옳은 사상, 정확한 노선만을 가져온 것으로 설정되어있기 때문에 변화를 노출시키는 부분들은 시간이 경과하면서 검토작업을 거치는 동안에 수정되거나 삭제되기가 쉬웠다. 대신 보다 개념을 넓혀서, 시간의 폭을 넓게 잡고 본다면 김일성의 전통에 대한 태도 변화를 파악해 낼 수 있는 몇 가지 사실들을 어렵지 않게 만날 수 있다.

그 중 하나가 김일성의 ‘과거의 것’ 특히 전통 문화유산에 대한 태도이다. 집권 초기 김일성은 문화유산 문제를 주제로 연설하거나 혹은 이에 대해 자세히 언급하지 않았다. 다만 일제의 잔학성을 부각시켜 말하기 위해 우리의 유구하고 찬란한 문화유산을 대조적인 차원에서 간단히 언급하거나, 선진 문물의 수입을 강조하는 가운데 균형을 취하기 위해 우리의 문화유산을 언급하곤 했을 뿐이다. 예를 들어 “(일제는) 조선 민족의 고귀한 문화유산을 매장해 버리며 반만년의 빛나는 문화 전통을 가진 조선 사람들을 무지하고 미개한 민족으로 만들려고 애썼습니다”300)라든지, “조선 민족은 유구한 력사와 빛나는 문화 전통을 가진 우수한 민족입니다.…일본 식민지 약탈자들은 조선 사람을…무지와 몽매 속에 얽매여 두려고 하였습니다.",301) "우리의 훌륭한 문화유산을 계승하며 사회주의나라들의 문화를 섭취하여야 하겠습니다."302)라는 언급들이 그들이다. 때로는 해방 이후 북한이 이룩한 문화건설 성과를 자랑하려는 차원에서 우리의 찬란한 문화유산 그리고 일제에 의한 문화파괴가 거론되는 경우도 있었다. 그리고 이때부터 "우리나라의 고유한 민족문화유산 가운데서 낡고 뒤떨어진 것은 대담하게 버리고 진보적이며 인민적인 것은 적극 찾아내여 살려야 한다"는303) 전통문화예술의 비판적 계승의 원칙이 제시된 것은 주목할만한 일이다. 물론 이때에도 '계승'보다는 '극복'과 선진문물의 '섭취'에 무게가 실려 있었다.304) 그

---

300) 김일성, 「해방 1주년 평양시 경축 대회에서 한 보고(1946. 8.15)」, 『김일성선집 1』(조선노동당출판사, 1963), 146쪽.

301) 김일성, 「민주주의 조선 림시 정부 수립과 관련하여 각 정당, 사회단체들은 무엇을 요구할 것인가(북조선 민전 산하 각 정당, 사회 단체 열성자대회에서 한 보고, 1947년 6월 14일)」, 『김일성선집 1』(조선노동당출판사, 1963), 321-322쪽.

302) 김일성, 「문화인들은 문화전선의 투사로 되어야 한다(북조선 각 도인민위원회, 정당, 사회단체선전원, 문화인, 예술인대회에서 한 연설 1946.5.24)」, 『김일성 저작집』 2 (조선노동당출판사, 1979). 괄호 안은 1963년에 발행된 김일성선집1권에 수록된 부분이다.

303) 김일성, 「혁명군대의 참다운 문예전사가 되라.(보안간부훈련대대부협주단 지도일군 및 배우들과 한 담화 1947년 4월 30일」, 『김일성저작집』 3 (조선노동당출판사, 1979), 259쪽. 이 원칙은 이미 1946년 5월 24일 북조선 각 도인민위원회, 정당, 사회단체선전원, 문화인, 예술인대회에서 한 연설 「문화인들은 문화전선의 투사로 되어야 한다」에서 싹이 보이기 시작하였다.

304) 이를 뒷받침해주는 것이 1946년 5월 24일 연설 속의 "우리 문화인들은 자기의 고유한 문화가운데서 우수한것은 계승하고 락후한것은 극

리고 이 원칙은 이후로도 계속 북한 당국의 전통문화유산 처리의 기준으로 작용했다. 이 가운데 '버리고'와 '살려야 한다' 사이의 균형은 큰 폭으로 변화해갔다.

김일성이 집권 초기 전통문화유산에 관해 그다지 언급을 하지 않았다는 것은 두 가지로 해석이 가능하다. 하나는 전통문화유산 자체에 대해 별로 관심이 없었거나 다른 하나는 이에 대해 적대적인 태도를 가졌을 가능성이다. 그 가운데 후자 쪽이 사실에 가까웠을 것이라는 것이 여기서의 판단이다. 그것은 앞서 서술한 바와 같이 당시 김일성을 비롯한 북한 당국이 소련의 문물을 도입하는데 매우 열심이었다는 점에서 반사적으로 전통문화유산, 혹은 전통에 대한 태도가 적극적이기 어려웠을 것이라는 사실과, 김일성 자신이 추상적 차원에서 찬란한 우리 전통문화, 전통문화유산을 언급하면서도 은연중 과거의 것들을 '낡은 사상의식', '퇴폐적인 유습' 등으로 비유하며 모두가 일제가 남겨놓은 것으로 의제, 비판하고 있는 사실 등에서이다. "지난날 일본 제국주의가 남겨 놓고 간 모든 타락적이고 퇴폐적인 유습과 생활 태도를 청산하고 생기 발랄하고 약동하는 새로운 민주 조선의 민족적 기풍을 창조하는 거대한 사상 개조 사업을 수행하여야 하겠습니다."305)라는 발언이나 "과거

복하며 선진국가들의 문화가운데서 조선사람의 비위에 맞는 진보적인것들을 섭취하여 우리의 민족 문화와 예술을 발전시켜야 할것입니다. 이것이 민족문화건설의 가장 정확한 길입니다."라는 구절이다. 그리고 이때의 민족문화건설의 핵심은 앞에서 기술한 바와 같이 '사회주의적 내용에 민족적 형식'이라는 스탈린의 명제를 따르는 것이라는 점도 염두에 두어야 할 것이다.

305) 김일성, 「민주선거의 총화와 인민위원회의 당면 과업(북조선 림시 인민위원회 제3차 확대위원회에서 한 연설 1946.11.25)」, 『김일성선

일본 제국주의가 남긴 노예 사상을 일소하기 위하여 인민들을 진정한 민주주의적 사상으로 교양하며"[306]라는 등의 발언에서 이러한 경향을 엿볼 수 있다.

김일성이 민족문화유산에 대해 보다 적극적인 관심을 보인 것은 1949년의 일이다. 그리고 이때의 태도는 극복보다는 계승발전 쪽에 무게를 두는 것이었다. 그 해 10월 15일 묘향산 박물관 및 휴양소 일꾼들을 대상으로 한 담화를 보자.

> 우리는 민족문화유산에 대하여 허무주의적으로 대할것이 아니라 그것을 잘 보존하여야 하며 문화유산가운데서 진보적이고 인민적인것은 비판적으로 계승발전시켜야 합니다. 민족문화유산을 잘 보존하며 옳게 계승발전시키는것은 인민들에게 민족적 긍지와 자부심을 높여주고 그들을 애국주의정신으로 교양하며 새 민주조선의 새 문화를 건설하는데서 매우 중요한 의의를 가집니다.[307]

'비판적으로'라는 의례적인 단서를 달고는 있지만 '계승발전' 쪽에 압도적인 비중을 두고 있는 점과, 지금까지 민족문화유산을 홀시해 온 태도에 대한 반성의 태도를 '허무주의적으로 대하지 말라'는 주문 속에 함축적으로 담고 있는 점, 그리고 이제는 민족문화유산 보존을 '민족적 긍지와 자부심', '애국주의' 등의 기반으로 자리매김하

집』 (조선노동당출판사, 1963), 261-262쪽.

306) 김일성, 「창립 1주년을 맞이하는 북조선 노동당(1947.8.28)」, 『김일성선집 1』 (조선노동당출판사, 1963) 이 구절은 김일성이 소개한 임시인민위원회의 11개 당면과업 가운데 아홉번째 항이다.

307) 김일성, 「민족문화유산을 잘 보존하여야 한다」, 『김일성저작집』 5 (조선노동당출판사, 1980), 282쪽.

고 있다는 점 등이 눈에 띈다. 그리고 '민족적', '애국주의' 등은 후에 나타나는 '우리 것', '주체'와의 연장선 속에 서있다는 점도 간과할 수 없는 부분이다. 담화의 제목도 「민족문화유산을 잘 보존하여야 한다」이다. 김일성의 이 담화가 문화유산에 대한 그의 태도변화에 변곡점이 아니었나 여겨진다.

실제로 이 담화 이후 김일성의 전통문화유산에 대한 태도는 적극적으로 변화되었다. 이는 1952년의 "선조들이 이루어놓은 고귀한 문화유산들을 맑스-레닌주의적 견지에서 계승발전시키려는 것이 아니라 그 유산을 집어던지려는 현상이 아직도 부분적으로 남아있습니다. 심한 경우에는 옛말이나 노래도 남의 것은 다 좋고 자기것은 다 시원치 않다고 보는 폐단까지 있습니다"[308]라는 지적으로 연결되고, 1955년 '주체'가 언급된 연설에서의 "조선 혁명을 하기 위해서는 조선 역사를 알아야 하며…" 라는 주장에서 정점을 이룬다. 이는 또한 1966년의 "근로자들이 자기 민족의 현재와 과거를 잘 알고 자기 민족의 우수한 전통과 유산을 사랑하게 되는 때에만 그들의 애국적 감정이 더욱 깊어질 수 있는 것입니다"[309] 등의 발언으로 계속되며 하나의 확고한 태도로 자리잡아간다.[310] 그리고

---

308) 김일성, 「당의 조직적 사상적 강화는 우리 승리의 기초 (조선노동당 중앙위원회 제5차 전원회의에서 한 보고 1952.12.15)」, 『김일성저작집』 7 (조선노동당출판사, 1980), 426쪽.

309) 김일성, 「현정세와 우리 당의 과업(조선노동당대표자회에서 한 보고, 1966.10.5)」, 『김일성저작집』 20 (조선노동당출판사, 1982), 444-445쪽.

310) 전통문화유산에 관한 김일성의 적극적인 태도에 관해서는 다음의 언급들을 참고.

　　"우리는 자기 민족의 고귀한 문화유산을 계승발전시키는 기초우에서만 다른 나라의 선진문화들을 옳게 섭취할수 있다는것을 반드시 알

1969년 이후로는 '비판적인 시각'에서 보아 가치가 별로 없다고 평가되는 과거의 전통문화유산까지도 버리지 말고 반면교사로서 활용해야 한다는 포괄적인 계승의 입장에까지 이른다.[311] 이 경우 '비판

아야 합니다. 우리나라 력사와 문화유산을 연구하지 않고서는 과학과 문화를 제대로 발전시킬수 없습니다."-1952년 4월 13일 김일성종합대에서 한 연설 「조국해방전쟁의 전망과 종합대학의 과업」, 『김일성저작집』 7 (1980) 162쪽.

"문학예술부문에서 민족문화유산을 옳게 계승발전시켜야 하겠습니다. 민족문문화유산을 옳게 계승발전시키는것은 인민들의 민족적 긍지와 자부심을 높이고 민족문화를 개화발전시키는데서 중요한 의의를 가집니다. 우리 당은 해방후 첫시기부터 민족문문화유산을 옳게 계승발전시킬데 대한 방침을 내세우고 그것을 관철하기 위하여 적극 노력하여왔습니다."-1954년 8월 10일 당 중앙위 정치위원회에서 한 결론 「문학예술을 더욱 발전시키기 위하여」, 『김일성저작집』 9 (1980), 61-62쪽.

"청년들은 우리의 선조들이 남겨놓은 훌륭한 문화유산들을 계승하여야 하며 그것을 더욱더 개화발전시켜야 합니다. 청년들은 우리 인민의 오랜 력사를 연구하며 우리 인민의 고귀한 혁명전통을 계승하여야 합니다. 청년들은 우리나라의 모든 진보적인것을 소중히 여기고 사랑하며 민족적긍지감을 더욱 높여야 합니다."- 1958년 3월 19일 전국청년사회주의건설자대회에서 한 연설 「사회주의 건설에서 청년들의 과업에 대하여」, 『김일성저작집』 12 (1981), 196쪽.

311) 1969년 12월 5일의 당 중앙위 4기 20차 전원회의 확대회의의 결론 「청소년들에 대한 공산주의 교양의 몇가지 문제」에서의 "그러면 우리가 이제는 《춘향전》이나 《심청전》을 내버려야 하겠습니까? 물론 그럴수는 없습니다.… 이 작품들이…지난날우리 인민들이 어떻게 살아왔는가, 봉건사회에서 어떤 사회적불평등이 있었으며 봉건관료배들이 인민들을 어떻게 억압하고 착취하였는가를 연구하는데 참고로 될수 있습니다."라는 발언을 말한다. 『김일성저작집』 24 (1983), 340쪽.

1970년 2월 17일 과학교육 및 문학예술부문 일군협의회의 연설 「민족문화계승에서 나서는 몇가지 문제에 대하여」에서는 "만일 우리가 옛날노래는 봉건냄새가 난다고 못부르게 하고 일제통치시대의

적'이라는 말은 더욱 형식적인 의미에 그칠 수밖에 없다. 이와 같은 태도의 변화를 하나의 표로 정이해 보면 변화를 좀더 선명하게 확인할 수 있다

1948년	1952년	1955년	1958년
"쏘련을 비롯한 민주 진영 국가 인민들과의 친선과 긴밀한 협조는…승리의 중요한 담보" "이번 우리 정부 대표단의 쏘련 방문은 즐겁고도 감격적. 세계에서 가장 강대하며 선진적인 이 나라의 훌륭한 모습에 감명"	"선조들이 이루어놓은 고귀한 문화유산들을 맑스-레닌주의적 견지에서 계승발전시키려는것이 아니라 집어던지려는 현상이 남아있음. 심한 경우에는 옛말이나 노래도 남의것은 다 좋고 자기것은 다 시원치 않다고 보는 폐단까지 있음"	"조선 혁명을 하기 위해서는 조선 력사를 알아야 하며, 조선의 지리를 알아야 하며, 조선 인민의 풍속을 알아야 함. 그래야 인민을 그들의 구미에 맞도록 교양할 수 있으며, 자기의 향토와 조국을 열렬히 사랑하도록 할 수 있음.	"청년들은 우리의 선조들이 남겨놓은 훌륭한 문화유산들을 계승하여야 하며 그것을 더욱더 개화발전시켜야 함. 우리 인민의 오랜 력사를 연구하며 우리 인민의 고귀한 혁명전통을 계승하여야 함"

※ 1948년 글은 11.13 민청 제3차대회에서의 연설 「청년들에 대한 사상교양사업은 민청 단체들의 기본임무」 및 최고인민회의 3차회의 보고 「쏘련을 방문한 정부대표단의 사업에 대하여」, 1955년의 것은 「사상사업에서 교조주의와 형식주의를 퇴치하고 주체를 확립할데 대하여」

노래는 류행가냄새가 난다고 못부르게 하고 련꽃을 그려넣은 그림이나 물건은 불교적색채를 띠였다고 없애버리는 식으로 민족문화유산을 대한다면 새세대들은 지난날 우리 선조들이 어떤 길을 걸어왔으며 어떤 문화를 창조했는지 모르게 될것입니다."라며 더욱 적극적이고 포괄적인 전통문화유산 계승 태도를 밝혔다. 『김일성저작집』 25 (1983), 24쪽.

이렇게 보면 김일성의 전통문화유산에 대한 태도는 '주체'에 앞서 변화해 갔다고도 볼 수 있다. 이와 같은 그의 인식의 변화가 기초가 되고 축적되어 결국 1955년의 다소 극적인 어투의 연설 속에서 '주체'를 언급하는 과정으로 이어졌을 가능성도 없지 않다. 그 전조를 우리는 역설적으로 김일성의 전통문화유산에 대한 태도의 변화 속에서 보고있는 셈이다. 과정이 어찌됐던 이때부터 북한 당국은 우리의 역사 문화전통 발굴에 힘을 쏟게 되었고, 우리 민족문화유산의 우수성을 강조하는 연구를 독려하게 되었다.

역사 문화전통이 부각되는 분위기 속에서 전통적인 것들에 대한 평가 역시 새롭게 이루어졌다. 북한의 역사 문화계는 '쏘련을 향해 배우라'는 구호 대신에 이제는 '조선을 연구하라'는 구호가 지배하는 분위기가 되었다. 역사 분야에서는 과거 교조주의의 폐단으로 나타난 "우리나라의 역사를 경시하고 그에 대한 연구와 선전이 망각되거나 무시되어 외국의 혁명역사는 잘 알면서도 자기 나라의 혁명역사는 잘 모르게 되고 마르크스-레닌주의적 명제를 그대로 우리역사 서술에 적용하여 그 명제에 우리의 역사적 사실들을 견강부회하는 현상"[312]에 대한 반성과 함께 주체 확립을 위한 당의 혁명전통과 역사, 문화전통에 대한 연구 및 선전이 강조되었다.

역사연구와 민족문화 복원사업도 활기를 띄고 이루어졌다. 1956년 3차 당대회에서 우수한 과학문화유산의 계승과 고문헌 등 과학연구자료의 수집·활용이 강조된 결과 과학원에 고전연구실이 설치되어 고문헌의 복각·번역사업을 담당하게 되었고, 1957년에는 역

---

312) 「조선노동당 제3차대회 보고」, 『북한조선노동당대회 주요문헌집』 (돌베게, 1988), 154쪽.

사학계의 「과학발전 10개년 전망 계획」 수립이 시작되어 1959년에 완성되었다. 그 중심과제 속에는 조선 인민의 혁명전통과 애국전통에 관한 연구와 민족문화유산에 관한 연구가 포함되어있다. 이 새로운 역사연구의 방침 아래 나타난 결실이 1962년에 간행된 『조선통사』 개정판, 1963년 발간된 『조선문화사』 등이다.313) 김옥균에 관한 당시의 연구도 두드러지는 성과였다. 당초 1958년 3월 8일 '조선노동당 중앙위원회'에서 김일성이 "중국에서는 강유위, 량계초 같은 사람들이 부르죠아개혁운동을 하였습니다. 우리나라에서는 김옥균이 그러한 운동을 하였다고 볼 수 있겠는데 일부 학자들은 깊은 연구도 없이 김옥균을 친일파라고 규정해버렸습니다."314)라고 발언한데서 김옥균 연구가 본격 시작되어 그 결과가 1964년 사회과학원 역사연구소 발행의 단행본 『김옥균』으로 나타나게 된다. 총 11편의 논문 모음집으로 되어 있는 『김옥균』은 1880년대 초의 개화파를 친일파, 민족반역자로 규정하고, 갑신정변을 일본 침략자들이 조작한 것이라든가, 개화파들의 정권탈취 음모로 보아왔던 기왕의 태도로부터 벗어나 김옥균 등 개화파를 선진적 인텔리로, 한국에서의 첫 부르조아 정치 활동가들로, 애국적 인물로 받들고, 갑신정변을 한국에서 일어난 부르조아 개혁운동으로 규정짓게 되는315) 분수령이 되었다.

---

313) 안병우, 「민족문화유산 평가의 기준과 내용」, 안병우·도진순 편 『북한의 한국사 인식 Ⅰ』(한길사, 1990), 410-411쪽.

314) 김일성, 「인민군대내 당정치사업을 개선강화하기 위한 과업(1958년 3월 8일 당 중앙위원회 전원회의에서 한 결론)」, 『김일성저작집』 12 (조선노동당출판사, 1981), 171쪽.

315) 「주체의 깃발아래 개화 발전한 우리나라 력사과학」, 『력사과학』 4호

다만 이 시대에 민족주의적 역사문화 연구 작업과 더불어 항일 무장투쟁의 혁명전통을 부각시키려는 연구가 대대적으로 진행된 것은 당시의 어느 정도 순수했던 민족주의적 지향을 왜곡시키는 다른 흐름이었다. 그 결과는 1958년 출판된 김일성의 항일혁명전통을 강조한 리나영의 『조선민족해방투쟁사』, 그리고 1959년부터 대대적으로 발간된 『항일빨찌산 참가자들의 회상기』, 『조선노동당 력사교재』 등으로 나타나게 된다.

김일성의 전통에 대한 태도 변화가 담지되어 있는 또 하나의 측면이 그의 가족에 대한 인식이다. 전술한 바와 같이 가족이란 남북을 통틀어 한국적 전통에서 대단히 중요한 위상을 차지하는 존재이기 때문에, 가족에 대한 인식에 어떤 변화가 있었다면 그것은 직접적으로는 아니더라도 전통에 대한 인식의 변화라고 간주될 만하다. 한가지 문제는 북한에서 정권수립 초기부터 형성된 가족에 대한 부정적인 인식이다. 잘 알려져 있다시피 북한의 경우 노동당내 권력투쟁과 관련하여 처음부터 '가족주의'라는 것을 '종파주의'와 함께 반혁명적, 반당적 해독요소로 보아왔기 때문에 이와 연결된 가족이라는 개념도 보편적인 가족의 개념과는 사뭇 다르게 인식되었다.316) 실제 김일성의 발언에서도 가족은 매우 빈번히 '주의'와 연

(1980), 이광린, 「북한에서의 김옥균 연구」, 김정배 편, 『북한이 보는 우리 역사』 (을유문화사, 1990), 187쪽에서 재인용.

316) 1992년판 북한 『조선말사전』에 의하면 가족주의는 "몇몇 사람들끼리 무원칙한 정실관계를 맺고 서로 싸고 돌면서 당과 혁명, 조직과 집단의 이익보다 자기들의 이익을 앞에 내세우는 비조직적이며 비원칙적인 사상경향이나 행동. 가족주의는 보통 친척, 친우관계, 동향, 동창, 사제관계와 같은 것에 기초하여 생기는 부르죠아적 및 소부르죠아적 사상의 표현이다. 가족주의는 지방주의와 함께 종파를 낳는 온

계되어 나타나 김일성 자신의 부정적인 인식을 보여준다. 따라서 북한의 '가족'이라는 개념은 전통을 대표하는 개념으로서는 한계를 가지는 것으로 보인다.

대신 '가정'이라는 개념은 '가족'과 매우 인접해 있으면서도 그다지 정치적인 영향을 받지 않았다. 그 인접성과 정치적 무오염은 북한 사전에서 확인된다. 1992년판 북한 『조선말사전』은 가족을 "주로 가정을 기준으로 부부와 부모, 아들 딸 등 혈연적으로 맺어지는 한 집안식구. 가정을 이루고 있는 성원."으로, 그리고 가정을 "부모와 처자, 형제자매를 비롯한 육친적으로 가장 가까운 사람들이 모여서 같이 생활하는 사회의 한 세포"로 정의함으로써 두 개념간의 차이를 거의 두지 않고 있고, 남한의 2001년 『국어대사전』도 가정을 "한 가족이 살림하고 있는 집안. 부부와 어버이 자식들이 공동생활을 하고 있는 사회의 가장 작은 집단"으로 규정하고 있어 남북의 개념차이도 거의 없음을 확인할 수 있다. 가족과는 달리 이념적 오염이 없었다고 해석될 수 있는 대목이다. 그러므로 북한의, 김일성의 가족에 대한 인식을 가정에 대한 인식으로 치환하여 고찰해보는 방식도 타당성을 잃지 않는다.

결론부터 말하자면 김일성의 '가정'에 대한 인식에는 시간을 두고 상당한 차이가 있는 것으로 해석된다. 즉 초기의 가정을 '수단'으로 보는 태도로부터 시간이 흐름에 따라 점차 '목적'으로 보는 태도로 변화해 갔다는 것이다. 그 변화의 시점은 1950년대 전후로

상이다."라고 정의되는 반면, 2001년판 민중서림의 『국어대사전』에서는 "가족제도에 입각한 입장에서 국가 또는 사회의 여러 가지 정책의 수행을 주장하는 주의."라고 정의되고 있어 인식의 큰 차이를 보여준다.

모아진다. 이는 『김일성저작집』(제2권~15권)에 나타나는 1945년부터 1961년까지의 136건에 걸치는 '가정'이라는 언급의 맥락을 분석한 결과이다.

초기 김일성에게 가정은 여성들이 떨치고 나서야 할 구속, 개조해야할 대상, 동원해야 할 추진력 정도로 인식되었던 것으로 보인다. "아직도 적지 않은 가정부인들속에는 나라일은 남자들이나 하고 녀자들은 가정에서 밥을 짓고 빨래나 하고 아이나 기르면 된다고 생각하는 그릇된 경향이 있습니다.…가두녀성들과 가정부인들을 국가사업에 옳게 조직동원하여야 하겠습니다"라는 1946년도의 발언과[317] "동무들은 집에 편지를 자주 하여 안부도 전하고 교양도 잘하여 혁명가의 가정답게 생활하도록 하며 온 가족이 마을에서 모범이 되도록 하여야 합니다."라는 1947년도의 발언,[318] 그리고 그 이듬해의 "모든 가정들에서 음식물을 잘 가공하여 먹도록 선전사업을 강화하여야 하겠습니다." 발언,[319] 1949년의 "내무일군들은 인민들이 개체위생과 공중위생을 잘 지키고 가정과 마을을 알뜰히 거두도록 철저히 통제하여야 합니다."라는 발언[320] 등이 대표적 사례

---

317) 김일성 「여성동맹의 금후과업에 대하여 (북조선민주녀성동맹 제1차 대표자회에 참가할 공산당원인 녀맹일군들앞에서 한 연설, 1946년 5월 9일)」, 『김일성저작집』 2 (조선노동당출판사 1979), 217쪽.

318) 김일성, 「중앙보안간부학교의 임무 (중앙보안간부학교 교직원, 학생들과 한 담화, 1947년 4월 25일)」, 『김일성저작집』 3 (조선노동당출판사 1979), 236쪽.

319) 김일성, 「보건위생사업을 개선강화하기 위한 몇가지 과업(북조선인민위원회 제62차회의에서 한 결론, 1948년 3월 19일)」, 『김일성저작집』 4 (조선노동당출판사, 1979)

320) 김일성, 「내무일군들의 임무에 대하여(내무성산하 각급 단위책임일군회의에서 한 연설, 1949년 2월 15일)」, 『김일성저작집』 5 (조선노동

들이다. 특히 가정부인들이 가정을 벗어나 생산과 건설 등 사회활동에 나서라는 주문은 세월을 두고 반복적으로 강조되고 있는 김일성의 주문이었다.[321] 모두가 가정을 그 자체의 가치로 보지 않고 뭔가 개조해야 할 대상, 동원해야 할 대상으로 보고 있다는 증거이다. 김일성의 초기 가정에 대한 인식은 그리 긍정적이지가 않았던 것 같다.

한편 1950년대 이후로 들어서면 가정을 조금씩 긍정적으로 그리고 그 자체의 목적으로 인식하고 있는 발언들이 등장한다. "근로자들의 가정에 연료를 공급하는 문제가 응당 도당과 시당 그리고 기업소지도일군들의 관심사로 되여야 할 것입니다."[322]라는 발언과 "내용이 좋고 아름다운 우리나라 그림을 벽장화로 많이 출판하여 공장, 기업소들과 농어촌, 학교, 가정들에 보내주어야 합니다."[323] 등의 발언은 가정을 목적으로 생각하는 듯한 발언에 속하고, "중대에서 특무장은 가정에 비유하면 맏형과 같다고 말할 수 있습니다.

당출판사 1980), 77쪽.

321) "지금 적지 않은 녀성들이 가정에 파묻혀 하는 일없이 세월을 보내고있습니다. 평양시에만 하여도 녀성들이 많지만 실지 사회경제활동에 참가하고있는 녀성은 얼마 되지 않습니다."라는 지적도 절절하다. 「여성동맹사업에 대한 지도를 강화할데 대하여(북조선노동당 중앙위원회 상무위원회에서 한 결론, 1947년 10월 20일)」, 『김일성저작집』 3 (조선노동당출판사 1979), 490쪽.

322) 김일성, 「함경남도 당단체들의 과업 (함경남도 당, 정권기관, 경제기관, 사회단체일군들앞에서 한 연설, 1957년 3월 26일)」, 『김일성저작집』 11 (조선노동당출판사, 1981), 79쪽.

323) 김일성, 「문화선전사업을 개선강화하는데서 나서는 몇가지 문제에 대하여 (문화선전성 책임일군들과 한 담화, 1956년 3월 1일)」, 『김일성저작집』 10 (조선노동당출판사, 1980), 105쪽

특무장은 맏형의 심정으로 대원들을 사랑하고 그들의 생활을 잘 보살펴주어야 합니다."324)라든지, "한가정의 살림을 꾸려나가자고 하여도 호주는 집안식구들보다 생각하는 면이 많아야 하고 앞을 내다보는것도 앞서야하는데 하물며 큰 조합살림을 책임진 관리위원장이…",325) 혹은 "가정에서 부모들이 아들딸들에 대하여 근심하는 것처럼 당위원회나 지도일군들은 노동자들의 어머니가 되여 그들의 일상생활에 관심을 돌려야 합니다."326)라는 등의 언급은 가정 내 성원들간의 전통적 인간관계를 긍정적으로 본다는 반증이 된다.

김일성의 '가정' 개념에 대한 긍정적 태도는 북한 사회를 하나의 가정으로 의제하는 대목에서 정점을 이룬다. 그것은 협동조합의 완성 이후 두드러지는데, "오늘은 그들이 다 한 가정에 단합되였습니다. 한개 리가 한가정이 되였습니다."327)라거나 "협동조합은 하나의 화목한 가정으로 되였으며 리당은 굳게 단결된 힘있고 생기발랄한 전투적조직으로 되였습니다."328)와 같은 발언들이 그것이다. 그리고

---

324) 김일성, 「특무장들의 역할을 높이기 위하여 (조선인민군 특무장강습소 교원, 강습생들과 한 담화, 1952년 2월 25일)」, 『김일성저작집』 7 (조선노동당출판사, 1980), 88쪽.

325) 김일성, 「농업협동조합을 정치경제적으로 강화할데 대하여 (황해북도 농업협동조합열성자회의에서 한 연설, 1957년 12월 20일)」, 『김일성저작집』 11 (조선노동당출판사, 1981), 462쪽.

326) 김일성, 「모든 문제해결에서 중심고리를 튼튼히 틀어잡고 거기에 력량을 집중하자 (황해제철소당위원회 확대회의에서 한 연설, 1959년 9월 4일)」, 『김일성저작집』 13 (조선노동당출판사, 1981), 375쪽.

327) 김일성, 「함경북도 당단체들의 과업 (조선노동당 함경북도인민위원회 확대전원회의에서 한 연설, 1959년 3월 23일)」, 『김일성저작집』 13 (조선노동당출판사, 1981), 217쪽.

328) 김일성, 「당사업에서 주되는것은 모든 사람을 교양하고 개조하며 단

이는 "공산주의사회에서는 《하나는 전체를 위하여, 전체는 하나를 위하여》 모든 사람들이 서로 돕고 고락을 같이하면서 화목하고 단합된 하나의 대 가정을 이루게 됩니다",[329] 혹은 "우리나라는…근로자들의 화목하고도 단란한 가정으로 되고있습니다."[330]라는 등 사회전체를 하나의 가정에 비유하는 것으로 발전한다. 소련을 중심으로 하는 사회주의권을 '사회주의 대 가정'으로 비유한 것도 같은 맥락에서 볼 수 있다.[331]

이처럼 시간 간격을 두고 보면 김일성의 가정에 대한 인식이 부정에서 긍정으로 전환되어 왔다는 것이 하나의 경향으로 나타난다. 이 점 또한 김일성의 전통에 대한 인식이 변화되었다는 것을 보여주고 있다.

결시키는 것이다.(평양시 승호구역 리현리당총회에서 한 연설, 1961년 1월 23일)」, 『김일성저작집』 15 (조선노동당출판사, 1981), 13쪽.

329) 김일성, 「청소년교양에서 교육일군들의 임무에 대하여 (전국교육일군열성자대회에서 한 연설, 1961년 4월 25일)」, 『김일성저작집』 15 (조선노동당출판사, 1981), 75쪽.

330) 김일성, 「화학공업을 더욱 발전시키기 위하여 (비날론공장준공을 경축하면서 5월의 명절을 기념하는 함흥시군중대회에서 한 연설, 1961년 5월 7일)」, 『김일성저작집』 15 (조선노동당출판사, 1981), 94쪽.

331) 1952년 4월 25일의 연설 「프로레타리아 국제주의와 조선인민의 투쟁」과 1958년 2월 8일 연설 「조선인민군은 항일무장투쟁의 계승자이다」 등에서 사례를 찾을 수 있다.

다. '주체'와의 관련

1) 주체 및 관련 개념의 도입

이전 시기 압도적 소련의 영향력과 북한의 소련에의 경도를 감안하면 '주체' 및 관련 개념들의 등장은 북한의 이념 혹은 사회작동원리에 있어서 코페르니쿠스적 전환에도 비유될 수 있다. 여기서 관련 개념들이란 '자주'와 '자립' 등을 말한다. 또한 새로운, 민족 나름의 개념을 갖기 시작했다는 것은 그 개념이 가져온 결과의 공과를 떠나서 그 자체가 민족주의적인 것이기도 하다. 이들 주체 관련 개념들은 대체로 1950년대 중반에 나타나 북한이 소련의 영향력을 이탈하는데 이념적 도구로 사용되고 이후 북한 정권의 기본 개념들로 정착된다. 물론 김일성 정권은 이들 개념들을 전략적으로 끌어내 사용했다. 아울러 주체의 경우에서 보듯이 국내 정치적으로도 소련 및 중국 등과 연계된 정파들을 정리하기 위한 명분으로 사용된 측면도 있다. 소련으로부터의 이탈이 전통으로의 회귀를 위한 전제가 되었다면, 이들 개념들은 이 과정의 매개 개념들이 되는 셈이다. 북한 정권이 전통에 의존하도록 하는 계기를 마련했고, 그 자체가 전통을 깊이 내포하고 있을 뿐더러 전통을 지향하도록 하는 개념들이기 때문이다. '주체'라는 개념의 등장 맥락을 먼저 보자.

주 체

북한은 주체사상의 시원을 1930년 6월 30일 장춘현 카륜에서 진행된 '공청 및 반제청년동맹 지도간부회의'에서라고 주장하고 있다. 주체사상에 관한 가장 권위 있는 논문이라고 알려져 있는 1982년 김정일의 「주체사상에 대하여」는 이 회의에서 김일성이 "주체사상의 원리를 천명하시고 조선혁명의 주체적인 노선을 밝히었다"고 쓰고 "이것은 주체사상의 창시와 주체의 혁명로선의 탄생을 선포한 력사적 사변이었다"고 그 의의를 평하고 있다.[332] 그러나 이 회의에서 주체 '사상'의 기본원리를 밝혔는지 몰라도 '주체'라는 '개념'을 선보였다는 지적은 어디에도 없다. 더구나 이 회의에서 주체사상이 천명되었는지 여부는 물론이고 이 회의가 실제로 열렸는지 자체가 의심을 받고있는 형편이다.[333]

오늘날 국내외의 학자들 중에 주체사상의 1930년대 창시설을 받아들이는 학자는 거의 없다. 대신 '주체'라는 개념이 처음 등장한 것이 1955년 12월 28일 김일성이 당 선전선동 일꾼들 앞에서 행했다는 「사상사업에서의 교조주의와 형식주의를 퇴치하고 주체를 확립할데 대하여」라는 연설에서였다는데 대해서는 학자들의 견해가 일치하고 있다. 그러나 정작 이 문건이 공개된 것은 연설이 있은

---

332) 김정일, 「주체사상에 대하여」, 7쪽, 사회과학 출판사, 『주체사상의 창시와 력사적 의의』 (평양, 1983), 57쪽.

333) 이 회의에서 행했다고 하는 연설 「조선혁명의 진로」라는 것이 북한 사회에 주체사상이 완전히 정착된 후인 1978년에 단행본으로서 모습을 드러냈을 뿐, 그 이전에는 전혀 나타난 적이 없다는 점은 이 문건이 '만들어진' 것일 가능성을 높게 하고 있다. 이 회의의 개최사실 자체를 문제삼고 있는 글로는 허동찬, 『김일성평전: 허구와 실상』 (서울: 북한문제연구소, 1987)(281-286쪽)이 있다.

후 5년여가 지난 1960년 『김일성 저작선집』 4를 통해서였다.[334] 물
론 1955년 12월 말경을 전후한 시기의 노동신문에서 그러한 연설
이 있었다는 단서는 어디에서도 찾아볼 수 없다. 왜 그랬을까. 그
리고 5년여가 흐른 후에 그 내용을 발표했다면 1960년도 시점에서
의 필요에 맞추어 1955년도의 연설사실과 내용을 만들어낸 것은
아닐까.

국내의 일부학자들은 그 연설이 '비밀회의'였기 때문이라고 부연
설명함으로써 변명을 대신해주고 있으나 당사자인 북한은 이 회의
가 비밀회의였다고 말한 적이 없다. 그리고 또한 어떤 학자는 김일
성이 당시 주체성의 강조가 초래할 반작용을 고려하여 그 공개를
상당기간동안 연기했다는 "믿을만한 설이 있다"고도 설명한다.[335]
당시의 출판물에 실리지 않았다는 것만으로 바로 비밀회의라고 단
정하는 것은 논리적인 귀결이라고 할 수 없다.

다만 이 연설이 이때 있었을 개연성을 보여주는 근거들은 있다.
그것은 첫째, '주체'개념 출현의 직접적인 계기가 되는 '교조주의'를
타파할 것을 강조하는 글들이 1955년 말경을 전후해서 여러 편 노
동신문에 등장하고 있고,[336] 1956년 1월 29일자 노동신문은 "선전

---

334) 서대숙 교수의 조사에 의하면 이 연설은 1964년에 발간된 이후 1980
년까지 12회 재발간 되었으며 약간의 편집을 가했으나 원본의 내용
을 대체로 그대로 살리고 있다고 한다. Dae-Sook Suh, *Korean Comm-
unism, 1945-1980: A Reference Guide to the Political System* (Honolulu:
The University Press of Hawaii, 1981), pp.109-110
335) 김갑철, 「북한통치 이데올로기의 형성과 그 기능에 관한 연구」, 한국정신
문화연구원, 『북한통치 이데올로기 연구- 그 현황과 방향』 (1984), 82쪽.
336) 1955년 8월 3일자 『노동신문』 논설 「당 학습에서 교조주의를 퇴치
하자」, 1956년 1월 29일자 『노동신문』 논설 「당 학습에서 형식주의

원들은 당 사상사업에서 형식주의와 교조주의를 퇴치할데 대한 수
령의 교시에 더욱 엄밀히 입각하여…”라는 구절을 싣고있는데 그것
은 1956년 12월 28일에 했다는 김일성 연설제목에서 ‘주체를 확립
할 데’만 빠진 아주 흡사한 제목이고 또한 이와 관련한 ‘교시’가 이
시점 이전에 이미 있었다는 것을 보여준다. 둘째 정작 ‘주체’라는
개념이 공개적으로 나타나는 것은 1956년 4월 23-29일간 개최된
조선노동당 제3차 대회에서의 김일성의 연설에서이다.[337] 그러므로
이보다 4개월 전에 ‘주체’를 강조한 연설을 따로 했을 개연성은 충
분히 있다.[338]

더욱이 1956년 7월 21일자 노동신문은 주체에 관하여 언급하면서
김일성의 언급내용으로 “《실현할 수 있는 최대한》을 수행할 수 있
도록 《모든 것을 우리나라 혁명의 성과적 수행에 복무시키는 것,
이것이 바로 주체를 확립한다는 것이다》”라는 인용을 하고 있다.

와 교조주의를 근절하자」 등.

337) 그 내용은 “우리의 사상사업은 적지않은 부분에서 주체가 없이 우리
나라 혁명문제 및 그의 수행을 위한 실천적 활동과 유리되고 있으며
우리 인민의 투쟁과 생활에서 제기되는 현실적 문제들과 대중의 각
오정도와는 관련이 없이 진행되며 우리나라 실정에 맞건 아니맞건
덮어놓고 남의 것을 기계적으로 따다가 통채로 삼키는 교조적 방법
으로 진행되고 있습니다.”이다. 1956년 4월 24일자 『노동신문』

338) 양성철 교수는 김일성이 56년 ‘주체’개념을 내놓은 이후 63년까지 주
체라는 이야기를 자주하지도, 언급하지도 않았다고 하는데 그것은
부분적으로만 옳은 말이다. 양성철, 「주체사상과 통일」, 양재인 외,
『북한의 정치이념 주체사상』 (서울: 경남대학교 극동문제연구소,
1990), 131쪽. 그리고 김갑철 교수는 “김일성은 1955년 주체를 강조
한 후 4년이 넘도록 다시 주체를 강조하지는 않았다”고 쓰고 있는데
이 역시 옳지 않다. 김갑철, 「남북한의 권력투쟁과 정치변동」, 양호
민 외, 『남북한체제의 강고화와 대결』 (소화, 1996), 25쪽.

그리고 같은 글은 "《주체》에 대하여 교시하시면서 김일성동지는 《주체》는 매개 계단과 매개 사업에서도 확립하여야 한다고 말씀하였다."라고 쓰고 있다. 앞의 인용은 1956년 12월 28일의 연설내용과 내용은 일치하나 "실현할 수 있는 최대한"과 같은 말은 연설내용에 없다. 그리고 뒤의 인용은 아예 연설내용에 없다.[339] 이것은 무엇을 말하여 주는가? 두 가지다. 첫째로 연설내용과 일치하는 부분은 실제로 1956년 12월 28일 그러한 내용의 연설이 있었다는 것을 보여주는 것이고, 둘째로 연설내용에 없는 인용부분이 있다는 것은 연설내용이 중요부분은 아닐지라도 상당부분 수정되어 1960년 세상에 소개되었다는 점이다. '주체'라는 개념이 바로 이 연설에서 나왔다는 점은 개연성이 높으나 그 연설내용은 서대숙교수의 지적대로 1960년 발표이후 사소한 편집정도의 수정 이외에는 판을 달이해도 별로 달라지지 않았다고 하더라도[340] 그 이전에, 다시 말해 연설과 1960년 발표사이의 기간에 상당한 수정을 거쳤을 가능성은 배제할 수 없다.

물론 주체 '이론'의 싹은 이보다 훨씬 이전부터 발견된다. 1952년 12월 15일의 당 중앙위원회 제5차전원회의의 보고에서 김일성은

---

339) 「《주체》에 대한 옳바른 이해를 위하여」, 『노동신문』 1956년 7월 21일자. 김일성의 연설이 당초에 원고를 배포함이 없이 실시되어서 듣는 사람의 개별적 기록에 의거, 필자가 이와 같은 인용을 하고 있을 수도 있다는, 즉 필자의 정확치 못한 인용을 의심해 볼 수도 있겠으나, 필자가 인용부호까지 써가며 김일성의 연설을 인용하고 있는 점은 인용의 정확성을 의심하기 어렵게 한다.

340) Dae-Sook Suh, *Korean Communism, 1945-1980: A Reference Guide to the Political System* (honolulu: The University Press of Hawaii, 1981), pp.109-110.

마르크스-레닌주의교양을 강화하는 문제에 언급하면서 "맑스-레닌주의적 사상관점과 방법을 체득하여 그것을 우리나라 실정에 맞게 적용할줄 알게 하며 맑스-레닌주의에 기초하여 우리나라의 군사, 정치, 경제 정세를 분석하고…", "우리는 지금까지 맑스-레닌주의를 우리 혁명의 구체적 실천과 결부하여 연구하는 사업을 매우 부족하게 진행하여 왔습니다."라고 발언하고 있다.[341] 이것으로 보아 적어도 이 시점 이전부터 '우리나라 실정에 맞는 혁명', '맑스-레닌주의의 창조적 적용' 등 주체이론의 맹아가 나타나 있었다고 볼 수 있다.[342]

우리나라의 실정을 고려하지 않고 마르크스-레닌주의를 그대로 적용하려는 이와 같은 현상을[343] 비판하는 분위기는 1955년에 들어와 고조되었다. 그리고 그의 계기가 된 것은 1955년 4월 1일-4일의 당 중앙위 전원회의였다. 김일성은 이 회의의 보고를 통해 "우리의 적지않은 당원들은 남의 나라 당들의 투쟁경험을 비판적으로 섭취하는 것이 아니라 그것을 통째로 삼키며, 남의 나라의 것을 그대로 따올 줄은 아나 그것을 우리나라에 맞게 써먹을 줄은 모른다"며

---

341) 『김일성 저작선집』 1 (평양: 조선노동당출판사, 1967), 390쪽.

342) 커밍스 교수는 1946년에 출판된 백남운의 책 『조선민족의 진로』 가운데 "조선의 특수성으로 인하여 마르크스-레닌주의의 적용에 있어서 독창적 해결방법이 요구되며, 소련과 중공의 모델은 맞지 아니하므로 조선사람들은 민족주의와 사회주의의 독특한 종합을 발전시키지 않으면 안된다."는 부분을 근거로 하여 주체 '사상'이 1945년이래 나타나 있었다고 한다. Bruce G. Cummings, "Kim's Korean Communism", *Problems of Communism* March 1974, pp.34-36.

343) 사실은 마르크스-레닌주의의 소련식 해석, 소련식 실천방법을 그대로 따르는 것을 의미함.

이것을 '교조주의적 오유'라고 비판하고, "우리나라의 혁명문제 우리나라의 정치경제적 문제들을 정확히 분석하며 우리 투쟁에서 행동의 지침으로 삼기 위하여 맑스주의적 리론, 관점, 방법을 배우는 것이며 형제당들의 혁명투쟁경험을 연구하는 것이다"라고 설명한 뒤 "우리는 다른 나라 당들의 투쟁경험을 조선의 실정과 결부하여 연구하지 않고 그것을 기계적으로 받아들여 당원들에게 불어넣는 경향을 절대로 허용하지 말아야 한다"고 강조하였다.[344] 그리고 회의의 결론에서는 당원들이 맑스-레닌주의를 학습함에 있어서 그것을 통째로 삼키지 말고 현실에 창조적으로 적용할 수 있도록 배울 것과 당 학습에서 자체의 것을 많이 배울 것 등을 당 교양사업의 중점과제로 제시하였다.[345] 이후 각급 당 단체들은 '교조주의'비판을 주요내용으로 하는 '4월 전원회의' 결정내용 실천을 위하여 주력하게 된다. 1955년 8월 3일 노동신문이 「당 학습에서 교조주의를 퇴치하자」라는 제목의 논설을 실은 것도 이런 배경에서이다.

이 논설은 "지금 각급 당 단체들은 당원들의 계급적 교양 사업을 일층 강화할 데 대한 당 중앙위원회 4월 전원 회의 결정을 성과적으로 집행하기 위하여 노력하고 있다."라고 당시 벌어지고 있던 교조주의 반대 운동을 확인 한 뒤 "맑쓰-레닌주의 리론의 창조적 적용", "통채로 삼킬 것이 아니라", "구체적 실정에 맞게", "자체의 것을 많이 연구" 등 예의 표현들을 사용하며 교조주의를 퇴치할 것을 호소하고 있다. 한 가지 이 논설에서 주의를 요하는 부분은

---

344) 김일성, 「당원들 속에서 계급교양사업을 더욱 강화할데 대하여」, 『김일성 저작선집』 1 (평양: 조선노동당 출판사, 1967), 511-512쪽.

345) 김일성, 「사회주의 혁명의 현계단에 있어서 당 및 국가 사업의 몇가지 문제들에 대하여(1955. 4. 4)」, 같은 책, 537-538쪽.

이 때의 교조주의가 소련의 방법을 비판 없이 수용하는 것임을 간접적으로 지적하고 있는 것이다. "아직도 우리의 일부 당원들과 간부들은 맑쓰-엥겔쓰-레닌-쓰딸린의 고전적 로작들을 심오하게 연구하지 않고 있으며 맑쓰-레닌주의 리론의 본질을 깊이 체득하고 그를 조선 현실에 적용할 수 있도록 창조적으로 학습할 대신에…"라는 부분이 바로 그것이다. 스탈린의 방법을 무비판적으로 수용하는 것, 그것이 바로 교조주의의 속성인 것이다. 이 글과 김일성의 4월 전원회의 보고들에서 중국을 지칭하거나 암시하는 구절은 발견할 수 없다. 후에 중소분쟁이 한창일 때 중국을 비난하여 지칭하던 술어인 '교조주의'가 이 때는 소련의 방법에 대한 맹목적인 추종행위로 쓰인 것을 우리는 확인할 수 있다.

그러나 이와 같은 조류가 비로소 '주체'라는 개념으로 정제되어 출현하는 것은 앞의 1955년 12월 김일성의 연설을 통해서라고 추정되는 것이다. 따라서 이 연설과 연설의 내용의 중요부분을 액면 그대로 받아들일 경우, 이 연설은 우리에게 중요한 의미를 지닌다. 이미 본 바와 같이 '주체'라는 개념은 우연히 급조된 것이 아니라 상당한 기간에 걸치는 전조 속에서 나타났다. 뿐만 아니라 이 연설에서 나타나는 맥락이 바로 '주체'라는 개념을 가져오게 한 국내외적 배경의 단서가 되고, 이 개념을 통해 앞으로 빚어가려 하는 북한사회의 방향성이 빚어지기 때문이다.

이 연설은 주체와 관련하여 "모든 문제에 깊이 들어가지 못하고 주체가 없는 것", "당 사상사업에서의 주체는 무엇입니까", "주체가 똑똑히 서있지 못합니다", "조선혁명이야말로 우리 당 사상사업의 주체"… 등의 언급을 하고 있다.346) '주체'가 쓰여진 이와 같은 컨텍

스트를 보면 주체의 최초의 의미는 '가장 중심이 되는 어떤 것' 정도로 해석될 수 있다. 여기에서는 그것이 조선혁명이다. 그러므로 '주체' 대신에 '중심'을 넣어도 문맥은 자연스럽게 통한다. 여기에서 우리는 '주체'라는 개념이 처음 쓰였을 때는 그 자체가 정치적 의미를 가지고 쓰이지는 않았다는 것을 알 수 있다는 그것이 쓰이고 있는 배경이다. 당 사상사업에서의 교조주의와 형식주의 현상을 질타하고 이것의 근본적인 원인이 '조선혁명의 이익'에 모든 것을 복종시키는, 즉 소련공산당의 방법, 중국공산당의 방법, 심지어 마르크스-레닌의 원전이 제시하는 방법들에 비해 조선혁명을 우선시 하는 태도가 결여된 데 있다고 지적하면서 이것이 사상사업에서 '주체가 서있지 않은' 태도라고 밝히고 있는 것이다. 그렇다면 주체가 섰다는 것은 조선혁명을 무엇보다도 중시하는 태도가 갖추어진 것이라고 바꾸어 말할 수 있다. 조선혁명을 '무엇'보다 중시할 것인가? 그것은 중국의 혁명, 소련의 혁명, 마르크스-레닌주의의 혁명, 그 가운데서도 압도적으로 소련의 혁명이다. 즉 주체는 소련의 혁명방법, 소련의 영향력에

---

346) 해당 내용은 "유감이지만 우리의 선전사업은 많은 점에서 교조주의와 형식주의에 빠져있습니다. 모든 문제에 깊이 들어가지 못하고 주체가 없는 것이 사상사업의 주요한 결함입니다. 주체가 없다고 하면 어폐가 있겠지만 사실은 주체가 똑똑히 서있지 못합니다.…우리 당 사상사업에서 주체는 무엇입니까? 우리는 무엇을 하고 있습니까? 우리는 어떤 다른 나라의 혁명도 아닌 바로 조선혁명을 하고있는것입니다. 이 조선혁명이야말로 우리 당 사상사업의 주체입니다. 그러므로 모든 사상사업을 반드시 조선혁명의 이익에 복종시켜야 합니다. 우리가 쏘련공산당의 력사를 연구하는 것이나 중국혁명의 력사를 연구하는 것이나 맑스-레닌주의의 일반적원리를 연구하는 것은 다 우리 혁명을 옳게 수행하기 위해서 하는 것 입니다."이다. 『김일성 저작선집』 1 (평양: 조선노동당출판사, 1967), 560-561쪽.

대한 대항개념으로 출발하였다고 할 수 있다.

같은 연설 속에서 김일성이 소련, 중국과 연결된 당내인사의 이름을 직접적으로 거명하여 공격함으로써 '주체가 서지 않았다'는 지적이 당내 권력투쟁의 도구로서 안출되었고, 이를 통해 김일성이 자신의 정권을 안정기반 위에 올려놓을 수 있었다는 측면을 배제할 수 없게 하나, 그렇다 하더라도 그들의 친소, 친중적인 태도가 공격의 대상이 될 수 있을 정도로 북한 내 시대정신의 변화가 배경이 되지 않고는 주체가 서지 않았다는 것이 권력투쟁의 무기가 될 수 없었을 것이다. 이 점에서 이것은 국내 권력투쟁의 도구라는 직접적 측면과 함께 그의 결과로서, 혹은 먼 안목에서 보아 소련에 대한 대항개념으로서, 소련으로부터의 독립을 알리는 시대적 전환점으로서의 측면을 보다 중요하게 갖는다고 보아야 할 것이다. 아울러 향후 북한 정권이 정당성의 근원을 점차 전통에서 찾아가게 되는 새로운 방향성의 시작이라는 의미도 갖는다. 이 점은 같은 연설 속에서 김일성이 들고 있는 인민군 휴양소의 시베리아 초원 그림, 한 민주선전실에 걸린 소련 5개년 계획 도표, 인민학교에 걸린 소련 위인들의 사진 등 생생한 예들에서 쉽게 확인될 수 있다.[347]

---

347) "내가 언제인가 인민군휴양소에 한번 갔었는데 거기에는 씨비리초원의 그림이 붙어있었습니다. 그 풍경은 아마 로씨아사람의 마음에는 들것입니다.그러나 조선사람들에게는 우리나라의 아름다운 금수강산이 더 마음에 듭니다.…우리 인민군대로 하여금 자기의 향토와 조국을 사랑하게 하려면 이러한 우리나라 풍경의 그림들을 많이 보여주어야 할 것입니다."

"금년 여름 어느날 지방의 민주선전실에 가보니 거기에 쏘련의 5개년계획에 대한 도표는 있는데 우리나라의 3개년계획에 대한 도표는 한 장도 없었습니다. 또한 다른나라 공장들의 웅장한 사진은 있이 예들은 모두 다른 어떤 나라보다도 소련을 향해 지나치게 경도 됨으로써 빚어진 현상들이다. "쏘련을 향해 배우자"라는 슬로건으로 대표되던 해방이후의 시대적 분위기의 관성으로 별다른 의식 없이 당연한 것처럼 행해지던 현상들이 이 예에서 드러나듯이 이제는 당연하지 못한 것으로 보이기 시작하는 것이다. 이들은 또한 우리의 것들 즉 '주체가 되는 것들'이 이 당연한 것들의 그늘에서 침해당하고 있었다는 사실을 새삼스럽게 일깨워주고 있다. 지나치게 소련을 향하는 태도를 바로잡고 '우리' 혁명을 세우려는 의지가 '주체' 개념을 가져온 이 연설에서 드러나고 있다.

그러자면 어떻게 해야할 것인가. 그것은 당연하게도 '우리' 혁명 속에 의식적으로 혹은 무의식적으로 침투되거나 수용되어 들어와 있는 '소련 것'을 구별해 내어 이중 지나친 것을 배제하고 '우리 것', 민족적인 것을 발굴하여 발전시키는 일일 것이다. 그 점에서 이 연설은 소련의 것을 지나치게 수용하려는 경향을 노동신문의 프라우다지 모방, 소련 방침에 대한 맹종 발언 등의 예를 통해 지적하고[348] "꼭 쏘련식과 같이 해야만 한다는 원칙은 있을 수 없습

으나 우리가 복구건설하는 공장들의 사진은 한 장도 없었습니다." "인민학교에 가보니 사진을 걸었는데 마야꼽쓰끼, 뿌슈낀 등 전부 외국사람들뿐이고 조선사람이란 한사람도 없었습니다. 이렇게 아이들을 교양해서야 어떻게 민족적 자부심이 생기겠습니까?" 같은 책, 564-565쪽.

348) 해당 원문은 "쏘련을 향하여 배우는데 형식만 따르는 경향이 많습니다. 《쁘라우다》지에서 《우리 조국의 하루》라고 제목을 달면 우리 《노동신문》도 《우리 조국의 하루》라고 제목을 답니다. 그런것까지 따를 필요야 어디 있습니까?… 박영빈 동무는 쏘련에 갔다와서 하는 말이 쏘련에서는 국제긴장상태를 완화하는 방향이니 우리도 제국주의를 반대하는 구호를 집어치워야 하겠다고 하였습니다"이다. 여기

니다. 어떤 사람들은 쏘련식이 좋으니 중국식이 좋으니 하지만 이제는 우리 식을 만들 때가 되지 않았습니까?"라고 반문한다.[349]

다음은 '우리의 것'을 귀중히 여기고 발굴하려는 태도이다. 김일성은 광주학생사건, 6·10만세사건, 3·1운동 등 '우리 인민의 투쟁역사'를 선전선동에 충분히 활용하지 않고 무관심하거나 심지어 우리 민족의 반일투쟁을 신문에 소개하는 것을 금지하는 데까지 이른 현실을 개탄하는 한편, "조선혁명을 하기 위해서는 조선력사를 알아야 하며 조선의 지리를 알아야 하며 조선인민의 풍습을 알아야 합니다", "(우리나라의)그 우수한 전통을 찾아 그것을 계승하고 발전시켜야 합니다", "모든 힘을 다하여 민족적 유산을 찾아내야하며 그것을 계승발전시켜야 합니다"라는 등의 발언을 통해 우리 민족의 귀중한 문화유산을 발굴하고 계승할 것을 강조하고 있다. 민족의 대외항쟁, 민족 고유의 문화유산에 정당한 위치를 부여하자는 이와 같은 태도는 그것을 어떤 술어로 표현하든지 간에 민족주의적이고 전통 지향적인 것이다.[350] 실제로 북한은 이후 적어도 역

서 "박영빈이 소련에 갔다와서 하는 말이…" 부분을 잠시 주목해보자. 이 연설이 나온 시점을 56년 말이라고 받아들인다면 그것은 후르시초프가 평화공존을 정식으로 보고한 소련공산당 20차대회 보다 앞선 시점이다. 더욱이 박영빈이 소련에 갔다와서 분위기를 전한 시점은 그보다도 더욱 앞서는 시점이 된다. 그러므로 소련의 정책전환은(스탈린 격하를 포함하여) 후르시초프의 보고가 있기 훨씬 전부터 북한에 전해져서 모두들 아는 사실이 되어있었다는 반증이 된다.

349) 같은 글, 567-570쪽.

350) Scalapino & 이정식 교수도 김일성의 이 연설이 민족주의적인 것이라고 보고 있다. 그리고 그것이 소련에 대한 대항이었다는 점을 인정하고 있다. 즉 "놀라운 것은 예전 그의 경력에서 소련의 힘과 지지 덕분에 오늘의 위치에 오를 수 있었던, 그리고 예전에는 소련의

사·문화적인 면에 있어서는 유일사상 체제가 들어섬으로써 그 건강성을 잃어버릴 때까지 짧은 동안이나마 우리민족의 우수한 문화전통과 애국적 역사를 발굴하는데 힘쓰는 등 건강한 민족주의를 꽃피운다.

물론 김일성도 자신의 이와 같은 연설이 지극히 민족주의적인 것임을 모를 리 없었다. 문제는 아직도 북한에 대해 많은 영향을 미치고 있는 소련에 대해 이와 같은 민족주의적인 입장을 그대로 드러내는 것은 아직은 위험부담이 많을 뿐만 아니라, 국내적으로도 당시까지는 아직 부정적으로 정의되고 있던 '민족주의'라는 평가를 받는 것은 피할 필요가 있었다.[351] 이에 김일성은 같은 연설에서 혁명에서 주체를 세우자는 자신의 주장이 민족주의가 아닌 '애국주의'인 것처럼 의제하고 그것이 소련 및 프로레타리아 국제주의와 상충되지 않는다고 주장한다.[352] 탈소련, 전통 회귀의 새로운 방향

패턴에 거의 노예적으로 매달릴 것을 주장하던 김일성이 이제는 당내의 요소들에 대해 민족주의적인 무기, 경우에 따라서는 소련으로부터의 독립이라는 새로운 입장을 암시해주는 그러한 무기를 사용하려고 하고있는 것이다."는 것이다. Communism in Korea, p.502. 미국 학계에서는 대체로 '주체'를 민족주의라고 보고있는 듯 하다. 그것은 북한의 주체사상과 관련된 서적들이 모두 'nationalism'으로 분류되어 있는 데에서 엿볼 수 있다.

351) 사회주의 이론에서 민족주의가 부정적인 의미로 사용되는 것은 주지의 사실이다. 북한도 이때까지만 해도 민족주의를 부정적인 의미로 쓰고 있었다. 북한에서 민족주의가 원래의 긍정적인 의미로 되돌아오는 것은 1991년 8월 1일 김일성의 담화 「우리민족의 대단결을 이룩하자」에서부터이다.

352) 원문은 "국제주의와 애국주의는 서로 뗄 수 없는 문제입니다. 조선의 공산주의자들이 우리나라를 사랑하는 것은 노동계급의 국제주의와 배치되지 않을 뿐 아니라 완전히 일치하는 것을 알아야 합니다. 조

성으로 접어든 이후 점차 이를 위한 논리를 갖추어가게 되는 과정
인 것이다.

이와 같은 맥락 속에서 '주체'라는 무색 무취의 보편적인 개념이 정
치적 함의를 띤 특별한 개념으로 정착되게 된다. 그리고 이후부터는
다른 어떤 의미도 아닌 정치적 의미의 개념으로서, 정치개념으로서
자리매김된다. 말하자면 보편개념이 특수개념으로 굳어진 현상이라
고도 할 수 있겠는데 그 현상을 우리는 앞의 1956년 7월 21일자 노동

선을 사랑하는 것은 곧 쏘련과 사회주의진영을 사랑하는 것이며 또
쏘련과 사회주의진영을 사랑하는 것은 곧 조선을 사랑하는 것을 의
미합니다. 이것은 완전히 통일되어 있습니다.…진정한 애국주의자는
곧 국제주의자이며 또 진정한 국제주의자는 곧 애국주의자입니다"
같은 책, 571쪽.

이 논리는 김일성의 고유논리가 아니다. 이미 중국의 모택동이
1938년에 주장한 논리이다. 모택동의 논리를 직접 보자. "국제주의자
인 공산주의자가 동시에 애국자가 될 수 있을까? 우리는 그럴 수 있
을 뿐만 아니라 그렇게 되어야만 한다고 주장한다. 애국주의의 구체
적 내용은 역사적 상황에 따라서 결정된다. 일본 침략자들과 히틀러
의 "애국주의"가 있고, 우리의 애국주의가 있다. 공산주의자들은 일
본침략자들과 히틀러의 "애국주의"에 결연히 반대하여야 한다. 일본
과 독일의 공산주의자들은 그들의 나라가 일으킨 전쟁과 관련해서는
패배주의자들이다. 일본침략자들과 히틀러에게 패배를 안기는 것이
일본과 독일 국민들에게 도움이 되며 큰 패배일수록 좋다. 이것이
일본과 독일의 공산주의자들이 해야만 하는 일이고 하고있는 일이
다. 왜냐하면 일본침략자들과 히틀러가 일으킨 전쟁은 그 자신의 국
민에게 뿐만 아니라 세계인을 해치고 있기 때문이다. 그러므로 중국
공산주의자들은 애국주의와 국제주의를 연계해야만 한다. 우리는 국
제주의자인 동시에 애국자들이고 우리의 슬로건은 '침략자들에 대항
하여 조국을 지키기 위해 싸워라'이다.… 따라서 민족해방전쟁에서
애국주의는 토착화된 국제주의다.' Selected Works of Mao Tse-tung
Vol.2 (Peking: Foreign Language Press, 1975), pp.196-197.

신문에 발표된 「《주체》에 대한 올바른 이해를 위하여」라는 제목의 기명논설(김진택)을 통해 확인할 수 있다. 이 논설은 "아직 적지 않은 사람들이 《주체》에 대하여 올바른 이해를 가지고 있지 못하고 있다"면서 그 옳지 않은 해석으로서 "《주체》에 대한 문제를 철학에서의 주관과 객관에 대한 문제와 혼동시하고 여러 가지로 무리한 《철학적》 해석을 내리려는 사람도 있으며 《주체》를 배타주의적 견지에서 이해하려는 사람도 있다"는 것을 들고 있다. 이것으로 보아 처음 주체가 나타난 이후 그 의미를 둘러싸고 구구한 해석이 있었음을 알 수 있거니와 이제는 '주체'라는 개념은 '가장 중심이 되는 어떤 것'쯤으로 해석해서는 안된다는 것을 말하고 있다. 북한에서는 이제 '주체'는 예전의 보편개념이 아닌 것이다. 논설은 이어서 "모든 것을 우리나라 혁명의 성과적 수행에 복무시키는 것, 이것이 바로 주체를 확립한다는 것이다"라는 김일성의 예의 연설내용을 되풀이 강조하고 "주체를 이해함에 있어서 이와 같은 국제주의적 임무와 민족적 임무의 통일성에 대한 원칙적인 출발점을 망각하였을 때 이는 필연적으로 민족주의 또는 배타주의적 견해에 빠지게 되는 것이다."라고 쓰고 있다. 바로 '주체'라는 개념이 '우리나라 혁명의 수행'이라는 정치적 의미와 결합되어 있다는 것을 보여주며, 공식매체를 빌어 "주체를 확립하자"는 것이 민족주의가 아니라고 다시 한번 강조하고 있다. '주체'라는 개념이 정치적 개념으로 굳어진 것이다.

김일성이 교조주의 반대를 주장하는 가운데 주체라는 개념을 사용한 이후에도 한동안 주체라는 개념자체는 공식적으로 쓰이지 않았다. 대신 '교조주의', '형식주의' 등의 개념이 여전히 쓰였다.[353]

____

353) 「당 학습에서 형식주의와 교조주의를 근절하자(56. 1. 29)」, 「교조주

주체라는 개념이 비로소 공개적으로 쓰이기 시작한 것은 김일성이 당 제3차대회 보고에서 '주체'를 사용한 이후부터이다. 그 때로부터 '주체'는 간간이 노동신문을 통해 언급되면서 대중과의 친숙도를 높이게 된다. 그리고 잘 알려진 바와 같이 '자주', '자립', '자위' 등의 하위 연관개념들이 만들어지는 과정을 거쳐 1962년경에는 '주체사상'으로까지 확대되게 된다.[354] 주체사상은 수령론, 사회정치적 생명체론 등 그 논리의 외연과 내포를 계속 확대해 나가면서 북한의 대표적인 정치사회작동원리로서 자리잡아간다.

자 주

'주체'의 가장 가까운 파생 개념은 '자주'이다. 북한은 '자주' 개념과 관련하여 '자주성', '자주적 립장', '자주의 원칙'을 각각 구분하고 있는데, '자주성'은 "그 무엇에도 얽매이지 않고 모든 것의 주인으로 살아가려는 사람의 성질"로 정의되며[355] 넓은 의미에서 창조성, 의식성과 함께 인간이 인간답기 위하여 갖추어야 할 기본적 성질을 구성한다. 그리고 '자주적 립장'은 "근로인민대중의 이익으로부터 출발하여 모든 문제를 독자적으로 결정하며 자력갱생의 원칙에

의와 형식주의를 반대하여-조국의 역사를 깊이 학습하자(56. 3. 18)」 등의 노동신문 논설과 당 중앙위 조직지도부장 한상두, 「당 건설에서의 몇가지 문제(56. 3. 12」, 당 중앙위 선전선동부장 리일경, 「사상사업의 개진을 위하여(56. 2. 29)」 등의 노동신문 기명논설을 보라.

354) 노동신문 1962년 12월 19일자 논설에는 "우리 당의 주체사상을 실생활에서 더욱 철저히 관철시키기 위하여서는 맑스-레닌주의 원칙과 그를 우리나라 현실에 창조적으로 구현한 당 정책으로 튼튼히 무장하여야 한다"라는 구절이 나온다.

355) 과학백과사전출판사, 『위대한수령 김일성동지의 로작 용어사전』 (1982), 364쪽.

서 혁명과 건설을 자신이 책임지고 해 나가는 립장"으로 정의되
며356) 창조적 방법 구현, 사상을 기본으로 틀어쥘 것 등과 함께 주
체사상의 지도적 원칙의 구성요소로, 자주의 원칙은 정치·외교 분
야에서 추구해야 할 기본원칙으로 각각 주체사상 내에 위치 지우
고 있다.357) 그러나 이러한 구분은 물론 주체가 사상으로 확대되면
서 갖추어진 논리구성으로서 '자주'개념이 정치적 의미를 가지고 처
음 등장할 때부터 있었던 체계는 아니다.

'자주성', '자주적 립장', '자주의 원칙'이라는 주체사상 틀 내에서
의 구분을 벗어나서 그 기본이 되는 '자주'라는 개념만을 따로 떼
어내어 통시적으로 관찰해 보면, 그것이 처음에는 특정의 대상이
없는 상징적이고 추상적인 의미로 쓰이다가 1950년대 중반이후부
터는 주로 소련을 대상으로 하는 대외적 독립의 표현으로서 정치

---

356) 같은 책, 365쪽.

357) 1982년의 김정일 논문 「주체사상에 대하여」는 자주성에 대하여 "사
     람은 자주성을 가진 존재, 자주적인 사회적 존재입니다. 자주성은 세
     계와 자기 운명의 주인으로서 자주적으로 살며 발전하려는 사회적
     인간의 속성입니다."라고 정의하고 "사회적 존재인 사람에게 있어서
     자주성은 생명입니다. 사람에게 있어서 자주성이 생명이라고 할 때
     그것은 사회정치적 생명을 말하는 것입니다"라고 그 중요성을 강조
     한다. 김정일, 『주체사상에 대하여』 (평양: 조선노동당출판사, 1982),
     10쪽. '자주성'은 '창조성', '의식성'과 함께 사람의 본질적인 속성의
     하나로 격상된 것이다. 그리고 김정일의 이 논문에 대한 한 해설서
     는 자주성이 사람의 속성이라는 말이 "자주성은 사람의 존재와 활동
     을 규정하는 가장 근본적인 속성이라는 것을 의미한다"고 설명하며
     이러한 정의로 하여 "주체사상은 자주성이 사회적존재인 사람의 본
     질적속성이라는 것을 밝힘으로써 사람의 본성에 대한 새로운 이해를
     주었다"고 그 의의를 평가하고 있다. 리상걸, 『친애하는 지도자 김
     정일동지의 론문 《주체사상에 대하여》의 해설』 (평양: 사회과학출판
     사, 1983), 210-337쪽.

적 의미를 갖고 쓰이기 시작했으며 나중에는 통일문제에 있어 북한의 정당성을 담보해내기 위한 자원으로 주로 쓰이는 변천을 발견할 수 있다. 그 과정을 보자.

북한에서 자주라는 개념이 쓰인 용례는 해방직후부터 발견된다. 1945년 10월 14일 "평양시 민중대회"의 김일성 연설 가운데 "민주주의 자주독립국가를 건설하자"라는 구절이라든지, 그 해 10월 20일의 가족환영연회에서 역시 김일성이 "완전한 자주독립국가로서 국제적 평등에 서서 이들 진보적 국가와 걸음을 맞추어 나아가자"라고 발언한 것 등이 그것이다.[358] 주로 자주독립국가건설과 관련하여 사용된 당시의 이와 같은 용례는 해방이후 새로이 건설해야할 우리나라가 갖추어야할 하나의 이상적인 속성을 표현한 것일 뿐 어떤 구체적인 대상도 어떤 실천적 의미도 갖고있지 않은 보편적이고 추상적인 개념이었다. 이런 의미에서의 자주는 북한뿐만 아니라 남한지역에서도 정치지도자들의 연설에 흔히 쓰였다.

이 '자주'개념이 특별한 정치적 의미를 갖고 북한에서 쓰이기 시작하는 것은 1957년에 들어와서이다. 특별한 정치적 의미를 가졌다는 것은 그것이 소련을 대상으로 한, 소련으로부터의 자주를 뜻하였기 때문이다. 북한이 이러한 의미의 자주개념을 도입하게되는 직접적인 계기는 1957년 11월 모스크바에서 소련의 10월혁명 40주년을 계기로 개최된 각 국 공산당 및 노동당 대표자회의였다. 이 회의는 스탈린 이후 시기의 세계공산주의 운동에서는 하나의 전환점이 된 회의였다. 여기에는 사회주의권 64개 공산당 및 노동당 대표들이 참석하였고 북한에서는 김일성이 노동당 대표단을 이끌고 직접 참석

---

358) 한재덕, 『김일성장군개선기』 (평양: 민주조선출판사, 1947), 102, 109쪽.

하였다.359) 이 회의의 결과 '모스크바선언'이 채택되는데 그 내용은
사회주의 국가들간의 상호관계에 관한 일반원칙으로 완전한 평등,
영토 완정, 국가적 자주성과 주권의 존중, 상호간의 내정 불간섭, 형
제적 상호원조 등을 규정한 것이다.360) 이는 소련공산당 제20차 대
회 이후 국제공산주의운동에서 차지하는 소련의 종주국으로서의 위
치약화와 그에 따른 타협의 산물이라는 성격도 지녔다.361)

이로써 주체를 '남몰래' 추진하던 북한으로서는 주체는 물론이고
그보다 더욱 외세 거부적인 '자주'라는 개념을 밖으로부터 얻은 셈
이고, 이를 '합법적'으로 추구할 수 있는 국제적 명분이 마련된 것
이다. 실제로 북한이 새로운 의미의 '자주'를 쓰기 시작한 것은 모
스크바회의에 참석하고 돌아온 김일성이 1957년 12월 5일 당 중앙
위 확대전원회의를 열고 모스크바회의의 결과를 보고하면서부터이
다. 김일성은 이 회의의 보고를 통해 "모스크바회의는…사회주의국
가들의 완전한 평등, 령토완정과 국가적 자주성과 주권의 존중, 호
상간의 내정불간섭의 원칙에 립각하여 자기들의 호상관계를 수립하
고 있다는 것을 다시 한번 천명하였다"고 선언의 내용을 소개한
뒤, "모스크바회의 선언들에서 지적된 모든 문제들은 우리 당의 로
선과 우리 인민의 이익에 부합되며 우리 당의 앞으로의 사업에 많
은 도움을 줄 것입니다"라고 언명하였다.362) '자주성'개념이 모스크

---

359) Ilpyong J. *Kim, Communist Politics in North Korea* (N. Y.: Praeger Pu-
blishers, 1975), p.95.

360) 선언의 전문은 『조선중앙년감』 1958 (평양: 조선중앙통신사), 254-261
쪽에 번역 수록되어있다.

361) 전인영, 「주체사상의 형성 배경과 이론적 체계」, 『세계와 인간』 (서
울: 한마당, 1988), 334쪽.

바선언의 내용을 소개하는 과정에서 자연스럽게 북한에 도입되었고, 아울러 북한은 자주노선을 추구하려는 자신의 의지를 이 선언을 빌어 밝힌 것이다. '주체' 개념이 북한에서 만들어진 개념이라면 '자주'개념은 이 점에서 수입된 개념이라고도 할 수 있다.[363]

이렇게 도입된 '자주' 개념은 1960년을 기점으로 중소분쟁이 內燃 상태로부터 점차 표면화되고 격화되는 과정에서[364] 소련을 반대하는 개념으로서의 어조를 분명히 하게된다. 우선 1961년의 당 제4차대회에서 김일성은 보고를 통해 "형제당들의 호상관계는 완전한 평등과 호상존중의 원칙에 기초"하고 있으며 "공산당 및 노동당들은 맑스-레닌주의 원칙과 자기 나라의 구체적 실정으로부터 출발하여 독자적으로 자기의 정책을 규정한다"[365]고 공개적으로 발언[366]하고 나섬으로써 더 이상 소련의 간섭을 받지 않을 것임을 선언하였다. 이에 이어 '자주'는 점차 반소개념으로서 성격을 강하게 띠게 되는데 이것을 잘 보여주는 대표적인 예가 1963년 10월 28일 노동신문 논설 「사회

---

362) 김일성, 「사회주의진영의 통일과 국제공산주의운동의 새로운 단계」, 『김일성저작집』 11 (평양: 조선노동당출판사, 1981), 391-423쪽.

363) 이것은 북한이 선택의 여지를 가지고 도입한 것으로서(북한측이 원하지 않았다면 소개 이후에 이를 사장시킬 수도 있었다는 의미이다.) 외부의 압도적 영향력 아래 일방적으로 수용한 것과는 차원을 달리하는 것이다.

364) Byung Chul Koh, *The Foreign Policy of North Korea* (New York: Frederick A. Praeger, 1969), p.58.

365) 김일성, 「조선노동당 제4차대회에서 한 중앙위원회사업총화보고(61. 9. 11)」, 『김일성 저작선집』 3 (평양: 조선노동당출판사, 1968), 200쪽.

366) 이 회의에는 당대회의 통상적인 관례에 따라 소련의 대표를 비롯한 공산권 각국의 당대표들이 참석하고 있었다는 점에서 공개적이라고 할 수 있다.

주의 진영을 옹호하자」이다. 이 논설은 흔히 소련과 북한과의 관계 악화의 증거로도 인용되고 있는데, 제목이 보여주는 바와 같이 사회주의 진영에서 중국을 배제하려는 소련의 움직임을 비판하고, 평등한 국가관계를 기초로 하여 사회주의 진영 전체가 단결할 것을 호소하고 있는 것이다. 단결에의 호소에 비중이 있는지 소련에 대한 비난에 중점이 있는지는 구분하기 위해서는 세밀한 정황조사가 필요한 일이나 처음부터 끝까지 거의 직접적으로 소련을 지칭하며, 더구나 북한이 소련에 대해 불만스럽게 생각했던 과거의 일들까지를 들춰내며367) 비난하고있는 논설 자체의 어조로 보아서는 비난 쪽에 중점이가 있는 것으로 보아야 할 것이다.

그 과정에서 이 논설은 평등, 자주성, 상호존중, 내정불간섭 등 모스크바선언의 내용을 다시금 상기시키며 "모든 사회주의 국가들과 공산당 및 노동당들은 평등하고 자주적이며 호상 존중하여야 한다"고 역설하고, "공산주의 운동 대렬 내에서는 그 누구도 특권적 지위를 요구할 수 없으며 상급과 하급의 관계란 있을 수 없다. 즉 누구는 어떤 중앙적 위치에서 명령하고 통제하며 누구는 그 밑에서 복종하고 집행하는 관계란 있을 수 없다"고 단정하고 있다. 나아가 이 논설은 "어떤 사람들은 원조에 빙자하여 형제 당, 형제 국가의 내정에 간섭하며 자기의 일방적인 의사를 강요하고 있다", "어떤 사람들은 한 나라의 당 대회를 국제공산주의 운동에서의 《새로운 단계》의 개시로 묘사하며 한 당의 정책과 결정들을 국제

---

367) 그러한 예들로는 과거 《개인 미신 반대》 운동을 다른 당들에 "내려 먹이려' 하였던 점, 북한의 5개년계획, 중공업 우선 등 경제정책을 시비했던 점, 소련의 결정들과 문헌들을 의무적으로 보도하도록 하였던 점등을 들고있다.

공산주의 운동의 《공동강령》으로 선포하면서 그것을 다른 형제 당들에 내리 먹이려 한다"라고 강한 어조로 비난하였다.368) 말할 것도 없이 '누구', '어떤 사람'은 소련 공산당을 지칭하는 것이다. 사실은 이처럼 소련을 공개적으로 비난할 수 있다는 사실 자체가 변화된 북한-소련관계의 위상을 보여주는 것이기도 하다.

여기서 한 가지 우리가 분명하게 볼 수 있는 사실은 소련의 우월적인 영향력에 대한 북한측으로부터의 강렬한 거부가 '자주'라는 개념으로 응집되어 나타나고 있다는 점이다. '자주' 개념이 소련을 의식은 하되 형식상으로는 보편적인 국가간 관계를 지칭하는 모스크바 선언적인 일반적 의미로 쓰였던 데로부터 소련을 직접 지목하는 특별한 의미로 강화된 것이다. 그리고 국제적으로 공인된 '자주'라는 원칙은 소련의 주변 사회주의 국가들에 대한 이러 저러한 간섭을 단죄하는 가장 핵심적인 잣대로, 기준이 되는 개념으로 쓰였다. 이런 의미에서의 자주 혹은 자주성에 대한 강조는 소련의 간섭에 대한 비난과 어우러져 1964년도에 두드러지게 나타난다. 그 한 예가 일본 공산당의 내부문제에 대한 소련의 깊은 개입을 비난하는 노동신문 논설 「일본공산당에 대한 파괴책동은 결코 허용될 수 없다」이다.

북한은 여기에서 소련의 다른 나라에 대한 자주권 침해행위를 "그들은 형제 나라의 자주권까지도 무시하면서 각종 정치적 압력을 가하고 있으며 민족리기주의적 목적으로부터 출발하여 형제나라의 경제를 저희들의 부속물로 전변시키려고 책동하며 이에 불응하는

---

368) 「사회주의 진영을 옹호하자」, 『근로자』 1963년 21호(평양: 근로자사), 1-30쪽.

사람들에 대하여 음으로 양으로 제재를 가하려고 한다"라고 비난하면서 그 구체적 예로 "저희는 출판물을 통하여 형제 당들을 마음대로 중상 비방하여도 다른 사람은 형제 당들의 글을 자기 출판물들을 통하여 소개할 수조차 없다고 주장한다", "이 사람들이 남의 당중앙위원회가 어떤 문제를 어느 때, 어떤 방법으로 토의하는가 하는 것까지 간섭하려 한다", "특히 그들은 《개인 미신》에 대한 악명 높은 딱지를 붙여 형제 당 지도부와 견실한 공산주의자들을 박해하여 배제하려고 끊임없이 획책하였다"는 것들을 들고 있다. 그리고 "공산당 및 노동당들 내에는 큰 당도 있고 작은 당도 있으나 남에게 명령하고 훈시하는 상급 당과 이에 복종하는 하급 당은 없다."며 각국 당들간의 관계가 자주적이어야 함을 주장한다.369)

'자주'에 대한 강조는 4일 후인 8월 31일 노동신문에서도 나타난다. 「분렬을 가져올 각국 당들의 회의는 저지시켜야 한다」라는 제목의 이 사설은 "형제당들 간의 내부적인 문제로서 출발한 의견 상이는 시간이 경과함에 따라 더욱 격화되고 있다"고 날로 가열되고 있는 중소분쟁의 현황을 소개한 후, "일부 사람들은…자기들의 그릇된 주장을 계통적으로 형제당들에 강요하며 국제 공산주의 운동 내에 그것을 전파하기 위하여 집요하게 책동하였다"고 지적, 중소분쟁의 원인과 그것이 격화된 궁극적 책임을 소련 측에 돌렸다.

---

369) 논설의 맥락은 "모든 공산당 및 노동당들은 평등하고 자주적이다.… 매개 당은 맑스-레닌주의 원칙에 기초하여 자기 나라 혁명 문제와 자기 당 내부 문제를 독자적으로 처리할 권리를 가지고 있으며 책임을 지고 있다. 공산당 및 노동당들은 맑스-레닌주의 원칙에 기초하여 자주적으로 로선과 정책을 규정하고 활동하여야 대중의 혁명 투쟁을 성과적으로 령도할 수 있다"이다. 『노동신문』 1964년 7월 27일자.

사설은 이어 "모든 당들은…독자적으로 정책을 규정하며 자신의 판단과 결심에 따라 자주적으로 행동한다", "공산주의자들은 어떠한 경우에도 혁명적 원칙을 굽힐 수 없으며 자주적이며 독자적인 립장에서 객관적 현실에 기초하여 모든 것을 판단하며…투쟁하여야 한다"고 촉구하였다.[370]

소련공산당이 보이고 있는 간섭하려는 태도, 내려 먹이려는 태도, 명령하고 통제하려는 태도 등을 거부하기 위한 하나의 국제적으로 공인된 준거개념으로서의 자주가 소극적인 의미의 자주라면, 이에 대응하는 적극적인 표현은 마땅히 북한 스스로 갖추어야할 자세로서의 자주성일 것이다. 즉 자주 개념이 소련의 간섭행위를 단죄할 수 있는 국제적으로 공인된 기준으로서의 한쪽 면을 가졌다면 북한측으로서 그에 걸맞는 자주적인 자세를 갖추는 일 즉 정치에서의 자주는 그의 다른 면이 된다는 것이다. 자주개념을 대내적으로까지 확장시키려는 이 같은 시도가 확인되는 것은 1963년의 일이다. 그 해 2월 8일 인민군창설 기념일을 맞아 군 간부들과 당, 정권기관 간부들을 모아놓고 행한 연설에서 김일성은 '정치적 자주성'에 대해 다음과 같이 말한다.

정치적으로 자주성이 없는 사람은 남이 수정주의를 하면 자기도 수정주의를 하고 남이 교조주의를 하면 자기도 교조주의를 하며 남이 투항주의로 나가면 자기도 투항주의로 나가게 됩니다.…이런 얼빠진 사람은 자기 나라와 자기 인민을 사랑할 수도 없고 자기 실정에 맞게 무슨 일을 창조적으로 해 나갈 수도

---

370) 「분렬을 가져올 각국 당들의 회의는 저지시켜야 한다」, 『노동신문』 1964년 8월 31일.

없습니다. 이렇게 자주독립의 정신이 없는 사람은 자기 인민을
위하여 일하는 것이 아니라 남에게 잘 보이기 위해서 일합니
다. 그렇기 때문에 이런 자들은 결국 남의 나라를 예속시키려
는 대국주의자들에게 이용되며 자기 나라 인민의 이익을 팔아
먹는 반역자로까지 굴러 떨어질 수 있습니다.[371]

이 말은 거꾸로 하면 자주성이 있는 사람은 외부의 사조에 개의
치 않고 자기 실정에 맞게 창조적으로 무슨 일을 해 나가는 사람
이라는 것이 된다. 이것은 곧 '주체를 세운다'는 것과 같은 뜻이 되
는 것이다. 이 점에 관해 김일성은 같은 글에서 "당에서는 모든 분
야에서 주체를 세워야 한다는 것을 말하고 있는데 특히 정치적 자
주성과 경제적 자립성을 강조해야 하겠습니다"라고 하여 정치적 자
주성을 경제적 자립성과 더불어 주체를 세우는 것의 한 실천분야
로 정리하고 있다. 말하자면 주체사상의 지도적 원칙이 성립되고
있는 과정인 셈이다. 그리고 그 과정은 널리 알려진 바와 같이
1965년 김일성의 인도네시아 알리 아르함 사회과학원에서의 강의
를 통해 "우리 당은 수정주의를 반대하고 맑스-레닌주의의 순결성
을 지키기 위하여 견결히 투쟁하는 것과 함께 교조주의와 사대주
의를 반대하고 주체를 세우기 위하여 모든 힘을 다하여왔다. 사상
에서의 주체, 정치에서의 자주, 경제에서의 자립, 국방에서의 자위,
이것이 우리 당이 일관하게 견지하고 있는 입장이다"[372]라고 하여

---

371) 김일성, 「우리의 인민군대는 노동계급의 군대, 혁명의 군대이다. 계
    급적 정치교양사업을 계속 강화하여야 한다」, 『김일성 저작선집』 3
    (평양: 조선노동당출판사, 1968), 488쪽.
372) 김일성, 「조선민주주의인민공화국에서의 사회주의건설과 남조선혁명
    에 대하여(1965년 4월 14일)」, 『김일성 저작선집』 4 (평양: 조선노동

후에 주체사상의 지도적 원칙이라고 이름 붙여진 4개의 원칙이 생겨남으로써 완성된다.

 '자주'에 있어서 가장 두드러지는 문건이라고 할 수 있는 1966년 8월 12일자 노동신문 사설 「자주성을 옹호하자」는 이처럼 자주 개념이 주체의 틀 속으로 끌어들여진 이후에 나온 글인 관계로 그 속에서의 자주 개념은 그 의미의 선명도나 다른 개념들과의 관계에서나 어느 정도 완성된 짜임새를 가지고 나타난다. 장문의 이 사설은 다른 나라 당들과의 상호관계에 관하여 "자주성을 서로 존중하여야 한다"는 章을 따로 설정하여 그것을 "매개 공산당 및 노동당들은 독자적으로 자기 정책을 규정할 수 있으며 또 규정하여야 한다.…모든 당들의 활동을 그 어떤 한 개의 틀에다 얽매어 놓을 수는 없다. 어떤 방식을 택할 것인가 하는 것은 전적으로 매개 당이 자체로 결정할 문제다"라고 규정하고, 북한 스스로가 자주성을 위해 가져야 할 태도에 대해서는 1. 자기 머리로 사고해야 한다. 2. 자기 힘을 믿어야 한다. 3. 맑스-레닌주의는 행동의 지침이다. 4. 남의 경험을 기계적으로 모방하지 말아야 한다. 5. 민족적 긍지를 가져야 한다. 6. 자립적 민족경제는 자주성의 물질적 기초이다. 등의 항목을 들고 있다. 이 가운데 특히 자기 힘을 믿을 것에 대한 항목은, 혁명이 "수출할 수도 없으며 수입할 수도 없는 것"이라며 남의 원조에 의지하지 말고 자기 인민의 힘에 확고히 의거하여야 한다는 것을 강조하고 있고, 맑스-레닌주의가 행동의 지침이라는 항목에 있어서는 맑스-레닌주의 이론을 구체적 현실에 맞게 창조적으로 적용할 것을 주장하고 있다.373) 대외적 측면, 대내적 측면을 유기적

당출판사), 220쪽.

으로 종합하여 '자주'개념을 완성하고 있는 것이다.

이렇게 틀을 갖춘 '자주'개념은 그보다 약 2달 후에 개최되는 조선 노동당 대표자회의에서의 김일성 보고에 그대로 반영된다. 훨씬 극적으로 표현된 이 보고에서 그는 먼저 "형제당들은 완전한 평등과 자주성, 호상존중과 내정불간섭 및 동지적협조의 원칙에 기초하여 호상관계를 맺어야 합니다"라는 원칙을 상기시킨 후, 지금 '어떤 사람들'은 북한에 대해 '《중간주의》, 《절충주의》, 《기회주의》' 등의 딱지를 붙이고 북한이 "《무원칙한 타협의 길》을 택하고 있으며 《두 걸상사이에 앉아있다》고 말하고 있다"며 이에 대해 "우리를 두 걸상 사이에 앉아있다고 비방하는 사람들이야말로 비뚤어진 왼쪽걸상이나 오른쪽걸상의 어느 하나에 앉아있는 것이 틀림없다"고 응수한다.374) 그리고는 "우리는 어느 《편》에도 들려고 하지 않습니다. 만일 우리에게 어느 《편》인가고 묻는다면 우리는 맑스-레닌주의의 《편》이며 혁명의 《편》이라고 대답할 것입니다"라고 다짐한다.

여기서 '어떤 사람들'이 누구인가에 대해서는 다소 이견이 있을 수 있다. 자주를 말해온 전통적 맥락에서는 소련 공산당이라고 할 수도 있겠으나 후르시초프의 사후 65년경에는 소련과의 관계가 어느 정도 회복되었다는 점에서는375) 중국공산당을 지칭한다고 볼 수

---

373) 「자주성을 옹호하자」, 『근로자』 1966년 제8호 (평양: 근로자사), 1-20쪽.

374) 김일성, 『현정세와 우리 당의 과업』(평양: 조선노동당출판사, 1966), 37-42쪽.

375) 이 회의가 열리기 약 한달 전인 9월 9일의 공화국창건 18주년 기념식에 소련은 최고소비에트 부의장을 단장으로 하는 대표단을 보내왔고, 이 회의에 축하연설을 한 나라는 소련, 북부베트남, 쿠바밖에 없다. 중국은 축하전문을 보내왔다. Byung Chul Koh, The Foreign Policy of North Korea (New York: Frederick A. Praeger Publishers,

도 있겠다. 그러나 이것이 누구를 지칭하는지를 떠나서 이와 같은 입장은 이 보고의 앞부분에서도 지적하고 있듯이 "형제 당들 사이의 의견상이가 사상이론적 계선을 넘어서 풀기 어려울 정도로 된" 마당에서 이 싸움으로부터 거리를 두려는 명분으로서 '자주'의 내용을 이렇게 표현한 것으로 보아야 옳을 것이다. 구체적 동기야 어떻든 간에 이 보고에 있어서도 '자주' 개념은 일반 국제원칙으로서의 의미와 북한이 취해야할 행위준칙으로서의 의미를 동시에 갖추고 있는 것이다. 이 점에서 김일성의 이 보고를 '외교에서의 자주'의 시작으로 떼어 보려는 입장[376)]은 무리가 있다고 여겨진다. 앞서 살펴본 대로 '자주' 개념은 처음 북한에 도입될 당시부터 국제적 의미로 도입되었고 오히려 그것이 국내적 의미로 확장되는 과정을 거친 것일 뿐만 아니라 북한 자신도 이 보고를 '외교에서의 자주'로 떼어 보지 않고 '정치에서의 자주' 속에 포함시켜 이해하고 있기 때문이다.[377)] '자주'개념은 이후 1972년 12월 27일 북한 사회주의 헌법 제1조가 북한이 '자주적인 사회주의 국가'임을 명시하고 16조는 '대외관계에 완전한 평등권과 자주권을 행사할 것'을 명시함으로써 헌법적인 개념으로까지 발전되어 나아간다.

자 립

　　노동신문 사설 「자주성을 옹호하자」에서 자립적 민족경제가 자주성의 물질적 기초라고 밝히고 있듯이 자주개념과 또한 밀접히

1969), p.97.

376) 양성철, 「주체사상과 통일」, 양재인 외, 『북한의 정치이념 주체사상』 (경남대학교 극동문제연구소, 1990), 133쪽.

377) 『주체사상의 지도적 원칙』 (평양: 사회과학출판사, 1984) 참조.

연관되어있는 개념이 '자립'개념이다. 말하자면 '자주'가 정치·외교 부문에서의 개념이라면 '자립'은 경제부문에서의 개념인 것이다. 이 둘의 관계는 "경제적 자립성이 없이는 정치적자주성도 보장될 수 없습니다. 정치적 자주성과 경제적 자립성이 있어야만 완전한 자주독립국가로 될 수 있습니다"378)라는 김일성의 말에서 찾아볼 수 있다. 실제로 북한에서 '자립'은 주로 경제관계, 특히 대외적 경제관계 측면에서 외국의 원조에 대한의존, 사회주의권 국가들 간의 국제적 분업 등에 대응하는 개념으로 사용되어왔다. 그리고 늘 '자립적 경제', '자립적 민족경제' 등 '경제'와 붙어서 사용되어왔고, 많은 경우에 '자력갱생'개념으로 대치되어 사용되기도 하였다. 그것은 『위대한 수령 김일성 동지의 로작 용어사전』을 보면 '자립', '자립경제' 등의 용어가 '자립적 민족경제' 항으로 통합되어 정의되고 있는 것으로부터도 알 수 있다. 이 사전은 '자립적 민족경제'를 "자체의 자원, 자체의 기술, 자체의 간부에 의하여 움직이며 다방면적으로 발전되고 최신기술로 장비된 경제를 말한다. 자립적 민족경제는 정치적 독립의 물질적 담보이다."라고 정의하고 있다.379) 따라서 '자립' 개념의 추적은 '자립경제', '자력갱생'의 추적과 맥을 같이 한다.

북한에서 '자립'이라는 개념을 사용한 용례는 해방정국에서 이미 발견된다. 후일 북한을 빠져 나와 김일성 치하의 북한실상을 알리는 회고록을 씀으로써 잘 알려진 한재덕이 1947년 당시 김일성을

---

378) 김일성, 「우리의 인민군대는 노동계급의 군대, 혁명의 군대이다. 계급적정치교양사업을 계속 강화하여야 한다(63. 2. 8)」, 『김일성 저작선집』 3 (평양: 조선노동당출판사, 1968), 488쪽.

379) 과학, 백과사전출판사, 『위대한 수령 김일성동지의 로작 용어사전』 (1982)

극도로 찬양하여 쓴 글 가운데 "이 계획경제의 실시가 없이는 우리는 자립적 경제를 확립할 수가 없으며 이것이 없이는 우리는 독립도 할 수 없고 건국도 할 수 없고 또한 살수도 없다"라는 구절이 나온다.[380] 아마도 이것은 1947년 김일성이 말하였다는 "민주주의독립국가를 건설하기 위하여서는 반드시 자기 민족의 자립적 경제의 기초를 확립하여야 하며 자립경제의 기초를 확립하자면 인민경제를 급속히 발전시켜야 한다. 자립적 경제의 기초가 없이는 우리는 독립도 할 수 없고 건국도 할 수 없고 또한 살아갈 수도 없는 것이다"[381]라는 것에서 일부 인용한 것이 아닌가 싶다. 이것은 당시에도 자립적 경제라는 용어가 흔히 쓰였다는 추정을 가능하게 하는데, 여기서 한 가지 주의를 요하는 것은 당시의 자립개념은 특정 외세에 대한 경제적 대항개념으로 쓰이지는 않았다는 점이다. 물론 소련의 물질적, 정신적 영향을 압도적으로 받고있던 당시의 분위기로서는 그것이 가능하지도 않았다.

북한은 자립과 유사한 의미인 '자력갱생'을 1930년대의 만주 항일무장투쟁시기부터 견지해온 원칙, 즉 "물이 있고 풀이 나고 나무가 있는 곳이라면 어디서나 살았고 원쑤를 싸워 이긴 백절불굴의 혁명정신"이라고 주장한다.[382] 그러나 설령 이때의 혁명투쟁에서

---

380) 한재덕, 『김일성장군개선기』 (평양: 민주조선사, 1947), 159쪽.

381) 「자주성을 옹호하자」, 『근로자』 1966년 제8호. 이 구절은 『김일성선집』 제1권 (1954년판), 438쪽에도 나온다고 하는데 확인하지 못했다. 리석심, 「우리나라에서의 자립적 민족 경제 건설」, 『근로자』 1962년 제19호 (평양: 근로자사), 10쪽.

382) 리석심, 「우리나라에서의 자립적 민족경제건설」, 『근로자』 1962년 제19호, 9쪽.

'자력갱생'의 정신과 구호가 제창되었다 하더라도 이것을 해방 후 북한의 그것으로 연결짓는 것은 다소 무리인 듯 싶다.

다른 나라에의 경제적 의존에 대한 대항개념으로서의 '자주'개념이 나오게 되는 물적 기반은 1953년 8월의 당 중앙위 제6차 전원회의에서 "중공업의 선차적 복구발전을 보장하면서 경공업과 농업을 동시에 발전시키는 방향으로 나아가야 한다"는 전후경제건설의 기본노선을 수립하면서부터 비롯된다.383) 북한은 전후 외국으로부터의 원조에 크게 의존하여 경제를 복구하는 과정에서 기계제작공업을 중심으로 한 중공업을 우선적으로 발전시키는 것만이 경공업이나 농업의 연쇄적인 발전을 가져올 수 있고 국민경제의 제 부문을 최신기술로 장비하고 강력한 원료 및 동력기지를 창출하는데 기여할 수 있다고 보았다. 즉 중공업을 우선적으로 발전시켜야 선진 공업국에 의존하지 않는 자립적 경제를 건설할 수 있다고 본 것이다. 이 노선이 자립적 민족경제를 건설하기 위한 노선이라는 것을 김일성 자신은 다음과 같이 정리하고 있다.

> 자립적 민족 경제를 건설한다는 것은 나라를 부강하게 하고 인민 생활을 향상시키는 데 필요한 중공업 및 경공업 제품들과 농업 생산물을 기본적으로 국내에서 생산 보장할 수 있도록 경제를 다방면적으로 발전시키고 현대적 기술로 장비하며 자체의 공고한 원료 기지를 축성함으로써 모든 부문들이 유기적으로 련결된 하나의 종합적인 경제 체계를 형성한다는 것을 의미합니다.384)

---

383) 김일성, 「모든 것을 전후인민경제 복구발전을 위하여(1953. 8. 5)」, 『김일성 저작선집』 1 (평양: 조선노동당출판사, 1967), 401쪽.

 이 노선은 그 3년 뒤인 1956년 3월 당대회에서 그 이듬해부터 시작되는 5개년 계획의 중심전략으로 채택된다. 이 노선은 농업에 중점을 두라는 소련 측의 권고에 어긋나는 것이며, 그 해 8월 당내의 권력투쟁을 동반한 격렬한 논쟁을 거쳐 이후 북한의 경제기본노선으로 정착된다. 이때 소련의 반대에 대해 북한은 "그들은 우리의 《5개년 계획은 환상》이라느니, 《기계 제작 공업을 건설할 필요가 없다》느니, 《농업 협동화의 속도가 너무 빠르다》느니, 《농기계가 없이 어떻게 농촌 경리를 협동화할 수 있겠는가.》하는 등 남의 실정도 모르면서 여러 가지 시비를 하였다"385)라고 후에 술회한다. 북한은 이러한 전략에 따라 1960년대까지 다른 어떤 사회주의국가보다도 빠른 속도로 사회주의 공업화구조로 이행할 수 있었다.386) 북한은 이를 마르크스-레닌주의의 확대재생산 이론을 창조적으로 적용시키고, 경제자립노선의 요구에 알맞게 구현시킨 혁명적 노선이라고 평가하고 있다.387)

---

384) 김일성, 「조선민주주의인민공화국 정부의 당면과업에 대하여(최고인민회의 제3기 제1차회의에서 한 연설 1962. 10. 23)」, 『김일성 저작선집』 3 (평양: 조선노동당출판사, 1968), 398쪽.

385) 「사회주의 진영을 옹호하자」, 『근로자』 1963년 21호, 13쪽.

386) 이 중공업 우선 및 경공업, 농업 동시발전 전략은 일단 전략차원에서 경공업이나 농업의 발전을 희생하면서 중공업만을 일면적으로 강행 발전시킨 과거 소련의 전략과도, 또한 농업을 중심으로 경제건설 방향을 제시한 중국과도 다른 독창적인 노선이라고 평가되기도 한다. 고현욱, 「자립경제노선의 업적과 한계」, 최완규 외, 『북한사회주의 건설의 정치경제』 (경남대학교출판부, 1993), 110쪽.

387) 김일성, 「조선민주주의인민공화국은 우리 인민의 자유와 독립의 깃발이며, 사회주의 공산주의 건설의 강력한 무기이다」, 『김일성 저작선집』 5, 96쪽.

이러한 현실적 기반 위에 '자립'이라는 개념이 새로운 의미를 가지고 등장할 수 있었다. 그 단초가 되는 것은 1956년 12월 당 중앙위 전원회의에서의 김일성의 보고에서였다. 김일성은 여기에서 "우리는 지난날 자력갱생의 혁명정신을 발휘하여 자체의 기계제작공업을 창설하고 중공업기지를 튼튼히 꾸려놓았기 때문에 이번 전원회의에서 다음해에는 이것도 하자, 저것도 하자하고 필요한 모든 문제를 마음대로 토의하고 결정할 수 있게 되었으며…"[388)]라고 발언하여 중공업 우선의 경제정책을 '자력갱생'과 연결지었다. 그리고 '자립', '자립적 경제'라는 개념 자체는 1957년에 가서 나타난다. 그 해 제2기 최고인민회의 개원회의에서 김일성은 "우리는 자체의 자립적 경제토대를 튼튼히 쌓는 기초 우에서 쏘련, 중화인민공화국을 비롯한 사회주의진영나라들과의 경제적 및 기술적 협조를 더욱 강화하여야 할 것입니다"라고 하여 상세한 개념설명이 없이 '자립적 경제'라는 개념을 내놓고 있다.[389)] 그리고 계속해서 중공업 우선, 농업 경공업 동시발전 전략을 언급함으로써 이 노선이 자립적 경제건설 노선임을 확실히 하였다. 이것은 북한이 후에 '자립적 경제(건설)' 개념을 "우리가 자체로 벌어서 먹고 살수 있도록, 다시 말하여 자급자족할 수 있는 나라를 만든다는 것을 의미합니다"라고 정의하고 그 실천 방향으로 "현대적 기술장비를 가진 중공업도 있어야 하고 경공업도 있어야 합니다.…지금 우리는 자립적인 중공업과 발전된 경공업을

---

388) 김일성, 「사회주의건설에서 혁명적대고조를 일으키기 위하여(당 중앙위 전원회의 결론, 1956. 12. 13)」, 『김일성저작집』 10 (평양: 조선노동당출판사, 1980), 408쪽.

389) 김일성, 「사회주의건설에서의 인민정권의 당면과업에 대하여」, 『김일성 저작선집』 2 (평양: 조선노동당출판사, 1968), 28쪽.

건설하려고 합니다”라는 것을 든 데서 재확인된다.390) 이와 같은 스스로의 개념정의로 보아서는 ‘자립’이란 폐쇄적인 자급자족경제 즉 완전한 오타키(autarky)인 것이다. 생산에 드는 비용에 대비한 생산물의 사용가치나 생산비용에서의 규모의 경제 같은 것은 전혀 고려되어있지가 않다. 뿐만 아니라 성장에 필요한 기술도입의 제약으로 기술수준의 낙후를 초래할 가능성을 안고 있었다.391) 이러한 정의에 의하면 북한의 ‘자립’은 지극히 배타적이고 민족주의적인 경제이념이 된다.

이에 대해 김일성은 “자립적 민족경제를 건설하여야만 프로레타리아 국제주의원칙과 완전한 평등 및 호혜의 원칙에서 형제나라들과 경제적으로 유무상통할 수 있다”392)고 주장하고 이것이 “자체의 힘으로 사회주의를 건설하며 혁명을 완성하자는 것”이고 이렇게 하는 것이 곧 “국제주의에 충실한 것이며 사회주의의 공동위업에 이바지하는 것”이라는 논리로 ‘자력갱생’이 민족주의가 아니라고 주장한다. 그리고 “원조는 주지도 않으면서 자력갱생하자는 것은 민족주의라고 시비하는 사람들의 심보를 어떻게 이해하여야 할 것입니까?”라며 직접적으로 소련을 공격한다.393) 북한 스스로의 설명이

---

390) 김일성, 「제1차5개년 계획을 성과적으로 수행하기 위하여(당 대표자회에서 한 결론, 58. 3. 6)」, 『김일성 저작선집』 2 (평양: 조선노동당출판사, 1968), 104쪽.

391) 고현욱, 「경제자립노선의 업적과 한계」, 최완규 외, 『북한 사회주의 건설의 정치경제』 (경남대학교 출판부, 1993), 125쪽.

392) 김일성, 「사회주의건설에서 인민정권의 당면과업에 대하여(57. 9. 20)」, 『김일성 저작선집』 2 (평양: 조선노동당출판사, 1968), 28쪽.

393) 김일성, 「당 조직사업과 사상사업을 개선강화할데 대하여(62. 3. 8)」, 『김일성 저작선집』 (1968), 328-329쪽.

어떻든 간에 북한의 '자립'이 소련에 대한 경제적 의존(구체적으로는 경제원조)과 이로부터 비롯되는 정치적 예속을 벗어나려는 자구적인 시도라는 본래의 속성이 달라지지는 않는다. 이 속성과 북한에 대한 영향력을 계속 행사하려는 소련 측의 태도가 1964년에 당시 한창 진행 중이던 중소분쟁의 틈새를 타고 논쟁의 형식으로 격돌하게 된다. 그 해 6월에 열린 '평양경제토론회'를 둘러싼 공방이 그것이다.

1964년 6월 16일부터 23일까지 평양에서 열린 제2차 아시아 경제 토론회(Asian Economic Conference)에는 아시아와 아프리카, 라틴아메리카의 34개 국가가 참석하여, 자력갱생과 자립적 민족 경제를 주제로 토론을 벌인 끝에 "자립적 민족 경제 건설을 반대하는 것은 경제적으로 뒤떨어진 나라들을 식민지적 경제의 낡은 틀에 머물러 있게 하며 독립 국가들의 자주적 발전과 번영의 길을 가로막는다"는 내용의 「평양선언」을 채택하고 막을 내렸다. 여기에 당시 북한과 관계가 악화되어 있던 소련과 인도는 참석하지 않았다.[394]

그런데 이 회의의 주조가 된 자립적 민족경제 건설, 자력갱생이라는 모토는 사실은 스탈린 이후 소련이 추진해 오던 사회주의권 내의 국제적 경제분업이라는 노선과는 전적으로 배치되는 것일 수밖에 없었다.[395] 이에 소련은 8월 18일자 『프라우다』를 통해 이를

---

394) 「왜 평양 경제 토론회의 성과를 헐뜯으려 하는가」, 『노동신문』 1964년 9월 7일.

395) 소련의 이 노선 추진에 대해 북한은 "오늘 일부 사람들은 통일적인 계획 밑에 경리를 운영하는 하나의 세계적인 협동체를 실현하는 것이 이미 현실적인 문제로 되고 있다는 듯이 말하고 있다"라고 표현하고 있다. 김상학, 「자립적 민족 경제 건설과 사회주의 경제 법

강력히 비난한다. 즉 '자력갱생' 이론은 '분열주의적'이고 '배타주의적' 견해이며 "중국 대표와 그의 추종자들은 쏘련 및 기타 사회주의 나라들과의 협조가 신생 국가들의 민족적 자주권을 상실하게 하는 것(을)…온갖 방법을 다하여 회의 참가자들에게 불어넣으려고 애썼다"고 비난하였다. 그리고 새로 해방된 나라들이 인민경제를 발전시키기 위해 필요한 자금과 기술 간부, 현대적인 기계설비 등이 "세계 사회주의 체계와 공업 면에서 가장 발전된 개별적 사회주의 나라들과의 경제적 협조를 통하여서만" 보장될 수 있다며 국제적 경제분업의 필연성을 주장하였다.396)

이 논설에서 한 가지 주의를 요하는 것은 논설의 비난대상이 시종일관 중국의 "분열주의적" 행위이지 북한을 직접 비난하지는 않았다는 것이다. 북한이 언급된 것은 평양 방직공장과 흥남 비료공장이 소련의 설계로 건설되고 소련의 설비들로 만들어졌다는 지적이 전부이다. 따라서 이것은 중소분쟁의 연장이지 북한을 타겟으로 한 것은 아니었다. 그러나 북한이 주최한 회의에 대한 공개적인 비난에 북한이 침묵할 수는 없었다. 더구나 평양 경제토론회의 골자

칙」, 『근로자』 1964년 제16호, 13쪽. 북한은 또한 이전부터 "자립경제의 건설을 반대하는 사람들은 그 대신 사회주의 국가들의 《통합경제》의 창설을 제창하고 있다. 그들은 《통합경제》가 현 시기에 있어서 사회주의 국가들의 국제적 협조의 가장 기상적인 형태이라고 한다. 그들은 《통합경제》의 간판 밑에 형제 국가들의 경제적 자립성을 없애고 이 나라들의 민족 경제의 발전을 통제하며 그것을 다른 나라 경제에 얽매인 기형적인 것으로 만들려고 하고 있다"라고 하여 소련의 국제적 경제분업 노선을 경계해오고 있던 터였다. 「사회주의 진영을 옹호하자」, 『근로자』 1963년 제21호.

396) 「누구의 이익을 위함인가」, 『프라우다』 1964년 8월 18일자 논설, 『노동신문』 1964년 9월 7일자에서 재인용.

인 '자립경제', '자력갱생'은 바로 북한 자신의 경제노선의 골간이었다. 북한은 이에 대응하여 노동신문에 문제의 프라우다 논설을 그대로 전재하고, 다시 논설 「왜 평양 경제 토론회의 성과를 헐뜯으려 하는가」를 실어 프라우다의 논설이 《미국의 소리》보다 한 수 더 뜬다며 "이 얼마나 오만하고 무례하고 파렴치한 헛소리인가"라는 극한적 표현으로 소련을 성토하였다. 그리고 자력 갱생, 자립적 민족 경제 건설 노선을 견지함으로써만 나라의 위력을 부단히 증대시킬 수 있다고 주장한 후, 소련이 "국제 시장 가격보다 훨씬 비싼 값으로 설비와 특수강판을 비롯한 자재를 주고 그 대신 우리한테서 수십 톤의 금과 다량의 고귀한 유색금속과 원료들을 국제 시장 가격보다 훨씬 헐한 값으로 가져갔다"고 폭로하였다.[397]

그러나 주지하다시피 영어로 self-reliance로 번역되는 '자력갱생', '자립경제' 등의 개념은 북한이 처음 사용한 개념은 아니다. 이미 1925년에 스탈린은 소련이 자본주의국가들에 의해 포위 당하여 '제국주의적 개입'의 위험이 높은 상황에서 기다리던 서유럽에서의 공산주의혁명은 일어나지 않자 스스로의 힘으로 일국사회주의를 건설할 수밖에 없었고 그 과정에서 self-reliance정신을 고창한다. 심지어 1930년대 조선총독으로 있던 우가끼도 한국농촌의 발전을 위해 자력갱생을 운위한다. 그러나 아마도 북한의 자력갱생, 자립경제에 가장 큰 영향을 준 것은 역시 모택동의 자력갱생 개념일 것이다. 모택동은 항일전쟁이 한창이던 1927년 자력갱생의 개념을 내놓은 후[398]

---

397) 「왜 평양 경제 토론회의 성과를 헐뜯으려 하는가?」, 『노동신문』 1964년 9월 7일.

398) 영어로 번역된 이때의 문맥은 "We chinese have the spirit to fight the enemy to the last drop of our blood, the determination to recover our

이 개념을 1930년대와 1940년대에 걸쳐 즐겨 쓰게 된다.399) 이 점에서 북한의 '자력갱생'은 중국의 그것의 아류라고 지적되기도 한다.

북한 근로자들의 집단적인 생산의욕고취의 방식이 바로 '천리마운동'이었다면, '자력갱생', '자립경제건설'이라는 개념은 이것의 이념적인 표현이라고 할 수 있다. 이 양자의 상관관계는 중국에서 대약진운동을 시작하면서 1930-40년대 모택동이 부르짖었던 '자력갱생' 개념을 다시 광범위하게 유포시킨 예에서도 확인해 볼 수 있다.400) 이 '자력갱생'의 구호는 북한 사회에서 1957년부터 이후 10년간 (1967년 주체사상이 기본정책지침으로 등장할 때까지) 천리마운동과 함께 가장 많이 불리어지게 되며401) 1972년 헌법 제2조에 "조선민주주의인민공화국은 노동계급이 영도하는 노농동맹에 기초한 전체인민의 정치사상적 통일과 사회주의적 생산관계와 자립적 민족경제의 토대에 의거한다"라는 구절로 반영, 헌법적 개념으로까지 채택되게 된다.

---

lost territory by our own efforts, and the ability to stand on our own feet in the family of nations"이다. 여기서의 'by our own efforts'가 중국어 원문의 自力更生이다. "On Tactics against Japanese Imperialism (35. 12. 27)," *Selected Works of Mao Tse-tung* Vol. 1 (Peking: Foreign Languages Press, 1975), p.170.

399) Yang Ho-Min, "Mao Zedong's Ideological Influence on Pyongyang and Hanoi: Some Historical Roots Reconsidered," Robert A. Scalapino and Dalchoong Kim ed., *Asian Communism: Continuity and Transition* (University of California Berkeley, 1988), pp.58-59.

400) Yang Ho-Min, op., cit, p.57.

401) 김갑철, 「남북한의 권력투쟁과 정치변동」, 양호민 외, 『남북한체제의 강고화와 대결-1955년에서 1965년까지』 (소화, 1996), 38쪽.

이들 '주체', '자주', '자립' 등 개념은 어휘 자체가 처음 어떻게 쓰여졌었는가에 관계없이 공통적으로 1950년대 중반을 전후하여 새로운 의미를 가지고 '등장'한다. 김일성이 이들을 일정한 목적의식 하에 의도적으로 도입했기 때문이다. 따라서 이들은 어의 자체도 그렇듯이, 하나의 유기적 연관관계 속에서 함께 일정한 목적에 기여하게 된다. 그것은 소련으로부터의 '독립'이었고, 국내 정치적으로 김일성 빨치산파의 정권 공고화였으며 이들의 정권 정당화였다. 소련에 의해 '심어진' 김일성 빨치산파가 이제는 '주체', '자주', '자립'의 대표그룹이 되어 이것을 정권 공고화와 자기 정당화의 기반으로 삼게 되었다는 것은 역설적이기도 하다.

아울러 이들은 공통적으로 그 뿌리를 전통에 두고있다는 특징이 있다. 우리의 것, 우리 자신, 우리의 힘 등 내부지향적 이념의 바탕에는 과거의 우리의 것 혹은 우리가 이미 이루어 놓은 것이 놓여 있고, 그 핵심이 전통이라는 의미에서이다. 전통이 현재 속에 있고 과거가 현재를 결정하는 힘이 있다는 견해는[402] 여기서도 타당성을 갖는다.

2) 사회주의적 애국주의

'주체', '자주', '자립' 등 개념이 김일성 정권의 전통 회귀를 매개한 개념들이었다면, 이것을 하나의 '주의'로 조직하여 행동으로 연결시키려한 것은 사회주의적 애국주의였다. 그만큼 사회주의적 애국주의는 전통에 더욱 직접적으로 닿아있다. 특히 '우리의 것'에 대

---

402) Edward Shils, Tradition (University of Chicago Press, 1981), pp.34-44.

한 사랑을 핵심으로 하는 내용의 측면에서 그렇다. 이점에서 '이상
으로서의 소련'으로부터 북한을 분리시킨 매개 개념들에 힘입어, 분
리된 북한을 전통의 방향으로 돌려세운 것이 바로 사회주의적 애
국주의였다고 할 수 있다. 따라서 이를 부각시켜 스스로의 정당성,
애국정신, 근로의욕 증진 등을 이끌어내려 한 김일성의 정책은 전
통을 더욱 깊이 원용하고 전통에 더욱 의존하게되는 결과를 가져
온 셈이다.

　항일독립투쟁 과정을 이끈 가장 큰 이념이 나라를 다시 찾자는
애국정신이었듯이 해방이후 새나라 건설 과정에서도 남과 북, 공산
주의와 민족주의를 막론하고 애국은 모든 것을 초월하는 지상의
이념이자 모든 정당성의 근원이었다는 것은 앞서 본 바와 같다. 북
한에서도 남한에서와 마찬가지로 건국과 민주개혁 그리고 전쟁과
사회주의 개조과정에서 애국은 끊임없이 강조되어온 덕목 가운데
하나이다. 이 애국주의가 북한에서는 1950년대 중반 새로운 의미를
가지고 나타난다. 바로 '사회주의적 애국주의'의 등장이다.

　'사회주의적 애국주의'도 기본적으로는 애국주의의 연장선상에 있
음에 틀림없다. 그것은 이것도 '우리의 것'에 대한 귀속과 애정, 그
리고 이를 발전시키기 위하여 온 힘을 다할 것을 일차적으로 강조
하고 있는 데서 확인된다. 북한이 이 시점에서 새삼스럽게 애국을
강조해 나선 것은 이를 동기 삼아 근로자들의 근로의욕을 고취할
필요성에 봉착했기 때문이기도 하지만, 다른 한편으로는 주체, 자주
등 개념들의 등장과 발맞추어 외부세력 특히 소련의 그것에 대응
하여 스스로의 정체성을 확인해 나아가려는 의도도 곁들여있었기
때문이었다. 다만 이 개념은 '사회주의적'이라는 한정어를 달고있는

만큼 계급적 성격을 하나의 특징으로 가지고 있다. 바로 이 점에서 '사회주의적 애국주의' 개념이 일반적 혹은 남한의 애국 개념과 성격을 달리하게 된다. 즉 남한의 애국주의와의 경계선을 형성하고 있는 것이다. 이 두 가지 점 즉 '애국'과 '사회주의'라는 점에서 북한의 '사회주의적 애국주의' 개념은 북한만의 정체성을 형성하는 데 한 몫을 하게되는 중요한 개념이라고 할 수 있다. 먼저 이 개념의 형성과정부터 보자.

'사회주의적 애국주의' 개념이 북한에 처음 도입된 것은 1954년경의 일로 추정된다. 그 해 5월 11일 김일성은 '교통운수부문 모범일군대회'에 참석하여 이 부문 근로자들이 앞으로 수행하여야 할 과업들에 대하여 연설하는 가운데, "프로레타리아 국제주의에 튼튼히 입각할 때에만 우리의 애국주의가 진정한 사회주의적 애국주의로 될 수 있습니다"라고 발언함으로써 '사회주의적 애국주의'를 처음 언급하고 있다.[403] 여기서 처음이라는 것은 이 연설 이전에는 '사회주의적 애국주의' 개념이 쓰였음직한 곳에 '애국운동'[404], '애국주의'[405] 등의 용어가 계속 쓰여지고 있었다는 점에서이다.[406] 그리

---

403) 김일성, 「교통운수부문일군들의 당면과업에 관하여」, 『김일성 저작선집』 1 (평양: 조선노동당출판사, 1967), 455쪽.

404) "노동생산능률의 부단한 장성, 국가재산의 애호절약, 증산경쟁운동의 광범한 실시 등 이 모든 운동들은 곧 근로자들의 대중적 애국운동입니다" 김일성, 「산업 운수부문에서의 제 결함들과 그를 시정하기 위한 당국과 및 경제기관들과 그 일군들의 당면과업(1954년 3월 당 중앙위전원회의 보고)」, 고대 아세아문제연구소, 『북한연구자료집』 제2집 (1974), 494쪽.

405) "조선민주주의 인민공화국 최고인민회의는…부강한 민주주의 독립국가를 건설하려는 숭고한 애국주의적 지향에 고무되며 위대한 소련을 위시한…", 김두봉, 강양욱, 「1954-1956년 조선민주주의 인민공화국

고 이때를 전후하여 '사회주의적 애국주의'와 같은 뜻으로 '고상한 애국주의'라는 용어도 종종 쓰였다.407)

'사회주의적 애국주의' 개념이 처음 등장한 연설의 앞뒤 맥락을 보면, 교통운수부문 근로자들이 애국주의를 높이 발휘하여 맡은 과업을 충실히 수행할 것을 독려하면서, 애국주의란 "자기의 조국을 무한히 사랑하며 당과 공화국정부에 모든 충성을 다하며 인민에게 자유와 행복을 가져다준 우리의 제도를 고수하기 위하여 있는 힘과 열성을 다 바치는 것", "우리 혁명의 전취물을 온갖 원쑤들의 침해로부터 수호하며 국가재산과 인민의 재산을 애호하며 특히 생산직장들에서는 기계를 애호하고 물자를 절약하며 자기의 책임량을

인민경제 복구발전 3개년계획에 관하여(54. 4. 23)」, 같은 책, 522쪽, "…우리 인민은 형제적 제 국가 인민들의 국제주의적 원조밑에 자기의 창조적 노력과 애국주의적인 헌신성과 불요불굴의 투쟁으로써 이 과업들을 승리적으로 수행하리라는 것은 의심할바 없습니다", 「조선민주주의 인민공화국 인민군최고사령관 명령 제220호(54. 5. 1)」, 같은 책, 526쪽.

406) 사회주의적 애국주의의 始點문제와 관련하여 김일성 자신이 1958년 2월 8일의 연설 「조선인민군은 항일무장투쟁의 계승자이다」에서 "사상사업에서 중요한 것은 사회주의적 애국주의교양을 강화하는 문제입니다. 이 문제에 대해서 나는 여러 번 강조하였습니다. 이것은 정전직후에 당이 내세운 구호입니다."라고 밝히고 있으나, 휴전 직후 중화학공업의 선차적 복구발전과 경공업, 농업의 동시발전 전략을 제시한 중요한 회의인 8월 5일의 당 중앙위전원회의에서 김일성이 보고한 내용을 보면 '인민대중의 애국적 력량', '애국적 로력동원 사업', '인민대중의 애국적 헌신성' 등의 유사한 용어들은 나타나나 정작 '사회주의적 애국주의'개념은 발견되지 않는다. 『김일성 저작선집』 1 (1967), 394-442쪽.

407) 김일성, 「교통운수부문일군들의 당면과업에 대하여」, 위의 책, 443쪽, 김일성, 「당원들 속에서 계급교양사업을 더욱 강화할데 대하여(55. 4. 1)」, 위의 책, 497쪽.

초과완수 하는 것"이라고 규정하고, 이 애국주의가 "프로레타리아 국제주의에 튼튼히 입각할 때 사회주의적 애국주의로 된다"고 하고 있다. 역시 처음부터 애국과 혁명이 동시에 언급되고 있는 것을 볼 수 있다. 여기서 우리는 두 가지 점에 주목할 필요가 있다. 하나는 이 개념이 조국에 대한 열렬한 사랑으로부터 출발하여 이 사랑을 근로자들의 임무완수, 근로의욕 고취로 연결시키고 있는 점이다. 아니 연결을 넘어서 이 연설자체가 근로자들을 대상으로 하였다는 점과 근로자들이 과업을 충실히 하라는 것을 강조하는 가운데 애국주의가 언급된 점등을 감안한다면 거꾸로 근로의욕 고취를 위해 애국주의를 끌어들였다고 보아야 할 것이다. 여하튼 사회주의적 애국주의 개념 출현의 직접적 계기가 근로의욕과의 관련에서였던 것만은 확인할 수 있는 사실이다.

다른 하나는 국제주의와의 관련이다. 처음부터 "애국주의가 국제주의에 튼튼히 입각할 때 사회주의적 애국주의가 된다"라고 하고 있듯이 논리상으로는 애국주의가 국제주의와 결합한 것이 사회주의적 애국주의인 것이 된다. 개념의 최초 출현에서는 그 결합이 어떻게 이루어진 것인지에 대한 설명을 찾아볼 수 없지만 이후의 발전 과정에서 이 관계는 명확히 설명되며 계속 강조된다. 그 관계의 관건은 "노동 계급과 공산주의자들은 자기나라 근로 대중과 전 세계 피압박 인민들을 해방함에 있어서 만국 노동자들과의 국제주의적 단결에 의거하여야 하는 동시에 우선 민족 국가 단위로 사회주의 혁명과 사회주의, 공산주의 건설을 하지 않으면 안 된다"[408]는 것

---

408) 심상돈, 「사회주의적 애국주의는 우리 혁명 발전의 위력한 추동력이다」, 『근로자』 1961년 6월호, 52쪽.

이다. 즉 우선 민족국가 단위로 혁명을 해야하기 때문에 애국주의
가 필요한 것이고 동시에 국제주의적 단결에 의거해야 한다는 것
인데, 이 둘간의 상대적인 비중은 "자기의 사회주의 조국에 대한
사랑, 계급적 및 민족적 압박으로부터 해방된 자기 조국의 보위 및
그에 대한 헌신성을 표현하는 사회주의적 애국주의는 다른 나라
근로자들의 해방을 위한 투쟁을 지지하며 사회주의진영 나라들 간
의 친선, 단결을 도모하는 프로레타리아 국제주의와 서로 불가분의
연관관계를 이루고 있다"[409]는 설명에서도 확연히 드러나듯이 역시
자기의 조국과 관계된 애국주의가 일차적이고 국제주의란 부차적이
다. 더욱이 여기서 국제주의의 의미도 "다른나라 근로자들의 해방
을 위한 투쟁을 지지하며 사회주의 진영 나라 들간의 통일과 국제
공산주의운동의 단결을 수호하며 형제당, 형제나라들과의 친선과
협조관계를 발전시키며 국제노동계급과 전 세계 진보적 인민들과의
련대성을 강화하기 위하여 꾸준히 노력"하는 것으로 후에 묘사된
다.[410] 이렇게 보면 국제주의란 노동자들 상호간의 원자적이고 국
제적인 협력이 아니라 국가 및 당을 매개로 하는 집합적 협력, 그
것도 친선과 협조관계를 유지하는 정도의 협조를 이를 뿐이다. 이
는 "원래 프로레타리아국제주의라는 것은 자주적인 민족들, 국가들
간의 국제주의이지, 민족과 국가를 떠난 국제주의란 생각할 수 없
는것입니다. 나라도 필요 없고 민족도 필요 없고 오직 국제주의만
이 필요하다고 주장한다면 이것은 국제주의자의 입장인 것이 아니

---

409) 리형우, 「사회주의적 애국주의와 프로레타리아 국제주의」, 『력사과
　　학』, 1956년 1호, 72-73쪽.
410) 김일성, 『현정세와 우리의 과업』 (평양: 조선노동당 출판사, 1966), 83쪽.

라 자기 조국과 민족을 잊어버리고 남에게 붙어먹으려는 망국노의 입장입니다"라는 김일성의 국제주의에 관한 정의에서 잘 표현되고 있다.[411] 이 경우 물론 국제주의와 애국주의를 같이 말하고 있기는 하지만 국제주의란 애국주의를 변호해주는 장식적 역할을 할 뿐, 압도적인 비중은 애국주의가 차지하게 됨은 물론이다. 즉 내 나라 내 민족의 혁명이 우선이고, 당분간 민족을 초월한 계급간 협력은 부차적이라는 뜻이다.

그렇다면 북한은 왜 굳이 거추장스러운 국제주의를 사회주의적 애국주의에 달고 있을까? 이에 대한 해답을 우리는 두 가지 점에서 찾을 수 있다. 첫째는 민족주의와의 관계이다. 널리 알려진 대로 사회주의권에서는 민족주의란 금기시 되어온 이념이다. 적어도 이론상으로는 그렇다. 이에 북한에서도 민족주의는 부르조아의 이익에만 복무하는 부정적인 개념으로 줄곧 정의되어왔다.[412] 그런데 애국주의란 다민족국가의 경우와 단일민족국가의 경우가 판이한 의미를 갖는다. 177개 민족이 소속되어있는 소련,[413] 漢族을 포함하여 51개 민족으로 구성된 중국과 같은 다민족국가의 경우에 있어서는

---

411) 김일성, 「우리의 인민군대는 노동계급의 군대, 혁명의 군대이다. 계급적정치교양사업을 계속 강화하여야 한다(1963. 2. 8)」, 『김일성저작선집』 3 (평양: 조선노동당 출판사, 1968), 486-487쪽.

412) 민족주의가 긍정적인 의미로 바뀌고 난 이후인 1992년에 나온 『조선말대사전』도 민족주의의 또다른 정의로 "프로레타리아 국제주의 원칙과는 어긋나게 자기 민족의 이익을 위한다는 구실밑에 다른 민족을 멸시하고 배격함으로써 민족들 사이의 불화와 반목을 조성하는 반동적사상"이라고 쓰고있다.

413) Horace B. Davis, *Toward A Marxist Theory Of Nationalism* (New York: Monthly Review Press, 1978), p.91.

애국주의가 소속 민족들 전체를 포괄하는 국가에 대한 충성을 요구함으로써 초민족적 성격을 가질 수 있고 따라서 어떤 의미에서는 전체적인 소련민족, 중국민족으로의 민족형성(nation building)의 이념적 자원으로도 기능하는 유용한 개념이 된다. 그러나 단일민족국가의 경우에 오면 문제는 달라진다. 이때에는 애국주의의 애정의 대상과 민족주의의 애정의 대상이 구별할 수 없이 되어버리는 관계로 애국주의는 곧 민족주의가 되고 만다. 북한의 경우가 그렇다. 단일민족국가인 북한의 경우 애국주의는 곧바로 민족주의가 되는 것이다. 물론 '사회주의적'이 붙은 애국주의도 마찬가지이다. 이 관계를 누구보다도 잘 파악하고 있었을 북한의 이론가들이 실제적인 민족주의인 애국주의를 주장할 필요는 느끼되 이것이 대외적으로 민족주의가 아니라고 변호할 필요성도 동시에 느꼈을 것임은 미루어 짐작할만하다. 이에 국제주의라는 개념을 애국주의에 끌어들임으로써 이 목적을 달성하려 하였던 것이다. 즉 여러 가지 수사에도 불구하고 '사회주의적 애국주의'는 간단히 '민족주의'인 것이다.

다른 하나는 북한의 소련, 중국과의 현실적인 경제관계이다. 북한은 당시 1953년 10월 소련과 체결한 원조계약에 따라 1956년까지 2억 5000만불 상당의 원조를 받게되어 있었고, 중국으로부터도 1953년 11월 체결한 계약에 따라 1957년까지 3억 2000만불 상당의 원조를 받게 되어있었다. 이것을 포함한 사회주의권 다른 나라들로부터의 원조가 북한의 3개년 계획기간(1953-1956)동안의 모든 자본투자액 중에서 차지한 비중은 75.1%에 이르렀고 평양의 국가예산 가운데에서는 24.6%의 비중을 차지했다.[414] 국제주의가 국가 간,

---

414) Erik van Ree, op. cit., p.57. 그는 다른 논문에서 북한이 말하는 주체,

형제 당간의 협력을 의미한다고 할 때 북한은 국제주의를 외치지 않을 수 없는 위치에 있었다. 더구나 민족주의를 주민들에게 호소하는 대목에 이르러서는 이것이 국제주의를 조금도 다치지 않는다는 점을 크게 강조하지 않을 수 없었을 것이다.

개념의 출발에서 그랬듯이 이 개념이 근로자들을 주 대상으로 하여 임무를 충실히 수행할 것을 요구하는 근거로 쓰인 것은 이후의 궤적에서도 계속 눈에 뜨이는 사항이다.[415] 사회주의적 애국주의 개념이 품고있는 내용 가운데 가장 중요한 것이 근로자들을 대상으로 하는 근로의욕 고취였던 것이다. 그것은 이 개념이 일차적으로 전후복구의 과정에서 근로자들을 동원하고 이들의 근로의욕을 고취시키려는 목적에서 도입된 하나의 슬로건이라는 것을 보여준다. 말하자면 일제시대에는 나라를 다시 찾으려는 투쟁의 애국이 필요하였고 '조국해방전쟁'시기에는 목숨을 내놓고 전선에서 싸우는 애국이 필요하였다면, 전후의 복구시기에는 열심히 근로하여 건설에 이바지하는 것이 최고 형태의 애국이었던 것이다. 이 점에서 이 개념은 천리마운동, 자립경제 등과 기반을 공유한다. 자립이 목표이

자주가 대외 경제적 측면에서는 한계를 가진 것이라는, 즉 주체경제는 소련으로부터의 원조의 기초 위에 이루어진 것이라는 점을 논증한다. Erik van Ree, "The Limits of Juche: North Korea's Dependence on Soviet Industrial Aid, 1953-76," *Journal of Communist Studies*, Vol. 5, No. 1 (1989)

415) 사회주의적 애국주의를 다루고 있는 각종 문건들의 내용은 물론이고, 『근로자』에 실린 다음과 같은 글들을 보라. 「근로자들 속에서의 사회주의적 애국주의교양」 1967년 제6호, 「나라의 살림살이와 사회주의애국주의」 1967년 제10호, 「근로자들 속에서의 사회주의적 애국주의교양」 1971년 제11호, 「사회주의적 애국주의는 노동계급과 근로인민의 참다운 국제주의」 1977년 제8호.

고 천리마운동이 방법이라면 애국은 그 내적 동기가 되는 것이다. 즉 북한이 생산성과 관련한 동기부여의 방법으로 물질적 자극 보다는 정신적 자극을 택했다고 할 때 사회주의적 애국주의는 그 동기 가운데 하나로서 제공되었다고 할 수 있다.

이와 더불어 사회주의적 애국주의는 그 내용 가운데 넓게는 전체적으로 '우리의 것'에 대한 사랑, 좁게는 사회주의적 제도·전취물 등에 대한 애정, 그리고 가장 좁게는 공공의 재산과 물자를 애호할 것을 포함하고 있다. 이중 넓은 의미의 '우리의 것'에 대한 사랑은 바로 이 개념의 가장 전통 지향적이며 민족주의적인 부분416)이라고 할 수 있는데 김일성은 이를 "자기 조국과 민족에 대한 사랑"이라고 표현하고, "민족적독립과 번영을 위하여 견결히 투쟁하며 민족문화와 민족의 모든 훌륭한 유산과 전통을 귀중히 여기고 그것을 계승발전시키기

---

416) 이 문제와 관련하여 한가지 주목할만한 사실은 북한이 '민족'이라는 개념정의에 있어서 이전의 혈연적 요소를 배제하고 경제생활의 공통성을 중시하는 스탈린의 개념을 벗어나 독창적인 개념을 주장해 나서기 시작한 점이다. 김일성은 언어문제를 민족문제 가운데 가장 중시하여 1964년 1월에 언어학자들과 대화하는 가운데 "언어는 민족을 특징짓는 공통성가운데서 가장 중요한 것의 하나입니다. 핏줄이 같고 한 령토안에서 살아도 언어가 다르면 하나의 민족이라고 말할 수 없습니다. 조선인민은 핏줄과 언어를 같이하는 하나의 민족입니다.…우리 민족이 자기의 고유한 말과 글을 가지고 있다는 것은 우리의 자랑이며 큰 힘입니다."(김일성, 「조선어를 발전시키기 위한 몇가지 문제」, 『김일성저작집』 18권, 14-18쪽.)라고 하여 언어를 가장 중시하였고, 핏줄과 언어만 같으면 민족이라고 부를 수 있다는 것을 암시하였다. 이것은 또한 이 시기 김일성이 민족적 관점에서 '조선어'를 특히 강조한 것과 맥을 같이한다. 김일성은 1964년에 「조선어를 발전시키기 위한 몇가지 문제」를 발표한데 이어 1966년에는 「조선어의 민족적 특성을 옳게 살려나갈데 대하여」를 발표하는 등 민족언어 문제에 대해 지속적인 관심을 보인 바 있다.

위하여 노력"하는 것, 그리고 "자기 조국의 산천과 자기의 향토를 사랑하고 그것을 더욱 아름답게 만들며 자기의 언어와 민족문화를 사랑하고 그것을 더욱 발전시키기 위하여 노력"하는 것으로 정리하고 있다.[417] 이에 따라 조국에 대한 긍지와 자부심을 높이기 위하여 역사교양에 있어서는 과거 선열들이 외래 침략자들을 반대하여 얼마나 용감히 싸웠는가를 보여주는 것, 우리 인민이 이루어 놓은 찬란한 과학문화의 재보와 그것이 세계 문화사에 이바지한 자랑찬 사실을 알려주는 것 등에 초점이 맞추어 졌고[418] 그 예로 실학자들의 애국사상이 사회주의적 애국주의의 귀감의 하나로 칭송되었으며,[419] 문학예술은 사회주의적 애국주의의 귀감으로 되는 혁명가, 애국자들의 전형을 옳게 창조하는데 몰두하게 되었다.[420] "사회주의적 애국주의 정신은 그 어떤 추상적인 개념이 아니라 조국의 풀 한 포기, 나무 한 그루라도 아끼고 사랑하며…"[421]등의 표현도 여기에서 벗어나지 않는다.

이에 비해 사회주의적 제도, 전취물, 혁명 등을 강조하는 내용은

---

417) 김일성, 『현정세와 우리 당의 과업』, 81-82쪽.

418) 「사회주의적 애국주의와 력사교양」, 『근로자』 1964년 22호, 3-4쪽.

419) 김창원, 「실학사상가들의 애국자주사상」, 『근로자』 1967년 1호, 39-45쪽. 이 글에서 저자는 실학사상을 "외래침략을 물리치고 민족적자주권을 고수하며 나라의 경제와 과학문화를 발전시키기 위한 선조들의 줄기찬 투쟁과정에서 이루어진 애국자주사상의 빛나는 전통가운데 중요한 자리를 차지하는 것"으로 높이 평가하고 있으나 "성리학의 반동적 학풍을 실천적 입장에서 비판하면서도 유학의 테두리를 완전히 벗어나지 못한" 한계를 또한 가지고 있다고 하였다.

420) 김하명, 「사회주의적 애국주의 교양과 문학예술」, 『근로자』 1967년 4호, 44쪽.

421) 주학석, 「근로자들 속에서의 사회주의적 애국주의 교양」, 『근로자』, 1971년 11호, 51쪽.

이 개념이 계급적인 성격을 띠게 하고 북한의 애국주의에 '사회주의적'이라는 수식어를 붙게 하는 부분이다. 그리고 이점이 북한의 애국주의가 이전의 애국주의, 남한의 애국주의와는 결별하는 분기점이 된다. 먼저 북한은 애국주의와 계급과의 관계를 "조국 강산과 동포들에 대한 사람들의 사랑의 감정이 계급적 의식과 철저히 결부되지 못할 때 그것은 지배계급의 이용물로 될 수 있다. 요컨대 과거의 애국주의는 고도의 의식성을 동반한 감정으로 될 수 없었으며 널리 전체 인민의 것으로 될 수 없었다"며 "맑스주의의 발생과 그것을 지도 리론으로 하는 노동계급의 혁명운동에 이르러 비로소 명확한 목적의식성을 가진, 질적으로 새로운, 가장 높은 단계 즉 사회주의적 애국주의에로 발전한다"라고 정리하고 있다.[422] 즉 계급의식을 동반할 때 애국주의는 가장 높은 수준에 도달할 수 있고 그것이 사회주의적 애국주의라는 것이다.

이렇게 되면 사회주의적 애국주의는 이전의 애국주의나, 계급과 결부되지 않은 남한의 애국주의에 비해 도덕적으로 우월한 것이 된다. 요컨대 남한의 '이승만 도당'도 애국을 주장하고 있으나 그것은 진정한 애국이라고 할 수 없고, 공산주의자들의 애국이야말로 진실한 애국이라는 것이다. '이승만 도당'이 주장하는 애국주의는 부르죠아적 애국주의로서 소수 특권계급의 이해관계를 대변한 것으로 약육강식의 승냥이법칙이 작용하는 자본주의제도의 반인민적, 반동적 본질을 은폐하며 다른 나라들에 대한 침략과 전쟁도발책동을 합리화하기 위한 연막에 지나지 않는 반면, 사회주의적 애국주의는 사회주의와 공산주의를 지향하는 노동계급과 근로인민의 참다

---

422) 심상돈, 앞의 글, 52쪽.

운 애국주의이기 때문이라는 것이다.[423] 이점을 김일성은 "노동계급을 비롯한 근로인민은 민족의 압도적다수를 차지하며 근로인민의 이익을 떠나서는 민족의 이익을 생각할 수 없습니다.…그렇기 때문에 근로인민의 이익을 위하여, 사회주의를 위하여 투쟁하는 공산주의자들은 가장 철저한 애국자로 되는 것입니다"라는 논리로써 주장한다.[424] 이것을 좀더 생생한 표현을 빌어 말하자면 "우리의 애국주의는 한줌도 못되는 지주, 자본가나 친일파들이 아니라 노동자, 농민을 비롯하여 절대다수를 차지하는 근로인민의 이익을 옹호하며 그들에게 진정한 자유와 행복을 가져다줄 근로인민의 참다운 조국에 대한 사랑이며…바로 여기에 공산주의자들이 자기 인민과 민족의 참다운 대표자로, 민족적 이익의 진정한 옹호자로 되는 중요한 이유가 있다"는 것이다.[425] 더욱이 북한의 사회주의적 애국주의가 애정의 대상으로 삼고 있는 것이 사회주의 제도와 근로인민으로 한정되는 관계로[426] 사회주의 제도가 서있지 않고 근로인민이 주인이 되지 못한 남한사회는 애정의 대상에서 자연스레 배제되는 결과가 나타난다. 사회주의 제도야말로 사회주의 조국의 가장 중요하

---

423) 주학석, 「근로자들 속에서의 사회주의적 애국주의교양」, 『근로자』 1971년 11호, 49쪽.

424) 김일성, 『현정세와 우리 당의 과업』, 80쪽.

425) 로춘근, 「공산주의자들은 민족적이익의 철저한 옹호자들이다」, 『근로자』 1973년 11호, 49쪽.

426) 같은 글. 그 이유는 인간에 의한 인간의 착취와 억압을 청산하고 인민의 행복에 전적으로 복무하는 사회주의적 국가 제도, 사회 제도 하에서는 개인의 이익과 사회의 이익, 국가의 이익이 완전히 일치하며 사람들이 애국적 열성을 발휘하면 할수록 그들에게 더 큰 영예와 행복이 돌아오기 때문에 그것이 전체인민의 사랑의 대상이 되는 것은 당연하기 때문이라는 것이다. 심상돈, 앞의 글, 53쪽.

고 본질적인 내용이며 이것이 있어야만 노동계급을 비롯한 근로인
민이 행복한 생활과 민족적 독립과 번영을 이룩할 수 있기 때문
에[427] 사회주의 제도, 전취물이 사회주의적 애국주의의 가장 중요
한 애정의 대상이 되는 것이다. 사회주의적 애국주의의 바로 이런
점이 북한의 민족주의가 전 민족을 껴안는 폭넓은 민족주의로 되
지 못하고 스스로의 체제의 껍질을 두텁게 하는데에 보다 큰 역할
을 하는 불완전한 것으로 되게 하는데 일정한 기여를 한 것으로
보인다.

사회주의적 애국주의가 처음 나타난 후 상당한 시간동안 그다지
활발히 쓰이지 않다가 1958년 이후에 와서야 활성화된 것도 사회
주의적 제도, 전취물과 일정한 관련이 있다. 구체적으로는 6·25
직후부터 시작하여 1958년에 가서야 완성을 보게된 사회주의적 개
조와의 연관이다. 해방 후 실시한 민주개혁은 그것이 북한사회의
근본적인 변모를 가져왔을지라도 어디까지나 민주주의적인 것이지
사회주의적인 것은 아니었다. 따라서 북한이 사회주의적 국가, 사회
로 된 것은 농업을 협동화하고 개인상공업을 국영상공업으로 전환
하는 등 전쟁 이후 시작한 사회주의적 개혁이 1958년에 와서 완성
을 본 때였다. 이때에 비로소 북한은 사회주의적 사회, 사회주의적
전취물 등 스스로를 사회주의 국가, 사회로 부를 수 있게 되었다.
이 경우에는 애국주의도 '사회주의적'이라는 수식어를 가질 수 있게
되는 것이다.

북한이 말하는 사회주의적 애국주의의 내용 가운데 가장 좁으나

---

427) 최성욱, 『우리당의 주체사상과 사회주의적 애국주의』 (평양: 조선노
　　동당 출판사, 1966), 29-30쪽.

또한 가장 직접적인 내용은 공공의 재산과 물자를 아끼라는 것이다. 최초 기계를 아끼고 물자를 절약하라는 표현으로 나타난 이 내용은 점차로 나라의 살림살이를 알뜰히 꾸리고 국가사회재산을 애호 절약하라는 것으로 범위를 확대해 가면서 노동에 있어서의 높은 자각성에 버금가는 사회주의적 애국주의의 중요한 구성내용으로 강조되었다.428) 즉 근로자들이 나라의 살림살이를 알뜰히 꾸리며 자기의 공장과 마을을 사랑하는 것은 사회주의적 애국주의의 구체적 표현이라는 것이다.429) 이것을 김일성은 "모든 근로자들이 국가재산과 사회재산을 인민의 공동의 재부로서 아끼고 사랑하며 공동경리를 잘 관리하고 나라의 살림살이를 알뜰하게 꾸리기 위하여 애쓰도록 교양하여야 한다"고 표현하고 있다.430) 공공의 재산을 아끼는 것이 사회주의적 애국주의가 되는 근거는 사회주의 제도 하에서는 개인의 이익과 사회의 이익이 일치하는 연유로 하여 근로자들의 노동은 사회를 위한 것임과 동시에 자기 자신을 위한 것이고, 나무 한 그루, 풀 한 포기가 다 근로자들의 소유인 동시에 국가와 사회의 것이요, 국가와 사회의 번영을 위한 것인 동시에 근로자들의 행복한 생활을 위한 것이며 후손만대의 번영을 위한 것이기 때문에 그렇다는 것이다.431) 해서 우리의 금수강산, 사철 녹음이 우거진 깨끗하고 아름다운 거리와 마을, 정결하고 아름답게 꾸려진

---

428) 민훈, 「근로자들 속에서의 사회주의적 애국주의교양」, 『근로자』 1967년 6호, 9쪽.

429) 편성, 「나라의 살림살이와 사회주의적 애국주의」, 『근로자』 1967년 10호, 38-39쪽.

430) 김일성, 『현정세와 우리 당의 과업』, 81쪽.

431) 편성, 앞의 글.

학교와 병원, 극장과 영화관, 식당과 상점- 이 모든 것을 가꾸고 아
끼는 것이 사회주의적 애국주의 정신이 되는 것이며, 그 산 예가
졸업할 때까지 책상과 걸상에 칼 자리 하나 내지 않았고, 견학 온
손님이 교실에서 연필을 깎았을 때 바닥에 연필가루가 떨어질까
봐 손바닥을 받쳤다는 약수중학교의 학생들의 경우가 된다.432)

　　그러나 북한이 애국주의를 동원하며 공공의 재산을 아낄 것을 호
소한 데에는 다른 이유가 있었다. 그것은 북한 사회의 사회주의적
개조와 관계가 깊다. 북한은 정전직후인 1953년에 농업협동화를 시
작으로 1958년까지는 사회주의적 개조를 마친다. 이것은 다름 아닌
이전의 개인의 재산과 영업이 모두 사회화 즉 협동농장화나 협동조
합화 하였다는 것으로 모든 재산은 공공의 것으로 변질된 것을 의
미한다. 이 경우 공공의 재산에 대한 애호가 개인들 자신의 것이었
던 시절만 못할 것임은 당연한 일이다. 우리는 이러한 현상을 과거
사회주의체제를 유지하였던 국가들에서 충분히 목격한 바 있다. 그
리고 그 결과는 국가 전체적인 자원의 낭비와 비용의 증가가 된다.
북한도 여기서 예외가 될 수는 없다. 이에 북한당국으로서는 이를
시정하려는 시도로서 사회구성원 각자의 애국심에 걸어 공공재산
애호를 호소하고자 하였고 이것이 사회주의적 애국주의의 구성요소
로서 나타난 것이다. 그리고 이 문제는 현실 경제생활과 직결된 문
제이기 때문에 민족적 자부심, 긍지 등의 추상적인 내용보다 빈번
히, 그리고 더욱 크게 강조되었던 것으로 보아야 할 것이다.

　　그러나 이 사회주의적 애국주의 개념도 1960년대 들어 북한사회
가 '혁명전통'의 열풍에 휩싸이면서 그 의미가 조금씩 변질되어갔

---

432) 심상돈, 앞의 글 58쪽.

다. 처음에는 우리민족의 애국주의가 1930년대 항일무장투쟁 과정에서 비로소 사회주의적 애국주의에로 발전해 갔다고 하여 그 연원을 항일무장투쟁에 연관시키더니[433] "오늘 우리 근로자들과 청소년들에 대한 사회주의적 애국주의 교양에서 가장 중요한 의의를 가지는 것은 김일성동지에 의하여 조직되고 영도된 영광스러운 항일무장투쟁의 혁명전통을 교양하는 것이다"[434]라고 하여 김일성 개인으로 사회주의적 애국주의를 집중시키고, 나중에는 "사회주의적 애국주의는 당과 수령에 대한 무한한 충실성에서 가장 집중적으로 표현된다"고 주장하여[435] 김일성 개인에 대한 충성을 사회주의적 애국주의의 가장 중요한 덕목으로 올려놓기에 이르렀다. 그리고 한번 가장 중요한 덕목으로 자리 잡은 김일성에 대한 충성은 북한사회에서 김일성에 대한 개인숭배가 심화되어감에 따라 점차 강화되어갔다. "우리 인민이 지니고 있는 숭고한 사회주의적 애국주의 정신은 무엇보다도 위대한 수령 김일성동지를 높이 모시고 영광스러운 당의 향도 따라 혁명하는 끝없는 민족적 긍지와 자부심과 하나로 잇닿아있으며 당과 수령에 대한 뜨거운 충성심에서 집중적으로 표현되고있다"[436]라는 주장은 이 같은 현상을 보여주는 하나의 예로 되기에 충분하다.

---

433) 심상돈, 앞의 글, 52쪽.

434) 김하명, 앞의 글, 43쪽.

435) 민훈, 앞의 글, 12쪽.

436) 현명준, 「사회주의적애국주의는 우리 인민의 고상한 정신도덕적풍모」, 『근로자』 1981년 6호, 19쪽.

라. 소위 '혁명전통'의 문제

1) 등장의 배경

김일성을 중심으로 하는 항일무장투쟁세력 즉 빨치산파(혹은 만주파)가 북한내 권력을 배타적으로 독점해감에 따라 이들은 자신의 지배를 정당화해 줄 수 있는 장치를 필요로 했다. 이미 '주체'와 '자주', '자립' 등의 개념과 사회주의적 애국주의가 활용되고 있었지만 그것은 빨치산파와 연결은 되어있을지언정 배타적으로 그 그룹만을 소유물은 아니었다. 즉 왜 다른 사람이 아닌 김일성이어야 하는가, 왜 다른 그룹이 아닌 빨치산파여야만 하는가를 인민들의 가슴속에 깊이 심어줄 기제가 필요했다. 더불어 '이상으로서의 소련'이 무너져버린 상황에서 국가사회의 방향을 잡아갈 새로운 모델도 필요했다. 이것은 더 이상 '밖'에서 찾아질 수는 없는 노릇이었다. 이 두 가지 요청을 한꺼번에 충족시켜준 것이 바로 김일성과 그의 빨치산 그룹이 만들어낸 신화, '혁명전통'이다. 혁명전통이란 다름아닌 김일성 일행이 조국을 찾기 위해 만주에서 벌였다는 항일무장투쟁의 일화를 극화한 것이다.

문제는 이 일화의 부각에만 있지 않다. 그 이상의 역사적 전통을 부정하며 생성된 이 '신화'의 내용이 사실은 그 기반을 고스란히 전통에 두고 있다는 점이다. 그것이 핵심으로 하고 있는 지도자에 대한 충성이라든지 동지간의 의리 등은 굳이 전통 유교이념에서의 충, 효 등과의 관계를 따지지 않더라도 그 자체가 북한판 일차적 인간관계 지향성이다. 이것은 거꾸로 말해 자기 정당화와 인민들의 동의를 이끌어내기 위해서 인민들이 가지고 있는 전통적 의식에 기대어 스스로를 전통의 화신으로 설정했어야만 했었음을 뜻한다. 결국 김일성과 빨치산 동료 일행이 혁명전통을 부각시켜 스스로의 정당성을 확충해 가기 위해 의도적으로든 부수적으로든 거의 직접적으로 전통을 활용할 수밖에 없었다는 것이다. 그리고 그것은 북한 사회의 한 시대를 풍미해 가는 가운데 이번에는 사회 자체가 더욱 전통적으로 변화해 가는 반작용도 동반했다.

물론 다른 각도에서 보면 빨치산파의 권력 장악이 진행되어감에 따라 이 그룹의 모태가 되는 만주항일무장투쟁의 전통이 비례적으로 부각되어간 것은 어찌 보면 자연스러운 일이기도 하다. 항일무장투쟁의 정당성이 높아질수록 그 주인공들의 오늘의 위치는 더욱 단단해질 것이기 때문이다. 따라서 김일성 일파의 만주항일무장투쟁의 전통을 지칭하는 소위 '혁명전통'을 부각시키려는 정권차원의 노력이 이들에 의한 정권 장악과 발맞추어 이루어졌고, 권력장악과 혁명전통, 나아가서는 김일성 개인에로의 권력의 집중 현상은 서로 상승작용을 일으키며 강화되었다. "소련으로부터 배우자"라는 1940-50년대의 낡은 구호가 이제 "김일성 동지와 항일애국투사들에 의해 이룩된 영광스러운 혁명전통으로부터 배우자"라는 새로운 구호로 대치되어간 것이다.

한편 김일성 집단이 자신의 존재 근원을 만주에서의 혁명전통으로 귀납시키고 이를 건국신화로 미화시켜감에 따라 실제로 북한의 권력집단의 존재를 탄생시킨 소련의 역할이 설자리를 잃어간 것은 전혀 이상한 일이 아니다.[437] 혁명전통과 소련에 의한 북한의 해방

---

437) 예를 들어 북한은 소련에 의한 8·15 해방이라는 사실을 축소시키고

은 애당초 양립할 수 없는 전혀 다른 뿌리를 가진 두 사실이었고, 하나가 현재와의 밀접한 연관 속에 존재하는 역사적 사실이라면 다른 하나는 그것에 의해 현재에로의 연결을 차단 당한 역사에만 머물 역사적 사실이었다. 그러나 북한은 무리하게도 역사에서 소련의 역할을 제거함으로써 혁명전통을 현재에로 연결시키고자 시도하였다. 즉 소련에 의한 북한의 해방을 부인하고 김일성과 빨치산그룹에 의한 북한의 해방을 만들어 냈다.[438] 그리고 그것은 김일성 정권의 정당성의 가장 밑바닥에 자리잡은 심화가 되었다. 김일성 정권이 권력을 독점해 감에 따라 북한의 역사에서 소련의 존재의미는 사회주의 대국, 형제 사회주의 나라로서의 그것 이외에는 모두 강제로 탈색되어간 것이다. 그리고 그 빈자리는 화려하게 각색된 혁명전통으로 메워졌다. 이점에서 "빨치산그룹이 권력의 핵심부분을 독점한 이래 그 역사의 '창조'와 이데올로기에서의 '독자성'추구는 필연이었고 그것은 김일성에 대한 개인숭배, 나아가 신격화로 이어지지 않을 수

대신 항일혁명전통의 의미를 강조하기 위해 1963년의 8·15 기념행사를 '보천보전투'의 중심거점이었던 혜산에서 김일성 참석 하에 대대적으로 거행하였다.

438) 북한의 공식 역사서는 조선인민혁명군이 1945년 8월 8일 소련과의 접경지역인 함경북도 토리 습격을 시작으로 웅기, 나진, 경흥을 해방시키는 등 최후공격작전을 개시하였으며 전선부대들의 맹렬한 진격과 인민들의 적극적인 반일항쟁에 의하여 결정적인 타격을 받은 일제의 대본영은 마침내 1945년 8월 15일 무조건항복을 선언하였고 이어 조선인민혁명군은 저항하는 일본군과 전투를 벌이며 청진-라남, 원산을 해방시키는 등 "일제와의 최후결전에서 빛나는 승리를 거두었다"고 쓰고 있다. 『조선전사』 22 (평양: 과학, 백과사전출판사, 1981), 114-144쪽. 이것은 물론 소련에 의한 조선의 해방을 부인하고 대신 김일성에 의한 조선의 해방을 '만들어' 넣은 것이다.

없었다”라는 스즈키 마사유키(鐸木昌之)의 해석[439]은 타당성을 갖는다고 본다.

김일성을 위시한 빨치산세력은 혁명전통을 자신들의 권력기반인 군에서부터 들고 나왔다. 그것은 소련파와 연안파가 완전히 몰락한 1958년의 시점이었다. 김일성은 그해 2월 8일 인민군 창건 10주년을 맞아 한 군부대를 방문한 자리에서 “우리 인민군대는 영광스러운 항일무장투쟁의 계승자입니다”라고 선언한다.[440] 그리고 그 근거로 “우리 인민군대는 바로 이 항일무장투쟁의 애국투사들을 골간으로 하고 그 혁명적 애국전통과 고귀한 경험을 토대로 하여 창건되었습니다. 그렇기 때문에 조선인민군은 항일유격투쟁의 계승자입니다”라고 밝히고, 그 가운데서도 보다 중요한 것은 “항일유격대가 맑스-레닌주의기치 밑에 일제를 반대하고 노동자, 농민을 비롯한 근로자들의 이익을 옹호하여 투쟁하였으며 이러한 전통을 인민군대가 계승하였다는데 있습니다”[441]라고 하였다. 즉 조선인민군이 항일유격투쟁의 계승자인 가장 큰 이유는 그 ‘전통’을 이어받았기 때문이라는 것이다.

그러면 그 ‘전통’이라는 것이 의미하는 것은 무엇인가? 김일성에 의하면 항일유격대의 혁명전통을 계승한다는 것은 그들의 사상체계를 계승하며 그 우수한 사업방법과 사업작풍을 계승한다는 것을 뜻한다고 하다. 그리고 그 구체적인 내용은 첫째 근로인민의 이익

---

439) 스즈키 마사유키 지음, 유영구 옮김, 『김정일과 수령제 사회주의』 (중앙일보사,1994), 51쪽.

440) 김일성, 「조선인민군은 항일무장투쟁의 계승자이다」, 『김일성선집』 2 (평양: 조선노동당출판사, 1968), 64쪽.

441) 같은 글, 65-66쪽.

을 위해서 싸우며 언제든지 인민과 같이 살고 인민과 같이 싸우는 그러한 투쟁정신, 둘째 상부와 하부 사이의 굳은 단결, 셋째 혁명의 승리를 위해, 조국의 해방을 위해 곤란을 이겨내는 투쟁정신, 넷째 소련·중국인민과의 국제주의적 단결로 표현되는 프로레타리아 국제주의사상 등을 말한다고 한다.[442] 혁명전통이 되려면 이러한 조건을 갖추어야 하기 때문에 북한은 모든 공산주의운동의 역사가 혁명전통이 되는 것이 아니라 오직 김일성 집단이 이룩한 항일무장유격대의 투쟁경험만이 혁명전통이 된다고 주장하여 혁명전통의 배타성·유일성·순수성을 강조하고 있다.

그러나 이 경우에는 김일성이 목적의식을 가지고 항일빨치산의 투쟁전통을 특별히 '혁명전통'이라고 개념 규정하여 주장하였기 때문에 그 의의를 찾을 수 있는 것이지 항일 빨치산의 투쟁에 대한 언급이 이때 처음 이루어졌다는 것은 아니다. 그 투쟁의 애국적 성격과 전통에 관해서는 이미 김일성이 1955년 12월의 연설에서 빨치산들의 혁명적 군중관점에 대해 언급하는 과정에서도 나타나고 있고[443] 1947년에 출판된 김일성을 칭송하는 한 책자에서도 「김일성장군 유격대의 투쟁과 생활」이라는 장을 통해 "고기는 물을 떠나서 살 수 없고 빨찌산은 인민을 떠나서 살 수 없다"는 혁명적 군중관점이라든지 부대의 단결생활, 김일성에 대한 충성 등 유격대의 혁명전통에 대한 찬양이 나타나고 있는 것으로 보아[444] 김일성

---

442) 같은 글, 66-71쪽.

443) 김일성, 「사상사업에서 교조주의와 형식주의를 퇴치하고 주체를 확립할데 대하여」, 『김일성저작선집』 1 (평양: 조선노동당출판사, 1967), 579-580쪽.

444) 한재덕, 『김일성장군개선기』(평양: 민주조선사, 1947), 39-65쪽.

의 빨치산 활동에 대한 언급이나 칭송은 그들의 활동이 국내에 알려진 1930년대 말부터는 북한지역에서 이루어졌던 것으로 보아야 할 것이다.

이렇게 보면 혁명전통이라는 개념은 해방이후 북한사회에 줄곧 하나의 흐름으로 존재했었다고 하여야 옳을 것 같다. 그리고 그 흐름이 1956년의 노동당 제3차대회에서는 큰 줄기를 이루게 된다. 이때 김일성은 당중앙위 사업총결보고에서 조선노동당이 "항일혁명투쟁의 영광스러운 전통을 계승하고 그 혁명투사들을 골간으로 하여 자기 대열의 통일과 단결을 강화하였습니다"[445]라는 발언을 통해 당의 정신적, 조직적 근원을 항일혁명투쟁의 전통으로 바로 연결시키고자 하였으나, 대회 결정서에는 "우리 당은 나라의 민족적 독립과 해방을 위하여 일본 및 기타 식민주의자들을 반대하여 투쟁한 노동계급을 선두로 한 조선 인민의 혁명적 전통을 계승 발전시켰으며"로 다소 일반적이고 간접적인 의미로 흐려져 반영되었고[446] 이것이 당중앙위 부위원장 박정애의 당규약 개정안 보고를 거쳐 1956년 당규약에 그대로 채택되었다. 김일성의 의도대로 당의 근원을 김일성을 중심으로 한 만주에서의 항일혁명전통에 직접 연결시키지는 못했지만 혁명전통은 당규약 상의 개념으로까지 이미 격상되었던 것이다.

보다 중요한 것은 이 혁명전통이 단편적으로 언급된 궤적이나 문서상의 선언이 아니라 그것이 북한의 정치·사회에 크게 반향을 일으

---

445) 「조선노동당 제3차대회에서 진술한 중앙위원회 사업 총결 보고」, 고려대 아세아문제 연구소, 『북한연구자료집』 제2집(1974), 731쪽.
446) 「조선노동당 중앙위원회 사업총결보고에 대한 조선노동당 제3차대회의 결정서」, 같은 책, 793쪽.

키게 되는 계기와 그 영향이다. 이 점에서 인민군 창건일의 김일성 연설이 효시적 의미를 갖는 것이고, 혁명전통이 사회적으로 폭발적 반향을 일으킨 북한의 1950년대 말이 특별한 의의를 갖는 것이다. 1950년대 말 북한에서는 다양한 혁명전통교양자료들이 대량으로 출판되어 대중의 정서에 파고들었다. 이들의 발간은 대체로 소련파와 연안파가 몰락한 이후의 시점인 1957년부터 시작되었고 그 가운데서도 대표적인 것은 당 중앙위 직속 당 역사연구소에서 편집하여 조선노동당출판사에서 간행한 『항일빨찌산 참가자들의 회상기』 시리즈이다. 북한의 출판역사상 최고의 발행부수를 기록한 이 시리즈는 김일성이 군을 항일무장투쟁의 계승자로 선언한 그 이듬해에 제1권이 발간되어 1969년까지 전12권이 발간되었다. 여기에는 최현, 임춘추, 오진우, 오백룡, 박성철, 김동규, 서철 등 수십명에 달하는 항일빨치산 출신 인사들이 필자로 참여하여 쓴 회상들이 각 권당 15~30편씩 총 267편 실려있다. 이 시리즈 각 권의 초판은 40만 부가 발간되었고, 이 책이 가장 널리 읽혔던 1961년의 경우 본책과 근로자들이 일터에서 쉽게 읽을 수 있도록 만들어진 분책을 합쳐 총 810만 부가 발간되었다고 한다. 회상기 전12권의 총 발행부수는 잘 알려져 있지 않지만 이것으로 미루어 보아 수천만 부를 넘었을 것으로 보인다.[447] 이 시기의 북한 인구를 약 1000만 명이라고 추정할 때[448] 인구 한 사람 당 수권이 돌아가는 엄청난 숫자가 아닐 수 없다. 회상기 이외에도 1960년에 발간된 림춘추의 『항일무장투쟁시기를 회상하여』, 박달의 『조

---

447) 한홍구, 「북한관계문헌해제」, 김남식 외, 『북한사회의 올바른 이해를 위하여』 (현장문학, 1990), 314-315쪽.

448) 김두섭, 「한반도의 인구변천, 1910~1990: 남북한의 비교」, 국토통일원, 『통일문제연구』 1989년 봄호, 209쪽.

국은 생명보다 귀중하다』, 1961년에 발간된 박달의 『서광』1·2 등 다종, 다양한 혁명전통자료들이 이 시기에 발간되어 널리 읽혔다. 신문도 회상기의 일부를 발췌하여 「항일빨찌산 참가자들의 회상기 중에서」라는 제목의 연재물로 실었고[449] 이들의 혁명전적지를 찾아 현재의 풍경을 스케치하고 그날을 회상하는 연재물 『혁명의 불길 타오른 땅에서』를 싣기도 하였다.[450]

북한 정권은 이 열기를 그냥 방치하지 않았다. 회상기를 혁명전통교양을 위한 학습교재로 활용하였던 것이다. 정확히 말하자면 회상기가 널리 읽힌 것과 정권 차원의 혁명전통교양 고취와는 서로 맞물려 진행되었다. 각급 당 조직과 생산단위에서는 이 회상기 학습을 위해서 학습조나 연구토론회, 감상모임 등을 조직하여 주제별로 장기간 학습-발표-토론의 순환과정을 반복하였다.[451]

연구토론회의 한 실례를 보면 1961년 8월 개천군 도화리 신흥당 단체에서 "원칙적인 단결과 혁명적 동지애"라는 제목을 가지고 혁명전통연구토론회를 가졌는데 이를 위하여 당 단체에서는 제목과 관련한 회상기 제목을 제시하고 분조별로 1주일간에 걸쳐 이를 깊이 연구하도록 하는 한편 이를 돕기 위해 당 단체에서는 10여 제목의 회상기 내용으로 그림연극을 만들어 포전마다 가지고 다니면서 휴식시간에 해설해 주었다는 것이다. 이런 과정을 거친 결과 연구토론회 때 매 당원들은 항일 빨치산들이 이룩한 원칙적 단결과

---

449) 『노동신문』 1961년 7월 19일자, 31일자, 8월 6일자, 12월 17일자 등.
450) 『노동신문』 1961년 7월 26일자 참조.
451) 이종석, 앞의 책, 291쪽. 「혁명전통교양을 목적지향성있게 적극적으로」, 『노동신문』 1961년 12월 17일자 참조.

혁명적 동지애의 기본 사상과 내용을 깊게 파악하고 열성적으로 토론회에 참가하였다는 것이다.[452] 이처럼 상급 당에서 하급 당을 도와 연구토론회 등 혁명전통학습을 진행시키는 체인은 중앙당에서 세포로까지 이어지고 있다. 예를 들어 1961년 4월 개천군당 위원회는 30여명의 지도 성원들을 관내 서남리와 동원 광산 당 단체에 내려보내 50여 일에 걸쳐 혁명전통학습을 지도하였다는 것이다.[453] 그리고 상급 당은 자체내의 간부들 속에서 혁명전통교양을 강화하는 활동을 따로 진행하였다.

혁명전통학습은 당의 계선을 통해서만 진행된 것은 아니다. 북한 정권은 청년들과 학교를 통하여 회상기 내용을 침투시키고는 그들이 집에 돌아가 가정에서 부모들에게 그 내용을 해설해 주도록 하기도 하고[454], 멀리는 재일동포들에게까지 강연, 학습회, 좌담회, 독보회 등 혁명전통학습을 위한 각종 활동을 파급시켰다.[455] 말하자면 전 사회 내에 종으로 횡으로 혁명전통학습을 위한 활동망이 꽉 짜여진 것이다.

활동망이 짜여지는 것 못지 않게 북한 정권은 혁명전통이 개개인의 내면에 자리 잡아 행위의 기준 혹은 가치관으로까지 되도록 하는데 힘을 기울었다. 그 방법은 혁명전통과 개인의 현재를 연결시키는 것이었다. 예를 들자면 발전소의 한 노동자가 빨치산이 적

---

452) 「혁명 전통 학습 열의는 더욱 고조되고 있다」, 『노동신문』 1961년 8월 20일자.

453) 「혁명 전통 교양과 군당 위원회」, 『노동신문』 1961년 7월 6일자.

454) 같은 글.

455) 「재일동포들 속에서 혁명전통 학습열 고조」, 『노동신문』 1961년 9월 3일자.

들의 포위 속에서 벗어나 갖은 고초를 겪으면서도 끝까지 굴하지 않고 싸우며 숙영지까지 돌아온 이야기를 하면서 사소한 설비부족을 핑계로 작업을 끝까지 해내지 못한 사실을 비교하여 반성토록 한다든지,[456] 혁명동지를 구원하기 위해 77일간이나 갖은 고초를 겪으면서도 굴하지 않고 싸워 이긴 빨치산의 혁명적 동지애의 예를 들어 광산 막장에서의 광부들이 서로 돕지 않은 사실을 비판한다든지[457] 하는 것이다. 물론 이 과정을 통해 항일빨치산의 일거수일투족은 현재의 인민들의 행위의 기준이 되었으며, 혁명전통은 고귀한 유산으로 그리고 그것의 담지자로서의 항일빨치산은 북한주민이 본받아야할 인간상의 전형으로 대중의 가슴속에 파고 들어갔다. 혁명전통이 국가이데올로기로 제고되어간 것이다.

2) 구조와 전통이념

권력을 독점한 김일성 집단이 북한의 모든 인간을 그것으로 무장시키고자 했던 혁명전통이란 과연 무엇을 말하는 것인가. 김일성 집단은 혁명전통을 처음 이야기하는 순간부터 당초 우리나라의 공산혁명을 대표하던 박헌영을 비롯한 조선공산주의자들의 해방을 위한 혁명투쟁은 물론이고, 무력을 통한 혁명활동 그것도 "자산계급의 이익을 옹호하던" 독립군이나 의열단, "일본놈만 오면 달아나던" 독립동맹, 의열단 등[458] 다른 그룹에 의한 무장투쟁까지도 이

---

456) 「어느 한 당원의 회상기 학습」, 『노동신문』 1961년 8월 20일자.

457) 「혁명전통 학습 열의는 더욱 고조되고 있다」, 『노동신문』 1961년 8월 20일자.

전통으로부터 배제하고, 오직 김일성 빨치산에 의한 만주에서의 무장투쟁의 전통만을 배타적으로 이 속에 포함시킨 바 있다.[459] 그리고 그 혁명전통의 내용이라는 것도 소박하게 서너 가지 정도로 나열하여 설명하였다.[460] 그러나 이때의 내용이라는 것은 개념화되지도 않았을 뿐더러 그 폭도 협소하였다.

그리고 보면 북한의 항일빨치산 집단은 1950년대말~60년 대초의 『회상기』 열기와 그 이후 계속된 『회상기』 학습을 통해 북한사회 전체에 항일빨치산들에 관한 이야기가 차 넘치게 하는데는 성공하였고 이를 기초로 그 집단의 위상을 정치적으로나 주민정서의 차원에서나 흔들리지 않게 만드는 것을 즐겼을 지는 모르나, 전 267편이나 되는 분절된 일화들의 집합체인 『회상기』 속에서 혁명전통의 정수를 뽑아낸 후 그것을 추상화하고 이론화하여 하나의 이데올로기 구조로 만드는 노력에는 소홀했던 것 같다. 항일빨치산들의 생각과 방법을 따라 배우라고 외치면서도 그것이 무엇인지를 체계적으로 정이해서 학습토록 하는데 까지는 미치지 못하였다는

---

458) 김일성, 「조선인민군은 항일무장투쟁의 계승자이다」, 『김일성선집』 2 (평양: 조선노동당출판사, 1968), 71쪽.

459) 후에 김일성은 "우리가 계승하여야 할 혁명전통은 우리 당 규약에 똑똑히 씌여있는 바와 같이 손에 무장을 들고 일제를 반대하는 15성상에 걸친 투쟁속에서 이룩된 영광스러운 혁명전통입니다. 우리나라에는 1930년대 항일무장투쟁의 전통이외에 혁명전통으로 배울만한 다른 전통이 없습니다"라고 이것을 재확인한다. 「혁명유자녀들은 아버지, 어머니들의 뜻을 이어 혁명의 꽃을 계속 피워야 한다(1967년 10월 11일)」, 『김일성저작집』 21 (평양: 조선노동당출판사, 1983), 430쪽.

460) 그 내용은 김일성, 「조선인민군은 항일무장투쟁의 계승이다」, 『김일성선집』 2 (평양: 조선노동당출판사, 1968), 64쪽 혹은 앞 절의 내용 참조.

것이다. 예컨대 혁명투쟁에 관한 가장 큰 자산인 『회상기』의 이용을 보면, 수령의 대원들에 대한 은덕에 관해서는 「한대원의 건강을 념려하시여」, 「쉰개의 가루봉지에 깃든 사랑」을, 혁명동지들 사이의 단결 혹은 동지애에 대한 사상교양이 필요한 경우에는 「돈화의 수림 속에서」, 「단합된 힘」등을 학습시켰으며 불요불굴의 혁명정신을 강조할 때는 「혁명의 승리를 확신할 때」, 「그는 끝까지 굴하지 않았다」, 「난관을 뚫고」, 「어느 때 어디서나 투쟁을 멈출 수 없다」등 일화를 학습토록 하고, 당원들의 정치실무수준 제고를 위해서는 「혁명하는 사람에게 있어서 학습은 첫째가는 임무」, 「배움의 첫걸음」등을 교재로 하여 토론시키는 식이었다.[461) 따라서 필요에 따라 강조점을 달리하면서 주민들의 호응을 유발시키는데, 특히 주민들의 생산을 장려하는데 좋은 교재로 이용되었으나 이들을 전체적으로 꿰뚫는 정신이 있어서 이것이 북한사회전체의 작동원리가 되거나 주민들의 행위규범이 되기에는 아직까지 짜임새가 약했다. 그 결과 1967년도에 가서는 "지금 일부 인테리들 가운데는 《항일빨찌산참가자들의 회상기》를 소설 보듯 한번 흘 읽으면 다 알수 있는데 무엇을 자꾸 연구하라는지 모르겠다고 하는 사람들이 있다"고 하는[462) 탄식이 나오게 되고 이에 김일성은 "우리가 회상기를 학습하라는 것은 그 속에 담겨져 있는 진리, 혁명가들의 풍모, 그들의 사업방법과 사업작풍, 혁명가들의 불요불굴의 투쟁정신을 배

---

461) 윤영식, 박희석, 「항일유격대원들의 고상한 혁명적동지애」, 『근로자』 1967년 12호, 54쪽, 『노동신문』 1965년 2월 19일자.

462) 김일성, 「혁명유자녀들은 아버지, 어머니들의 뜻을 이어 혁명의 꽃을 계속 피워야 한다(1967. 10. 11.)」, 『김일성저작집』 21 (평양: 조선노동당출판사, 1983), 430쪽.

워 그것을 자기의 뼈와 살로 만들며 자신을 혁명화, 노동계급화하라는 것입니다"463)라고 독려하고 있지만 그 내용이 무엇인지는 정이해서 밝히지 못하고 있다.

이러한 사정 때문인지 김일성 우상화와 함께 혁명전통이 북한사회내에서 폭발적으로 비중이 높아지던 1967년 이후부터는464) 북한정권이 혁명전통의 체계를 세우는데에도 힘을 기울이게 된다. 아마도 그 첫 번째 성과가 『근로자』 1967년 4호의 「항일무장투쟁에서 이룩된 영광스러운 혁명전통을 더욱 빛내이자」와 그 해 5월의 노동신문 사설 「혁명전통교양을 더욱 강화하자」, 그리고 6월의 「항일무장투쟁에서 이룩된 불멸의 혁명전통」 등일 것이다.

이 글들이 중점을 두고 있는 부분은 각각 다르지만 그 내용에 있어서는 당시의 개인숭배 열풍을 반영하여 김일성에 대한 충성과 그를 중심으로 하는 굳은 결합을 우선으로 하고, 이어서 불요불굴의 혁명정신, 혁명적 동지애와 의리, 주체사상, 자력갱생 간고분투의 혁명정신, 혁명적 군중노선, 프로레타리아 국제주의 등이 망라된다. 여기서 한 가지 특기할만한 사실은 대체로 1962~3년부터 쓰이기 시작하던465) '주체사상'이라는 용어가 이 시기에 와서는 혁명전

---

463) 김일성, 같은 글, 430쪽.

464) 혁명전통교양을 강화해야되는 이유에 관해서는 "우리의 많은 사람들은 혁명투쟁의 가혹한 시련을 겪지 못했으며 해방후 순탄한 환경에서 자라났다. 따라서 혁명전통교양을 강화하여 항일유격대원들이 어떤 정신으로 어떻게 싸웠는가를 가르쳐 주어야 혁명가의 정신과 기풍을 가지게 할 수있고 공산주의 투사로 육성할 수 있다"라는 점을 들고 있다. 「혁명전통교양을 더욱 강화하자」, 『노동신문』 1967년 5월 29일자.

465) '주체사상'이라는 말은 1962년 12월 19일자 노동신문 논설에 처음 나

통 가운데 하나로 포함되어 들어간 사실이다. 이때부터 '주체사상'
은 후에 출판되는 「우리 혁명의 진로」 등 이 시기에 김일성이 했
다는 연설들의 뒷받침을 받으며 항일무장투쟁시기 혁명을 이끈 정
신으로 소급되어 자리 매겨지지만, 다른 한편으로는 충성, 자력갱
생, 동지애 등의 다른 덕목들과 함께 혁명전통의 내용을 이루는 일
부분으로 이야기되었다는 점에서는 이때만 해도 혁명전통의 하위개
념이었던 것이다.466)

그러면 북한은 왜 굳이 주체사상을 항일무장투쟁의 시점까지 소
급시키려 노력했을까? 그것은 아마도 북한의 건국신화가 되는 항일
무장투쟁의 전통을 중국의 것에서 떼어내어 독자적인 위치로 세우
려는 노력의 일환이었을 것이다. 다시 말해 중국공산당 동북항일연
군의 한 지대로서, 중국공산당원의 신분으로서 투쟁한 비주체적인
소속을 가리고 신화에 손색이 없는 독자적인 모습을 부여하기 위해
서는 당시의 활동이 주체적이었다는 점을 강조할 필요가 있었기 때
문인 것으로 풀이된다. 이렇게 본다면 중국공산당의 활동목표와는
관계가 먼 조선에 관한 사항, 말하자면 김일성 빨치산부대에 의한
항일무장투쟁의 하나의 부분인 '조국광복회'의 활동이 부각되어 나

타났으나, 그것이 『김일성저작집』에서 처음 발견되는 것은 1963년 4
월 18일의 연설 「대학의 교육교양사업을 강화할데 대하여」이다. 원문
은 "학위론문을 잘 쓰지 못한 교원에게는 그의 학위론문이 통과되지
못한 것은 그가 우리당의 주체사상으로 철저히 무장하지 못하여 론문
의 사상성과 과학성을 보장하지 못한 탓이라는 것을 똑똑히 알려주
며…"이다. 『김일성저작집』 17 (평양: 조선노동당출판사, 1982), 16쪽.

466) 주지하다시피 주체사상은 70~80년대를 거치면서 혁명전통을 포함하
　　 는 하나의 전일적인 체계로 격상하면서 이 양 개념간의 위치는 뒤바
　　 뀌게 된다.

타날 수밖에 없고, 그 활동과 김일성과의 관계가 선명히 연결되어야
만 하며 이 양자의 합작품인 '보천보전투'가 더욱 큰 위상으로 부각
되어야 하는 것들이 자연스러운 일이 된다. 그리고 주체사상으로서
가려질 수 없는 부분은 중국 및 소련 공산당과의 협력을 의미하는
프로레타리아 국제주의 사상에 의해 도움을 받을 수 있었다.

주체사상이라는 외삽되어 들어간 개념 및 이와 관련된 프로레타리
아 국제주의 원칙, 그리고 혁명적 군중노선이라는 조직과 외부와의
관계에 관한 원칙들을 제외하면 개인이나 집단의 행위준칙으로서의
혁명전통이란 수령에 대한 충성, 혁명적 동지애와 의리, 자력갱생 간
고분투의 고난극복정신 등으로 집약된다. 이들이 대체로 북한사회
작동원리로 용해되어 들어간 혁명전통의 유산일 것이고 또한 그들은
각각 종적, 횡적 조직의 원리와 개인 자신의 각오를 이룬다.

먼저 수령에 대한 충성의 항목을 보자. 빨치산 대원과 대중들이
그에게 충성해야하는 당위성은 어디서 나오는 것인가. 그에 관해서
는 첫째, "조선인민이 민족을 생사존망의 위기에서 구원하고 민족
해방투쟁을 확신성 있게 승리에로 인도할 영명한 영도자를 목마르
게 기다리던 때" 그가 우리민족의 운명을 두 어깨에 짊어지고 나
타나 혁명전통의 근원인 항일무장투쟁을 직접 조직하고 영도하여
조선인민의 투쟁을 승리에로 이끌었기 때문이며,[467] 둘째 "모든 어
려운 고비를 몸소 타개하면서 우리나라 혁명을 승리에로 이끌어온
김일성동지의 현명하고 탁월한 영도를 떠나서는 오늘의 백전백승하
는 혁명적이며 전투적인 우리 당도, 우리 인민의 보람차고 행복한

---

467) 「항일무장투쟁에서 이룩된 영광스러운 혁명전통을 더욱 빛내이자」,
   『근로자』 1967년 4호, 2-3쪽.

생활도, 조선혁명의 전국적 승리와 조국의 장래번영도 생각할 수 없”기 때문이라는 것이다.468) 간추려 이야기 하자면 그가 시대와 역사가 요구하는 시점에 나타난 영웅이기 때문이며, 그보다 더욱 탁월한 영도력을 갖춘 지도자이기 때문이라는 것이다.

그렇기 때문에 항일유격대원들에게는 김일성에게 충성을 다할 것이 당연히도 요구되었는데 그 충성의 성격을 보면, “항상 혁명의 수령 김일성동지의 전사된 커다란 긍지와 자부심을 간직하고 어떠한 정황 하에서나 철석같은 혁명적 지조로 혁명의 사령부를 확고히 신뢰하고 그를 목숨으로 보위하였으며 생사를 걸어야 하는 준엄한 조건에서도 그이의 명령과 지시, 혁명의 요구라면 어떠한 어려운 임무라도 자진하여 담당해 나섰고 마지막 피 한방울까지 바쳐 그를 끝까지 옹호하고 관철하였다”469)는 것으로 축약된다. 이것을 풀어 말하자면 수령은 노동계급 앞에 정확한 투쟁로선과 방침을 제시하며 혁명역량을 튼튼히 결속시키고 그들을 조직 동원하여 혁명의 승리를 보장함에 있어서 결정적인 역할을 하는 존재이기 때문에, 항일유격대원들은 이념적으로는 첫째 “김일성동지의 현명한 령도를 심장으로 받들고 그이께서 제시한 혁명노선과 전략전술을 실현하는 것이 조선혁명승리의 유일한 길임을 확신”하였고, 둘째 “그이께서 제시한 조선혁명의 노선과 방침을 자신의 뼈와 살로 만들고 그것을 철저히 옹호하여 견결히 투쟁하였”다는 것이며, 실천적으로는 첫째, “수령의 명령, 지시를 관철하는 것을 가장 숭고한 혁명임무로 여기고 그것을 기어코 완수하였”으며, 둘째 “김일성동지가 계시는 조선혁명의 사령

---

468) 「혁명전통교양을 더욱 강화하자」, 『노동신문』 1967년 5월 29일자.
469) 같은 글.

부를 목숨으로 사수하였다”는 것이다.[470]

　북한정권이 혁명전통의 이러한 부분을 널리 학습시키는 이유는, 인민들이 “항일유격대원들의 수령에 대한 무한한 충직성에서 배우고 그것을 본받음으로써 오직 김일성동지의 혁명사상과 의도대로 사고하고 행동하며 그이의 영도를 높이 받들고 그이를 위하여 목숨 바쳐 투쟁”[471]하도록 하는데 있음은 물론이다. 그리고 이러한 목표가 성공적으로 달성되었음인지 수령을 목숨 바쳐 옹위하자는 정신은 오늘날까지도 이어져 행사마다에서 김일성, 김정일에 대한 “결사옹위”, “5백만의 총폭탄” 등의 구호가 외쳐지고 있다.

　이와 상응하게 수령에게는 혁명을 승리의 길로 올바로 이끄는 역할 이외에 대원과 인민을 자기 살붙이처럼, 친자식처럼 아끼고 사랑해야하는 의무가 생긴다. 혁명전통이 이 점에서 소홀할 리가 없다. 이것은 일반적으로는 김일성이 “인민을 무한히 사랑하시고 대원들을 어버이 심정으로 보살피었으며 그들에게 높은 신임을 표시하시었”고 또한 “대원들을 조국과 인민을 위하여 생명도 서슴없이 바치는 자각적인 혁명투사로, 언제나 인민에게 의거하고 인민과 함께 살고 싸우는 인민의 참다운 충복으로 키우는데 심혈을 기울였다”는 것으로 표현되고,[472] 구체적으로는 수령의 자애로움을 보여주는 수많은 일화들로 나타난다. 그 일화가운데에는 소위 ‘고난의

---

470) 엄기현, 「항일유격대원들의 수령에 대한 무한한 충직성」, 『근로자』 1967년 7호, 9-14쪽. 이와 관련하여 항일유격대원들은 행군할 때나, 적과 싸울 때 그이의 안전에 제일차적인 관심을 돌리고 그이의 신변에 위험이 닥쳐오면 서슴없이 몸으로 막아 나섰다고 한다.

471) 같은 글, 10쪽.

472) 엄기현, 앞의 글, 10쪽.

행군' 시절에 마지막 남은 생명처럼 귀중한 한홉의 미숫가루를 대원들에게 골고루 나누어 준 《한홉의 미시가루》 이야기,473) 어쩌다 생긴 사슴고기를 모두 먹어치우지 않고 가루를 내어 소부대 활동에 나간 대원들을 위하여 어렵게 보존했다는 《쉰개의 가루봉지에 깃든 사랑》474)등이 포함된다. 그리고 대원들에 대한 사상교육에 있어서도 "정치일군들과 지휘관들에게 항상 어머니가 자식을 타이르듯 따뜻한 사랑과 세심한 보살핌으로 꾸준하고 인내성있게 깨우쳐주고 도와주는 방법으로 대원들을 교양할데 대하여 가르치시고 친히 그 모범을 보여주시였다"고 한다.475)

따라서 대원들도 김일성이 친어버이의 따뜻한 사랑의 손길로 매사를 돌봐주고 친절히 가르쳐주는데 무한히 감동되고 감화되어 김일성을 위해서라면 청춘도, 생명도 서슴없이 바칠 굳은 결의에 차게 된다는 것이다. 바로 이것이 수령과 대원 사이의 종적인 윤리의 혁명전통이 되는 것이며 이 종적인 윤리에 기초하여 수령은 대원을 옳은 노선으로 이끌고 보살피며 대원은 수령을 믿고 따르는 가운데 이들 사이에는 튼튼한 단결이 생겨나게 된다.

여기에서 빨치산조직과 그 외부환경인 인민대중과의 관계를 보자. 빨치산이 존재하는 이유가 조선민족이라는 인민대중의 해방과 복지를 위한 것임은 두말할 필요도 없거니와 인민대중에게는 빨치산에게는 모든 자원의 원천이 된다. 식량, 피복, 정보, 인적자원까지

---

473) 최원근, 「항일유격대내에서의 정치교양사업」, 『근로자』 1967년 11호, 18쪽.

474) 윤영식, 박희석, 「항일유격대원들의 고상한 혁명적동지애」, 『근로자』 1967년 12호, 54-55쪽.

475) 최원근, 앞의 글, 18쪽.

인민대중은 빨치산이 필요한 모든 것을 제공해주는 보급창과 같은 존재라고 할 수 있다. 즉 대중은 빨치산에게는 목적이자 근원인 셈이다. 따라서 빨치산은 대중의 동의를 얻는 것, 대중과의 일체감을 확보하는 것이 혁명의 성패를 가르는 가장 중요한 과제일 수밖에 없다. 오랜 투쟁과정에서 이점을 누구보다도 깊이 체험한 김일성 빨치산부대에게 '혁명적 군중관점'이 중요한 원칙이 된 것은 어찌 보면 당연한 일이라 하겠다. 김일성의 표현을 빌면, "고기가 물을 떠나서 살 수 없는 것과 같이 유격대는 인민을 떠나서는 살수 없다"는 것이다. 그리하여 항일빨치산들은 "대중 속에 깊이 들어가 인민과의 혈연적 연계를 백방으로 강화"하였다고 한다.476)

빨치산 내부의 수령을 중심으로 하는 상하간의 단결의 전통 및 빨치산 조직과 인민대중과의 혈연적 연계의 전통을 위 아래로 결합하고, 빨치산을 오늘의 조선노동당으로 치환해 보면 우리는 새로운 사실을 발견하게 된다. 즉 북한 사회의 횡적 조직원리이자 오늘날 북한사회의 가장 흔한 모토 가운데 하나인 '수령-당-대중의 일심단결'이 혁명전통에 그 뿌리를 두고 있다는 것이다. 즉 혁명전통의 상하 조직원리는 오늘날까지도 살아남아서 북한사회 작동의 중요원리 가운데 하나가 되어있는 것이다.

다음은 수령을 제외한 빨치산조직 내 상하 혹은 동지들간의 관계를 규정하는 혁명전통인 '혁명적 동지애' 혹은 '혁명적 의리'를 보자. 오늘날 북한의 사전은 혁명적 동지애를 "수령이 개척한 혁명위업을 실현하는 길에서 사람들 사이에 맺어지는 참다운 사랑을 말

---

476) 「김일성동지에 의하여 창건되고 령도되는 우리 당은 필승불패의 대오로 장성하였다」, 『근로자』 1967년 10호, 5쪽.

한다”고 하고 그것은 “혁명동지를 존경하고 아끼고 사랑하며 동지의 고통과 슬픔을 자기의 고통과 슬픔으로 여기고 동지를 성심성의로 도와주며 동지를 위하여서는 목숨도 아끼지 않는데서 나타난다”고 한다. 그리고 “동지들의 사소한 결함과 오유에 대해서도 융화 묵과하지 않고 제때에 비판하여 고치도록 하는데서 나타난다”는 상호비판의 정신을 덧붙인다. 혁명적 의리는 “혁명동지들 사이에 마땅히 지켜야 할 도리”를 말하며 “혁명동지들 사이에 서로 믿고 사랑하고 존경하는 데로부터 맺어지는 고상한 인간관계이다”라고 정의된다.477)

이렇게 보면 혁명적 동지애와 혁명적 의리라는 것은 정의 상 그다지 큰 의미 차이가 없는 개념들이며, 혁명동지 상호간의 수평적 결합을 뜻하는 것으로 받아들여도 무리가 없을 것 같다. 그리고 혁명전통에 관한 문헌상으로 이들은 “일상생활에서, 학습과 훈련에서 동지를 사랑하고 성심성의로 도와준 데서”, 그리고 “어려운 전투마당에서 동지를 위하여 자기를 희생하는 두터운 전투적 우의에서” 표현되었고 “동지의 사소한 결함과 오유에 대해서까지도 융화묵과하지 않고 제때에 비판하고 시정해줌으로써 더욱 공고한 것으로 되었다”고 한다.478) 이 혁명적 동지애는 김일성의 끊임없는 가르침과 실천적인 모범에 의하여 교양 육성되었다고도 한다.

따라서 개념규정상으로 보아 혁명적 동지애·의리는 기본적으로 혁명동지들 상하간, 상호간 아끼고 사랑하는 것을 말한다. 이점에서

---

477) 과학, 백과사전출판사, 『위대한 수령 김일성동지의 로작 용어사전』(1982).

478) 윤영식, 박희석, 「항일유격대원들의 고상한 혁명적동지애」, 『근로자』 1967년 12호, 55-59쪽.

김일성은 "항일빨치산부대에서는 상부와 하부사이에 굳은 단결이 이루어져있었다.…그때 장관들은 모두가 전사들 속에서, 인민의 자제들 속에서 나왔다. 그러므로 장관과 병사들 사이에는 추호의 간격도 있을 수 없었으며 인민의 이익을 위하여 일치단결해서 같이 싸우고 같이 살고 서로 존경하며 서로 아끼는 아름다운 전통이 수립되었다"라고 확인하고 있고, 동지들 간에는 서로 혈육의 정으로 아끼고 사랑하는 것을 크나큰 행복으로, 영광으로 여겼다고 한다.[479)

그러면 단순한 우정·의리와 혁명적 동지애·의리 사이에는 어떤 차이가 있는 것인가. 그 차이는 바로 '혁명적'이라는 수사에서부터 출발한다. 즉 동지 상호간의 결합은 그 자체가 목적이 아니라 혁명을 향해서 존재하는 결합이라는 것이다. 이 점에서 혁명적 동지애·의리의 두 가지 성격이 도출되는데 첫째는, 혁명의 성격과 방법을 규정하는 것은 수령의 몫이므로 혁명이란 곧 수령을 따르는 것으로 바꾸어 이해될 수 있다. 그러므로 혁명을 향한 동지애·의리란 바로 수령을 매개로 하는 동지들 상호간의 결합, 수령을 중심으로 하는 동지들 상호간의 결합이 된다. 나아가서는 이것 자체가 김일성이 "동지 호상간의 관계를 옳게 맺도록 부단히 교양하신" 결과가 된다. 둘째는 조직 자체가 목표를 향한 조직이므로 동료 상호간에도 그것을 향한 길에서 벗어날 경우 상호 비판을 통하여 그 길로, 조직으로 다시 돌아오도록 하는 자기교정의 성격을 갖는 것이다. 이러한 성격을 김일성은 "혁명동지들간의 관계는 단순한 《우정》 관계가 아니며 동지들 속에서 혁명의 이익과 배치되는 결함이 나타날 때에는 비록 그것이 사소한 것이라 하더라도 융화묵과하지

---

479) 같은 글, 57쪽.

말고 제때에 일깨워주고 비판하여 시정해주는 혁명적인 관계로 되어야 한다”고 설명하고 있다.[480]

두 번째 성격과 밀접한 연관을 갖는 개념으로 ‘혁명적 지조’라는 것이다. 간단히 정리하자면 ‘혁명적 지조’란 아무리 어려운 상황 속에서도 혁명을 위한 길을 벗어나지 않는 지조라고 할 수 있겠다. 북한의 표현을 빌면 이것은 “맑스-레닌주의 진리와 노동계급의 력사적위업에 대한 필승의 신념을 가지고 일편단심 당과 혁명에 충성을 다하는 혁명가의 고결한 품성”이 되는데[481] 혁명을 추진하는 배타적인 주체를 곧 빨치산조직이라고 의제할 때 이것은 곧 육체적으로나 정신적으로나 빨치산조직을 벗어나지 말라는 것이고 조직을 결코 배반하지 말라는 조직윤리가 되는 것이다. 이 점은 ‘혁명적 지조’가 표현되는 세 가지 경우의 예시, 즉 혁명의 지휘부와 영도핵심을 확고히 신뢰하고 그의 노선과 방침을 반드시 관철하는 데서, 정세가 어렵고 곤난이 중첩되어도 혁명승리에 대한 신념을 고수하고 끝까지 투쟁하는 데서, 그리고 아무리 어렵고 곤란한 처지에 놓이더라도 조직과 혁명동지들을 귀중히 여기고 그 신임에 목숨 바쳐 보답하는 데서 표현된다고 하는 점에서 생생히 드러난다.[482] 오늘날 북한에서 흔히 이야기되는 “비겁한자야 갈라면 가라, 우리들은 붉은 기를 지키리라”라는 말은[483] 바로 이 혁명적 지조의

---

480) 같은 글, 54쪽.

481) 「혁명적 지조」, 『노동신문』 1967년 3월 23일자.

482) 같은 글.

483) 이것은 혁명가요에 나오는 구절이라고 하며, 김일성의 원래 표현은 “비겁한자는 가려면 가라, 혁명을 안할 사람은 그만두려면 그만두라, 우리는 혁명을 위하여 끝까지 나갈것이다”이다. 김일성, 「당면한 경

맥락이 오늘까지 이어지고 있는 하나의 증좌로 보아야 할 것이다.

이 혁명적 지조의 도움을 받아 혁명적 동지애, 혁명적 의리는 목적의식을 매개로 하여 집단을 횡적으로 결속시키는 윤리로 역할을 하게 되고, 그 결과로 1주일 이상 끼니를 넘긴 30여명의 대원들이 한 그릇의 밥을 나누어 먹고도 서로 동지를 위하여 반 사발이나 남겼다거나, 무더운 여름날 장시간의 전투를 마친 후 한 잔의 물을 수십 명의 대원들이 마시고도 남겼다는 '고상한' 혁명전통이 창출된다.[484]

이것은 다름 아닌 극단적 집단주의에로의 신화이다. 겨울이면 영하 40도를 오르내리는 혹한 속에서 절대적으로 부족한 식량과 무기를 가지고, 수시로 달려드는 일제의 토벌대에 맞받아 전투를 치러내야만 했던 빨치산들에게 이와 같은 집단주의 정신이 없었다면 아마도 투쟁을 계속해나가기 어려웠을 것이다. 바로 이와 같은 집단주의 혁명전통을 김일성을 위시한 빨치산 정권은 후일 북한의 전사회로 확산시키고자 하였다. 천리마작업반운동의 고조와 함께 등장한 《하나는 전체를 위하여, 전체는 하나를 위하여》라는 구호가 이것을 잘 말해주고 있다. 그들은 북한의 모든 인민이 그 정신을 본받아 튼튼한 하나의 집단으로 살며 투쟁하기 바랬던 것이다.

혁명전통을 이루는 또 하나의 뼈대는 자력갱생 간고 분투의 고난극복 정신이다. 이것은 혁명전통 가운데 조직의 원리라기보다는 개인의 각오에 주로 관계되는 것이다. 배후에 큰 나라도 없고 자체의 물자풍부한 기지도 없이 오직 인민대중의 협조에 의거하여 맨

제사업에서 혁명적 대고조를 일으키며 노동행정사업을 개선강화할데 대하여(1967년 7월 3일)」, 『김일성저작집』 21 (평양: 조선노동당출판사, 1983), 359쪽.

484) 윤영식, 박희석, 앞의 글, 56쪽.

주먹으로 투쟁을 시작하여 무기와 탄약, 피복과 식량 등 필요한 모든 것을 자체해결하면서 일제와 싸워야 했던 항일빨치산에게 자력갱생, 간고분투 정신은 아마도 신념이나 신조이기 이전에 생활 그 자체였을 것이다. 이에 육탄전으로 적의 무장을 빼앗아 자체를 무장하였다는 무장투쟁 초기의 일화나, 하나밖에 없는 재봉틀로 수백 켤레의 버선을 만들다 바늘이 부러지자 돗바늘로 재봉틀 바늘을 만들어 썼다는 이야기, 그리고 담배줄기, 호박덩쿨, 부엌의 흙 등으로 화약을 만들고 깨진 쇠붙이로 폭탄을 만들어냈다는 '연길폭탄' 이야기 등 많은 소설같은 일화들이 나타나는 것이다.[485]

이 자력갱생, 간고분투의 고난극복 혁명전통을 보여주는 가장 극적인 빨치산 경험은 소위 《고난의 행군》이 될 것이다. 북한의 정의에 의하면 이것은 "조선인민혁명군 주력부대가 1938년 12월 초부터 100여일에 걸쳐 겹쌓이는 난관과 시련을 이겨내면서 남패자로부터 압록강연안 국경지대로 나아간 역사적인 행군"이며 "승리와 영광의 로정"이었다고 한다.[486] 사실 이것은 당시 일제의 대규모 토벌에 몰려 동북항일연군 전체가 존패의 위기에 빠지게 되고 김일성 빨치산부대도 소-만 국경을 넘어 소련으로 들어가기 직전 시점의, 빨치산으로는 가장 어려웠던 투쟁을 가리킨다. 이때 그들은 "무서운 추위와 생눈길, 굶주림 속에서 하루에도 수십차씩 달려드는 적들을 쳐물리쳐야"했다고 한다.[487]

---

485) 하수홍, 최원근, 「항일유격대원들의 불요불굴의 투쟁정신」, 『근로자』 1967년 7호, 24-25쪽.

486) 과학, 백과사전출판사, 『위대한 수령 김일성동지의 로작용어사전』 (1982).

487) 「혁명전통교양을 더욱 강화하자」, 『노동신문』 1967년 5월 29일자.

북한판 大長征으로도 비유될 수 있는 이 《고난의 행군》은 혁명전통의 클라이막스를 이루고 있다. 동시에 그 제목이 말해주는 것처럼 그것은 극한적인 고난의 연속이었고 그 극복의 신화였다. 그러나 사실 모택동의 大長征과는 달리 이것은 북한의 해석처럼 승리한 투쟁은 아니었고 따라서 투쟁을 포기하지 않았다는 점 이외에는 그리 영광스러울 것도 없는 투쟁이다. 그럼에도 불구하고 중요한 것은 '사실'이 아니고 권력을 독점한 항일빨치산 세력의 '해석'이며, 그들에게는 그 엄혹했던 시절에 투쟁을 계속했다는 불굴의 정신이 혁명의 승패보다도 훨씬 값진 기억이었다.

김일성을 위시한 빨치산들은 인민대중이 그들의 경험한 바와 같은 고난극복의 정신을 가지고 오늘의 어려움을 가볍게 딛고 그들의 지도를 따라주기 바랬다. 이에 "우리는 혁명선렬들의 영웅적투쟁을 본받아야 하며 그들의 투쟁정신을 계승발전시켜야 한다. 그리하여 모두가 다 항일빨치산들이 백두밀림에서 싸우던 그런 혁명정신과 불굴의 투지를 가지고 조국의 통일독립과 조선혁명의 종국적 승리를 위하여 싸우도록 하여야 한다"는 김일성의 독려가 나오게 되며, 여기에 호응하여 "우리는 불요불굴의 투쟁정신을 높이 발양함으로써 그 어떤 조건에서도 안일과 해이를 배격하고 긴장하게 살고 투쟁하여야 하며 그 어떤 난관에 부닥쳐도 그것을 대담하게 뚫고 끝까지 투쟁하도록 하여야 한다"는 인민의 각오가 나오게 된다.[488]

이 자력갱생 간고 분투의 정신이 1950년대 중반이후 북한의 자립경제, 자력갱생의 정신적 자원이 된 것은 물론이고, '생산도 학습도 항일유격대 식으로!' 라는 70년대 노동당의 구호가 나오게 되는 기원

---

488) 하수홍, 최원근, 앞의 글, 29쪽.

이 된다. 그러나 이 혁명전통이 호소력을 더욱 크게 갖게 되는 것은 역시 어려운 상황에 처해서이다. 소련, 동구의 몰락에 따른 충격과 누적된 내부모순으로 북한이 이념면에서나 경제면에서 어려운 국면으로 접어드는 1980년대 후반이후 이 혁명전통이 새로운 탄력성을 가지고 전면에 등장하게 되는 것은 바로 이 때문이다. 중첩되는 난관을 인민대중의 새로운 각오를 통해 극복하고, 악화되는 생활환경으로부터 오는 불편함이 불만으로 연결되지 않도록 하려는 노력이 "고난의 행군을 생각하자"든지 "고난의 행군 정신을 살리자"는 등 혁명전통을 오늘에 살려내려는 노동당 구호로 나타난 것이다.

이렇게 보면 혁명전통에서 모델로 설정되고 있는 '관계'의 핵심내용은 충성과 자애, 의리, 동지애, 그리고 고난극복의 자세 등이다. 이들이 지도자와 추종자 그리고 단체의 상하, 좌우관계를 구성하고 있다. 마치 유교전통의 부활을 보는 것과 같다. 다만 북한의 현실에 맞게 무대가 조선조에서 만주로 바뀌었고, 담당자가 군신과 백성으로부터 김일성, 빨치산 그리고 인민대중으로 바뀌었을 뿐이다. 김일성과 빨치산집단이 '이상으로서의 소련'을 부인하고 그를 대신하여 '신화'로 만들어낸 혁명전통이 실은 전통을 다시 끄집어내 새로운 세팅 위에 살려놓은 셈이었다.

5. 산업화 과정에서의 전통

볼셰비키혁명을 근대화혁명(a modernizing revolution)이라고 보거나,[489] 사회주의 자체를 저개발국가들의 발전전략의 하나로 이해하기도 하듯이,[490] '실제 존재하는' 사회주의는, 발달한 자본주의 국가에서 역사적 필연으로 사회주의가 나타나리라는 마르크스의 '이상'과는 달리, 러시아를 필두로 저개발, 후진국들에서 실현되었다. 그리고 이들 사회주의 혁명이 지체와 후진성에 대한 반작용으로 비롯된 것이었기 때문에 혁명에 성공한 국가들은 예외 없이 근대화와 경제사회발전에 나섰다. 스탈린의 소련, 모택동의 중국이 그렇고 특히 아시아, 아프리카, 라틴아메리카 등 저개발 사회주의 국가들의 경우가 그렇다. 이 점에서 북한의 김일성 정권도 예외가 아니다. 일제가 남겨놓은 봉건적이고 기형적이며 후진적인 토대 위에 권력

---

489) T. Anthony Jones, "Modernization Theory and Socialist Development," Mark G. Field ed., *Social Consequences of Modernization in Communist Societies* (Baltimore and London: The Johns Hopkins University Press, 1976), p.19.

490) Dieter Senghaas, *The European Experience: A Historique of Development Theory,* tr. by K.H. Kimmig (Leamington Spa/Dover, New Hampshire: Berg Publishers, 1985), pp.179-180. John H. Kautsky, Communism and the Politics of Development (N.Y./London/Sydney: John Wiley and sons, Inc., 1968)pp.1-7. 등. Hermassi는 공산주의 혁명이 상대적인 경제침체와 후진성으로 특징지어지는 사회에서 발생하는 '발전혁명'이라며 이런 측면에서 러시아혁명은 프러시아와 일본에서 발생한 '위로부터의 혁명'과 크게 다를 바 없다고 본다. The Third World Reassessed (Berkeley: University of California Press, 1980), p.52.

을 장악한 김일성 정권에게 산업화, 근대화는 절박한 요청이었다. 여러 가지 혁명적 조치들을 통해 다소의 경제발전을 이루었으나 그마저 혹독한 전쟁으로 모두 잃어버리고 난 상황에서 산업화는 김일성 정권과 북한에게 최우선의 과제가 아닐 수 없었다.

북한에서 사회주의 공업화는 전후부흥건설기에 시작된 것으로 알려져 있다. 이는 1950년대 중반을 의미하는데 이 시점은 북한으로서 겨우 6.25의 피해를 어느 정도 복구하고[491] 그것을 기반으로 경제건설에 박차를 가하려는 시점이었다. 그 방향은 1956년 4월에 발표된 5개년계획에 표현되어 있듯 자립적인 사회주의 산업국가를 건설하기 위한 기초를 다지는 데 주요 목표를 두고, 중공업을 우선적으로 보장하면서 동시에 경공업과 농업을 동시에 발전시키는 것을 당면목표로 하는 것이었다. 문제는 시간의 급박성이었다. 당시 경제발전의 급박성을 김일성은 후일 "역사적으로 넘겨받은 낙후한 처지에서 빨리 벗어나기 위하여, 우리의 최대의 민족적 과업인 조국 통일의 실현을 앞당기기 위하여, 우리는 남보다 훨씬 빠른 속도로 전진하여야 하였다"고 회고한다.[492] 북한노동당의 공식서도 "우리 당은 전후 사회주의 경제건설을 조직 지도함에 있어서 특히 공업화의 높은 속도를 보장함에 모든 힘을 경주하였다"고 확인한다.[493] 이른바 '속도의 문제'가 절박한 상황이었던 것이다. 이 점에

---

491) 전후복구 마지막 해인 1955년 들어 북한은 전쟁 이전의 생산수준을 회복했다. Ellen Brun and Jacques Hersh, op. cit., p.179.

492) 김일성, 「당중앙위원회 사업 총화 보고(1961년 9월 11일 조선노동당 제4차 당대회에서 한 중앙위원회사업총화보고)」, 『김일성저작집』 15권(조선노동당출판사, 1981), 194쪽.

493) 『기본 건설사업 발전을 위한 우리 당의 정책』 (조선노동당출판사,

서 당시 김일성의 말이 인상적이다.

　이제 파괴된 경제를 겨우 복구하나마나한 형편에 있기 때문
에 인민들의 생활도 어렵습니다. 그런데다가…미제를 우두머리
로 하는 제국주의자들은 반공소동을 미친 듯이 벌리고 있으며
리승만 괴뢰도당은 《북진》 나발을 요란스럽게 불어대고 있습
니다.…반당 반혁명종파분자들이 머리를 쳐들고…신심을 못가진
보수주의자들과 사대주의자들은 뒤걸음질을 하면서 경제발전속
도를 늦추려 하고 있습니다. 그렇다고 하여 우리가…주저앉아서
는 안됩니다. 우리 당은 혁명의 주력부대인 노동계급을 믿고있
으며 동무들에게 기대를 걸고 있습니다. 우리 앞에 가로놓인
난관을 뚫고 나가기 위하여 동무들은 기세를 올리고 분발하여
생산도 많이 하고 건설도 잘하여야 합니다.494)

　이렇게 시작된 북한의 사회주의 공업화는 제1차 5개년계획 기간
(1957-1960) 들어 본격적인 단계로 접어들었고, 제1차 7개년계획 기
간(당초 1961-67년, 3년 연장)을 마치면서 완성되었다.495) 그 중간

　　1961), 21쪽.

494) 김일성, 「내부예비를 최대한으로 동원하여 더 많은 강재를 생산하자(강
　　선제강소 지도일군 및 모범노동자들의 협의회에서 한 연설, 1956년 12
　　월 28일)」, 『김일성저작집』 10 (조선노동당출판사, 1980), 463-464쪽.

495) 1970년 제5차 당대회에서 김일성은 "사회주의 공업화의 역사적 과업이
　　빛나게 실현되어 우리나라가 사회주의 공업국가로 전변되었다"고 선
　　언하고 "당의 정확한 공업화 노선과 그것을 관철하기 위한 당의 현명
　　한 령도 그리고 우리 인민의 영웅적이며 헌신적인 노력투쟁에 의하여
　　자본주의 나라들이 옹근 한 세기, 지어는 몇 세기에 걸쳐서 한 공업화
　　의 어렵고 복잡한 과업이 우리나라에서는 14년 밖에 안되는 매우 짧은
　　기간에 빛나게 실현되었다"고 그 의의를 평가하였다. 「조선노동당 제5

쯤인 1961년의 4차 당대회는 "사회주의적 공업화를 실현하고 인민 경제의 모든 부문을 현대적 기술로 꾸리며 모든 인민의 물질문화 생활수준을 결정적으로 높이여 사회주의의 높은 봉우리를 점령"할 것을[496] 7개년계획기간의 목표로 내세워 공업화에 다시 한번 박차를 가하는 계기를 마련하기도 했다. 약 14년만의 공업화 완수이고, 유럽에서 수세기에 걸쳐 산업화가 진행되었다는 점에 비추어 매우 압축적인 달성인 셈이다. 그리고 그 압축적 달성을 가져온 동인은 바로 북한식 대중동원 형태 즉 '천리마운동'이었다.

산업화가 진행되어감에 따라 북한의 공업생산액은 농업생산액을 앞질렀다. 산업별 인구구조도 산업사회적인 방향으로 바뀌어 갔다. 해방 직후에는 농업 비중이 공업에 비해 압도적이었으나 1960년대 들어 완전히 역전된 것이다.[497] 전체인구 중 농업인구비율도 1953년 66.4%에서 1960년 44.4%로 감소한 반면 노동자와 사무원의 비율은 약 30%에서 52%로 증가했다.

차대회에서 한 중앙위원회 사업 총화보고(1970년 11월 2일)」, 『김일성저작집』 25 (조선노동당출판사, 1983), 235, 243쪽.

496) 김일성, 「4차 당대회 사업총화보고(1961년 9월 11일 조선노동당 제4차대회에서 한 중앙위원회 사업 총화보고)」, 『김일성저작집』 15집 (조선노동당출판사, 1981), 210쪽.

497) Hyun, Syng-il, "Industrialization and Industrialism in a Developing Socialist Country: Convergence Theory and the Case of North Korea," Diss. University of Utah, 1982, 박형중, 『북한적 현상의 연구』 (연구사, 1994), 34-35쪽에서 재인용.

공업 대 농업생산액의 대비 (단위 %)

	1946	1953	1960	1965	1969
공 업	28	42	71	75	74
농 업	72	58	29	25	26

Ellen Brun and Jacques Hersh, Socialist Korea: *A Case Study in the Strategy of Economic Development*(New York/London, 1976), p.281.

직업별 인구비율대비 (단위 %)

연 도	1946	1949	1953	1958	1960
노동자와 사무원	18.7	26.0	29.7	40.9	52.0
농 민	74.1	69.3	66.4	56.6	44.0
기 타	5.0	2.9	2.4	2.0	3.3

Facts About Korea (Pyongyang: Foreign Language Publishing House, 1961), p.9, Ellen Brun and Jacques Hersh, p.204

한 가지 더 지적되어야 할 것은 도시화의 문제이다. 근대화의 한 필수과정으로도 여겨지는 도시화가 북한에서는 이때 진행된 것이다. 북한의 총 인구 중 도시인구의 비율은 1953년 17.7%에서 1960년 40.6%로 그리고 1965년에는 47.5%로 급속히 증가되어 갔다고 한다.[498] 그 속도는 동유럽의 사회주의 국가들보다도 빠른 것으로 공업화를 위해 필요했던 도시적 공업노동력 확보에 따른 필연적인 현상이었던 것으로 해석된다. 이것은 북한 당국이 주택, 위생, 급양, 교육, 범죄 등 모든 도시화의 공통된 현상들을 급속히 처이해야 했었다는 것을 뜻하고, 북한의 새로운 도시 노동자들에게는 그만큼

---

498) 『북한의 경제』 (경남대 극동문제연구소, 1990), 76쪽.

힘든 과정이었을 것이라는 것을 의미한다.499)

산업화가 일반적으로 전통과 갈등을 일으킨다는 것, 그리고 사회주의 혁명을 겪은 경우에 그 갈등이 더 크다는 것은 이미 본 바와 같다. 북한의 경우도 예외일 수 없다. 이와 같은 급속한 산업화 과정을 겪으면서 사회의 구성과 개인의 생활환경, 생활습관, 사회적 관계 등이 크게 변했으리라는 것은 당연한 추론이다. 우선 농업사회 부문이 현저히 줄어들고 그 대신 공업부문이 사회의 대부분을 차지하게 된다는 측면에서 농업사회적 전통이 그 기반을 대폭 잃게 되기 때문이고, 남은 농업부문 조차도 산업화의 영향으로 성격이 변하기 마련이기 때문이다. 개인의 입장에서 보면 많은 경우에 전통적 농업부문에서 공업부문, 도시부문으로 이주하여 새로운 환경에 적응해야만 했었다는 것을 뜻한다. 그리고 여기에서는 농촌부문이 가지고 있던 전통적 인간관계, 사회관계가 통용될 수 없다. 특히 소련, 중국, 북한 등의 경우와 같이 대중의 조직적 동원을 통해 공업화를 달성할 경우, 자발이 아닌 동원이라는 점에서 개인의 전통적 뿌리에 오는 변화의 폭은 더욱 클 수밖에 없다.

그러나 실제 북한의 산업화가 진행되어간 과정을 미시적 관점에서 들여다보면 그것이 그 속에 사는 사람들의 전통적 사고방식, 행동양식, 구조, 인간관계 등의 전통적 기반을 전면적으로 파괴했을까 하는 의심을 갖게 한다. 물론 스탈린주의 국가들에서 산업화가 진행될수록 사회는 오히려 前산업화하고 결국 독특한 모습을 띠어간다는 Campeanu와 같은 학자의 거시적이고 일반적인 관점에서의 해석500)이 북한이라는 특정의 경우에도 전면적으로 적합하다고 할

---

499) 박형중, 49쪽.

수는 없지만, 상당한 정도의 타당성은 여전히 잃지 않는다고 본다. 오히려 여러 차원에서 북한의 산업화는 전통과 무관치 않게, 전통적 기반에 의지하여 이를 직·간접적으로 활용하면서 진행된 측면이 보인다. 그리고 이러한 측면이 북한의 전통을 온존시키고 그 전통이 새로운 환경에 적응하도록 했을 것이라는 점을 의심할 수 없다. 물론 산업화 과정에서 미시적으로, 예컨대 천리마작업반 내에서, 가족 내에서 전개되는 사람들 사이의 복잡한 상호관계나 그 속에서 개인이 품고있는 생각들을 직접적으로 보여주는 자료는 극히 한정되어있지만, 다양한 차원에서 이와 같은 현상을 엿볼 수 있게 하는 정황들이 있다. 이를 산업화가 추진된 전체적인 방식, 산업화를 추진한 기본 조직체의 성격 그리고 산업화를 위해 북한이 동원한 이념의 본질 등 3가지 차원으로 나누어 차례로 살펴보자.

가. 산업화 추진 방식

1) 정치우선의 방식

속도는 흔히 방법을 결정한다. 산업화가 시급할수록, 이에 대한 정권 담당자의 강박이 클수록, 정상적이고 자연스러운 방법보다는 불균형적이고 초합리적인 방식에 의존하기가 쉽다. 대부분의 후발

---

500) Pavel Campeanu, Exit: Toward Post-Stalinism, tr. by Michel Vale Armonk, N.Y., London: M.E. Sharp, Inc., 1990), p.29, p.41.

산업화국가들이 국가주도, 정치주도의 산업화 방식을 택했던 것이
그 예이다. 그나마 경제적 보상이 제한을 받는 사회주의 후발산업
화국가들의 경우에는 산업화 추진 주체나, 산업화에 따르는 보상체
계나 모두 더욱 정치적일 수밖에 없다. 북한의 경우가 그렇다.

1950년대 중반까지 북한의 경제발전 추진 주체는 국가 행정 관
료조직이었다. 굳이 스탈린의 모델을 따른 것으로 규정하지 않더라
도 경제발전에 행정 관료와 관리 기술자들이 견인차 역할을 하는
것은 후발산업화국가들의 보편적 현상이다. 이러한 경향에 이탈이
생긴 것은 1950년대 중반 무렵이었다. 북한이 산업화에 박차를 가
하기 시작한 시점이다. 그 계기는 1956년 12월 13일의 당중앙위 전
원회의에서 마련된다. 여기에서 김일성은 설비와 노력의 증가 없이
현존 설비의 이용률과 노동생산능률을 높이고 내부원천을 동원하며
절약하는 등의 방식으로 경제건설을 더욱 빨리 추진할 것을 주문
한다.[501] 추가적인 자본이나 설비투자 없이 생산을 획기적으로 늘
이라는 요청으로, 지금까지의 경제관리방법의 상식과는 다른 것이
었다. 그리고는 직접 대중의 열의에 호소하는 방식으로 합리성을
뛰어넘는 '기적'을 창조해내고는 이를 확산시켜 경제건설의 열기를
돋우어 나가는 방향이었다. 군중노선의 시작이었다. 이 기적 앞에
합리성, 능률 등 근대적 계산방식이나 사고방식은 설자리가 없었다.

---

501) 김일성, 「사회주의 건설에서 혁명적 대고조를 일으키기 위하여(조선
　　노동당 중앙위원회 전원회의에서 한 결론」, 『김일성저작집』 10 (조
　　선노동당출판사, 1980). 이 연설에서 김일성은 '증산하고 절약하여 5
　　개년 계획을 기한 전에 완수하자'라는 구호를 제시하고, 정치사업과
　　조직사업을 잘하여 인민대중이 한사람같이 떨쳐나서도록하는 방법으
　　로 이를 추진하라고 발언한다. 같은 책, 414쪽.

마찬가지로 이에 기반 하던 행정관리, 기술자 등의 위상도 전과 같
을 수 없었다. 당초 김일성의 생각은 설비와 자원의 합리적 이용에
따른 '정상적인' 방식으로는 시급히 요구되는 생산성의 획기적 증대
에 한계가 있고, 오직 '근로대중의 혁명적 열의와 창조적 적극성'만
이 그 한계를 뛰어넘을 수 있다는 것이었다.502) 자연히 과거에 산
출된 기계당 '공칭능력' 혹은 합리적인 계산과 같은 것은 '기술신비
주의', '보수주의', '소극성'으로 매도되며 투쟁의 대상, 극복의 대상
으로 되었고503) 반면 대중의 열의를 북돋우는데 체제의 역량을 집
중하게 된다. 새로운 초합리적 속도에 대해 기술적, 합리적 근거를

---

502) 김일성, 「당과 혁명에 충실한 근로대중의 선봉투사가 되어야 한다(중
    앙당학교 3년제반 제1회졸업식에서 한 연설, 1958년 8월 18일)」,
    『김일성저작집』 12 (조선노동당출판사, 1981) 437쪽.

503) "보수주의는 오늘 우리의 전진을 집요하게 방해하고 있습니다.…낡은
    것을 버리지 않고 대중의 혁명적 기세를 무시하며 그릇된 자기 주관
    만을 고집하는 온갖 주관주의자들과 보수주의자들을 반대하는 강한
    사상투쟁", 「사회주의 건설의 현 단계에서 평안북도 앞에 나서는 몇
    가지 과업에 대하여(평안북도 지도일군들 앞에서 한 연설, 1958년 6
    월 23일)」, 『김일성저작집』 12 (조선노동당출판사, 1981), 370쪽.

    "기술신비주의와 함께 보수주의와 소극성도 없애야 합니다. 우리
    가 이런 낡은 사상을 극복하지 않고서는 천리마를 탈수 없습니다",
    「자강도 당단체들 앞에 나서는 몇 가지 과업(자강도 당, 정권기관,
    경제기관 및 사회단체 일군들 앞에서 한 연설, 1958년 8월 5일),
    『김일성저작집』 12 (조선노동당출판사, 1981), 381쪽.

    "계속 전진하고 계속 혁신하는데 있어서 중요한 문제는 보수주의
    를 결정적으로 때려부시는 것입니다. 전당이 동원되어 보수주의를
    반대하는 투쟁을 힘있게 전개하여야 하겠습니다.", 「시, 군 인민위원
    회의 당면한 몇 가지 과업에 대하여(시, 군인민위원회위원장강습회에
    서 한 연설, 1958년 8월 9일)」, 『김일성저작집』 12 (조선노동당출판
    사, 1981), 406쪽.

들어 반대하거나 주저하는 사람들은 '보수주의자'였다. 합리성, 보수주의는 속도를 가로막는 것이었고, 속도가 강조되는 한 보수주의와 투쟁은 계속될 수밖에 없었다.[504]

이와 같은 논리구조와 열기 속에서 '정치사업'이 '행정'의 자리를 대신하는 것은 놀라운 일이 아니다. 대중의 혁명적 열의를 끌어낼 수 있는 것은 행정이 아니라 정치이기 때문이다. 이는 곧 정치에 의한 경제논리의 지배, 정치에 의한 산업화 추진을 의미한다. "행정이 만능인 것이 아니라 정치가 만능인 것입니다"는 김일성의 말은 이를 명쾌하게 표현한다.[505] 생산에 대한 태도는 곧 정치사상적 태도로 간주되게 되고, 경제건설과 산업화의 주도권은 행정관료로부터 정치, 당으로 넘어가게 된다. 당이 산업화의 모든 것을 틀어쥐고 추진해나갈 것이 요구되었다. 그리고 경제사업을 확실히 틀어쥐지 못한 당 부문은 질책을 면치 못했다.[506] 반면 행정을 통해 경

---

504) 예를 들어 공업화가 거의 달성된 1968년 5월 11일 제2차전국천리마작업반운동선구자대회 연설에서도 "무엇보다도 중요한 것은 소극성과 보수주의와의 투쟁을 강화하는 것입니다"라는 발언이 계속된다. 『김일성저작집』 22 (조선노동당출판사, 1983), 279쪽.

505) 김일성, 「평안남도 당단체들의 과업에 대하여(평안남도당위원회 전원회의에서 한 결론, 1960년 1월 7일)」, 『김일성저작집』 14 (조선노동당출판사, 1981), 15쪽.

506) 천리마작업반운동의 지도 문제에 관해 김일성은 "오늘 천리마작업반운동에 대한 지도에서는 결함이 적지 않습니다. 주요한 결함의 하나는 당위원회들이 천리마작업반운동을 직접 틀어쥐고 힘있게 밀고 나가는 것이 아니라 직맹을 비롯한 근로단체들에만 맡기고 있는 것입니다.…당조직들은 늘 천리마작업반운동의 진행정형에 대하여 보고를 받고 제때에 결함을 바로잡으며 이 운동을 계속 확대발전시켜나가야 합니다."라고 발언한 바 있다. 「공장당위원회사업을 강화하며 천리마작업반운동을 더욱 발전시킬데 대하여(조선노동당중앙위원회 제4

제건설을 이끌려는 경향은 이제 '행정만능식방법'이라 하여 '아주 잘못된 것'으로 평가받는다.[507] "기술만 가지고는 모든 문제를 풀어갈 수 없"고 "당정책을 연구하고 당적방법으로 사업할 때만이 사업에서 성과를 거둘 수 있"기 때문이다.[508]

'정치 우위'가 이념 차원의 경향이었다면 그것이 공장 경영방식에 반영된 것이 곧 '대안의 사업체계'이다.[509] 소련식 모델인 유일관리제(일장제) 즉 지배인 일인이 생산의 책임을 최종적으로 지는 경영방식 대신에 공장 당위원회를 집체적 최고 지도기관으로 하는 '대안의 사업체계'로 전환해간 것은 정치 우위, 당 우위의 조직적 표현이다. 물론 이 방식의 원칙에 의하면 공장 당위원회는 엄밀히 당적인 사업만을 담당하도록 되어있었으나, 현장에서 그 경계를 긋는 일은 이론처럼 쉬운 일이 아니었다. 결국 당이 정치사업을 넘어 행정을 대행하는 소위 '행정대행현상'이 생기게 되고 이를 김일성은 경계하고 질타하지만 이것은 쉽게 사라질 성격의 현상은 아니었다.[510] 생산에 대한 당의 지배, 정치의 지배가 계속되었다는 반증인

기 제6차전원회의에서 한 결론, 1963년 5월 15일)」, 『김일성저작집』 17 (조선노동당출판사, 1982), 309-310쪽.

507) 김일성, 같은 연설, 같은 책, 8쪽.

508) 김일성, 「대안체계의 요구대로 성의 지도를 개선하자(기계공업부문일군협의회에서 한 연설, 1962년 9월 19일)」, 『김일성저작집』 16 (조선노동당출판사, 1982), 356쪽.

509) 1961년 12월 김일성의 대안전기공장 현지지도의 결과로 제시된 경영방식이다. 「새 환경에 맞게 공업에 대한 지도와 관리를 개선할데 대하여」 1961.12.16 대안전기공장에서 한 연설.

510) 김일성의 행정대행현상 질타는 1959년부터 시작되어("모든 부서들은 행정대행을 없애고 완전한 당사업을 하는데로…" 당중앙위원회 상무위원회 확대회의에서 한 연설, 1959년 10월 29일) 1988년에 이르기

셈이다. 이런 측면에서는 결국 '대안의 사업체계'는 당의 지배, 행정대행현상의 제도화였다.511) 북한의 산업화는 이 경영방식의 지배를 받는 공장, 기업소들을 주축으로 추진된다.

한편 성과를 달성한 근로자 개인들에게 주어지는 보상 또한 '정치적'이었다.512) '물질적 자극' 보다는 '정치 도덕적 자극'을 우선한다는 원칙에 따라513) 목표를 달성한 단위들에는 선전과 깃발 수여 등의 '영예'가 주어졌고, 개인에게는 '노력영웅', '공화국영웅' 등 칭호와 각종 훈장, 메달 등이 주어졌다. 가장 중요한 보상은 혁신을 이룩한 개인들의 신분상승이었다. 공장의 간부 혹은 최고인민회의 대의원으로의 진출을 말한다. 북한의 산업화가 한창이던 1957년 제2기 최고인민회의 대의원과 1963년의 제3기 대의원에 선출된 '영웅', '공훈' 등 칭호를 가진 혁신자의 숫자는 120여명에 이른다.514)

까지 계속된다.("당조직들이 행정대행을 없애고 령도적 정치조직으로서의 당의 사명과 임무에 맞게 인민정권기관들에 대한 정책적 지도를 옳게 보장하여야 합니다" 공화국창건 40돐 경축보고대회에서 한 연설, 1988년 9월 8일)

511) 김연철, 앞의 책, 269-277쪽.

512) 작업반이 계획을 초과 달성했을 때 이 초과분을 집단적으로 부여받는 상금과 같은 물질적 보상도 없지 않았다.

513) 북한은 소위 '정치도덕적 자극'과 '물질적 자극'을 옳게 배합하여야 한다고 하면서도 우선순위는 '정치도덕적 자극'에 두었다. 김일성은 "정치도덕적 자극을 첫 자리에 놓고 그것을 강화하면서 물질적 자극을 옳게 배합하여야 한다"라고 발언한 바 있다. 「청년들은 우리 혁명의 종국적 승리를 위하여 경제건설과 국방건설의 모든 전선에서 선봉대가 되자(전국 청년 총동원대회에서 한 연설, 1968년 4월 13일)」, 『김일성저작집』 22 (조선노동당출판사, 1983), 161쪽.

514) 제2기 최고인민회의 대의원으로 선출된 사람들 중에는 공화국 영웅이 5명, 노력영웅이 12명, 공훈광부가 3명이었고,(『북한 최고인민회

각각의 총 대의원 수가 215명, 383명이었다는 점을 감안하면 적지 않은 숫자이다.

산업화가 정치우위의 논리에서, 그것도 급격히 진행될 때 사회적으로는 어떤 효과를 가져 올 것인가. 특히 북한의 경우와 같은 대중동원의 메카니즘 속에서의 효과는 어떤 것일까? 가장 중요하게는 사회 전체적으로 전통적인 사람 대 사람의 인격적 관계가 확산되며 비인격적 합리성, 무차별성과 같은 근대적 특성을 위축시킨다는 측면이다. 정치적 방식에 의한 생산성 증대란 기본적으로 근로자 개인의 분발을 통한 것이다. 김일성은 이를 "정치적 방법으로 인민대중을 혁명투쟁에 조직동원"하는 것으로[515] 규정하고 있고 '사람과의 사업'을 통한 '모든 사람의 교양개조'를 방법으로 상정한다.[516] 김일성 자신이 능률과 효율, 통계 등을 바탕으로 해야 할 산업화 과정을 사람과 사람 사이의 인격적 관계를 통해 추진하라고 주문하고 있는 것이다.

인격적 관계는 조직적 차원에도 투영된다. 관리자의 주관에 따라 노동기준량이 자의적으로 결정되고, 기술기준화 방법이 엄격하게 실

의자료집 II, 28-29쪽.) 제3기 최고인민회의에서는 공화국영웅 7명, 노력영웅 62명, 인민상 계관인 6명, 공훈광부 17명, 천리마 작업반장 23명 등이었다.(같은 책, 1144-45쪽. 김연철, 2001, 231-233쪽에서 재인용).

515) 김일성, 「평안남도 당단체들의 과업에 대하여(평안남도당위원회 전원회의에서 한 결론, 1960년 1월 7일)」, 『김일성저작집』 14 (조선노동당출판사, 1981), 8쪽.

516) 김일성, 「조선노동당 제4차대회에서 한 중앙위원회사업 총화보고(1961년 9월 11일)」, 『김일성저작집』 15 (조선노동당출판사, 1981), 202쪽.

행되지 않는 상황에서 노동정량 제정은 관리자와 노동자간에 '흥정식'으로 이루어진다. 또한 노동자는 상부로부터 내려오는 과도한 생산지시를 상부와의 인격적 관계를 통해 조정하려 하고,[517] 확정된 생산목표를 달성하는 과정에서도 만성적인 자재부족을 인격적 관계를 통해 해결하려 한다. 공식경로를 통한 자재공급이 항상 불충분하고 불규칙하기 때문에 자재확보를 위해 비공식적이고 인격적인 경로와 방법을 사용하게 된다는 것이다. 이러한 과정을 통해 노동자가 상급자에게 인격적으로 종속되는 방식으로 관리자와 노동자 사이의 인간적 결합, 대면관계가 강화된다.[518] 이러한 인격적인 관계는 상하로 좌우로 엮여 하나의 망을 형성하게 된다. 물론 감시와 통제를 특징으로 하는 정치상황 속에서 이러한 망이 노골적으로 드러날 수는 없지만 일상의 생활과 생산 속에서 이 같은 네트워크의 은밀한 형성은 막을 수 없으며 일면 유용하기도 하다. 특히 이것이 상하의 관계에 있을 때 그것은 후견-피후견의 성격을 갖기] 쉽다.[519]

산업화 과정에서 김일성과 북한의 공식 매체들이 관료주의, 지방주의, 가족주의를 지속적으로 개탄한 것이 이와 같은 현상과 무관

---

517) 김일성의 지적은 "지금 공장, 기업소 일군들이 계획을 세울 때 생산은 통제수자보다 적게 하며 자재와 로력은 통제수자에 예견된 것보다 많이 요구하는 것이 하나의 보편적 현상으로 되고 있습니다"라는 것이다. 「일원화계획화체계를 더욱 심화발전시키기 위하여(계획부문 일군협의회에서 한 연설, 1969년 7월 2일)」, 『김일성저작집』 24 (조선노동당출판사, 1983), 128쪽. 이와 같이 계획의 축소, 자재와 로력 요구의 증대가 가능한 것은 또한 인적 관계의 역할을 통해서이다.

518) 김연철, 같은 책, 148-149쪽.

519) 박형중은 이를 '비공식 도당'으로 개념화한다. 박형중, 「북한에서 관료제적 연줄과 비공식 도당 형성에 관한 연구」(통일연구원, 1995.10)

하지 않다. "간부 배치에서 지방주의, 가족주의 경향이 철저히 근절되지 못하고 있다"는 비판이나[520] "배운 것도 없이 공부도 잘 하지 않고 친한 사람끼리 몰려다니면서 한자리 해보자고 하는 가족주의 지방주의는 종파의 온상"[521], "지방주의 가족주의를 철저히 뿌리 빼야 한다"[522]는 등 김일성의 계속적인 지적이 그것이다. 이와 같은 '주의'들이 주로 당료와 간부들 사이의 부정적 현상으로 지적되지만 깊게는 생산 및 근로현장에서의 현상과 무관할 수 없고, 이들이 전통적 인간관계의 새로운 표현임은 물론이다. 그리고 이에 대한 지속적인 거론은 그 사회에 이들 현상이 고질적으로 뿌리 깊게 존재하고 있었다는 반증이기도 하다. 어느 정도 보편적이었는지는 검증하기 어려워도 이들 전통적 인간관계에 뿌리를 둔 현상들이 북한의 산업화와 천리마운동이 진행되는 과정에 적어도 간부들의 상호작용 가운데 문제시되고 있었다는 것만은 확인이 되는 셈이다.

한편 산업화 과정에서 인격적 관계의 사회적 확대를 초래한 다른 하나의 요인은 바로 김일성의 현지지도였다. '천리마운동'의 출발 자체가 김일성의 현지지도와 이에 '감동 받은' 근로자들의 분발에서 시작되듯이, '수령'의 현지지도는 산업화 추진의 중요한 축이었고 그

---

520) 염상기, 「사람들과의 사업에서 중요한 것은 간부들과의 사업이다」, 『근로자』 1961년 3호, 18-19쪽.

521) 김일성, 「조선인민군은 항일 무장투쟁의 계승자이다(1958년 2월 8일 조선인민군 제324군부대관하 장병들 앞에서 한 연설)」, 『김일성저작집』 12 (조선노동당출판사, 1981), 100쪽.

522) 김일성, 「함경북도 당단체들의 과업(조선노동당 함경북도 인민위원회 확대전원회의에서 한 연설, 1959년 3월 23일)」, 『김일성저작집』 13 (조선노동당출판사, 1981), 198-199쪽.

이후에도 북한 운영의 기본 방식의 하나가 되었다. 다만 '수령'의 현지지도와 이에 따른 근로자들의 '혁명적 열의'라는 것은 그 성격상 조직적이고 합리적인 경제운용 방식은 아니다. '수령'과 '인민'의 일차적 대면접촉에 의한 근로열의 창출이라는 현지지도 방식은 사실은 근로열의와 '수령'에 대한 충성심을 구별할 수 없도록 하는 방식이고, 이점에서 '수령'에 대한 충성과 이에 대한 '보답'이라는 인간 대 인간의 관계에 의한 경제운용이라는 측면에 현저히 가깝다. 이러한 경제운용 방식이 북한 사회를 일차적 인간관계가 확산되는 쪽으로 한층 더 이끌어 갔으리라는 것은 충분히 추론이 가능한 부분이다.

2) 동원의 조직화: 천리마운동

김일성 정권이 산업화를 시작할 당시 속도의 문제가 절박했음은 이미 본 바와 같다. 문제는 산업화를, 그것도 빠른 속도로 이룩하기 위해 필요한 자금의 조달방법이었다. 당시로서는 전후 복구기간 사회주의권 내부로부터 북한에 지원되었던 대규모 원조가 거의 끝나가는 시점이었고 언제 중단될지 모르는 형편이었다.[523] 소련은 소련 자신의 발전문제에 직면해 있었고, 중국도 대약진운동을 막 시작한 입장에서 국내경제에의 요구가 극히 큰 시점이었다.[524] 어느 면에서

---

523) 사회주의 국가들로부터의 원조액은 1953년에 975,450.9만원, 54년에 2,831,774만원, 55년에 2,336,196만원, 56년에 1,489,193.3만원 등으로 55년과 56년 사이에 크게 감소했으며, 북한의 국가수입에서 외국의 원조가 차지하는 비율은 1954년의 31.4%에서 55년의 21.6%, 56년의 16.5%, 57년의 12.2% 58년의 4.2% 59년의 2.7% 등 급격히 감소해 가고 있었다. Hyun, op. cit., p.174, 통일문제연구소, 『북한경제자료집 제2호』 (민족통일, 1989), 283쪽 등 참조

는 북한이 경제적으로 홀로 서야만 하는 상황이었다. 외부로부터의 원조에 의한 자금조달이 원활치 않다면 남는 방법은 당연한 논리로 내부로부터의 자금축적일 수밖에 없다. 북한 스스로가 가지고 있던 모든 인적자원과 물적 자원을 최대한 동원하는 방법을 뜻한다. 그것도 기술혁신에 따른 노동력 절약과 노동생산성 향상이 불가능한 북한으로서는 이를 보완하기 위하여 노동력공급의 절대량을 늘이는 방법에 의존하는 수밖에 없었다.[525] 북한은 이 문제를 "자립적 민족경제건설에서 요구되는 자금문제를 자체의 힘으로 푸는데 있어서 혁명적 군중로선을 관철하여 인민대중의 창조적 열성을 발양시키며 내부예비와 가능성을 최대한으로 동원"[526]하는 방법으로 풀었다고 자평한다. 보다 직접적으로는 "공업화에 요구되는 방대한 자금문제를 우리나라 근로자들의 창조적 적극성에 의거하여 내부 축적을 부단히 증대시키는 대책을 취함으로써 성과적으로 해결하였다."고 한다.[527] 즉 북한식 표현으로 군중노선에 의한 대중동원 방식으로 이 문제를 해결했다는 것이고, 그것이 바로 '천리마운동', '천리마작업반

---

524) Scalapino and Chong-Sik Lee, *Communism in Korea*, p.1219.

525) 박형중, 『북한적 현상의 연구』 (연구사, 1994), 46쪽.

526) 「자립적민족경제건설에서 이룩한 우리 당의 고귀한 경험」, 『근로자』 1979년 제10호, 45쪽. 이 점에서 천리마운동은 '자립', '자력갱생'과도 밀접한 관계를 갖는다. 사실 「천리마운동」과 '자립', '자력갱생'은 태생부터가 같다. 북한은 「천리마운동」이 1956년 말에 행한 김일성의 강선제강소 현지지도로부터 유래했다고 설명한다. 그러나 '천리마운동'의 기본정신이 제시된 것은 이 보다 조금 앞서 개최된 당중앙위원회에서의 일이고 바로 여기에서 '자력갱생' 용어도 선보였다.

527) 『기본 건설사업 발전을 위한 우리 당의 정책』 (조선노동당출판사, 1961), 20쪽.

운동'이다. 따라서 '천리마운동'은 북한 산업화 과정의 핵심 동인이
고 동시에 산업화의 조직적 표현이기도 하다.

1956년 12월 13일 당중앙위원회 전원회의에서 「보고」를 통해 김
일성은 '천리마운동'의 기본정신이 되는 두 가지를 제시한다. 속도
와 집단적 동원이 그것이다. 첫째, 속도의 문제와 관련하여, 가장
중요한 발전의 속도를 높이기 위해서는 "결코 느린 걸음으로 걸을
수 없으며 남보다 몇 배, 몇십 배 더 빨리 달려나가야 한다"는 것
이다.[528] 둘째, 집단주의적 방식의 동원과 관련하여서는, "당 중앙
위원회 위원들을 비롯하여 이 자리에 모인 동무들이 다 굳게 결의
를 다지었다고 하더라도 광범한 대중의 혁명적 열의를 불러일으키
지 않고는 다음해 계획을 성과적으로 수행할 수 없으며 사회주의
건설의 대고조를 이룩할 수 없"기 때문에 "사회주의건설에서 우리
의 승패는 지휘성원들이 인민대중을 어떻게 조직동원하는가에 크게
달려있다"는 것이다.[529]

김일성은 이 회의 이후 곧바로 천리마운동의 '고향'이 되는 강선제
강소로 현지지도를 나간다. 그리고 그곳 노동자들에게 당시의 어려
운 사정을 솔직히 설명한 후, "동무들이 다음 해에 강재를 1만톤만
더 생산하면 나라가 허리를 펼 수 있다"고 진심 어린 호소를 하는
가운데 그곳 노동자들이 새로운 혁신의 모범이 될 것을 주문한다.
즉 "강선제강소 노동계급은 당 중앙위원회 12월 전원회의결정을 높
이 받들고 집단적 혁신운동의 불길을 더욱 높이 추켜들어야 하겠습

---

528) 김일성, 「사회주의건설에서 혁명적대고조를 이룩하기 위하여」, 『김일
성저작집』 10 (평양: 조선노동당출판사, 1980), 408쪽.
529) 같은 책, 413-414쪽.

니다. 그리하여 그것이 우리나라 전체 근로자들을 사회주의건설의 대고조에로 불러일으키는 불길로 되게 하여야 하겠습니다.”[530]라고 주문한 것이다. 그 결과 연간 생산능력이 6만 톤이던 이 공장의 분괴압연직장에서 노동자들 스스로 9만 톤 생산을 결의하였고, 최종적으로는 12만 톤을 생산하였다고 한다.[531] 집단적혁신운동의 성과가 입증된 셈이다. 이에 이 운동은 “우리의 오랜 조상 때부터 빨리 달린다는 상징적 술어로 쓰여왔던”[532] 하루에 천리를 달린다는 말을 지칭하는 ‘천리마’라는 이름을 달고 새로운 대중운동으로 전개되기 시작하였다.[533]

‘천리마운동’은 북한에서 역대로 진행된 가장 큰 규모의 대중운동이다.[534] ‘천리마운동’은 당시 근로자들 사이에 상당한 반향과 성

---

530) 김일성, 「내부예비를 최대한으로 동원하여 더 많은 강재를 생산하자」, 같은 책, 464-471쪽.

531) 김일성, 「시, 군 인민위원회의 당면한 몇가지 과업에 대하여(시, 군 인민위원회 위원장강습회에서 한 연설(1958년 8월 9일)」, 『김일성 저작선집』 2 (평양: 조선노동당출판사, 1968), 175쪽.

532) 김일성의 표현. 『김일성 저작선집』 5 (평양: 조선노동당출판사, 1972), 47쪽.

533) 천리마운동은 발생시기와 동기, 방법, 정신 등 많은 면에서 중국의 대약진운동과 비슷한데 이 때문에 천리마운동은 대약진운동의 복사판이라는 평가를 받기도 한다. Ellen Brun and Jaques Hersh, op. cit., p.187. Scalapino and Chong-Sik Lee, op.cit., pp.1219-1221.

534) ‘대중운동’과 ‘군중노선’의 관계에 관해서는 ‘대중운동’이 “근로인민대중이 자기의 자주적 요구와 이해관계를 실현하기 위하여 벌리게 되는 집단적 운동으로서 그 주체는 다름 아닌 근로인민대중”인데 대해 ‘군중노선’은 대중운동의 조직지도방법일 뿐만 아니라 하위지도자들에게 혁명적 사업방법을 제시함으로써 인민대중으로 하여금 혁명과 건설에서 주인으로서의 책임과 역할을 다하게 하는 것“이라고 북한 스스로 개념을 구분하여 사용한다. 각각 최춘황, 「3대혁명붉은기 쟁취운동은 사회

과를 불러일으켰다. 김일성이 1958년 9월 8일 '인민공화국 창건 10
주년 기념대회'에서 "모든 공장과 기업소들에서 증산과 절약을 위
한 군중적 혁신운동이 벌어져서... 사회주의 건설의 모든 분야에서...
근로자들은 천리마를 탄 기세로 달리고"있으며, 이와 같은 "인민대
중의 앙양된 혁명적 기세는 우리가 방대한 5개년계획 과제를 훨씬
앞당겨 수행할 수 있다는 것을" 입증했다고 보고한 것은[535] 이에
기초한 자신감의 표현이었다. 이어 1958년 9월 당 중앙위 전원회의
는 「전체 당원들에게 보내는 붉은 편지」를 채택하여 당원들이 집
단적 혁신운동의 선봉에 설 것을 호소하였고, 김일성은 1958년 10
월과 1959년 2월 17일 두 차례에 걸쳐 다시 강선제강소를 현지지
도하며 천리마운동의 구체적 실천지침을 교시하는 등 이 운동은
북한 정권의 집중적인 독려 하에 점차 북한사회 전체의 운동으로
확산되어 나갔다.

천리마운동은 1959년 들어 중요한 전기를 맞는다. "천리마운동을
한 계단 더 높이 발전시키고 그것이 심화 발전된 형태"라는 「천리
마작업반운동」으로 전화된 것이다.[536] 천리마운동이 어느 정도는
불특정 대중을 동원하기 위한 슬로건, 자원에 의한 비조직적 노력
경쟁운동 등의 성격을 갖는 것이라면 천리마작업반운동은 작업반별
로 '천리마작업반'이라는 칭호 쟁취를 놓고 벌이는 조직적 경쟁운동

주의, 공산주의 건설을 다그치는 전인민적 대중운동」, 『근로자』 1987
년 제2호 538호, 71쪽, 리성준, 「주체사상과 군중로선」, 『근로자』 1980
년 제7호 459호, 11쪽. 류길재, 「「천리마운동」과 사회주의경제건설:
「스타하노프운동」 및 「대약진운동」과의 비교를 중심으로」, 최청호 등
『북한사회주의건설의 정치경제』 (경남대극동문제연구소, 1993), 57-58쪽.
535) 『김일성저작선집』 제2권, 200쪽.
536) 『천리마기수 독본』 (직업동맹출판사, 1963), 19쪽.

인 셈이다. 어느 한 단위가 통상적인 생산목표를 훨씬 뛰어넘는 성과를 올렸을 때 결과적으로 그 단위에는 각종 영예가 주어지지만 이와 관계없는 다른 단위들은 별다른 상관없이 지낼 수 있었던 것이 천리마운동이었다. 반면 천리마작업반운동은 한 작업반이 처음부터 특별히 높은 목표를 설정하며 천리마작업반쟁취운동에 등록을 하면, 그것을 달성할 경우에는 '천리마작업반'이라는 칭호와 함께 각종의 영예와 물질적 혜택이 따르지만537) 달성하지 못할 경우에도 그 과정에서 총력을 다해야 하는 것이고, 어느 작업반도 방관자로 남도록 방치해 두지 않는 것이었다. 사회주의 경쟁운동을 조직화한 것이다.

북한은 이에 더하여 이 운동을 생산증대의 도모를 넘어 모든 근로자들을 공산주의 사상으로 교양, 개조하는 운동으로 의미를 확대해간다. 천리마 작업반 운동이야말로 "전체 근로자들을 공산주의 사상으로 교양 개조함으로써 경제와 문화, 사상과 도덕의 모든 분야에서 온갖 낙후한 것을 쓸어버리고 부단한 혁신을 일으키며 사회주의 건설을 비상히 촉진시키는 우리들 수백만 근로자들 자신의 일대 혁명운동"이라는 것이 북한의 설명이다.538) 작업반이라는 단위를 생산뿐만 아니라 공산주의적 사상과 문화로 근로자들을 무장시키는 책임을 지는 기본 단위로 만듦으로써 위상을 키우고 결속력을 더욱 강화한 셈이다. 그 조직력과 결속력을 기반으로 북한의 지도부가 경제와 사상 등 모든 면에서 보다 용이하고 보다 강력하게 체제 전체를 이끌어갈 수 있게 되는 것임은 물론이다. 이것이

---

537) 물질적 혜택 중에는 농업부문의 경우 생산물 분배의 증가를 포함한다.
538) 같은 책, 머리말.

북한이 말하는 '심화 발전된 형태'라는 것이다. 이 점은 중요한 의미를 갖는다. 군중을 상대로 하는 자원에 의한 노력경쟁운동과 그것의 조직화는 전통적 조직과 인간관계에 대한 침투력이 다르기 때문이다.539) 북한은 대대적인 캠페인을 통해 거의 모든 작업반들이 천리마작업반칭호 쟁취운동에 가입하지 않을 수 없는 여건과 분위기를 만들어 나갔고,540) 그 조직 속에 들어있는 근로자 개개인들은 이제 조직적 경쟁운동의 소용돌이를 거부할 수도 피할 수 없는 상황에 빠지게 된 것이다. 이 점에서 이전의 천리마운동과 천리마작업반운동은 질적인 차이를 갖는다.541)

천리마작업반운동의 진원지는 역시 강선제강소였다. 김일성의 현지지도를 받은 직후인 1959년 3월 "강선제강소의 진응원 작업반원들이 《하나는 전체를 위하여, 전체는 하나를 위하여》, 《공산주의적으로 일하며 배우며 생활하자》는 구호를 들고 사회주의 경쟁의 가

---

539) Kenneth Lieberthal은 중국 천진시가 공산화된 이후의 현상들을 관찰한 결과 선전(propaganda), 대중동원(mass mobilization), 조직화(organization) 방식 가운데 조직화의 방법이 기층 사회에 미치는 침투력이 가장 강력하다고 분석한다. *Revolution and Tradition in Tientsin, 1949-1952* (Stanford, Cal.: Stanford Univ. Press, 1980) Conclusion 부분 참조

540) 예를 들어 '천리마작업반' 칭호를 쟁취한 작업반에서 우수한 기능인들을 인접 작업반으로 보내어 그 작업반으로 하여금 천리마작업반쟁취운동에 도전하도록 유도하는 방법 등으로 이 운동을 확산해 갔다.

541) 엄밀하게는 천리마작업반운동이란 천리마운동을 추진해 나가는 한 방법이라는 위상을 갖는다. 즉 천리마운동 속의 천리마작업반운동인 것이다. 예컨대 1972년 헌법에 반영된 천리마운동의 명칭은 북한이 심화된 형태라고 설명하는 천리마작업반운동이 아닌 천리마운동이었다. 그러나 천리마작업반운동이 대대적으로 확대되면서 그 구별은 점차 의미가 없게 되었고 천리마작업반운동이 천리마운동을 대신하는 것처럼 되었다.

장 높은 형태인 천리마작업반운동을 발기"한 것이다. 천리마작업반
운동이 북한의 주장과는 달리 지도층의 용의주도한 계획과 강제에
의해 비롯된 일방적인 동원운동이라는 인상을 지울 수 없게 하는
대목이다. '진응원 작업반원'들의 호소가 있자 이에 호응하여 "유평
의 벌목공들과 흥남의 비료 노동자들, 평양의 방직공들과 황철의
용해공들을 비롯하여 전국의 노동자들이 앞을 다투어 이 운동에
합류"[542]함으로써 이 운동은 조직화됨과 동시에 폭발적으로 확산되
기 시작한다. 김일성 자신은 "천리마운동이 보다 조직화된 형태인
'천리마작업반운동'이 공업에서 정식화된 것이 1957년부터이며…이
때부터 천리마작업반운동의 역사가 시작되었다고 보아야 할 것"이
라고 지적하나[543] 이는 천리마작업반운동의 기원을 다소 당겨 잡은
것이다.

　당초 공장·기업소 부문의 대중운동으로 시작된 천리마운동은
1960년 2월 김일성의 강서군 청산리에 대한 현지지도를 계기로 다
시 한번 '대중적 단계'로 확대발전 된다. 소위 '청산리방법'의 발원지
가 되기도 하는 이 현지지도를 받은 '강서군 청산협동농장 문정숙
동무가 사업하는 제1작업반원'들이 1960년 6월 4일 농업부문에서 처
음으로 천리마작업반 칭호 쟁취운동에 궐기하여 나섬으로써 이 운동
이 농업부문으로까지 확대되는 계기를 이룬다.[544] 이 일이 있은 지

---

542) 같은 책, 21-22쪽.
543) 김일성, 「사회주의건설의 위대한 추동력인 천리마작업반운동을 더욱
　　　심화 발전시키자(제2차 전국천리마작업반선구자대회에서 한 연설,
　　　1968년 5월 11일)」, 『김일성 저작선집』 5 (평양: 조선노동당출판사),
　　　49-50쪽.
544) 같은 책, 24쪽.

12일 후인 6월 16일의 노동신문은 각지 농업협동조합들이 천리마작업반 칭호 쟁취운동에 떨쳐나서고 있다고 전하며 "천리마를 탄 기세로 계속혁신 계속전진하자"고 독려하고 있다. 뿐만 아니라 이 운동은 건설, 운수, 상업, 문화, 교육 등 전 분야로 확산되어 나아가는 가운데 "생산과 기술 분야에서 보수주의와 신비주의, 온갖 소극적이고 침체한 것을 대담하게 짓부시고 계속 혁신을 일으키는 운동이며 사상과 도덕 분야에서 낡은 사회로부터 물려받은 온갖 부패하고 뒤떨어진 것을 결정적으로 쓸어버리고 새로운 공산주의적 사상과 도덕의 승리를 보장하는 역사적운동"545)으로 자리매겨지며 생산과 건설뿐만 아니라 문화·사상·도덕 운동, '사람들을 공산주의적으로 교양개조하는' 사업으로까지의 위상을 얻는다. 그리고 이것은 1972년 헌법에 '사회주의 총로선'으로 정리되어 나타난다.

천리마작업반운동이 한창이던 1960년 8월 현재 1만 788개의 작업반에 망라된 22만 7천 326명이 이 운동에 참가하였고 그 해 12월에는 22,080개의 작업반에 속한 38만 7천 412명이 참가하였다고 한다.546) 8월~12월의 4개월 사이에만 작업반 수와 참가인원 양면에서 거의 두 배로 늘어난 셈이다. 그리고 그 숫자는 이듬해 8월까지 2백만명 이상으로 늘어난다.547) 북한은 그 동인을 "1960년 8월 전원회의 결정과 전국회의에서 하신 김일성 동지의 강령적 교시를 실천하기 위한 전국 천리마 작업반 운동 선구자대회는 천리마작업

---

545) 김일성, 「천리마 기수들은 우리 시대의 영웅이며 당의 붉은 전사이다 (전국천리마작업반운동 선구자대회에서 한 연설, 1960년 8월 22일)」, 『김일성저작집』 14 (조선노동당출판사, 1981), 258쪽.
546) 『천리마기수독본』 (직업동맹출판사, 1963), 26쪽.
547) 『천리마운동과 북한 경제-북한 45년』 (금강서원, 1990), 355쪽.

반 운동의 새로운 발전 단계를 열어놓았"[548]기 때문으로 설명한
다. 그 결과 1960년도에 1만 7396명이 속한 766개의 작업반이 '천
리마작업반' 칭호를 부여받았고, 그 가운데서도 343명이 속한 14개
작업반은 '2중 천리마작업반' 칭호를 부여받았다고 한다.[549] 계기를
차치하고라도 이 시기 천리마작업반운동은 북한 사회 전 분야로
폭발적으로 확산되었다는 것을 읽을 수 있는 부분이다.

나. 산업화 추진 단위조직의 성격

천리마운동은 경제를 급속히 건설하고 인민대중을 김일성을 중심
의 새로운 체제로 인입해가기 위해 북한 당국이 벌인 대규모 동원
운동이었다. 이에 힘입어 북한은 1957년~1970년 기간동안 연평균
19.1%의 유래 없는 경제성장을 이루면서 사회주의권 내에서 '기적'
으로 받아들여지는 성과를 보인다.[550] 그 결과 북한은 산업화를 달
성하게 된다. 이렇게 보면 천리마운동은 북한 산업화의 견인차역할

---

548) 같은 책, 25쪽.

549) 『조선전사』 29권 180-188쪽.

550) Ellen Brun and Jacques Hersh, op, cit., p.282. 황장엽은 1958년이
'김일성이 일을 제일 잘 할 때'라고 평가하고 그가 그 해 호지명을
만났을 때 자신의 경험을 얘기하자 호지명이 "다른 데 가서 너무 그
런 얘기 하지 마라, 당신은 요순 임금과 같다, 그러니 자꾸 그런 얘
기를 하면 우리 인민들이 다 들고 일어나서 나는 내쫓겨난다"고 말
했다고 증언한다. 『나는 역사의 진리를 보았다』 (한울, 1999), 352쪽.

을 한 운동이었다. 따라서 천리마운동이 전통과 어떤 관계를 지니며 진행되었는가 하는 문제는 북한의 산업화와 전통의 관계에서 핵심적 위치를 차지하게 된다. 결론부터 말하자면 천리마운동은 명시적이거나 표면적이지는 않지만, 깊숙한 차원에서 전통과의 공조 속에서 진행되었다고 할 수 있다. 이를 구체적인 사례들 속에서 보자.

천리마운동이 진행된 기층 조직은 작업반이다. 군중이 조직되어 직접 생산활동을 진행하는 기층 단위, 그것이 곧 작업반이다. 우선 작업반의 구성을 보면, 북한은 천리마운동 혹은 천리마작업반운동이라 하여 새로이 작업반을 조직하거나 변형시키지 않고 기존의 작업반 조직을 그대로 활용하여 운동을 전개하였다. 이 운동의 목표가 빠른 경제건설에 있는 만큼 새로운 조직을 만들만한 여유가 없었을 것으로 여겨진다. 조직을 흩트려서는 새로운 조직이 정착될 때까지 성과를 기대할 수 없기 때문이다. 물론 북한 사회를 김일성을 중심으로 하는 새로운 사회로 만들기 위해서는 기존의 기초 조직을 재구성하는 방법이 가장 근원적인 방법이 되겠지만 그럴만한 정치적 여력도, 시간적 여유도 당시의 북한은 가지고 있지 않았다. 시급한 목표의 달성을 위해서는 기존 조직을 그대로 둔 채 이를 활용할 수밖에 없었다. 문제는 그 기층 조직의 성격이다.

공업부문의 천리마작업반은 학교를 졸업하고 새로 배치되는 인력들을 받아들여 구성되는 경우가 많았다. 그리고 이들 중 대부분은 공업화의 과정에서 농촌으로부터 옮겨온 노동자들이다. "우리 작업반에는 학교를 방금 졸업하고 배치되어 온 신입 노동자들이 많았습니다."라거나 "우리 작업반 성원들의 대다수는 해방 후 당과 수령의 따뜻한 품속에서 행복하게 배우며 아무런 근심걱정도 모르

고 고이 자란 어린 동무들이었다"는 등의 발언들551)이 이를 말한
다. 이때 이들이 가지고 있는, 자신이 떠나온 농촌부문과의 연계가
공업부문에서 어떻게 취급되었는가가 관심거리이다. 국가가 계획하
고 배치하는 사회주의 사회의 특성과 당과 수령에 대한 충성 일념
으로 이같은 관계는 무시되거나, 적어도 문제되지 않아야 마땅했을
것으로 추측된다. 이러한 개인적인 부분은 북한의 공식 문헌들에서
는 찾아보기 쉽지 않지만 공업부문으로 진출해간 노동자들의 고향
과의 연계가 작지 않다는 것을 부분적으로 엿볼 수 있게 하는 경
우도 있다. 두 가지 사례를 보자.

> 그는 처음으로 자기의 심정을 나에게 말하였다. 전쟁 기간에
> 원쑤놈들에게 부모를 학살당하였다는 것, 전후 고향인 운전에서
> 늙은 할머니와 어린 두 동생을 다리고 농사를 짓다가 작년에 신
> 의주 방직공장이 새로 일어 설 때 자원하여 공장에 왔다는 것,
> 그러나 막상 일을 시작해 놓고 보니 할머니와 두 동생 생각 때
> 문에 일이 손에 잘 잡히지 않는다는 것, 특히 동생들로부터 편
> 지를 받은 날에는 더욱 마음이 뒤숭숭해져 일이 더 안된다는 것
> 이였다. 나는 곧 이 사실을 작업반장과 직맹반장에게 알리고 그
> 들과 함께 해당한 대책을 토의하였다. 그리하여 우리는 어느 휴
> 일을 이용하여 명옥이네 집을 찾아 운전으로 갔다.552)

---

551) 제2차 전국 천리마 작업반운동 선구자대회(1968년 5월 9일)에서의 리
화순의 보고 및 주기철의 보고, 동 『문헌집』 (조선청년사, 1968),
139쪽 및 271쪽.

552) 신의주 방직 공장 정방 직장 천리마 작업반 선동원 리옥순, "참다운
공산주의적 집단으로", 『노동신문』 1960년 8월 26일자.

김순자 동무는 언제나 우울해 있으면서 일도 열성껏 하지 않고 있었습니다. 그는 동생한테서 편지만 오면 더욱 고민하였습니다. 순자의 어머니가 전쟁 때 적의 폭격에 의하여 희생된 후 그의 남동생은 계모의 슬하에서 자라나고 있습니다. 순자 동무는 동생한테서 계모에 대한 불평의 편지를 받고는 계모를 나무라는 편지를 썼습니다. 그러면 계모는 순자의 동생을 더욱 밉게 대하였습니다. 우리 직맹반에서는 협의회를 가지고 순자를 통하여 계모를 교양하도록 적극 방조하였습니다.[553]

우선 두 건 모두 직접적이지는 않지만 공업부문으로 흡수된 농업부문 인력이 농업부문과 적지 않은 관계를 여전히 가지고 있다는 것을 공개적으로 보여준다. 흔히 여겨지는 것처럼 북한 사회 내 인간관계 양태가 당과 정부의 지시에 따라 그렇게 분절적으로 변할 수는 없었다는 것을 새삼 일깨워지는 사례들이다. 그러나 더욱 중요한 것은 공업부문이 이와 같은 '관계'를 인정하고 있다는 점이고, 이를 공업부문에로 순조로이 흡수하기 위해 노력하고 있다는 점이다. 매우 긍정적인 사례발표이긴 하지만 새로이 구성된 공업부문이 전통부문에 대한 부정과 탈취가 아닌 조화와 균형 속에 상호 발전해 가려고 하는 경향을 읽을 수 있다.

이와 같은 경향에 구조적인 차원에서 기여한 것은 북한이 산업

---

553) 제1차 전국 천리마 작업반운동 선구자대회 원산 화학공장 석면 직장 직맹반장 김순금의 보고, 『노동신문』 1960년 8월 20일자. 이 밖에도 전쟁시기 헤어진 어머니의 소식을 몰라 우울하게 지내는 작업반원을 위해 집단적으로 달라붙어 어머니를 만날 수 있게 해준 이야기도 있다. 제2차 전국 천리마 작업반운동 선구자대회 리화순의 보고, 동 『문헌집』(조선청년사, 1968), 139쪽

화 과정에 정책적으로 각 지방에 중소규모의 경공업 공장을 대대적으로 건설했다는 점이다. 1958년 7월 당중앙위 전원회의에서 모든 지역에서 지방의 자원을 활용하여 경공업 제품 생산을 획기적으로 늘이는 전국적 운동을 벌일 것을 발기함으로써 비롯된 지방 경공업 공장 건설은 회의 후 몇 달이 되지 않아 천여개소의 지방공장을 건설하는 성과로 발전하였다. 여기에 5,600개의 경공업공장이 조업에 들어갔고, 곧 32,000개에 달하는 가동하지 않던 공장들이 재가동을 시작했다.[554] 그 결과 1961년도 지방 경공업 공장들에서의 생산량이 전체 소비재 생산량의 절반을 넘어섰다.[555] 지방 경공업 공장, 기업소들은 그다지 자본 투자를 하지 않고도 생산을 시작할 수 있고, 중공업에 비해 자본회수 기간이 짧다는 것 등의 장점이 있지만, 다른 한편으로는 지방, 농촌지역 사람들을 타지로 이동시키지 않고도 공업부문에 인입시킬 수 있는 장점도 가지고 있었다. 달리 말하자면 농촌지역 인구들이 자신의 생활환경을 바꾸지 않고도 공업부문에 종사할 수 있는 여건을 만들어주었다는 것이다. "북한이 농업과 공업계급의 차이를 없애고 계급으로서의 농민을 없앤다고 말할 때 그들은 향촌으로부터의 이탈이나 부산한 농촌공동체의 파괴를 의미하지 않는다"는 지적은[556] 이를 말한다. 이점을 고려하면 북한이 산업화되는 가운데서도 공업부문 근로자들의 상당부분은 사실 고향을 떠나지 않고 공업부문에 종사할 수 있었다는

---

554) 박룡성, 「지방 공업의 확고한 토대 축성과 새로운 발전 단계」, 『근로자』 1962년 9월(하) 제2호, 17쪽.

555) 같은 글, 19쪽.

556) Elen Brun and Jacques Hersh, op.cit., p.262.

것이다. 이 점이 산업화의 충격을 어느 정도 완화하고 아울러 부분적이나마 전통이 지속되는데 일정한 기여를 한 것으로 추론된다.

공업부문, 농업부문을 막론하고 작업반 내의 인간관계가 어땠는가는 더욱 중요한 관심사이다. 특히 작업반장과 작업반원의 관계는 북한 사회 내 정치관계의 축소판으로서 중요한 단서가 된다.[557] 이 점 역시 사실적인 재구성을 위해 기초자료를 확보하기 어려운 부분이지만 단서는 여러 곳에서 발견된다. 우선 천리마작업반쟁취운동 자체가 생산증대를 위한 것인 만큼 작업반장은 생산성이 가장 많은 청장년에서 맡는 경우가 많았다. 그 가운데 여성 근로자가 많은 방직공장의 경우는 여성이, 청장년이 빠져나간 협동농장의 경우에는 보다 나이 많은 구성원이 작업반장을 맡게 되는 것은 사정에 따른 것이었다. 그러나 어떤 경우에도 작업반장이 갖는 권한은 컸다. 협동농장의 경우 작업반장은 반원의 노력일수를 판정하는 권한을 가졌다. 어려운 일에는 1.5 노력일, 일을 열심히 하지 않았으면 0.85노력일 등을 매기는 식이다.[558] 노력일은 곧바로 소득 분배의

---

557) 공산주의 사회에서 작업장이 가지는 국가-개인의 접점으로서의 의미에 관해서는 Andrew Walder, *Communist Neo-traditionalism: Work and Authority in Chinese Industry* (University of California Press, 1986) ch.2 The Factory as an Institution, ch.3 The Party-State in the Factory, M. Burawoy, The Politics of Production: Factory Regimes Under Capitalism and Socialism (Verso, 1985) ch.2 등 참조.

558) 그 사례로 초산군 구룡 농업 협동 조합 6작업반장 백종선의 경우가 있다. "백종선 동무는 그날 작업 시간이 끝나 갈 무렵이면 조합원들이 일하고 있는 작업 장소에 찾아가 그들의 하루 작업을 질과 량에 의하여 정확하게 총화해 주군 한다. 처음에 고룡품 생산 분조에 들렸다. 문명희, 최창윤 등 분조원들은 자기의 작업 정량 대로 가마니를 많이 쳐 놓았다. 그런데 자세히 보니 가마니가 설피게 짜지고 질

근거로 그리고 개인의 생산성에 대한 평판으로 이어지기 때문에 작업반원 개개인들에게는 중요한 문제가 아닐 수 없다. 뿐만 아니라 작업반을 단위로 하는 사회주의 경쟁운동이 온 사회를 휩쓸고 이에 더하여 작업반 독립채산제 등 생산의 기초단위로서의 작업반의 위상을 정책적으로 한껏 올려놓은 상황에서 작업반을 이끌어 생산목표를 달성해야 할 책임을 맡은 작업반장의 작업반 내 위상, 작업반장과 작업반원 간의 관계는 쉽게 짐작이 가는 부분이다. 전횡이 나타날 수 있고, 독단이 생길 수 있으며 갈등이 돋아나기 매우 쉬운 상황이 아닐 수 없다. 그리고 그 경우, 생산성과 사회 정치적 안정 모두가 위협받을 수도 있다.

이에 김일성과 북한 당국은 매우 현명한 방침을 제시한다. 작업반장은 작업반원들을 다그쳐서 생산에 내몰 것이 아니라 스스로 모범이 되어 작업반원들이 감동을 받아 따라오도록 만들어야 한다는 것이다. 소위 '긍정적 모범'이다. 김일성은 1960년 3월 9일 김책공대 학생과 교직원을 상대로 한 연설에서 "긍정적 사실을 가지고 교양하는 것은 공산주의 교양에서 매우 좋은 방법"이라고 말하고 그 사례로 평양제사공장 천리마작업반장 길확실이 자기의 작업반을 천리마작업반으로 만들어 놓은 다음 자진해서 뒤떨어진 작업반으로 옮겨가 스스로 모범을 보이는 방법을 통해 그 작업반도 천리마작업반으로 만들었다는 것을 들었다.[559] 그리고 사람들을 긍정적 모

이 낮다. 작업의 량에 의하면 0.9 로력일씩 주어야 하지만 그렇게 줄 수 없었다.", 「작업반장의 하루」, 『노동신문』 1960년 3월 15일자.

559) 김일성, 「기술인재 양성사업을 더 잘할데 대하여(김책공업대학 교직원, 학생들 앞에서 한 연설, 1960년 3월 9일)」, 『김일성저작집』 14 (조선노동당출판사, 1981), 177쪽.

범으로 교양하는 것이 노동당의 새로운 교양방법임을 밝히고 강압적인 방법이 아니라 꾸준한 설복과 긍정적 모범으로 사람을 교양할 것을 지속적으로 주문한다.560) 김일성이 말하는 '以身作則'과도 통하는 이 주문은 이후 작업반장들의 행동의 지침이 되고 이로 인한 성공사례들이 쏟아진다. 이에 김일성은 "지금 천리마기수들은 어떤 수단으로도 고칠 수 없다던 사람들을 긍정적 감화의 방법으로 얼마든지 좋은 사람으로 선진분자로 개조하고 있다"며 "긍정으로 부정을 감화하는 방법이 매우 힘있는 교양방법이라는 것이 생활에서 이미 확증되었다"고 자신감을 피력한다.561) 사실상 1960년의 제1차 및 1968년의 제2차 전국 천리마작업반 대회는 이와 같은 사례들의 발표장이었다 해도 과언이 아니다. 그 외에도 노동신문은 수많은 '긍정적 모범' 혹은 '긍정적 감화'의 사례들을 소개하고 있다. 이는 산업화 과정에서 야기되는 낯선 배경을 가진 사람들의 집합 속에서 나타나는 갈등을 조화롭게 풀어가며 생산성 향상으로 연결시키는 훌륭한 방법이기도 하다.

이에 힘입어 각 작업반내의 인간관계 특히 작업반장과 작업반원의 관계는 상사와 부하의 관계라기보다는 유사 가족과 같은 관계로 유도된다. 실제 사례들을 보자.

---

560) 김일성, 「천리마시대에 맞는 문학예술을 창조하자(작가, 작곡가, 영화부문일군들과 한 담화, 1960년 11월 27일), 『김일성저작집』 14 (조선노동당출판사, 1981), 455-456쪽.

561) 「청소년교양에서 교육일군들의 임무에 대하여(전국교육일군열성자대회에서 한 연설, 1961년 4월 25일)」, 『김일성저작집』 15 (조선노동당출판사, 1981), 89쪽.

간부들은 항상 어머니와 같은 심정으로 반원들을 따뜻이 대하며 그들의 애로를 적극 해결해주고 그들의 생활에 대하여 깊은 배려를 돌리고 있다. 어느 한 반원이 일하러 나오지 못했을 때는 의례히 그의 집을 찾아가 그를 극진히 위로하고 타이르며 그가 앓아 누었을 때는 육친의 애정으로 간호해준다... 반원들은 당 정책 관철을 위하여 주야로 분투하고 있는 간부들에게 조금이라도 근심을 시켜서는 안된다고 모든 일을 자각적으로 해나가며 간부들의 살림살이에 대하여서도 세심한 관심을 돌리고 있다.[562]

더우기 그 동무가 《소대장이 그럴 줄 몰랐다》고 하면서 나무람한다는 것을 알게 되었을 때 나는 그를 일깨워주어야 했으며 《귀여운 자식일수록 엄하게 길러야 한다》는 속담 그대로 그에 대한 원칙적 교양을 강화하기 않을 수 없었습니다.[563]

작업반장은 많은 권한을 가지면서 작업반원들을 자식과 같은 태도로 돌보는 가운데 솔선수범하여 일을 해냄으로써 작업반원들을 따라오게 하고, 작업반원은 작업반장을 존경과 믿음으로 따르는 관계, 이것이 천리마작업반운동이 요구했던 우수한 작업반의 모습이다. 그 분위기가 주는 힘이 불가능한 생산목표를 달성하고 소위 '공칭능력'이 가볍게 여겨지는 놀라운 생산성 향상의 사례들이 나타

---

562) 「당원들과의 사업, 대중들과의 사업이 가져 온 빛나는 결실-강서군 학송 농업 협종 조합 제4작업반 당단체에서」, 『근로자』 1961년 3호, 28-29쪽.

563) 김원건, 「천리마작업반운동을 심화발전시켜 전사회의 혁명화, 노동계급화를 촉진시키겠다」, 『제2차 전국 천리마 작업반운동 선구자대회 문헌집』 (조선청년사, 1968), 165-66쪽.

나게 됨으로써 짧은 기간의 공업화 달성과 높은 수준의 경제발전
이 계속되게 하는데 하나의 추진력이 되었을 것으로 여겨진다.

한 가지 덧붙일 것은 북한 정권이 천리마운동을 진행하는 동안
농촌에서 조직활동의 무게를 보다 작은 단위로 옮기게 되는 두 가
지 조치를 취했다는 점이다. 모두 생산성 향상을 위한 조치였겠으
나 그 부수 효과로 대면 인간관계가 온존될 수 있는 조건을 형성
해주었다는 점에서 전통 차원의 의의를 가지는 것들이다. 1960년 4
월부터 시작된 작업반 독립 채산제와[564] 1965년 5월에 창설된 분
조관리제의 도입이 그것이다.[565]

농촌의 경우 협동농장 내에 분야별로 몇 개의 작업반이 조직되
어있다. 농산작업반의 경우 50~100명, 축산작업반의 경우 5~10명
정도의 인원이 여기에 포함된다.[566] 협동농장 자체는 300가구, 약
1500명 정도의 주민으로 구성된다. 이 가운데 농민들의 생활은 몇
가족이 어우러진 작업반과 행정차원의 협동농장을 축으로 영위된
다. 특히 행정차원의 생활단위가 되는 협동농장은 1958년의 리단위
통합으로 더욱 큰 단위가 되어있었다. 문제는 단위가 커진 이들 협
동농장의 생산성이 답보를 거듭하고 한계를 드러낸 것이었다. 이에

---

564) 「작업반 독립 채산제의 우월성은 실생활에서 실증되고 있다」, 『노동
신문』 1960년 8월 28일자. 이 글은 "국가 농목장들에서 작업반 독립
채산제를 실시할 데 대한 김일성 동지의 지시에 의하여 평양 력포
목장에서는 금년 4월부터 처음으로 작업반 독립 채산제를 실시하였
다."고 쓰고 있다.

565) 『천리마운동과 북한경제』, 105쪽.

566) Mun Woong Lee, *Rural North Korea Under Communism: A Study of
Social Change*, Rice University Studies Vol. 62, No.1 Winter 1976,
pp.37-38

북한 당국은 생산의 책임 단위를 대폭 줄이고 여기에 경제적 인센티브를 주는 '작업반 독립 채산제'를 도입한다. 작업반 독립 채산제는 북한의 설명에 의하면 "매개 작업반들에서 노력, 토지, 농기계, 역축, 자금 등을 합리적으로 이용하여 생산 경영 활동을 책임적으로 조직 진행하며 일체 생산비를 제외한 년간 수입으로 작업반 성원들이 로임을 현재의 노임수준보다 훨씬 높은 기준에 의하여 지불하고 그 나머지 부분은 확대 재생산을 위한 일정한 축적을 남기고는 모두 작업반 성원들에게 상금으로 나누어주는 것"[567]이다.

생산의 중심단위를 작업반으로 축소한 5년 후 북한은 다시 단위를 더욱 줄이는 조치를 도입한다. 분조관리제이다. 분조관리제란 작업반의 하위조직으로 20-30명으로 이루어진 분조에[568] 토지·노동력·농기구 등을 구비하고 국가계획에 따라서 각 분조마다 수확기준을 정하고, 책임량의 수행상황에 근거하여 분조원들의 노동일수를 평가하고 노동일수에 따른 분배를 행하는 노동과 생산조직 형태이다.[569] 20-30명은 몇 개의 가족으로 구성할 수 있는 숫자이다. 모두가 생산에서 노동자들의 노력적 열의를 불러일으키기 위한 조치들이었지만 그 과정은 곧 생활과 생산의 단위가 대규모 협동농장으로부터 작아져 대면적 인간관계가 성립할 수 있는 규모로 환

---

567) 「작업반 독립 채산제를 정확히 실시하기 위하여」, 『노동신문』 1960년 3월 18일자.

568) 김일성은 20-30명으로 이루어진 분조가 수가 많다며 앞으로 토지정리가 잘 되고 기계화가 실시되면 그 수를 줄여야 된다고 말하고 있다. 「분조관리제를 정확히 실시하며 농업생산에서 새로운 앙양을 일으킬데 대하여(1968년 2월 14일, 전국농업일군대회에서 한 결론)」, 『김일성저작집』 22 (조선노동당출판사, 1983), 25쪽

569) 『천리마운동과 북한 경제』, 104쪽.

원되는 과정이기도 하였다. 이것은 거꾸로 보아 일차적 인간관계의 장점을 최대한 생산성 향상에 적용하려는 조처로 해석될 수 있다. 생산증대의 급박성이 전통적 인간관계가 온존, 부활하는데 적합한 환경을 조성해준 것이다.

다. 동원의 논리

산업화 과정에서 전통적 요인이 비교적 드러나게 활용된 부분은 전 '인민'을 동원하여 천리마운동을 이끌어가기 위해 김일성이 동원한 '동원의 논리'에서이다. 김일성은 천리마운동을 "경제문화건설에서의 집단적 혁신과 근로자들을 교양 개조하는 사업을 유기적으로 결합시킨 대중적 운동"이라고 정의한다.[570] 좀더 실천적인 차원에서는 "사람들을 공산주의사상으로 교양하며 집단적 영웅주의와 집단적 혁신에로 불러일으키는 공산주의적인 대중적대진군운동"이 된다.[571] 이에 따르면 천리마운동을 꿰뚫는 두 축은 근로자들의 집단적 혁신 및 이들에 대한 교양개조가 된다. 이 가운데 집단적 혁신은 산업화와의 관련에서 보다 직접적인 목표가 되는 반면, 근로자

---

570) 「조선민주주의 인민공화국에서의 사회주의 건설과 남조선혁명에 대하여(인도네시아 알리 아르함 사회과학원에서 한 강의, 1965년 4월 14일)」, 『김일성저작집』 19 (조선노동당출판사, 1982), 315쪽.
571) 김일성, 「사회주의 건설의 위대한 추동력인 천리마작업반운동을 더욱 심화발전시키자(제2차전국천리마작업반운동선구자대회에서 한 연설, 1968년 5월 11일)」, 『김일성저작집』 22 (조선노동당출판사, 1983), 257쪽.

들의 교양 개조는 집단적 혁신을 가져오는 촉매로서의 역할과 나아가서는 북한 '인민' 전체를 공산주의가 요구하는 인간형으로 만들어 가기 위한 수단으로서의 위상이 부여된다. "근로자들에 대한 공산주의 교양을 강화함으로써 그들로 하여금 노동에서 자각적인 열성과 헌신성을 발휘케한다"는 논리이다.[572] 따라서 정권으로서는 결과로서의 집단적 혁신도 중요하지만 혁신을 촉발시키는 폭넓은 인간개조 기제로서의 교양개조 쪽에 더 큰 비중을 둘 수밖에 없을 것이다. 실제 천리마운동이 진행되어 간 과정을 보면 처음 직접적인 생산성향상 독려를 시작으로 점차 근로자들의 교양 개조에 보다 더 무게가 실려 가는 것을 확인할 수 있고, 북한은 이를 운동이 '심화 발전'되어갔다고 표현한다.

근로자들의 집단적 혁신이란 간단히 작업반 단위로 종전에 비해 훨씬 높은 생산성을 올리도록 하는 것을 말한다. '혁신'이라는 말의 뜻처럼 단순한 증가 정도가 아니라 획기적인 증대를 요구하는 것이다. 그러자면 기존의 각오와 방식으로는 기대에 부응할 수 없다. 보다 적극적인 열의, 보다 창조적인 발상이 요구되며, 반대로 소극성이나 보수주의와 같은 태도는 타파해야 할 대상이 된다. "보수주의와 소극성, 침체를 반대하는 사상투쟁을 힘있게 벌여야 하며 근로대중의 혁명적 열의와 창조적 적극성을 높이 발양시켜야 한다"는 주문은 이 점을 말한다.[573] 한편 '집단적' 혁신을 요구하고 있는 점은 정치적 의미에서의 '집단주의'의 반영으로 향후 사회정치적생명체론

---

572) 『천리마 기수 독본』 (직업동맹출판사, 1963), 17쪽.

573) 「당과 혁명에 충실한 근로대중의 선봉투사가 되어야 한다(중앙당학교 3년제반 제1회졸업식에서 한 연설, 1958년 8월 18일)」, 『김일성저작집』 12 (조선노동당출판사, 1981), 437쪽.

으로도 연결되는 중요한 흐름이기도 하지만, 동시에 북한의 천리마 운동을 소련의 스타하노프운동과 구별짓는 특징의 하나이기도 하다. 북한이 시종일관 작업반을 단위로 하는 혁신, 이에 따른 보상 등의 방침을 견지한 반면 소련의 경우에는 기본적으로 개인적 경쟁이며 공업부문의 노동자들에게 한정되는 것이었기 때문이다.[574]

혁명적 열의나 창조적 적극성이 곧바로 생산성의 획기적 증대를 가져오는 것이라면 그들 자체를 촉발시키는 것은 근로자들에 대한 교양개조 사업이다. 이를 김일성은 "사회주의를 건설하는 사업은 결코 만세나 불러 가지고는 되지 않으며 이 투쟁에 전체 당원들과 근로대중을 적극 조직 동원하여야 합니다. 그러자면 당원들과 근로대중 속에서 계급교양사업을 더욱 강화하여야 하며 그들을 공산주의 사상으로 튼튼히 무장시켜야 합니다"라고 정리한다.[575] 즉 사회주의를 건설하려면 근로대중을 동원해야 하고, 근로자들을 동원하려면 그들을 계급교양, 공산주의 사상으로 교양개조 해야 한다는 논리이다. 바로 여기에서 두 가지 문제가 추가로 발생한다. 하나는 교양개조를 어떤 방법으로 할 것이냐 하는 방법의 문제와 계급교양, 공산주의 사상은 구체적으로 무얼 지칭하는가 하는 내용의 문제이다.

근로자들에 대한 교양개조의 방법에 대해 김일성은 한마디로 '정치적 방법'을 제시한다. 명령만 해 가지고는 근로자들을 동원하기 어려우므로 그들에 대해 스스로 모범을 보이는 긍정적 감화의 방

---

574) 류길재, 「천리마운동과 사회주의 경제건설: 스타하노프운동 및 대약진운동과의 비교를 중심으로」, 최청호, 고현욱 등 『사회주의 건설의 정치경제』 (경남대학교극동문제연구소, 1993), 54쪽.

575) 김일성, 「개천군 당단체들의 과업(개천군당대표회에서 한 연설, 1956년 2월 5일)」, 『김일성저작집』 10 (조선노동당출판사, 1980), 62쪽.

법, 설복과 해설교양의 방법, 동지적으로 서로 도와주는 방법 등[576) 소위 '사람과의 사업'을 동원할 것을 요구하고, 이것을 통칭 '정치적 방법'이라고 규정한다. "광범한 인민대중이 혁명투쟁에 참가하여야 하며, 정치적 방법으로 인민대중을 혁명투쟁에 조직 동원하여야 한다"는 것이다.[577) 현장에서의 이와 같은 정치적 방법은 곧 산업화 자체의 정치적 방식에 의한 추진과 조응한다. 근로자들을 직접 '쟁취'하기 위한 정치적 방법은 전체적인 차원에서는 정치 우위의 추진방식으로 귀결되고, 당 우위, 정치 우위의 전체적 추진방식은 또한 현장의 정치화로 연결되는 것이 당연하다는 점에서이다. 이 점에서 '정치적 방법'에 의한 근로자들의 교양개조는 혁명적 군중노선과 연계를 가지며, 그것의 하나로 "웃 기관이 아래 기관을 도와주고, 웃 사람이 아래 사람을 도와주며 늘 현지에 내려가 실정을 깊이 알아보고 문제해결의 올바른 방도를 세우며 모든 사업에서 정치사업, 사람과의 사업을 앞세운다"는 것을 기본으로 하는 소위 '청산리정신, 청산리방법'과도 맥을 같이 한다.[578)

김일성의 '정치적 방법' 요구가 곧바로 산업현장으로 침투되어 들

---

576) "오직 설복과 교양의 방법으로 사람들을 개조하고 동지적 우애와 공산주의적 호상방조로써 모든 일을 훌륭히 하고 있습니다" 김일성, 「천리마기수들은 우리 시대의 영웅이며 당의 붉은 전사이다(전국천리마작업반운동선구대회에서 한 연설, 1960년 8월 22일)」, 『김일성저작집』 14 (조선노동당출판사, 1981), 259쪽.

577) 김일성, 「평안남도 당단체들의 과업에 대하여(평안남도당위원회 전원회의에서 한 결론, 1960년 1월 7일)」, 『김일성저작집』 14 (조선노동당출판사, 1981), 8쪽.

578) 김일성, 「조선노동당창건 스무돐에 즈음하여(조선노동당창건 스무돐 경축대회에서 한 보고, 1965년 10월 10일)」, 『김일성저작집』 19 (조선노동당출판사, 1982), 507쪽.

어갔으리라는 것은 의심의 여지가 없다. 우선 천리마 작업반원들이 교과서로 삼았던 『천리마 기수 독본』은 "모든 사업에서 정치사업을 선행시키며 근로자들에 대한 공산주의 교양을 강화함으로써 그들로 하여금 노동에서 자각적인 열성과 헌신성을 발휘케"할 것을 요구하였다.[579] 사실 '정치적 방법'에 의한 설득과 그 결과로 목표를 달성했다는 사례는 북한의 매체에 소개된 천리마운동 성공담 가운데 가장 보편적인 테마의 하나였다. "선동사업이 바로 사람들의 실생활에 깊이 파고 들어감으로써 우리 작업반 내 동무들은 한마음 한뜻으로 매일 자기 계획을 넘쳐 수행하고 있다"는 보고,[580] 작업반장이 작업반원에게 입학원서를 직접 가져다 주며 기술학교에 입학하도록 설득한 끝에 입학을 회피하던 그와 그 작업반이 모두 입학에 동의하게 되었고, 결과적으로 기술 수준이 높아지고 생산수준이 크게 향상되었다는 사례 등[581] 수많은 일화들이 여기서 비롯된다.

한편 계급교양, 공산주의 교양의 구체적인 내용으로 김일성이 제시한 것은 당정책교양과 사회주의 애국주의 교양, 혁명전통 교양 등이다. 당초 직접적 생산성 독려로부터 공산주의 교양으로 중점이 전이되기 시작한 초기의 내용은 이와는 다소 달랐다. 이때는 자본주의에 대한 공산주의의 우월성, 특히 북한과 남한의 대비, 개인주의와 이기주의 반대, 사회주의적 애국주의와 프로레타리아 국제주의, 노동을 사랑하는 정신 등 다소 원칙적이며 다소 산만한 것들이

---

579) 『천리마 기수 독본』(직업동맹출판사, 1963), 17쪽.

580) 신의주 방직 공장 정방 직장 천리마 작업반 선동원 리옥순, 「참다운 공산주의적 집단으로!」, 『노동신문』 1960년 8월 26일자.

581) 「8월 확대 전원회의 결정을 받들고 모두가 기사, 기수로!」, 『노동신문』 1960년 8월 18일

었다.582) 이러던 것이 운동이 '심화'됨에 따라 앞의 내용으로 점차 정제되어가며 중점이 모아져 갔다. 이 가운데 당정책교양은 당의방침을 근로자들에게 해설하여 전달하는 것으로 다소 성격을 달리하는 것으로 간주한다면, 근로자들을 집단적 혁신으로 동원하기 위해 김일성이 내세운 '교양'의 실체는 사회주의 애국주의와 혁명전통이 되는 셈이다. 김일성은 이중 집단적 혁신을 위해 사회주의 애국주의 교양이 필요한 이유를, 근로자들이 자기의 사회주의 조국을 사랑하며 자기 나라를 부강하게 만들려는 생각을 가져야 다른 나라만 쳐다보는 사대주의적 경향을 갖지 않게 되고, 그래야만 질 좋고 쓰기 편한 물건을 자체로 만들어내기 위한 투쟁도 적극적으로 벌이고, 상품을 다른 나라의 것보다 더 좋게 만들려고 노력도 하게 된다는 것으로 든다.583) 근로자들을 직접적으로 자극하기에는 다소 논리가 먼 측면이 있으나, 이미 이때는 사회주의 애국주의가 북한 사회 전체에 널리 확산되고 있는 터여서 연계가 가능했을 것이다.

이보다 더욱 직접적으로 강조된 내용이 '혁명전통'이다. 빨치산들이 극도로 어려운 환경 속에서 생활하고 투쟁했던 '신화'를 반복 주입하고 모범으로 삼게 함으로써 근로자들이 어려운 상황 속에서도 스스로의 힘으로 목표를 달성할 수 있는 신념을 갖도록 하려는 것이었다. 김일성은 산업화, 천리마운동과 관련하여 혁명전통 교양

---

582) 김일성, 「공산주의교양에 대하여(전국 시, 군 당위원회 선동원들을 위한 강습회에서 한 연설, 1958년 11월 20일)」, 『김일성저작집』 12 (조선노동당출판사, 1981), 592-599쪽.

583) 김일성, 「공장당위원회사업을 강화하며 천리마작업반운동을 더욱 발전시킬데 대하여(조선노동당 중앙위원회 제4기 제6차 전원회의에서 한 결론, 1963년 5월 15일), 『조선노동당출판사, 1982), 311-312쪽.

을 지속적으로 요구하였다. 기술자들이 어려운 일에 부딪혔을 때 동요하거나 주저하거나 하는 현상을 방지하기 위해서도 기술자들에 대해 혁명전통교양을 계속 꾸준히 진행할 것을 요구하였고,[584) 농민들에 대해서도 공산주의 교양을 당정책교양과 혁명전통교양을 밀접히 결부시켜 진행하라고 요구하였으며,[585) 천리마기수들은 항일빨치산의 혁명전통을 훌륭히 이어받은 집단으로 규정하였고,[586) 1965년의 신년사에서까지 "근로자들에 대한 공산주의 교양을 혁명전통교양과 결부하여 더욱 강력히 진행하라"고 주문하였다. 이것이 천리마운동 선구자 대회의 분위기에도 그대로 투영되어 "천리마 기수들은 당정책학습과 혁명전통 학습을 생활화하여...", "천리마작업반들에서는 혁명전통교양과 계급교양을 기본으로 하는 공산주의 교양, 사회주의적 애국주의 교양을 강화함으로써" 등 혁명전통교양이 반복적으로 강조되었다.[587)

이에 수많은 노동자, 농민, 인테리들이 천리마작업반운동에 참가하게 되었으며, 과거 뒤떨어졌던 사람들도 적극분자가 되어 모두가 서로 도우며 힘든 일에 앞장서기를 다투게 되었다고 한다.[588) 굳이

---

584) 김일성, 「기술혁명을 성과적으로 수행할데 대하여(조선노동당 중앙위원회 전원회의에서 한 결론, 1960년 8월 11일)」, 『김일성저작집』 14 (조선노동당출판사, 1981), 212쪽.

585) 「우리나라 사회주의 농촌문제에 관한 테제(조선노동당 중앙위원회 제4기 제8차 전원회의에서 채택, 1964년 2월 25일」, 『김일성저작집』 18 (조선노동당출판사, 1982), 219쪽.

586) 「천리마기수들은 우리 시대의 영웅이며 당의 붉은 전사이다」, 앞의 책, 259쪽.

587) 제2차 전국 천리마 작업반운동 선구자대회(1968년 5월 9일) 당중앙위원회 축하문 및 직총중앙위원회 전창철의 보고, 동 『문헌집』 (조선청년사, 1968), 52쪽

이와 같은 회고가 아니더라도 당시 생산 과정에 어려움에 봉착하여 혁명전통을 다시금 되새겨보고 용기를 얻어 목표를 달성할 수 있었다는 수기들은 거의 틀에 박힌 사례발표의 형식처럼 되어있었다. 그중 실례를 하나 보자.

> 이렇게 되다 보니 우리들 자체 내에서도 자신심이 적은 동무들은 동요하였습니다. 그러나 이때 저는 두 가지의 힘을 잊지 않았습니다. 그것은 첫째로 어떠한 곤난 앞에서도 굴할 줄 모른 항일 빨찌산들의 혁명 정신을 본받아 이를 실지 사업에 구현하면 못할 일이 없다는 것과 또 하나는 우리에게는 당이 있어 당은 반드시 기계화 정책을 받들고 일어 선 우리를 이끌어 줄 것이라는 확신이었습니다.[589]

한편 북한이 근로자들을 동원하기 위해 사용한 또 하나의 소재는 '피포위의식'과 '남조선 인민들이 당하는 고통'에 대한 동포로서의 책임의식이었다. 동원을 위한 논리의 배경으로도 해석되는 이 소재는 산업화의 절박성, 혁신적 근로의 필요성을 근로자들에게 각인시키는데 상당한 효과를 발휘했던 것으로 보인다. 사실 북한의 산업화, 천리마운동이 진행되던 기간 동안 북한이 처한 상황은 매우 엄중했다. 1961년에 남한에서는 쿠데타가 일어나 군사정부가 들어섰고 1962년의 쿠바 미사일 사태에서는 미국의 강력한 의지가

---

588) 김일성, 「조선노동당 제4차대회에서 한 중앙위원회사업총화보고(1961년 9월 11일)」, 『김일성저작집』 15 (조선노동당출판사, 1981), 274, 294쪽.
589) 제1차 전국 천리마작업반 선구자대회 평양시 남구역 건설 트레스트 천리마 작업반장 리명원의 보고, 『노동신문』 1960년 8월 20일자.

천명되었다. 뿐만 아니라 중소관계가 악화되는 가운데 미국은 인도차이나에서 전쟁을 확대해가고 있었고 소련은 그런 미국과 화해를 모색하고 있었다.[590] 북한이 대외적으로 위기의식을 느낄만한 충분한 근거가 있었다. 북한 당국은 위기상황 속에서 혼자 서기 위해 경제건설에 매달렸다. 근로자들에게 위기상황임을, 그 극복을 위해서는 보다 열심히 일해서 하루빨리 경제를 건설하는 길 뿐 임을 알리고 설득하는데 게으르지 않았다. "이러한 때에 우리 당은 우리 혁명의 주력부대이며 당의 믿음직한 보위자인 노동계급밖에 믿을 데가 없었습니다"라는 김일성의 회고가 이것을 말한다.[591] 이와 함께 김일성은 궁극적으로 이 모든 것이 부패와 생활고 속에 고통당하는 남조선 인민들을 구원하기 위한 것이라는 점을 강하게 부각시킨다. "많은 공장 기업소들이 우리 조국강토에서 미제국주의자들을 몰아내고 하루 빨리 조국을 통일하려는 불같은 염원으로부터 출발하여 더 많은 과제를 줄 것을 제기하여 나섰으며 그 결의를 훌륭히 수행하였습니다"[592]라는 김일성의 발언이 이를 보여준다. 각종 근로자들의 각오 천명에서도 남조선 주민을 구제하겠다는 의지가 표시된다. '통혁당'의 책임자였던 김종태의 이름을 붙여 김종태전기기관차 공장을 명명한 것도 같은 맥락에서였다. 애국심과 민

---

590) Ellen Brun and Jacques Hersh, op. cit., p.280.

591) 김일성, 「사회주의 건설의 위대한 추동력인 천리마작업반운동을 더욱 심화발전시키자(제2차전국천리마작업반운동선구자대회에서 한 연설, 1968년 5월 11일), 『김일성저작집』 22 (조선노동당출판사, 1983), 260쪽.

592) 김일성, 「사회주의경제의 몇가지 리론문제에 대하여(과학교육부문일군들이 제기한 질문에 대한 대답, 1969년 3월 1일)」, 『김일성저작집』 23 (조선노동당출판사, 1983), 450-451쪽.

족주의라는 보다 깊은 동기, 보다 큰 이념에 호소하여 근로자들을 끌어가려 한 것이다.

이렇게 보면 김일성이 산업화 과정에서 근로자들을 동원하기 위해 활용한 정서는 결국 긴 논리를 거쳐 사회주의적 애국주의, 특히 혁명전통으로 귀결된다. 방법, 배경 등과 같은 부분을 논외로 하자면 순수히 근로자들의 근로 동기부여를 위해 김일성이 동원한 소재의 핵심은 사회주의적 애국주의와 혁명전통이라는 것이다. 그리고 그 가운데서도 혁명전통 부분은 점차 비중을 더해 1960년대 후반 이후에는 압도적인 위치를 차지하게 된다. 문제는 혁명전통이라는 것의 구조가 자력갱생, 고난극복에만 있는 것이 아니라 앞서 본 바와 같이 지도자에 대한 충성과 동지들간의 우애 등 나름대로의 구조를 가지고 있다는데 있다. 근로자들에게 고난극복의 신념과 힘을 주기 위해 혁명전통을 주입하였지만 그 과정에서 혁명전통의 다른 부분들도 자연스럽게 근로자들에게 주입되었다. 또 그것이 김일성을 비롯한 북한의 지도부가 의도했던 바였을 것이다.

김일성과 북한의 지도부는 여기서 한걸음 더 나아간다. 그들은 동기부여를 넘어 북한의 모든 근로자들로 하여금 그들이 의도했던 이와 같은 정신을 체화하도록 요구했다. 그리고 이를 충실히 구현한 근로자를 '공산주의적 인간'으로 형상화하며[593] 모든 근로자들을 이러한 인간형으로 교양 개조시키고자 했다. 그들은 이 사업을 '인간개조사업'이라고 불렀다.[594] 따라서 '심화발전'된 형태의 천리마운

---

593) 김일성, 「천리마 기수들은 우리 시대의 영웅이며 당의 붉은 전사이다」, 앞의 책, 257쪽.

594) 김일성, 「조선노동당 제4차대회에서 한 중앙위원회사업총화보고(1961년 9월 11일)」 앞의 책, 202쪽.

동은 '모든 사람들을 새로운 공산주의적 인간으로 개조하는 훌륭한 대중적 교양의 방법'으로, '사람을 교양개조하는 공산주의 학교'로595) 변모되었다. '인간개조사업'은 사회주의교육에도 반영된다. 후일 완성된 북한 교육의 최고 헌장인 「사회주의교육에 관한 테제」는 학생들에게 무엇을 교육시켜야 할 것인가 하는 부분에 있어 주체사상 교육을 최우선으로 제시하며, "학생들을 주체사상으로 무장시키기 위하여서는 당정책교양과 혁명전통교양을 강화하여야 한다"고 하고 있다.596) 사회주의 교육의 핵심 내용도 혁명전통인 것이다.

이렇게 보면 북한의 산업화 과정에서 동원의 핵심논리 혹은 정서는 혁명전통이었고, 산업화를 이끌어갈 인간형으로 북한 정권이 형성하고자 했던 인간형도 혁명전통으로 충만한 인간이었던 것이다. 결국 북한의 김일성 정권이 산업화 과정에서 혁명전통을 동인으로 활용함으로써 직접적으로든 간접적으로든, 의도했던 의도하지 않았던, 그것으로 매개되는 전통적 논리와 정서를 원용하고 확산시키는 결과를 낳았다. 따라서 이러한 논리를 따라 산업화가 진행되었다면, 산업화가 진행되면 될수록 북한의 '인민'들은 더욱더 전통적 정서로 이끌려져 갔던 셈이다.597)

---

595) 같은 연설, 같은 책, 203, 294쪽.

596) 「사회주의교육에 관한 테제(조선노동당 중앙위원회 제5기 제14차전원회의에서 발표, 1977년 9월 5일」, 『김일성저작집』 32 (조선노동당출판사 1986), 383-384쪽.

597) 김연철은 북한의 산업화가 전통적 지배관계를 발생시켰다며 그것을 공장 내부의 인격적 충성관계, 계획실패로 인한 흥정관계, 이를 토대로 성립한 지도자와 인민의 후견-피후견 관계(patron-client relationship) 등의 측면에서 파악한다. 『북한의 산업화와 경제정책』 (역사비평사, 2001년), 314-320쪽.

6. 유일지배체제 정당화의 원천

　김일성 통치에서 전통이 가장 명시적으로, 그리고 가장 직접적으로 활용된 부분은 소위 '유일지배체제'를 정당화하기 위한 논리에서였다. 권력이 개인이나 하나의 집단으로 집중되고, 집권자 개인에 대한 우상화가 진행되면 그에 대한 충성을 고취하게 되는 것은 세계적으로 특별한 일이 아니지만, 문제는 그 충성을 어떤 논리적, 정서적 배경에서 이끌어내어 정당화하느냐에 있다. 논리적 배경이 충성을 정당화해내고, 아울러 피지배층의 동의를 충분히 얻게될 경우 그 통치는 안정될 수 있을 것이며, 그렇지 못할 경우 통치비용의 증가를 피할 수 없게 된다. 이 점에서 북한의 전통은 매우 훌륭한 정당화의 원천이었다. 김일성이 만들어가려 했던 유일지배체제의 모습은 전통사회 지배구조와 여러 측면에서 닮아있었다는 점에서 전통 지배구조를 떠받치고 있던 전통적 정서, 논리구조가 김일성 정권에게 가장 손쉽고 의지할 만한 자원이었다는 점에서이다. 뿐만 아니라 이미 익숙한 전통이 담지하고 있는 정치 사회적 관계의 모형은 충성을 숙명으로 여기게끔 구성되어있었고, 이를 포함하는 다양한 종적, 횡적 관계규범 체계는 사회를 안정화시키기 위한 이념적 자원으로서도 유용했다.

　물론 그것이 가능했던데에는 북한사회가 역사적으로 한번도 서구사회에 노출된 적이 없고, 개인들이 근대적 외부 사조에 접할 기회가 원천적으로 봉쇄되어옴으로써 전통적 사고, 전통적 행태가 고

스란히 간직되어올 수 있는 여건이 마련되어 있었다는데 이유가
있고, 또 실제로 이에 힘입어 북한 사회의 근저에는 전통의 흐름이
맥맥히 이어져왔다는 점에 이유가 있었을 것이다. 전통이 완전히
파괴된 상황이었다면 평지 위에 새로이 전통을 만들어 확산시킨다
는 것은 쉬운 일이 아니다. 그보다는 다른 이념과 정서를 창출하여
이용하는 것이 정치적 비용의 면에서 더 효과적일 것이다.

이러한 현상은 북한 내부적으로는 다시 두 가지 측면에서 비롯
된다. 첫째, 어느 체제나 새로운 정치 이데올로기를 도입함에 있어
서는 대체로 기존의 정치제도, 문화를 비판하고 이를 극복하는 정
책을 실시하는 것이 상례이지만, 그렇다고 해서 그것을 완전히 탈
색해버리는 차원으로까지는 추진하지 않는다. 극단적인 추진은 저
항을 불러일으키고 오히려 새로운 체제를 위태롭게 할 수도 있기
때문이다. 대신 그것을 새롭게 조명하거나 또는 새로운 이데올로기
에 흡수하여 혼합적인 형태로 유지시키려 하는 것이 보통이다. 특
히 우리나라의 유교전통은 정권 유지 측면에서는 순기능적 성격이
강하기 때문에 정권이 사회주의 교의에 얽매여 이를 완전히 배제
할 필요는 없었을 것이다.[598] 둘째, 사람들의 의식과 행동양식이란
상당한 정도의 관성을 가지고 있어서, 제도와 이념이 바뀌었다고
해도 그다지 쉽게 바뀌지 않는 속성을 갖는다. 북한에서의 전통도
제도가 바뀌고 정책이 바뀌었다고 해서 하루아침에 완전히 파괴될
수는 없는 것이었다. 간단히 사회주의 제도가 서고, 공업화가 되어

---

598) 유교전통의 정권에 대한 순기능적 역할에 대해서는 부남철, 「북한의
유교적 전통윤리 정책」, 통일원, 『'92 북한·통일연구 논문집(4):북한
의 경제·사회·사법제도 분야』 (통일원, 1992), 참조.

도 인민들의 생각과 행동에는 여전히 전통적인 측면이 상당부분 남아있었다는 것이다. 이점은 김일성이 유일지배체제 정당화의 논리에 전통을 전면적으로 도입하고자 시도했을 때 '인민'들이 이를 무리 없이 받아들이도록 하는 동인이 되었다. 그리고 이에 못지 않게 오랜 기간 동안 김일성 통치가 전통에 대해 긍정적인 태도를 가지고, 명시적이지는 않았지만 부분적, 간접적으로나마 이를 활용해왔던 점이 후일 이것이 심리적 저항 없이 직접적으로 활용될 수 있는 기반이 되었을 것이다.

이에 김일성 통치는 체제를 유일체제로 이끌어 가는 단계에서 이를 정당화하기 위한 자원으로 전통을 적극 활용하게 되고, 특히 그 활용은 사회주의국가들에서조차 유래가 없는 부자 권력승계를 이루는 과정에서 그 당위성을 만들어내는데 동원되면서 그 정점에 이르게 된다.

가. 왕조적 체제의 구축

1) 유일지배체제(수령제)의 성립

김일성 정권이 '유일지배체제'로의 모습을 점차 갖추어가고 있을 때 북한을 둘러싼 사회주의권 내에서는 긴장된 상황이 연속되고 있었다. 북한의 두 후견인이었던 중국과 소련이 갈등을 넘어 분쟁 관계에 들어서 있었고, 남한에서는 혁명으로 정권을 잡은 박정희 정권이 강력한 반공체제를 구축해 놓고 있었다. 북한은 사회주의권의 두 거인 사이에서 이들의 화해를 요청하기도 하고, 한편에서 다른 한편으로 오가기도 하면서 명분과 국익을 지켜내려는 지난한 노력을 계속하였다. 이러한 주변환경으로부터 오는 긴장감은 경제적 발전에의 절박성과 더불어 보다 강력한 리더쉽을 필요로 했고, 김일성 정권을 보다 집권적인 모습으로 몰아가는데 중요한 역할을 했음에 틀림없다.[599]

소련의 후르시초프 정권이 스탈린 격하운동, 집단지도체제, 평화공존과 같은 북한에게 거북한 정책을 계속하는 기간 동안에는 내내 소련과 갈등관계를 겪어야 했다. 1963년 소련 세계사의 한국부분 서술에 대한 북한 학자들의 공격이나 1964년 평양경제세미나와 관련하여 북한이 보인 소련에 대한 불만,[600] 1965년 3월 소련이 개최한 「각국 당들의 회의」와 관련한 소련 비난 등이 그것이다.[601]

---

599) 북한이 소위 '수령제'로 진행해간 동인을 주로 경제적 요인, 즉 급속한 발전전략에서 찾는 견해들이 다수 있다. 박형중(『북한적 연상의 연구』), 김연철(『북한의 산업화와 경제정책』), 김근식(「북한 발전전략의 형성과 변화에 관한 연구」-1999년 서울대학교 박사학위논문), 이태섭(「북한의 집단주의적 발전 전략과 수령 체계의 확립」-2000년 서울대학교 박사학위논문), 이성봉(「북한의 자립적 경제발전전략과 김일성체제의 공고화 과정(1953-70)에 관한 연구」-1999년 고려대 박사학위논문) 등.

600) 서대숙, 「朝·蘇紛爭과 北韓歷史」, 김정배 편, 『북한이 보는 우리 역사』 (서울: 을유문화사, 1990), 271-286쪽. 그러나 소련은 경제적인 면에서는 후르시초프 말기에 북한에 대한 군사원조를 일시 중단한 것을 제외하고는 꾸준히 북한에 대해 원조를 계속하고 있었다.

601) 각국 당들의 회의 소집과 관련한 글에서는 소련이 "자기에게 추종하지 않는 당들에 대하여 각종 압력을 가하며 배후에서 타격하였고, 그러면서도 그들은 이것이 유일하게 정확한 맑스-레닌주의의 원칙적 입장이

이때 중국에 대해서는 상대적으로 친밀한 태도를 유지하였다. 유고의 티토노선을 반대하는 입장에 동조하였고, 베트남 지원 문제에 있어서도 견해를 같이했으며, 평양경제세미나를 둘러싼 소련과의 공방에서 중국의 입장을 대변했다.[602]

소련에서 후르시초프가 실각하고 1964년 10월 브레즈네프 공산당 제1서기-코시긴 연방각료회의 의장 체제가 들어선 것은 이러한 관계에 변화를 가져오는 계기가 되었다. 바로 그 다음달인 11월 7일 소련에서 개최된 10월혁명 47주년 기념식에 북한은 고위급 대표단을 보내 소련의 지도자들과 회담하도록 하는 한편, 연방각료회의의장 코시긴을 북한으로 초청한다. 이에 코시긴은 이듬해 2월 11일 하노이와 북경을 경유하여 북한을 방문한다.[603] 양국 간 경제관계도 활성화되어 예를 들자면 1965년 3월에는 양국 간 문화·과학교류협정이, 4월에는 북한의 방위역량을 높이기 위해 주로 제트연료, 부품, 지대공 미사일 등을 목표로 하는 양국 간 군사협정이 체

라고 말하고 있다"고 비난하며 "바로 이 사람들의 이러한 행동의 결과 형제당들 간, 형제국가들 간의 관계는 오늘 전례없이 악화되었다"고 주장함으로써 중소분쟁의 근원적 책임을 소련측에 돌렸다. 「분렬을 가져 올 각국 당들의 회의는 저지시켜야 한다」, 『근로자』 1964년 17호, 2-8쪽. 이 글은 본래 노동신문에 실린 사설인데 『근로자』가 이를 그대로 전재하였다.

602) 이밖에도 북한은 소련을 비난하는 중국의 人民日報와 紅旗의 공동논설 「신식민주의의 변호인들」을 『근로자』 1963년 21호에 그대로 전재하는 등 몇 편의 소련비난 중국논설들을 노동신문이나 『근로자』에 논평 없이 전재함으로써 그 논조에 동의하고 있음을 드러내 보였다.

603) 그 결과로 발표된 양국 공동성명은 "쌍방 간 진행된 회담이 양국 간의 형제적 연계와 협조와 우정을 더욱 강화할 것임을 의심치 않으며…" 등 문구를 통해 관계개선을 예고하였다. 『노동신문』 1965년 2월 14일자.

결되었으며, 1966년 6월 20일에는 또 하나의 경제·기술협조협정에 합의, 이에 따라 소련은 1966-1972년 간 북한 내 금속, 전력, 석유화학 기업체들의 건설과 확장을 위해 북한에 장비와 관련분야의 기술자들을 파견하고 그 비용을 충당하기 위해 1억 6천만 루블의 차관을 연2%의 저리로 제공하였다.[604] 이와는 상대적으로 중국과의 관계는 소원해져갔다. 이때 중국은 문화혁명의 소용돌이 속에 잠겨있어서 북한을 도울만한 여력도 없었거니와 극좌적으로 흐르고 있는 문화혁명의 경향 자체가 북한으로서는 받아들이기 어려운 것이었다. 더구나 1967년 들어 문화혁명을 주도하고 있던 홍위병들이 김일성을 수정주의자로 비난하는 상황에 이르러서는 긴장관계를 피하기 어려웠다.[605]

한편 당시 남한에서는 「5.16혁명」으로 들어선 박정희 정권이 1965년 일본과 국교정상화협정 체결로 유대를 강화했으며, 미국을 도와 월남전에 군대를 파견한다. 이것은 군사적으로 북한에 대해 하나의 압박요인이 되었을 뿐만이 아니라 북한이 보는 민족적, 국제적 정의

---

604) George Ginsburg, "Soviet Development Grants and Aid to North Korea, 1945-1980," *Asia Pacific Community* No. 18 (Fall, 1982), pp.52-53.

605) 홍위병들이 김일성을 수정주의자로 비난하고, 북한에서 김일성을 반대하는 '정변'이 일어났다는 허위사실을 공개적으로 유포하고 나서자 북한으로서도 그 동안의 침묵을 깨고 1967년 1월 26일자로 '정변설'에 대한 해명성명을 발표하였다. 성명의 내용은 홍위병 및 중국 당국을 직접 비난하는 것은 피하고 다만 홍위병들이 '허위사실'을 유포시키고 있다는 점만을 지적한 후, "오늘 우리 당은 조직 사상적으로 철석같이 통일되어 있다. 당 및 정부지도자들, 전체 인민들과 인민군대는 하나의 사상으로 굳게 단결되어있다"며 내부적 일치단결을 주장하는 선에서 간접대응하고 있다. 「조선민주주의인민공화국 중앙통신사의 성명」, 『노동신문』 1967년 1월 27일자.

의 차원에서도 용납하기 어려운 일이었다. 이에 북한은 극도의 증오와 비난으로써 이에 대응하였음은 물론이고 이것이 북한 내부의 군사화에도 일정한 여건으로 작용하였다. 이런 와중에 1967년 4월 5일에 군사분계선 상에서 남북의 교전으로 북한측 병사 5명이 사망하는 사고가 일어나자, 북한정권은 즉각 이를 전국가적인 사태로 발전시켜 새로이 대남 총책을 맡은 현역장군 허봉학이 그들의 장례식에서 "천백배의 보복"을 맹세하고, 외무성은 "미제가 새 전쟁을 도발한다면 섬멸적 타격을 가하여 쓸어버릴 것이다"라는 내용의 성명을 발표하는 가운데606) 평양시를 필두로 각지에서 군중대회가 개최되는 등 북한이 긴장의 도가니로 몰아넣었다.607)

이와 같이 한시도 긴장을 늦출 수 없을 정도로 급박하게 진행되던 주변정세를 배경으로 북한 정권은 점차 빨치산파의 권력독점 강화, 김일성 일인지배체제 강화의 방향으로 진행해갔다. 사실 1961년 제4차 당대회에서 빨치산파가 권력을 독점한 이래 이미 이 그룹에 도전할 수 있는 세력은 북한 내에 존재하지 않는 상황이었다. 문제는 이 그룹이 독점한 권력이 상대적인 차원에서뿐만 아니라 절대적인 차원에서까지 여하히 확보되느냐, 그룹 내의 순수성이 어떻게 확보되느냐, 리더 김일성의 위상은 어떻게 설정되느냐하는 것이었다. 한 가지 추가적인 문제점이 있다면 1962년 '경제건설과 국방건설의 병진원칙'을 당론으로 채택한 이후608) 1961년부터 추진해 오던 제1차 7개년 계

---

606) 『노동신문』 1967년 4월 8일자.

607) 『노동신문』 1967년 4월 8일자.

608) 이 원칙은 1962년 12월 10-14일의 당 중앙위 제4기 5차 전원회의에서 결정되었다. "인민경제발전에서 일부 제약을 받더라도 우선 국방력을 강화하여야 한다"는 것이 그 논지였다고 한다. 함택영, 「주체사상과

획이 당초의 계획대로 순조롭게 진행되지 않고 있는 점이었다. 이 두 가지 문제는 1966년의 제2차 당대표자회를 통해 함께 정리된다.[609)]

제2차 당대표자회는 1966년 10월 5일 1,275명의 투표권자와 48명의 투표권 없는 대표들이 참석한 가운데 개막, 일주일 후 베트남 문제에 대한 사회주의 진영의 통일단결과 베트남에 대한 지원병 파견을 촉구하는 「웰남문제에 관한 조선노동당 대표자회 성명」[610)]을 채택하고 폐막하였다. 그러나 이 대회에서 가장 의미 깊은 내용은 월남문제 보다는 경제건설 방향 결정과, 대회 마지막 날인 10월 12일에 열린 당 중앙위 제4기 제14차 전원회의에서 결정된 인사개

북한의 국방정책」, 경남대 극동문제연구소, 『북한의 정치이념: 주체사상』 (1990), 163-164쪽. 김일성은 그로부터 약 20일 후 "동무들이 국방력을 강화할데 대한 당중앙위원회 전원회의결정을 정확하게 이해하여야 하겠습니다. 정세가 위급하고 당장 싸움이 일어날것 같아 국방력을 강화하는것이 아닙니다. 우리가 철저히 준비하면 평화를 유지하고 전쟁을 방지할 수 있기 때문에 국방력을 강화하는것입니다."라고 발언 이를 다시 확인한다. 「당사업과 경제사업에서 나서는 몇 가지 과업에 대하여(당중앙위원회 부부장이상일군들앞에서 한 연설, 1963년 1월 3일)」, 『김일성저작집』 17 (조선노동당출판사, 1982), 40쪽.

609) 당대회가 아닌 당 대표자회가 열린 이유에 대해서 Scalapino and Chong-sik Lee교수는 통상 당대회가 실시된 경제계획의 성과를 내외에 과시하거나 새로운 경제계획을 발표하여왔는데 이 당시에는 그러한 여건이 조성되지 못했다는 점과, 당대회에서는 정치분야에서 대내외적인 업적을 제시해야 하는데 역시 당시에는 그렇지 못했다는 점을 들고 있다. *Communism in Korea*, p.603. 이에 대해 최용건은 대표자회 개회사에서 "여러 가지 이유로 당대회를 열 수가 없어 당 대표자회를 소집하였다"고 함축적으로 말하고 있다.

610) 그 주요내용은 사회주의국가들이 단결하여 월남을 도와야 한다는 것과 미국이 월남에서 손을 떼라는 것, 그리고 북한은 지원병파견을 포함하여 월남인민에게 가능한 모든 지원을 할 준비가 되어있다는 것 등이다. 『노동신문』 1966년 10월 13일자.

편 문제였다.611) 경제건설의 방향과 관련해서는 그간의 일부 회의적인 시각을 일소하고 '경제 국방 병진노선'을 재확인한다. "오늘 우리 혁명투쟁과 건설사업에서 가장 중요한 것은 … 원쑤들의 침략책동에 대비하여 국방력을 더욱 강화할 수 있도록 경제건설과 국방건설을 병진시키는 것"이고 "여기에서 나타날 수 있는 온갖 편향을 반대하고 이 문제를 정확히 해결하여야 한다"612)는 것이었다.

인사개편에 있어서는 새로 설치된 정치위원회 상무위원에 김일성, 최용건, 김일, 박금철, 이효순 그리고 김광협이 선출되었고 비서국 성원으로는 총비서 김일성을 비롯하여 최용건, 김일, 박금철, 이효순, 김광협, 석산, 허봉학, 김영주, 박용국, 김도만 등이 선출되었다.613) 이 인사에서는 1961년의 제4차 당대회때 정치위원회 위원이었던 11명 가운데 김창만과 정일영, 남일, 이종옥, 박정애 그리고 이주연 등이 탈락하였고 후보위원 가운데에서는 각각 서열 2, 3, 4위였던 하앙천, 한상두, 현무광 등이 제외되었다. 그러나 이들 가운

---

611) 이때 당규약 개정도 함께 결정되었는데 그 내용은 "당 및 국가사업에서 제기되는 문제들을 일상적으로 협의하기 위하여" 당 중앙위 정치위원회 안에 상무위원회를 설치하고, 당중앙위원회의 위원장, 부위원장 직제를 총비서, 비서 직제로 개편하는 한편 "당의 로선과 정책, 결정들을 집행하기 위한 사업과 일상적인 당 사업을 조직"하기 위해서 비서국을 신설한다는 것이었다. 그러나 이와 같은 당 조직구조 변화의 이유에 관해서는 밝히지 않고 있다. 「조선노동당 중앙위원회 제4기 제14차 전원회의에 대한 보도」, 『노동신문』 1966년 10월 13일자.

612) 김일성, 「조선노동당대표자회에서 한 보고(1966년 10월 5일)」, 『김일성저작집』 20 (조선노동당출판사, 1982), 415-416쪽.

613) 정치위원회 위원으로는 김익선, 김창봉, 박성철, 최현 그리고 이영호가 선출되었고 후보위원으로는 석산, 허봉학, 최광, 오진우, 임춘추, 김동규, 김영주, 박용국, 김경복 등이 선출되었다. 동 「보도」.

데 몇을 제외하고는 당과 정무원에서의 직책을 여전히 보유하였고, 또 어떤 이들은 후에 정치위원으로 복귀하기도 하였다.614) 그러므로 이 인사는 1956-58년의 경우와 같은 대단위 숙청과는 성격을 달리한다.

이때 탈락한 인사들의 면면을 보면, 정일용은 전기·석탄산업을 책임지고 있었고 남일은 국가계획위원회 위원장이었으며 이종옥은 광산·화학상, 이주연은 무역상, 현무광은 기계공업상, 한상두는 재정상이었다. 탈락자 9명 가운데 6명이 경제와 관련된 직책을 가지고 있었다.615) 이것을 제1차 7개년계획이 이 해에 3년간이나 연기되었다는 점과 관련지어 보면 이 인사가 전체적으로 보아 7개년계획의 성과부진에 대한 문책성 인사이고 3년 간의 연기에 대한 명분축적용 인사였다는 추론이 가능해진다. 이것으로써 북한정권은 경제계획의 성과부진을 일단락 짓고자 하였을 것이다.616) 그리고

---

614) Scalapino and Chong-sik Lee, op. cit., 604.

615) 나머지 세 사람 가운데 김창만과 하앙천은 이즈음 실제로 숙청되었다. 김창만은 이미 그 전해부터 정치무대에서 사라졌는데, 물론 북한은 그의 퇴장에 대해 아무런 설명을 하고 있지 않지만 그가 원래 연안출신이었다는 사실을 감안하면 당시 갈등하던 조·중 관계의 영향을 받았을 것이라는 추론을 해볼 수 있다. 하앙천은 김일성 우상화에 앞장서 그를 칭송하는 글을 많이 집필한 지식인인데 이때 그의 실각은 지식인 계층 내부의 역학관계와 관련이 있었던 것으로 보인다.

616) 이와 같은 경제성과 부진에 따르는 문책성 인사는 1993년 12월 8일의 당 중앙위 제6기 21차 전원회의에서도 한차례 있었다. 이때 북한은 김달현 등 경제부문 간부들을 해직 혹은 전보시키고 그 해 마감되기로 했던 제3차 7개년계획의 목표들이 달성되지 못했음을 인정하면서 1994년부터 2-3년을 '사회주의 경제건설의 완충기'로 설정하였다. 그러나 완충기가 경과해서도 북한은 제3차 7개년계획을 완성하지 못한다.

이들 탈락자의 자리를 김창봉, 최현, 허봉학, 최광, 오진우 등 군관
계 인사들과 김일성의 친동생인 김영주가 채웠다. 이들은 대체로
항일빨치산 출신 인물들로서 군 인사들의 대거 등장은 향후 북한
이 급진 군사노선으로 나아가는데 한 몫을 하게 되는 요인이 되며,
항일무장투쟁의 경력이 없는 김영주의 부각은 권력이 집단으로서의
빨치산파를 지나 김일성 개인에게로 집중되고 있는 현상과 떼어
생각할 수 없다. 항일빨치산 권력의 절대적 상승이었고, 김일성 권
력의 유일화였다.

　이후 권력의 빨치산 집중, 김일성 집중 현상은 가파르게 진행된
다. 그 변화의 다음 계기는 북한이 제2차 당대표자회를 통해 경제
계획을 재정비하고 권력의 핵심부에 김영주와 항일빨치산 출신 군
인들을 대거 포진시킨 지 채 일년이 되지 않아서부터 시작되었고
역시 또 한번의 숙청의 형식으로 나타났다. 중요한 것은 예전의 숙
청이 정치권 내부에 국한된 일이었던데 비해 이때의 숙청은 결과
적으로 북한 사회전체에 엄청난 파급효과를 몰고 왔다는 것이다.
바로 이것을 계기로 김일성 개인숭배의 물결이 전 북한사회를 뒤
흔들게 되고, 문화와 사상면에서도 북한사회가 새로운 성격으로 변
화하게 된다.

　사건의 발단은 1967년 5월 4일에서부터 8일까지에 걸쳐 개최된
당 중앙위 제4기 15차 전원회의였다.[617] 이때의 숙청대상자는 박금
철, 이효순, 김도만, 허석선, 고혁, 임춘추와 박용국 등이었다. 당시
북한의 언론매체는 이 전원회의에 관해 결정된 내용이나 이들에 대

---

617) 전원회의의 날짜는 『조선전사』 년표 2 (평양: 과학, 백과사전출판사,
　　 1983), 384쪽.

한 비판은 물론, 회의가 있었다는 사실조차 보도하지 않았지만 후에
드러난 이들의 죄는 "당원들에게 부과된 당 정책교양과 혁명전통교
양을 방해하였으며 당 안에 부르주아사상, 수정주의사상, 봉건유교사
상, 교조주의, 사대주의, 종파주의, 지방주의, 가족주의와 같은 온갖
반혁명적 사상을 퍼뜨려 당과 인민을 사상적으로 무장해제 시키려고
책동했다"는 것이었다.618) 그러나 이들에 대한 숙청 원인은 표면에
드러난 이와 같은 사상차원의 문제 이외에도 복합적인 다른 원인들
이 개재되어있었다. 한가지 흥미로운 사실은 이 숙청에 김정일이 주
도적인 역할을 하였다는 점이다. 후에 『조선전사』가 이 사건에 관해
"영광스러운 당중앙은 당 안에 나타난 부르죠아 및 수정주의 분자들
의 반당반혁명적 책동을 제때에 간파하고 그 정체를 발가내였으며
이를 전원회의에서 폭로 분쇄하도록 적극적인 대책을 취하였다"고
묘사한 부분으로부터 이를 읽을 수 있다.619)

이때 숙청된 인사들 중 최고위직에 있던 이들은 박금철과 이효
순이다. 박금철의 경력을 보면, 그는 1912년 함경북도에서 태어나
어려서부터 갑산지역을 중심으로 항일투쟁에 참가하여 1935년에는
박달 등과 함께 지하조직인 갑산공작위원회를 만들고 출판, 경제부
문의 책임자로 활동하였다. 보천보사건(1937년 6월)에서는 김일성
부대의 선도 역을 하였고 1937년 7월 박달 등과 함께 일본 관헌에
게 체포되어 서대문 형무소에서 복역하다가 해방을 맞았다. 남로당

---

618) 조선노동당중앙위원회 당 력사연구소, 『조선노동당략사』 (평양: 조선
노동당출판사, 1979), 599쪽. 이보다 3년 뒤에 나온 『조선전사』 31은
여기에 "수령님의 사상으로 무장하기 위한 사상교양사업을 각 방면
으로 저애하였으며…"라는 죄목을 덧붙였다.

619) 『조선전사』 31 (평양: 과학, 백과사전출판사, 1982), 28쪽.

이 제거된 1952년부터는 대남사업을 지휘하였고, 숙청당시에는 당 서열 4위에 당조직문제를 담당하는 막강한 위치에 있었다. 이효순은 갑산공작위원회의 중요 멤버였던 이제순의 동생으로서 그의 형을 도와 갑산공작위원회에서 공작원으로 활약하였다. 해방 후에는 지방당 간부로부터 시작하여 숙청당시에는 당서열 5위의 대남담당 부위원장이었다. 이렇게 보면 이들의 공통점은 모두 혁명전통의 중요한 한 줄기를 이루고 있는 조국광복회조직 관련자들 즉 소위 갑산파라는 점이다. 그것은 허석선의 경우도 마찬가지였다. 이들은 크게 보아 김일성의 항일빨치산 속에 포함될 수도 있겠으나 엄밀하게는 직접적으로 무기를 들고 투쟁하지 않았고 주 활동거점이 국내였다는 점에서 빨치산과는 다소 성격을 달리한다고 할 수 있다. 따라서 이 숙청은 순수 빨치산파에 의한 최후의 비빨치산파 숙청이라는 측면을 갖는다.[620]

1967년 5월의 당 중앙위원회가 갖는 의미의 또 다른 측면은 이 회의를 계기로 북한 경제의 중요노선을 둘러싼 갈등이 일단락 되었다는 점이다. 그것은 경제발전의 속도문제였다. 경제건설과 발전을 위해 북한 정권이 의지할 수 있는 대상은 오직 자체의 노동계급뿐이었다는 것은 전술한 바와 같다. 이에 전후의 복구사업으로부터 천리마운동, 경제건설과 국방건설 병진에 이르기까지 북한의 노동계급은 숨돌릴 겨를도 없이 건설현장에로 내몰렸다. 이제 7개년

---

620) 이와 같은 일련의 숙청에 관하여 이종석은 국내파→연안파·소련파→갑산파 그리고 1968년의 항일빨치산 출신 일부로 이어지는 숙청을 "지도핵심의 순수성을 고수하기 위해서 마치 양파껍질을 벗기듯 그 대상을 주변으로부터 중심으로 좁혀왔다"고 비유한다. 『조선노동당연구』, 322-323쪽.

경제계획이 예정대로 진행되지 못하고 있는 것을 반성의 계기로 삼아서 경제건설의 속도를 늦추어야만 한다는 목소리가 당내에서부터 제기되어 나오는 것도 어쩌면 당연하고도 필요한 일이었다. 바로 그 역할을 박금철, 이효순 그리고 김창만 등이 맡았던 것이다. 이들의 주장을 분명히 밝혀주는 기록은 공개되어있지 않지만 요컨대 이들은 그 동안 당이 사람들과 기계 모두를 너무 무리하게 몰아세웠으며, 과도한 국방비 지출을 줄이기 위해 당은 정책의 우선순위를 재조정해야만 한다고 주장한 것으로 보인다.621)

그러나 김일성의 생각은 달랐다. 그는 2년 후인 1969년 3월 1일 「사회주의 경제의 몇 가지 이론문제에 대하여」라는 논문을 통해 "사회주의 사회는 자본주의사회에서는 생각조차 할 수 없는 높은 속도로 경제를 끊임없이 발전시킬 수 있는 무한한 가능성을 가지고 있으며, 사회주의 건설이 진척되고 경제토대가 강화될수록 이 가능성은 더욱더 커진다"라고 밝힘으로써 이 문제에 대한 자기의 생각을 천명한다.622) 사회주의 사회에서 생산력이 발전하는 결정적인 요인은 사람들의 혁명적 열의이기 때문에 당이 정치사업을 잘하여 대중의 정치적 각성을 높이고 그들의 혁명적 열의를 불러일으키며 기술을 끊임없이 개조하여 나간다면 경제의 규모가 아무리 크다 할지라도 경제를 얼마든지 빨리 발전시켜 나갈 수 있다는 것이다.623) 그의 기본적인 생각이 이러했기 때문에 경제발전의 속도

---

621) 한홍구, 「알기쉬운 북한 현대사」, 김남식 외, 『북한사회의 올바른 이해를 위하여』 (현장문학, 1990), 119쪽.

622) 김일성, 「사회주의경제의 몇가지 리론문제에 대하여」, 『김일성저작집』 23 (조선노동당출판사, 1983), 445쪽.

623) 같은 글, 451쪽.

를 늦추자는 주장을 펴는 사람들은 소극분자, 보수주의자로 보일 수밖에 없었다. 이미 제4기 15차 전원회의가 있기 1달 전인 4월 10일의 노동신문 사설이 「정치사업을 앞세워 대중을 혁명적 고조에로 더욱 힘 있게 불러일으키자」라는 제목 하에 "사회주의건설의 결정적 역량은 바로 경제를 움직이고 기술을 다루는 생산자대중들이다", "오늘 사회주의건설에서 새로운 혁명적 고조를 계속 견지하고 발전시키는 기본고리도 바로 대중의 정치적 열의와 창조적 재능을 더욱 높이 발양시키는 데 있다"라고 강조하고 있는 것도 이와 같은 맥락에서이다. 당연한 이야기이지만 그들은 조용히 정치무대에서 사라졌고 속도조절론은 "영웅적 우리 노동계급의 위력을 믿지 않는데서 나타난 소극성과 보수주의", "동요성과 요령주의", "대중의 창발성을 억제하고 근로자들이 더 하겠다는 것도 못하게 하였으며, 난관 앞에 굴복하고 집단적 혁신을 두려워하면서 근로대중의 장엄한 전진운동을 가로막으려 하는 행위"로 통렬하게 비판받으며 폐기되었다.[624]

노동당 제4기 15차회의는 대남정책면에서도 중요한 의의를 갖는다. 이때 숙청된 인물중 이효순은 노동당 연락부장으로서 당시 북한의 대남담당 총책이었고 박용국도 대남사업에 종사하고 있었으며, 고혁과 김도만에 간여하고 있던 선전·선동 분야도 대남정책과 관련이 깊은 부문이다. 이들이 이 회의를 계기로 몰락하고 군출신 강경파인 허봉학이 대신 노동당 연락부장을 맡는 등 대남분야에서

---

624) 조선노동당 중앙위원회 전원회의에서 한 당중앙위원회 비서이며 내각 제1부수상인 김일 동지의 보고, 「조성된 정세에 대처하여 경제건설과 국방건설을 더 잘하기 위한 1968년 인민경제발전 계획에 대하여」, 『노동신문』 1968년 4월 28일자.

소위 '당료파'를 제치고 '군부'가 들어선 것이다.625) 그리고 그 영향은 대남정책의 급진 군사주의노선으로 나타난다. 1968년들어 연속적으로 저질러진 1.21사태, 푸에블로호 납치사건, 울진·삼척공비사건, 남한내 혁명조직인 '통혁당사건'626) 등이 그것이다. 그러나 이와같은 도발은 5.16으로 들어선 남한의 강력한 반공정권에 의해 모두분쇄되고 결과적으로는 김일성으로 하여금 군사적 모험주의에 대한경각심을 갖도록 함으로써 1968년 말 빨치산 장군들의 숙청으로까지 이어지게 된다.627) 그러나 무엇보다도 이 전원회의의 가장 큰의미는 그것이 개인숭배 드라이브의 기폭제가 되었다는 점이다. 다시 말해 이 전원회의 이후로 김일성에 대한 개인숭배가 국외자의눈에도 쉽게 뜨일 정도로 급격히 증폭되었다는 것이다.

당대표자회에서 정치적 갈등이 경제문제와 연계되어 함께 정리되는 동안에 혁명활동에 참가하지 않은 김일성의 동생 김영주가등장하고, 당중앙위원회 전원회의를 통해 김일성의 아들 김정일이숙청을 주도하였다는 것은 사실은 중요한 의미를 갖는다. 그것은북한의 정권이 점차로 항일무장투쟁을 같이한 집단으로서의 빨치산

---

625) 이 경우의 '당료파', '군부' 등의 개념의 사용은 김갑철, 「남북한의 권력투쟁과 정치변동(1955-1965)」, 김갑철 외, 『남북한체제의 강고화와대결』 (소화, 1996), 59쪽 참조.

626) '통혁당사건'의 주모자 김종태의 사형집행이 있은 뒤 북한은 1968년8월에 통혁당 선언 및 12개 강령과 같은 몇 가지 통혁당 문서를 공개했다. 이 문서들의 전문은 『조선중앙년감』 1970에 실려있다.

627) 서대숙, 「정권의 수립과 변천과정」, 최명 편, 『북한개론』 (을유문화사, 1991), 78쪽. 이때 숙청되었던 장군들은 오랜 단련의 기간을 겪었지만 결국 대체로 다시 복권된다는 점에서 이때의 숙청은 숙청이라기 보다는 빨치산의 자체적 정비로서의 성격에 가깝다.

그룹으로부터 김일성 개인에게로 상당부분 옮아갔다는 것을 말해주기 때문이다. 왜냐하면 리더인 김일성이 자기 내부집단의 견제를 어느 정도 받고있는 상황이라면 내부집단의 정통성의 제1의적 근원인 항일무장투쟁경력을 결한 김일성 개인의 일족이 쉽사리 권력의 전면에 등장하기는 어려웠을 것이기 때문이다. 아울러 이들 과정을 통해 김일성과 생사고락을 같이 했던 순수한 빨치산파가 권력을 절대적으로, 그리고 그룹내 다른 '덜 순수한' 부분마저 배제한 채 배타적으로 장악하게 되고, 김일성 자신은 이 그룹의 지도자로서 그리고 인민의 지도자로서 절대적 권력자의 위치에 서게 되었다. 모든 권력이 소수 빨치산파에 집중되고 김일성은 동료들 가운데 선임이 아닌 절대적 우월자로서 그 정점에 서는 구조 즉 유일지배체제라는 명칭을 가진 왕조적 체제가 성립된 것이다.

체제를 왕조적인 유일지배체제화하면서 주민들의 이념을 여기에 맞게 형성해가려 하는 것은 정권으로서는 어쩌면 당연한 요구일 것이다. 김일성은 1967년 '전당에 유일사상체계를 확고히 세울 것'을 '절박한 요구'로 내세운 이래[628] 1975년 무렵까지 '유일사상체계'를 강하게 그리고 지속적으로 주장한다.[629] 물론 김일성이 말한 것은 '당의' 유일사상체계이지만 그것이 '김일성의' 유일사상체계임을 의심하는 사람은 당시를 포함하여 북한 내외에 아무도 없을 것이

---

628) 「당사업을 개선하며 당대표자회 결정을 관철할데 대하여(도, 시, 군 및 공장당책임비서협의회에서 한 연설, 1967년 3월 17일-24일)」, 『김일성저작집』 21 (조선노동당출판사, 1983년), 136쪽. 당 차원에서 이것을 확인한 것은 1968년 6월 28일-7월 3일의 당중앙위전원회의에서였다.

629) 물론 1976년 이후에도 빈도는 떨어지지만 유일사상체계를 계속적으로 언급은 하고 있다.

다. 오히려 '김일성의' 유일사상체계를 자유롭고 공개적으로 말할 수 있던 사람들은 김정일을 비롯하여 그의 주변에 있던 사람들이었다. 이런 연유로 유일사상체계가 무엇을 말하는지가 구체적으로 표현되는 것은 김일성의 동생 김영주와 아들 김정일에 의해서이다. 그것이 바로 유일사상체계 10대원칙이다. 이것은 당초 1967년도에 김영주가 '당의 유일사상체계 확립 10대원칙'이라는 이름으로 만든 것을 1974년 김정일이 김일성을 더욱 우상화하는 방향으로 개작한 것이라고 한다.630) '당'이 아니라 '김일성' 유일사상이 된 것이다. 물론 그것이 김일성의 뜻에 거슬렸던 것이라고는 생각할 수 없다. 오늘날까지 북한 주민들에게 노동당규약보다도, 헌법보다도 더 중요하게 각인되어온 유일사상체계 10대원칙은 다음과 같은 내용으로 구성되어있다.631)

1. 위대한 수령 김일성 동지의 혁명사상으로 온 사회를 일색화하기 위하여 몸 바쳐 투쟁하여야 한다.
2. 위대한 수령 김일성 동지를 충심으로 높이 우러러 모셔야 한다.
3. 위대한 수령 김일성 동지의 권위를 절대화하는 것은 우리 혁명의 지상의 요구이며 우리 당과 인민의 혁명적 의지이다.
4. 위대한 수령 김일성 동지의 사상을 신념으로 삼고 위대한 수령 김일성 동지의 교시를 신조화하여야 한다.

---

630) 황장엽의 증언. 앞의 책, 173쪽.
631) "지금까지도 10대원칙의 기본내용은 북한사회를 운영하는 기본골격이 돼 당원과 주민들의 생활지침으로 역할과 기능을 한다고 봐야한다"는 것이 당시 김정일과 함께 노동당에서 일했던 신경완의 증언이다. 정창현, 『곁에서 본 김정일』(토지, 1999), 137쪽.

5. 위대한 수령 김일성 동지의 교시 집행에서 무조건성의 원칙을 철저히 지켜야 한다.

6. 위대한 수령 김일성 동지를 중심으로 하는 전당의 사상의지적 통일과 혁명적 단결을 강화하여야 한다.

7. 위대한 수령 김일성 동지를 따라 배워 공산주의적 풍모와 혁명적 사업방법, 인민적 사업작풍을 소유하여야 한다.

8. 위대한 수령 김일성 동지가 안겨준 정치적 생명을 귀중히 간직하며, 수령의 크나큰 정치적 신임과 배려에 높은 정치적 자각과 기술로써 충성으로 보답하여야 한다.

9. 위대한 수령 김일성 동지의 유일적 지도 밑에 전당, 전국, 전군이 한결같이 움직이는 강한 조직규율을 세워야 한다.

10. 위대한 수령 김일성 동지가 개척한 혁명위업을 대를 이어 끝까지 계승하며 완성해 나가야 한다.[632]

　　이것을 '임금'에 대한 '신하'의 행동원칙으로 연결 지어 생각해 보면 지나친 유추일까? '위대한 수령 김일성'을 '君'으로 치환한다면, 이에 대해 '충성으로 높이 우러러 모시'고, 왕명을 '무조건 지키'며, 성은에 '충성으로 보답' 해야 할 뿐더러 법통을 '대를 이어 끝까지 계승'한다는 것은 유교전통이 요구하는 신하의 君王에 대한 태도와 조금도 다를 바 없다.

---

632) 김정일, 「전당과 온 사회에 유일사상체계를 더욱 튼튼히 세우자」, 『주체혁명위업의 완성을 위하여』 (조선노동당출판사, 1987), 101-124쪽.

2) 개인숭배

　권력이 집단이 아닌 개인에게 지나치게 집중되었을 때 일어나는 가장 보편적인 현상의 하나는 개인숭배이다. 북한의 경우도 예외는 아니었다. 다만 북한 경우의 특징이라면 김정일이 숙청의 칼날을 휘두른 바로 그 당 중앙위 전원회의를 계기로 하여 그 현상이 급격하게 나타났다는 것이다. 그 작업은 대체로 두 가지 방향으로 진행되었다. 하나는 김일성의 지도력·사상·풍모 등에 대한 찬양과 그에 대한 충성 강조를 기초로 하여 김일성을 민족의 지도자·국제공산주의운동의 지도자로까지 격상시키려는 움직임이고 다른 하나는 김일성의 부모·조부모를 비롯한 김일성의 가계에 대한 우상화이다.

　김일성의 위대성과 지도력에 대한 찬양은 그간 북한이 이루어놓은 업적과 결부되어 진행되었다. 이를 위해 북한은 밖으로부터의 평판을 안으로 삼투시키는 방법을 썼다. 먼저 그 해 「5·1절」 기념행사에 외국의 손님들을 대거 초청하여[633] 그들로 하여금 북한 각 지방의 산업시설, 협동농장, 교육시설 등을 시찰케 하고는 그들이 한 말이라며 북한의 발전상에 대한 감탄과 그것을 가능하게 한 김일성의 지도력에 대한 찬양을 노동신문을 통해 대대적으로 선전하였다.[634] 심지어는 이때 참석했던 나이지리아의 모 인사가 북한

---

633) 이때 북한은 중국, 알바니아, 유고슬라비아를 제외한 대부분의 사회주의 국가와 제3세계 국가들에서 70여 개의 대표단을 초청하였다. 『노동신문』 1967년 4월 29일자 참조.

634) 이것은 대표단들이 평양에 도착했다는 것을 보도한 바로 다음날인 4월 30일의 「위대한 수령 김일성 수상을 모시고 있는 조선인민은 무

을 떠나면서 김일성에 대한 다함 없는 존경과 흠모의 정을 담아 창작한 자기의 시를 출판물에 발표해줄 것을 요청하였다며 「김일성! 그이는 붉은 태양」이라는 시를 싣기도 하였다. 그중 일부를 인용해보자.

위대하도다, 여기 조선에서 솟아오른 빛나는 태양
그 붉은 태양은 위대하신 그이 김일성!
그 빛발 온 세상 압박 받는 사람들에게 비쳐가고
사람들은 김일성 사상을 가슴마다에 간직하여라
불타는 태양이 어찌 조선만을 비친다 하랴,
휘황한 그 빛발 어찌 조선만을 위한다 하랴,
그 태양은 아프리카, 라틴아메리카, 아세아
피압박인민들의 붉은 등대여라.[635]

한히 행복하다」를 비롯하여 5월 2일의 「김일성 수상의 주위에 하나의 사상의지로 철석같이 뭉친 조선노동당과 조선인민의 위력은 필승불패이다」, 「김일성 수상은 세계지도자들의 모범으로 되는 인민의 위대한 수령이라고 생각한다」그리고 5월 6일의 「위대한 령도자 김일성 수상을 모시고 있기 때문에 조선인민은 제국주의자를 타승할 수 있었다」, 5월 7일의 이집트 대통령 안와르 사다트의 연설 「조선인민의 모든 성과는 전투적이며 강의한 인민이 위대한 령도자이신 김일성수상과 혼연일체가 된데서 이루어졌다」, 앞서의 5월 9일자 「김일성 수상은 폭풍시대에 국제혁명의 수레바퀴를 전진시키는데 크게 기여하고있는 탁월한 지도자」 등 5월 15일 대표단이 돌아갈 때까지 거의 매일같이 계속되었으며 그들이 돌아간 후에도 6월 12일 「외국사람들이 본 조선-김일성 수상의 현명한 령도에 의하여 조선인민은 혁명과 건설에서 결정적 승리를 이룩하였다」를 싣는 등 간간이 계속되었다.

635) 『노동신문』 1967년 5월 18일자.

　　이와 함께 북한은 재일동포라는 해외의 자원도 이용하였다. 즉 일본 각지 각급의 재일동포 단체들로 하여금 「김일성 원수께 드리는 편지」라는 충성의 편지를 연이어 보내게 하고는 이것을 노동신문에 지속적으로 소개한 것이다. 물론 이전에도 재일동포들이 보내는 충성의 편지는 간간이 있어왔지만 이번에는 경우가 달랐다. 그해 5월 하순에 개최된 조총련 제8차대회에서 채택하였다는 "우리들은 지금 4천만 조선인민의 위대한 수령이시며 절세의 애국자이시며 국제혁명운동의 탁월한 지도자의 한 분이신 경애하는 수령 당신에 대한 불타는 충성심으로 들끓고있습니다"라는 등을 내용으로 하는 「김일성원수께 드리는 편지」를 필두로 하여[636] 6월 하순까지 각종 단체 명의로 이와 같은 편지를 매일같이 집중적으로 게재하였다.[637]

　　또 다른 하나의 방법은 해외의 신문에 김일성의 논문이나 김일성에 관한 글을 싣도록 하고는 그 반응을 국내에 보도하는 것이다. 이를 위해 북한은 1967년 8월 쿠바의 아바나에서 발간되는 제3세계운동 기관지 『뜨리 꼰띠넨딸』에 김일성의 논문 「반제반미투쟁을 강화하자」를 게재한 후 그 반응을 『노동신문』에 소개한 바 있다.[638] 이

---

636) 『노동신문』 1967년 5월 28일자.

637) 그 가운데에는 '재일본 조선인 과학자 협회'(6월 16일자), 문학예술가동맹(6월 17일자), 교육회(13일자), 언론출판인협회(21일자), 체육련합회(22일자), 유학생동맹(23일자) 등 명의의 편지와 더불어 '남조선인민들의 애국투쟁을 지지 성원하는 재일본 조선인중앙대회'(19일자), '남조선으로부터 미군 즉시철거를 요구하며 매국노 박정희 도당을 반대하는 재일 조선인 중앙대회'(7월 29일자) 등의 생경한 명의의 편지도 있다.

638) 『노동신문』 1967년 8월 16일자.

방법은 근래에 들어서도 곧잘 이용하는 방법인데 예컨대 제3세계 국가의 신문에 광고형식으로 김일성의 논문과 사진 등을 게재하고는 북한 내부에서는 "~국가의 ~신문 모월 모일자가 위대한 수령 김일성동지의 로작 ~를 싣고 수령님의 영상을 모시였다"고 선전하는 것이다. 이들은 물론 김일성의 위대성이 외국인들 사이에서도 익히 알려져 있는 즉 객관적인 사실인 것처럼 보이게 함으로써 내부 주민들로 하여금 의심의 여지없이 수령의 위대성을 믿게 하고, 북한사회에 개인숭배의 정서가 당연한 것으로 받아들여지도록 하기 위해 조심스럽게 고안된 방법들이다. 그리고 당연히도 이때의 김일성 찬양은 그 정도에 있어서 이전의 수준을 훨씬 뛰어넘는 것들이었다.

김일성에 대한 충성강조는 김일성에 대한 호칭의 변화도 가져왔다. 이전에 보통 '김일성동지'로 불리고 공식적으로는 수상동지로 불리던 데로부터 흔히 "위대한 수령 김일성동지", "수령"으로 불리기 시작한 것이다. 그것은 『노동자』의 김일성 호칭 태도에서 명확히 드러난다. 먼저 1967년 4호(4월 30일 발행)이전에는 김일성에 대한 호칭은 대체로 "김일성동지"였고 그의 말을 인용할 때에는 "김일성동지는 다음과 같이 지적하였다"라고 썼었다. 그러나 그 이후로는 아래의 표에서 보듯이 인용문에서의 "지적하였다"의 표현이 점차로 "교시하였다" 혹은 "말씀하였다"로 바뀌었고, 더구나 7호 이후로는 존칭어미 '~시'를 넣어 "교시하시였다", "말씀하시였다"로 되는 동시에 예전에 보이지 않던 '수령'이란 호칭이 이때부터 등장하여 드물지 않게 쓰이기 시작한다.[639] 그 해 6월 28일~ 7월

---

639) 『근로자』 1967년 7호의 「항일유격대원들의 수령에 대한 무한한 충직성」이나, 같은 호의 「경제건설과 국방건설의 병진로선을 받들고 사회

3일 열려 "전당에 유일한 사상체계를 더욱 철저히 확립"할 것을 결의한 당중앙위 전원회의의 영향에서 비롯된 것으로 보인다.[640]

호 수 \서술어	'지적하였다'	'교시하였다'	'말씀하였다'	기타
3호	8회	1회	1회	2회
4호	14회	5회	0회	6회
5호	6회	10회	9회	7회
6호	4회	19회	15회	4회
7호	2회	8회	12회	7회
8호	0회	15회	19회	2회
9호	0회	10회	26회	9회

　*　굵은선 이하로는 "지적하시였다", "교시하시였다", "말씀하시였다" 등 존칭

　　여기에 한 가지 덧붙일 사실은 1967년 4월 10일자 『노동신문』 사설 「정치사업을 앞세워 대중을 혁명적 고조에로 더욱 힘있게 불러일으키자」에서는 대부분 '당과 수령'으로 지칭했고 김일성의 이름이 들어가는 경우에는 '김일성동지'로 일률적으로 부르고 있으며, 그 닷새후의 『노동신문』 논설 「김일성수상의 위대한 지혜와 현명한 령도야 말로 불패의 힘을 가지고있다」에서는 그것이 외국사람들의 인상을 전하는 내용이어서 인지 '김일성 수상'이라는 호칭으로 통일

　　주의 건설에서 일대 혁명적고조를 일으키자」라는 논문의 "4천만 조선 인민의 위대한 수령 김일성동지가…"나 "모두가 경애하는 수령 김일 성동지를…" 등의 구절을 보라. '김일성동지'라는 호칭도 계속 쓰였다.
640)　「조선노동당 중앙위원회 전원회의에 관한 보도」, 『노동신문』, 1967 년 7월 4일자.

하고 있으며, 4월 22일자 전국교원대회 결의문에서는 '경애하는 수령 김일성동지'를 두 번 사용하고 나머지는 모두 '당과 수령', '김일성원수', '김일성동지'로 호칭하고 있다. 그리고 이와 같은 호칭태도는 계속 이어졌다.

개인숭배 드라이브는 나아가 김일성의 家系를 우상화하는 데에까지 이르렀다. 이미 김일성의 생부인 김형직이 평소 품고 있었다는 소위 '志遠의 사상'을 대중 앞에 내놓은데 이어 김일성의 모친인 강반석을 국가적인 어머니상으로 설정하려는 움직임이 적어도 1967년 7월부터는 시작되었다.[641] 그 움직임은 그 해 9월 여성동맹에서 '강반석녀사의 모범을 따라 배울 데 대하여'를 주제로 토론한 것으로부터[642] 본격화되어 그 이듬해 2월에는 기록영화 《우리의 어머니 강반석녀사》와 김일성 일가를 그린 영화 《만경대》가 상영되었고 3월에는 김형직을 추모하는 대대적인 행사와 함께 그가 일제 때 활동했다는 평남 강동군 봉화리와 압록강 유역의 중강이 성역화되었다. 그리고 1968년 9월 7일 정권수립 20주년을 맞아서는 당·정 지도자들이 김일성의 조부모와 부모의 묘에 화환을 바치는 데까지 이르렀다.[643] 후에 김정일이 정권의 전면에 등장하면서부터는 김정일의 생모이자 김일성의 전처 김정숙까지도 우상화하여 그 이름을 따서 김정숙郡으로 명명하는 등 참다운 혁명가의 아내요 동지로 그리기도 하였다.

---

641) 『노동신문』 1967년 7월 31일자의 글 「그이는 우리 모두의 어머니시다-강반석 어머님을 회상하여」를 참조.
642) 「강반석 녀사의 모범을 본받아 녀성들을 혁명가로 교양하며 가정을 혁명화하자」, 『노동신문』 1967년 9월 4일자.
643) 『노동신문』 1968년 9월 8일자.

개인숭배가 가족숭배로까지 이어진 것은 매우 북한적인 현상이다. 소련의 스탈린이나 중국의 모택동의 경우와 같이 사회주의 국가들에서 절대권력자에 대한 개인숭배는 어느 정도는 보편적인 현상이다. 그러나 이들 모두가 '개인'에 대한 숭배였지 가계에 대한 숭배는 아니었다. 이 점에서 김일성의 개인숭배는 보편에서 벗어난다. 그리고 그 연원을 "뿌리 깊은 나무는 바람에 아니 뮐세"와 같은 이조 이전부터의 왕가에 대한 존중의 전통에서 찾아볼 수 있다. 아마도 그것은 다음세대로의 권력의 세습을 염두에 둔 정당화 전략이었을 것이다.

북한사회의 폭발적인 김일성 개인숭배 현상은 단지 일회성 행사로만 끝나지 않았다. 노동신문과 근로자 등 출판 보도물들은 지속적으로 김일성을 찬양하며 그에게 충성을 다할 것을 외쳐댔고[644], 새로이 조직되는 예술공연들의 주제는 수령에 대한 충성 일색으로 변했으며[645] 당 지도부는 학교교육을 비롯한 모든 사상학습체계를 김일성의 혁명활동을 중심으로 재편하고 유일사상체계 확립운동을 전개함으로써 이 개인숭배현상을 대중들의 사회의식으로 침투시키는 작업을 추진해나갔다.[646]

---

644) 『노동신문』의 「오직 한마음 수령의 높은 뜻을 받들어」(67년 7월 11일자), 「오직 한마음 수령의 높은 뜻을 받들고」(67년 8월 7일자), 「경애하는 수령 김일성원수의 사상과 혁명전통으로 철저히 무장하자」(67년 8월 31일자) 등 참조.

645) 「수령께 드리는 충성의 노래-음악무용조곡 《혁명의 기발아래》를 보고」, 『노동신문』 1967년 7월 8일자, 「수령께 충실한 젊은 세대들의 전투적예술-수령에 대한 충성을 주제로 한 청년예술소조원들의 예술공연을 보고」, 『노동신문』 1967년 8월 2일자 등.

646) 이종석, 앞의 책, 302-303쪽.

사회전체가 김일성 개인숭배의 소용돌이로 빠져 들어가는 격랑의 시기에 '혁명전통'의 개념도 영향을 받을 수밖에 없었다. 충분히 추측할 수 있듯이 혁명전통 자체가 북한사회에서 차지하는 비중이 훨씬 커졌고, 혁명전통 가운데에서도 수령에 대한 충실성, 수령에 대한 충성이 새로운 무게를 가지고 강조되기 시작하였다. 아울러 예전의 혁명전통학습의 주제로 혁명적 지조[647]나 자력갱생의 정신,[648] 동지애, 전사들 상하간의 우애, 군중노선과 같은 부분들이 수령에 대한 충성과 함께 이야기되어졌으나, 당 중앙위 제4기 15차 전원회의 이후로는 이 모든 요소들이 수령에 대한 충성 하나로 흡인되어 들어갔다. 항일빨치산들이 보인 여러 가지 모범 가운데서도 수령에 대한 충성이야말로 다른 모든 것들을 압도하는 가장 중요한 측면으로 떠오른 것이다. 수령의 명령이라면 그것이 아무리 어렵더라도 무조건 완수해 낸 이야기, 수령이 있는 사령부를 목숨으로 사수한 이야기, 수령이 대원들에게 보인 자애로운 일화들이 흔히 학습되어지고 강조되어진 혁명전통의 부분들이다.

공교롭게도 이 회의가 끝나는 날인 5월 8일의 『노동신문』이 혁명전통에 관한 글 「항일유격대원들의 불굴의 혁명정신을 본받자」를 실으면서 그 부제로 「그들처럼 수령의 가르침에 끝까지 충실하자」를 단 것을 필두로, "항일무장투쟁시기 어떤 역경 속에서도 오직 한마음 한뜻으로 혁명과 수령께 충실했던 항일유격대원들의 그 고매한 혁명정신을 본받아 모든 당원들과 전투원들이 일편단심 수

---

647) 「혁명적지조」, 『노동신문』 1967년 3월 23일자.
648) 혁명전통의 자력갱생 정신을 이야기할 때에는 빨치산이 어려운 환경을 무릅쓰고 자체로 제작했다는 '연길폭탄'의 예를 즐겨 든다.

령께 충실하며 우리 당의 유일사상으로 확고히 무장시키는데 모를 박고 혁명전통학습을 목적지향성 있게 진행"하고있는 모범적인 사업소, 단위들의 예를 계속적으로 소개하였다.[649] 이와 같은 학습에는 때마침 4월 27일에 출간된[650] 회상기 제9권이 중요 교재역할을 하였다. 또한 회상기 중에서 일부를 발췌하여 소개하는 '항일빨찌산 참가자들의 회상기'나 혁명전적지 순례기인 '영광에 찬 투쟁의 자취를 따라' 등 시리즈물들도 「그이의 높은 뜻을 받들고」[651], 「적의 천만대군을 쥐락펴락하시며」[652], 「위대한 수령을 모신 긍지를 안고」[653] 등 수령에 대한 충성의 일화들을 선별하여 실었다.

한편 혁명전통 자체도 김일성 우상화의 부속품으로 전락하며 규모와 강도의 면에서 확대되는 모습을 보였다. 예를 들면 혁명투쟁의 백미라고 할 수 있는 '보천보전투'[654]를 기리기 위해 그 해 6월 4일 보천보전투승리 30주년 기념일을 맞아 양강도 혜산시에 '보천보전투승리기념탑'을 제막하였는데, 이 탑은 38.7미터의 높이에 78미터의

---

649) 「항일유격대원들처럼 수령께 충직한 전사로!」, 『노동신문』 1967년 8월 19일자, 「항일유격대원들처럼 수령의 명령이라면 무조건 관철하는 참된 혁명전사가 되자」, 『노동신문』 1967년 8월 5일자 등.

650) 『노동신문』 1967년 4월 28일자.

651) 『노동신문』 1967년 8월 15일자.

652) 『노동신문』 1967년 8월 16일자.

653) 『노동신문』 1967년 8월 19일자.

654) 김일성부대 최초의 국내침공작전으로, 목표가 된 함경북도 보천면 보전(保田)은 가구 308호에 1,383명에 주재소에는 경관 5명이 주재하고 있는 작은 시골도시일 뿐이었으나 1937년 6월 4일 습격이 있자 혜산선의 종점 혜산과 지리적으로 인접한 관계로 그 사실이 곧바로 국내로 알려져 김일성은 일약 유명해졌다. 와다 하루끼, 이종석 옮김, 『김일성과 만주항일전쟁』 (창작과비평사, 1992), 157-160쪽.

길이, 그리고 조각의 인물 수는 61명이나 되는 거대하고 웅장한 규모를 가졌다. 물론 탑 가운데 남녀 유격대를 형상화한 조각 인물들의 정면에는 "한손에는 쌍안경을 드시고 다른 한손에는 군모를 힘있게 잡으시고 옷자락을 날리며 항일투사들의 선두에 계시는 항일무장투쟁시기의 수령"이 서있었다.655) 그리고 제막식장에는 5만여 명의 군중들이 운집하여 《김일성동지 만세!》를 연호하였다.656) 김일성부대의 국내진공의 상징적인 사건인 보천보전투가 미화되고 그 의미가 확대됨에 따라 조선의 해방에 있어 소련의 역할이 축소되어 갔음은 재론할 필요가 없을 것이다. 왜냐하면 김일성을 중심으로 하는 항일유격대 만이 "일제를 반대하는 15성상의 장구한 무장투쟁을 통하여 조국의 자유와 독립을 위한 조선인민의 투쟁을 승리에로 이끌었"기 때문에657) 여기에 소련의 역할과 같은 이질적인 요소는 사실이냐 아니냐를 떠나 끼어들 여지가 점점 줄어들었기 때문이다.

혁명전통의 의미와 강도의 확대는 사상·이론적 측면에서도 시행되었다. 그것은 당 이론지 『근로자』의 편집태도에서 확연히 드러난다. 『근로자』의 1966년도 분과 1967년도 분을 비교해보면, 1966년도 7호~12호와 1967년 1호~3호까지에 수록된 총 67건의 논문과 발표문 가운데 혁명전통과 관련된 주제를 다룬 것은 단 2편에 불과했다. 그것도 1966년 12호에 실린 한편은 제목이 「항일무장투쟁시기 혁명적출판물의 전통」이었고 1967년 3호에 실린 다른 한편에 가서야 「항

---

655) 『노동신문』 1967년 6월 6일자.

656) 『노동신문』 1967년 6월 5일자.

657) 「항일투사들의 혁명정신을 이어 당과 수령께 충직한 전사가 되자」, 『노동신문』 1967년 4월 26일자.

일무장투쟁시기 조선공산주의자들의 군중전취사업」이라는 본격적인 주제를 가지고 있다. 여기에 변화를 가져온 계기는 1967년 4호(4월 30일 발행)에 실린 「항일무장투쟁에서 이룩된 영광스러운 혁명전통을 더욱 빛내이자」이다. 이 글은 저자의 이름이 없이 다른 제목들 보다 훨씬 큰 활자로 제목이 인쇄된 것으로 보아, 「근로자」사의 중요한 의견을 반영하는 사설과 같은 성격을 지닌 것으로 보인다. 그리고 그 내용에 있어서는 혁명전통의 의의를 장황하게 설명한 다음 "혁명전통교양을 강화하여야만 사회주의 건설의 심화발전과정에서 제기되는 모든 난관을 극복하고 전체 당원들과 근로자들을 사회주의, 공산주의의 높은 봉우리까지 이끌고 나아갈 수 있다"고 전제하고 이를 위해서는 "혁명전통교양을 튼튼히 틀어쥐고 결정적으로 강화하여야하며 그것을 더욱 적극적으로, 더 많이 전개하여야한다"고 주장하고 있다.[658]

과연 이 글 이후로 『근로자』의 편집태도가 달라졌다. 그 다음호인 5호부터는 거의 매호 혁명전통과 관련된 글이 1~2호 실렸다. 그 결과 1967년 4호부터 그 해 마지막호인 12호까지에 실린 혁명전통 관련 논문의 수는 총 66편 가운데 10편을 차지하였다. 이것을 이전의 경우와 퍼센티지로 비교해 보면 3%에서 15%로 약 5배가 증가한 것이다. 여기에 다른 논문들도 주제는 혁명전통이 아닐지라도 내용의 많은 부분이 혁명전통으로 채워진 사실을 감안하면 혁명전통의 비중 증가는 실제로 이보다 훨씬 크다. 이점에 있어서는 노동신문도 마찬가지이다. 노동신문도 1967년 5월 29일자 사설로 「혁명전통교양을 더욱 강화하자」를 싣고, 강화의 방법으로 "당조

---

658) 「항일무장투쟁에서 이룩된 영광스러운 혁명전통을 더욱 빛내이자」, 『근로자』 1967년 4호., 11쪽.

직들과 근로단체들, 그리고 모든 부문, 매개 단위들에서는 지도일군과 당원들과 근로자들 누구나 할 것 없이 각자의 수준에 맞게, 다양한 형식과 방법으로 계획적으로 꾸준히 혁명전통학습을 강화하도록 하며 당력사연구실을 잘 운영하여 이 사업에 더 많은 도움을 주게"할 것과 "혁명전통교양자료의 출판사업을 강화할 것"을 제시한[659] 이후 혁명전통관련 기사와 논설을 다루는데 더 많은 비중을 두었다.

김일성과 빨치산파가 개선하여 북한을 건국했다는 '건국신화'가 형성되고 혁명전통이 국가이데올로기로까지 제고된 국가. 권력이 항일빨치산에 의해 독점되고 사회전체가 항일빨치산처럼 생각하고 행동할 것을 강요받는 체제의 완성. 이것을 와다 하루끼 교수는 유격대국가의 성립이라고 부른다.[660] 전 국가사회가 한 덩어리로 뭉쳐서 유격대처럼 사고하고 행동한다는 것은 급류처럼 소용돌이치는 국제정세와 대남정세를 헤쳐나가는데 도움을 주었을지 모르나, 그 사회가 갖는 건강성은 개인숭배라는 질병에 이미 심각히 감염되었고 그 병은 건전한 비판이 없는 한 더욱 악화될 것이었다. 더구나 혁명전통이라는 것은 사고를 과거지향적으로 구속함으로써 북한이 이후의 현대 국제관계, 경제관계 속으로 정상적으로 진입하는데 발목을 잡는 역할도 하였다.

---

659) 「혁명전통교양을 더욱 강화하자」, 『노동신문』 1967년 5월 29일자.
660) 와다 하루끼, 앞의 책, 314쪽.

나. 전통이념의 재생산

1) 유교이념의 재생산

1968년을 기점으로 북한 사회가 유일체제 구축의 소용돌이 속에 빠져들면서 그때까지 북한이 가지고 있던 다소 '건강한' 전통지향적, 민족주의적 입장도 변질되기 시작한다. 역사문화전통에 대한 입장의 변화는 바로 그 해 3월 14일 김일성이 '복고주의' 경향[661]을 공격하고 나섬으로써 비롯되었다. 이 연설의 논조를 보자.

> 낡은 사상 독소는 사람들의 습관이나 풍속에도 뿌리깊이 박혀있습니다. 한 가지 실례를 들어봅시다. 우리 인민들은 사람이 죽으면 제사를 지냅니다. … 죽은 사람을 추모하여 꽃다발이나 갖다 놓는다면 몰라도 향불을 피우고 죽은 사람 앞에다 떡을 차려놓는 것이 무슨 소용이 있습니까? 이것은 다 봉건시대의 낡은 사상과 습관의 표현입니다. … 리순신장군에 대한 실례를 들어봅시다. 리순신이 활동한 시대를 놓고 보면 그가 위대한

---

661) 1973년판 『정치사전』은 '복고주의'를 "시대의 요구와 계급적 원칙을 떠나서 지난날의 것을 덮어놓고 되살리며 찬미하는 반맑스주의적 사상조류입니다"라고 정의하고 "복고주의자들은 옛날의 력사적 사실이나 인물들을 사실에 맞지 않게 지나치게 과대평가하고 오늘에 있어서도 그것이 마치도 큰 의의가 있는 것처럼 설교하면서 지난날의 온갖 불건전한 문화가 머리를 쳐들게 함으로써 사회주의적 민족문화 건설에서 노동계급적 선을 흐리게 하며 혁명하는 시대의 요구에 맞는 문화를 창조하는 것을 방해한다"라는 설명을 덧붙이고 있다.

사람이라고 말할 수 있습니다. 그러나 그를 우리 시대 사람들과 비길 수는 없습니다. 조국해방전쟁시기에 자기의 가슴으로 적화구를 막아 부대의 진격로를 열어놓은 애국자들을 리순신과 어떻게 대비할 수 있겠습니까?[662]

'복고주의' 경향에 대한 비판은 1970년 11월 2~13일 개최된 조선노동당 제5차 대회 김일성 총화보고에서도 나타난다. 이 보고에서 김일성은 "문화건설분야에서 복고주의가 허용되면 지난날의 온갖 불건전한 문화가 머리를 쳐들게 되며 인민들의 의식 속에는 반동적인 부르조아 사상, 봉건 유교사상을 비롯한 낡은 사상이 자라나게 된다"고 지적하고 "민족문화유산 가운데서 뒤떨어지고 반동적인 것은 버리고 진보적이며 인민적인 것은 오늘의 사회주의 현실에 맞게 비판적으로 계승발전시켜야 한다"고 주장하였다.[663] 이러한 비판은 1972년의 보고 「사회과학의 임무에 대하여」 등으로 이어지며 70년대 전체를 풍미하는 원칙으로 자리 잡게 된다. 그 결과로 나타난 성과물들이 1977년 발간된 『조선통사』와 『조선문화사』였고, 33권의 방대한 『조선전사』였다.

복고주의에 대한 비판은 그 자체도 문제였지만 진보적·인민적인 것은 비판적으로 계승발전시키고, 뒤떨어지고 반동적인 것은 버린다는 원칙의 지향점이 결국 김일성을 중심으로 하는 항일무장투쟁전통 즉 혁명전통에 대한 무비판적 연구, 칭송이었다는 점이 더

---

662) 김일성, 「학생들을 사회주의, 공산주의 건설의 참된 후비대로 교육교양하자(교육부문일군들앞에서 한 연설, 1968년 3월 14일), 『김일성저작집』 22 (조선노동당출판사, 1983), 46-52쪽.
663) 국토통일원, 『조선노동당대회자료집』 제3집 (1980), 45쪽.

욱 큰 문제였다. 혁명전통과 유일사상이 압도적으로 중요해짐에 따라 북한의 문학 예술, 역사연구는 그나마 자율성을 잃고 점차 질식되어 갔으며, 북한의 역사는 김일성의 항일혁명투쟁 이전으로 거슬러 올라가지 못하는 불구가 되었다.

이에 따라 이 시기 이후 북한의 문학 예술, 학문의 세계는 김일성의 교시와 정책을 한치도 벗어날 수가 없고, 오직 김일성과 그의 유일지배체제를 찬양하는 자유만이 있는 암흑의 세계로 접어들었다. 물론 이에 따라 전통문화나 전통의식도 이 새로운 기준에 의해 다시 평가되었다.

이러한 상황 속에서 전통이 다시 수면 위로 떠오르기 시작한 것은 1970년대 중반에 들어와서의 일이다. 이때에는 과거의 경우와는 달리 정권이 필요에 의해 의식적으로 이를 통치이념에 '포섭해 들였다'는 인상이 짙다. 정권 차원에서 '포섭'이었던 만큼 정권의 필요에 의한 왜곡도 필연적으로 뒤따랐다. 이점에서 북한 사회에 전통이 다시 부각된 시점은 언제이며, 그 시기 북한 정권은 어떤 사정에서 이를 통치이념에 적극적으로 '포섭'해야만 했는지가 의미를 갖는다.

먼저 전통이 다시 강조되어 나타났는지, 그 시기는 언제인지 하는 것은 몇 가지 단편적인 문건이나 김일성의 언급을 찾아 보여주는 것만으로 입증될 수 있는 성질의 것은 아니다. 그나마 객관적으로 이를 검증해 볼 수 있는 방법의 하나는 노동당의 공식 기관지인 『근로자』에 전통이 어떻게 반영되었는지를 보는 방법일 것이다. 『근로자』는 북한의 대표적인 이론지이면서도 북한사회의 실상을 객관적으로 반영하기보다는 정권과 당의 관점을 직, 간접적으로 표명하고 그들의 정책을 북한 주민들에게 주지, 설득시키는 것을 주 기능으로 하고 있는 잡지이다. 이는 노동당 중앙위원회 명의로 된 『근로자』 창간 40주년 기념 축하문이 "(『근로자』는) 당의 혁명사상과 혁명리론을 옹호보위하고 내외에 널리 해설선전하며 간부들과 당원들의 정치리론수준을 높이고 그들을 당정책 관철에로 고무추동하는 위력한 무기"라고 규정하고 있는 점에서도 명확하다.664) 따라서 이 『근로자』의 전통에 대한 태도는 곧 정권의 태도라고 치환해 볼 수 있을 것이고, 『근로자』의 태도를 파악할 수 있는 하나의 방법으로 거기에 실린 논문들의 제목 가운데 이미 앞에서 추출한 바 있는 전통의 대표적 개념들인 '충성'과 '효성', 그리고 治者 측에서의 '仁' 등이 어느 정도의 빈도로 나타나고 있는지를 검토해 보는 방법이 있다. 앞서 살펴본 '복고주의' 비판 이후의 시점인 1960년대 후반부터 1990년까지 발행된 『근로자』에 수록된 논문 제목 중 이와 같은 개념들이 포함된 빈도를 살펴보자.

1966년부터 1973년까지 『근로자』에는 '충성', '효성', '인덕' 및 이와 유사한 개념이 제목에 포함된 논문이 전혀 실리지 않았거나 한 편 실렸으며, 다만 1967년의 2건이 예외였을 뿐이다. 그러다가 1974년 갑자기 5편의 논문이 수록되었고, 이는 1976, 77년의 3편으로 이어졌다. 그리고 이후 한 편 혹은 두 편씩 실리는 추세를 유지하고 있다. 이 추세로 보아서는 1974년을 전후하여 북한정권이 전통정치의식을 통치이념의 차원에서 부각시키기 시작했다고 추론해 볼 수 있을 것이다. 연도별 횟수는 다음과 같다.665)

---

664) 조선노동당 중앙위원회, 「축하문: <근로자>편집일군들에게」, 『근로자』 1986년 제12호, 17쪽.

665) 이 조사는 1962년부터 1990년까지의 입수 가능한 『근로자』에 실린 논문 약 1,200여 편을 대상으로 한 것이다. 논문 제목은 민족통일연

연도	`62	`63	`64	`65	`66	`67	`68	`69	`70	`71	`72	`73	`74	`75	`76
횟수	0	0	0	0	0	2	0	1	1	0	0	1	5	0	3
연도	`77	`78	`79	`80	`81	`82	`83	`84	`85	`86	`87	`88	`89	`90	
횟수	3	1	1	2	2	1	1	2	2	0	1	2	2	2	

결과의 객관성을 위해 노동신문 사설의 제목을 가지고 같은 조사를 해 보기로 하자. 북한 노동당 공식 기관지인 노동신문과 북한 정권의 태도와의 관계는 추가적인 설명을 요하지 않는다. 앞서의 개념들인 '충성'과 '효성', 그리고 치자 측에서의 '인', '덕' 등의 개념이 1960년대 후반부터 1990년까지 발행된 「노동신문」의 사설 제목에 얼마만큼 포함되어 있는가를 보자.666) 역시 1966년부터 1973년까지 노동신문 사설에는 1967년과 1968년의 5회, 6회를 제외하고는 1회 내지는 2회의 분포를 보이고 있다. 그러다가 갑자기 1974년과 1975년에는 각각 10회의 빈도를 보이고는 1976년 이후 1990년까지는 1회 내지는 전혀 실리지 않는 경향을 지속한다. 연도별 횟수는 다음과 같다.

구원, 『북한 주요 기초문헌 해제집(Ⅲ): 「근로자」해제』(1995)의 부록편에 실려있는 제목들을 활용하였다. 조사 대상이 된 개념들은 '충성', '충실성', '충직', '효성', '인덕' 등이다.

666) 노동신문 사설의 제목은 통일원, 『북한의 주요원전 색인목록(Ⅳ)』(1996)과 통일교육원, 『북한의 주요원전 색인목록(Ⅴ)』(1997)을 활용하였다.

연도	`66	`67	`68	`69	`70	`71	`72	`73	`74	`75	`76	`77	`78
횟수	1	5	6	1	2	1	1	1	10	10	1	0	0
연도	`79	`80	`81	`82	`83	`84	`85	`86	`87	`88	`89	`90	
횟수	0	0	0	0	0	0	0	1	0	0	0	5	

앞서의 「근로자」의 경우와 「노동신문」의 경우를 하나의 그래프로 만들어 대조해 보면 그 경향이 더욱 뚜렷해진다. 이로써 1974년을 전후하여 북한정권이 전통을 통치이념의 차원에서 부각시키기 시작했다는 앞서의 추론은 다시 한번 확인된 셈이다. 다만 여기서 한가지 지적할 것은 전통의 핵심 개념들 가운데에도 治者에게 요구되는 개념인 인, 덕, 사랑 혹은 효의 개념은 전 기간에 걸쳐 도합 1-2회 나타난 정도였으나 나머지는 모두 충성, 충실성, 충직 등 被治者에게 요구되는 개념이었다는 점이다.

연도별 전통 정치개념의 빈도

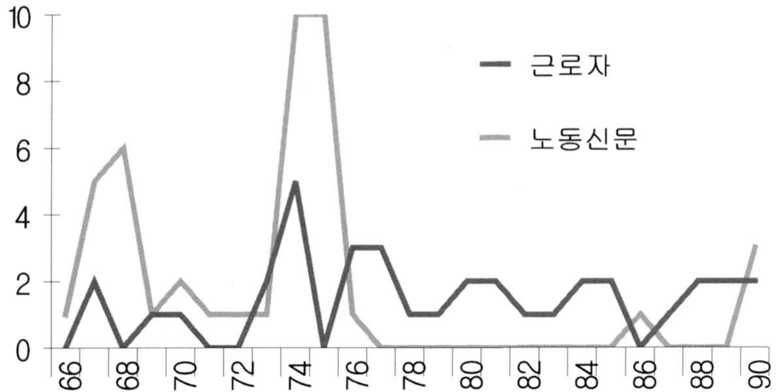

노동신문은 또한 1974년 전후 구체적으로 어느 시점에 이와 같은 새로운 움직임이 생겨났는가에 대한 단서도 제공한다. 1974년 노동신문 사설에서 전통 개념이 처음 나타난 것은 2월 22일의 「수령님에 대한 충성의 일념을 안고 농업전선에서 또다시 새로운 일대 앙양을 일으키자」이다. 그리고 이것은 3월 19일, 4월 11일, 26일, 30일 등으로 이어진다.667) 그 이전의 것이 1973년 11월 2일의 것이었다는 점을 감안하면 새로운 움직임은 적어도 노동신문 사설의 차원에서는 1974년 2월에 시작되었다고 할 수 있다.

그렇다면 1974년 2월에 북한에서 무슨 일이 일어났기에 정치이념의 차원에서 이와 같은 새로운 움직임이 움텄을까. 그 해답은 바로 그 며칠 전 노동신문에서 찾을 수 있다. 1974년 2월 14일자 노동신문은 1면에 「조선노동당 중앙위원회 제8차 전원회의에 관한 보도」를 싣고 있다. 이에 따르면 회의는 1974년 2월 11일부터 13일까지 진행되었으며, 의제는 《모든 힘을 사회주의대건설사업에 총동원할 데 대하여》와 《세금을 완전히 페지하며 공업상품가격을 대폭 낮출 데 대하여》의 2가지였다고 한다. 경제건설에 매진할 것을 독려하는 것과 세금을 완전히 페지한다는 것은 전통의 부활과는 별반 관계가 없어 보인다. 그러나 여기서 한 가지 상기해야 할 중요한 사실이 있다. 그 회의가 있은 지 17년이 지난 1991년 12월 발행된 『조선노

---

667) 각각의 제목은 「끓어 넘치는 충성의 열정을 안고 수산전선에서 새로운 일대 혁명적 앙양을 일으키자」(3.19), 「수령님에 대한 불타는 충성심을 안고 〈농촌테제발표 열돐 충성의 혁신농장〉 창조의 불길을 더욱 높이자」(4.11), 「영웅적 조선노동계급의 슬기와 용맹을 떨치며 충성의 강행군 전투를 힘차게 벌려나가자」(4.26), 「유일사상 교양을 더욱 강화하여 당원들과 근로자들을 수령님께 끝없이 충직한 혁명전사로 더 튼튼히 준비시키자」(4.30) 등이다.

동당력사』는 "1974년 2월에 열린 당중앙위원회 제5기 제8차 전원회의에서는 (김정일을)당중앙위원회 정치국위원으로 추대하고 경애하는 수령 김일성동지의 유일한 후계자, 주체위업의 위대한 계승자로, 당과 혁명의 영명한 지도자로 높이 추대하였다"고 밝히고 있다. 즉 당시에는 발표되지 않았지만 그 회의에서 내린 가장 중요한 결정은 김정일을 후계자로 확정한 것이었던 셈이다.[668]

비록 후계자 확정 사실이 당시 공개되지는 않았지만, 이 회의 후 김정일은 곧바로 북한 정권의 수면 위로 등장하게 된다. 김정일이 후계자가 된 4일 후[669]이자 김정일의 32회 생일인 1974년 2월 16일 노동신문은 '당중앙'이라는 표현을 등장시킨다. 이는 말할 것도 없이 김정일을 지칭하는 것으로서, 그의 갑작스런 등장에 대해 주민들이 거부감을 가질 것을 염려하여 우선 모호한 표현을 사용하여 그의 등장을 은연중 기정사실화 하려는 배려에서이다.[670] 이때부터 김정일은 비록 '당중앙'이라는 호칭으로 불리긴 했으나 북한

---

668) 1995년 5월 21일 평양방송의 「김정일 혁명역사 강좌 16회」도 "1974년 2월 중순에 평양에서는 조선노동당 중앙위원회 제5기 제8차 전원회의가 열렸었습니다. 전원회의에서는 전체 당원들과 인민들의 의사를 반영해서 경애하는 영도자 김정일 동지를 위대한 수령님의 후계자로 추대하는 결정을 채택했습니다. 그래서 경애하는 그분께서는 당의 수뇌부에서 위대한 수령님을 보좌하시며 우리의 혁명과 건설사업 전반을 영도하시게 됐습니다.…"라고 확인한다.

669) 김정일을 김일성의 후계자로 정한 날짜를 당중앙위 제5기 제8차회의가 열린 1974년 2월 11일부터 13일 가운데 12일로 보는 이유는, 앞의 1995년 5월 21일 평양방송이 "후계자로 추대 되신지 일주일 만인 2월 19일…"이라고 말하고 있는데 기인한다.

670) 북한에서 '당중앙'이라는 호칭이 '김정일'로 완전히 대치된 것은 1980년 제6차 당대회에서 김정일이 당중앙위원, 정치국 상무위원, 비서국 비서 등으로 선출되면서 후계자로 공식 등장한 후부터이다.

정권의 전면에 등장하게 된다. 북한은 물론 '당중앙'이라는 모호한 표현을 썼지만 그것이 특정 인물을 가리키는 것임은 처음부터 숨기지 않았다.671)

이렇게 되면 북한이 1974년 2월을 기해 전통을 특히 '충성' 개념을 중심으로 통치이념에 부각, 채택한 이유가 비로소 납득이 간다. 대를 이은 권력세습을 합리화하기 위해 주민들의 의식의 저변에 맥맥히 흐르고 있는 전통적 의식을 자극하는 것보다 더 강력한 선전, 설득 논리가 또 어디에 있겠는가. 이 시기를 기점으로 북한은 '충성'을 더욱 강조하면서672) 동시에 '당중앙', '대를 이어'를 공공연히 말하기 시작한다. 처음 1974년 2월 22일자 노동신문이 "어버이 수령님께 대를 이어 충성 다하며"라고 보도하였고, 그 해 조선인민군 창건 42주년 기념일인 4월 25일자 노동신문 사설은 '당중앙'과 '대를 이어'라는 말을 함께 사용함으로써 후계자문제를 암시하였다.

---

671) 이점에서는 북한이 '당중앙'이 김정일임을 나중에야 밝혔다는 견해도 있으나(서대숙, 『현대북한의 지도자 - 김일성과 김정일』), 1974년 2월 27일 노동신문이 당시 개최된 「전국공업대회」에서의 발표를 인용 보도하면서 "당중앙께서는 새벽 3시가 넘도록 황철 자동화 문제에 대하여 의논해 주시고…"(천리마 황해제철연합기업소 자동화 직장장 라송수), "당중앙께서 늘 가르치는 바와 같이 수령님에 대한 충실성은…"(무실광산 중쇄직장 직장장 원영준)라고 하고 있는 것을 보면 '당중앙'이 처음부터 특정 인물 곧 김정일임을 감추지 않았다고 볼 수 있다.

672) 북한은 1974년 2월 23일-3월 7일 개최된 「전국공업대회」를 '충성의 대회'로 불렀다. 『노동신문』(1974년 3월 1일)

2) 사회정치적 생명체론

북한은 이때 '재생산'된 충성, 효성 등 유교이념을 대표하는 개념들이 주요 구성요소로 용해되어 들어간 새 이념을 빚어낸다. 소위 '사회정치적 생명체론'이다. 이 논리구조 속에서 이들 개념들은 새로운 관계를 가지며 정권 정당화에 활용된다. 사회정치적 생명체론은 1980년대 김정일이 만들어낸 것으로 알려져 있다. 그러나 이 논리구조를 누가 만들어냈든 그것이 김일성 유일정권의 정당화를 위해 고안되고 또 활용되었다면 그것은 김일성에 의한 활용이 되는 것이다. 그리고 김일성 자신도 이 논리구조의 기초가 되는 '정치적 생명', '사회정치적 생명'이라는 개념을 자신의 개념으로 사용하며 '인민'들을 설득한 바 있다.[673]

사회정치적 생명론에 의하면 사람에게는 육체적 생명과 사회정치적 생명의 두 가지 생명이 있다고 한다. 육체적 생명이란 부모에게서

---

673) 김일성은 '정치적 생명' 개념을 이미 1959년부터, '사회정치적 생명' 개념을 1972년부터 사용한다. "당원에게 있어서 당생활을 정치적생명입니다.…당의 결정을 존중히 여기지 않고 당의 결정을 집행하지 않는 것은 나의 정치적생명을 끊는 것이나 다름없다고 생각해야 합니다. 정치적생명이 없는 사람은 가련한 사람입니다." 「모든 문제해결에서 중심고리를 튼튼히 틀어잡고 거기에 력량을 집중하자(황해제철소당위원회 확대회의에서 한 연설, 1959년 9월 4일), 『김일성 저작집』 13 (조선노동당출판사, 1981), 381쪽. "사회적존재인 사람에게 있어서는 육체적생명보다도 사회정치적생명이 더 귀중하다고 말할수 있습니다." 「우리 당의 주체사상과 공화국정부의 대내외정책의 몇가지 문제에 대하여(일본 《마이니찌신붕》 기자들이 제기한 질문에 대한 대답, 1972년 9월 17일), 『김일성저작집』 27 (조선노동당출판사 1984), 396쪽.

받는 생명이며, 사회정치적 생명은 노동당으로부터 받는 것을 말한
다.674) 이때의 사회정치적 생명이란 것은 주로 당생활, 조직생활 등을
통해 얻어지는 개인의 사회적 위상과 같은 것을 지칭하는 것이었
다.675) 김일성은 여기서 사람은 '사회적 존재이기 때문에' 육체적 생
명보다도 사회정치적 생명이 더 귀중하다고 반복적으로 강조하였다.
따라서 "비록 육체적 생명은 죽는다고 하여도 정치적 생명만은 더럽
히지 않겠다"고 하는 '혁명적신조'가 필요하다고 한다.676) 당연한 논
리의 연장으로 육체적 생명을 준 부모보다는 정치적 생명을 준 노동
당이 더 큰 의미를 갖게 된다. 왜냐하면 "사회주의 제도에서는 부모
의 덕이란 육체를 낳아준 것밖에" 다른 것이 없는 반면 노동당은 "사
람들을 어려서부터 공부시키고 혁명적으로 교양하여 훌륭한 공산주
의자로 키워주며 혁명대오에서 세워주"는데, "이것은 부모가 육체적

---

674) 김일성, 「새로 배치된 사로청중앙위원회 일군들과 도사로청위원장들
　　　앞에서 한 연설(1972년 12월 16일)」, 『김일성저작집』 27 (조선노동당
　　　출판사, 1984), 545쪽. "사람의 육체적생명은 부모가 주지만 정치적
　　　생명은 당이줍니다. 당에서는 사람들을 무료로 공부시켜주며 공산주
　　　의사회의 역군으로 키워줍니다."

675) "당원에게 있어서 당생활은 정치적생명입니다.", 김일성, 「모든 문제해
　　　결에서 중심고리를 튼튼히 틀어잡고 거기에 력량을 집중하자(황해제
　　　철소당위원회 확대회의에서 한 연설, 1959년 9월 4일)」, 『김일성저작
　　　집』 13 (조선노동당출판사, 1981), 381쪽. "당원들과 근로자들에 있어
　　　서 조직생활은 정치적생명입니다.", 김일성, 「3대혁명을 힘있게 벌려
　　　사회주의 건설을 더욱 다그치자(공업열성자회의에서 한 연설, 1975년
　　　3월 3일)」, 『김일성저작집』 30 (조선노동당출판사, 1985), 126쪽 등.

676) 김일성, 「당사업에서 형식주의와 관료주의를 없애며 일군들을 혁명
　　　화할데 대하여(조선노동당 중앙위원회 조직지도부, 선전선동부 일군
　　　들앞에서 한 연설, 1966년 10월 18일)」, 『김일성저작집』 20 (조선노
　　　동당출판사, 1982), 497쪽.

생명을 주는 것보다 훨씬 더 값있고 보람있는 것"이기 때문이라는 것이다.677)

한편 이 사회정치적 생명에 유기적 논리구조를 불어넣은 것은 김정일의 몫이었다. 그는 이 개념들을 발전시키고 여기에 '수령론'을 덧붙여 하나의 논리구조로 만들었다. 그에 의하면 이처럼 사회정치적 생명을 부여받은 '인민대중'은 당의 영도 밑에 '수령'을 중심으로 하여 조직사상적으로 결속되게 되고, 이러한 결속이 사회를 자주적인 생명력을 지닌 하나의 거대한 사회정치적 생명체로 만든다고 한다. 그리고 그 안에 있는 개별적인 사람들의 육체적 생명은 끝이 있지만 사회정치적 생명체로 결속된 '인민대중'의 생명은 영원하다고 한다.678) 사회정치적 생명체론은 그 속에서의 '인민대중'과 '당'과 '수령'의 관계를 상세히 상정하고 있다. 그리고 이들간의 관계 부분이 논리구조로서의 '사회정치적 생명체론'의 핵심을 차지한다. 김정일의 정의를 보자.

> 개별적 사람들의 생명의 중심이 뇌수인 것처럼 사회정치적집단의 생명의 중심은 이 집단의 최고뇌수인 수령입니다.… 당은 수령을 중심으로 조직사상적으로 공고하게 결합된 인민대중의 핵심부대로서 자주적인 사회정치적생명체의 중추를 이루고 있습니다. 개별적인 사람들은 당조직을 통하여 사회정치적생명체의

677) 김일성, 「농업생산에서 일대 전환을 일으키기 위하여(황해남도, 평양시, 평안남도, 평안북도 농업일군협의회에서 한 연설, 1973년 1월 17일, 22~24일)」, 『김일성저작집』 28 (조선노동당출판사, 1984), 80쪽.
678) 김정일, 「주체사상교양에서 제기되는 몇가지 문제에 대하여(조선노동당 중앙위원회 책임일군들과 한 담화, 1986년 7월 15일)」, 『김정일선집』 8 (조선노동당출판사, 1998), 448쪽.

중심인 수령과 조직사상적으로 결합되어 당과 운명을 같이하게
될 때 영생하는 사회정치적생명을 지니게 됩니다. 수령을 사회
정치적생명체의 최고뇌수라고 하는 것은 수령이 바로 이 생명체
의 생명활동을 통일적으로 지휘하는 중심이기 때문입니다.[679]

개별적 사람들이 사회정치적 생명을 매개로 당조직을 통하여 수
령에게 종속적으로 연결되는 구조를 매우 정교한 논리로써 포장해
내고 있음을 볼 수 있다. 아울러 이들 사이의 횡적인 관계에 대해
서는 "하나의 생명으로 결합되어 운명을 같이하는" 사이이기 때문
에 "서로 도와주고 사랑하는 혁명적 의리와 동지에의 관계"가 된
다고 한다.[680]반대로 수령은 인민들의 충성과 효성에 대한 반대급
부로 그들에 대해 자애로울 것이 요구되고 당은 이들을 직접 보살
필 책임을 지게 된다. 이에 북한은 '수령'을 자애로운 존재로 장식
하는데 게으르지 않았다. 배급과 개별적 선물 등 인민들에 대한 모
든 공급이 실은 그들의 근로로부터 나왔음에도 수령의 자애, 은덕
으로 묘사되었고, 당은 인민을 보살피는 어머니로 불려졌다. 이렇게
어버이 수령, 어머니 당, 인민대중이 '혈연적 관계'를 통해 유기적으
로 통일될 때 그 사회는 '혁명적 대가정'이 된다.[681] 擬似가족공동
체가 되는 것이다.[682] 전통유교사상이 이상 사회로 상정하고 있는
'대동사회'와 흡사하게 닮은 모양이다. 이 사회정치적 생명체론의

---

679) 김정일, 같은 글, 448쪽.

680) 김정일, 같은 글, 449쪽.

681) 박영철, 『수령에 대한 충실성과 사회정치적 생명체』 (조선노동당출판
　　　사, 1990), 17쪽.

682) 鐸木昌之, 「북한의 '사회정치적 생명체'론」, 박한식 편, 『북한의 실상
　　　과 전망』 (동화연구소, 1991), 245쪽.

천명은 북한체제가 전체주의체제에서 顯身人 김일성을 정점으로하는 神政體制로 전환되고 있음을 시사하는 것으로 평가되기도 하고,683) 초월적인 지도자(수령)와 이에 충성을 다하는 대중간의 '봉건적인 공동체'가 사회주의적 틀 속에 변형되어 나타난 것으로 평가되기도 한다.684) 그리고 이 논리가 골간으로 하고 있는 충성, 효성, 충신, 효자, 간신, 불효자, 혁명적 의리 등과 같은 개념들이 전통적 사유체계에서 나왔다는 점에 착안하여 이를 유교와의 공명으로 보기도 한다.685) 그러나 이것이 갖는 더욱 중요한 의미는 전통적 孝의 대상을 生父를 넘어 忠의 대상인 '수령'으로 직접 연결시키고 있다는데 있다. 논리상 김일성이 충성의 대상일 뿐만 아니라 정치적 생명을 준 아버지로서 효성의 대상으로도 설정되는 것이다. 주자학적 유교전통에서 효가 충보다 더 근원적이라는 것은 앞서 본 바와 같다. 더욱이 정서상 부에 대한 효성은 멀리 군왕에 대한 충성에 비할 수 없다. 이 강력한 효성을 부로부터 걷어내 '수령'에게 연결시킨다면 충성을 합리화하기 위한 논리로는 더 바랄 나위가 없을 것이다. 바로 그 역할을 사회정치적 생명체론이 담당해 주고 있다.

여기에서 직접적으로 도출되는 논리가 운명적인 충성의 논리이다. 김정일은 자식들이 자기 부모를 사랑하고 존경하는 것은 그들이 다른 부모들보다 나아서가 아니라 자기를 낳아 키운 생명의 은

---

683) 최완규, 「사회주의 건설과 주체사상」, 최청호 등 『북한사회주의건설의 정치경제』 (경남대학교 극동문제연구소, 1993), 168쪽.

684) 최성, 『북한정치사』 (풀빛, 1997), 199쪽.

685) 스즈키 마사유키, 유영구 옮김, 『김정일과 수령제 사회주의』 (중앙일보사, 1994), 183쪽.

인이기 때문인 것처럼, 좋을 때나 나쁠 때나 자기 사회정치적 생명의 모체인 수령, 당, 대중과 생사운명을 같이해 나가야 한다고 주장한다.[686] 거꾸로 말해 수령은 운명적인 존재이기 때문에 그의 통치에 문제가 있거나 품성에 하자가 있더라도 불평 없이 그에게 충성해야 한다는 것이다. 수령의 통치에 대한 이의 제기나 대중적 평가 혹은 비판의 소지를 원천적으로 봉쇄하는 논리이다. 이 논리를 인민들의 정서로 체화시킬 수만 있다면 통치자에게 매우 편리할 것임은 물론이다.

다. 가족주의 전통의 확산

　김일성이 유일지배체제 정당화에 전통을 깊이 활용하게 된 것은 전통의 핵심 축의 하나인 가족주의 전통이 더욱 굳건히 유지, 확산될 수 있는 동기를 만들어주었다. 사실 유일지배체제 정당화에 전통을 활용한다는 것 자체가 북한 사회의 밑바닥을 흐르던 가족주의 전통에 크게 의지하는 것이었다. 문제는 북한 현지에서 당시를 살아온 주민들을 대상으로 광범위하게 증언을 채취하기 어렵고, 이에 관한 자료도 충분히 확보하기도 어려운 상황에서 이를 직접적이고 명확하게 확인해 보기가 쉽지 않다는 점이다. 그러나 차선의 방법으로 가족주의 전통의 주요 구성요소들 즉 가족의 구심력, 효

---

686) 김정일, 같은 글, 454쪽.

를 매개로 하는 가부장적 권위주의, 그 안에서의 여성의 소외 등을 염두에 두고, 접근 가능한 여러 가지 기록들 속에서 이를 보여주는 편린들을 찾아 모아 이를 재구성해 본다면 이것이 불가능한 것도 아니다. 먼저 이러한 제 속성이 가장 보편적으로 표현되는 가족관계가 당시의 법률체계에는 어떻게 표현되고 있었는가를 보자.

사유재산제를 폐지한 북한으로서는 물권, 채권, 친족상속 등 사유재산제를 바탕으로 하는 민법체계와는 분리된 독립적인 가족법 제정을 필요로 했다. 그러나 인식과는 달리 가족법의 제정 자체는 미루고 있었다. 다만 가족법 제정을 위한 준비작업을 상당히 구체적으로 진행하여 거의 매 조항의 윤곽까지를 잡아놓았던 상태였다. 이를 보여주는 것이 1958년에 출판된 『조선가족법』이다.[687] 『조선가족법』은 우선 '가족' 그 자체의 고유기능을 "공화국의 가족은 다른 모든 사회의 가족에 있어서와 마찬가지로 인간의 증식 과정이 진행되는 사회적 형태로 되며 가족을 통하여 우리의 후대가 이어진다"고 규정, '인간 증식'과 '代의 계승'을 그의 가장 중요한 의의로 꼽았고, 가족의 사회적 기능 가운데서는 "자녀들에 대한 사회주의적 애국주의의 교양"과 경제적 부조기능 즉 "가족 성원들이 가사를 공동으로 운영하며 그 성원들의 근로 수입을 공동적으로 소비하며 노동 능력이 없는 가족 성원들에 대하여 물질적으로 방조

---

687) 그 표지에 '조선민주주의인민공화국 교육문화성 비준'이라고 명기되어 있는 것으로 보아 가족법의 제정을 전후하여 가족법의 내용을 설명하고 홍보하려는 일종의 설명자료였던 것 같다. 따라서 그 내용을 당시 가족법의 내용이라고 간주해도 좋으리라고 본다. 실제로 독립된 법률로서 「조선민주주의인민공화국 가족법」이 제정된 것은 1990년 10월 24일의 일이다.

를 주는" 기능을 중요한 것들로 꼽아 다소 기능 중심적으로 흐르고는 있지만, 역시 가족 자체를 중요한 존재로 인식하는 태도를 보이고 있다.[688]

구체적으로는 이처럼 중요한 기능과 의미를 지닌 가족이 이혼으로 인해 쉽게 붕괴되지 않도록 하기 위해 몇 가지 보호장치를 마련해 두었다. 그중 첫째는 1956년 3월 8일부로 발표되고 같은 해 4월 1일부로 시행된 내각 제24호 결정으로서, 이것은 1946년 이래로 인정되어 온 소위 협의이혼 제도를 폐기하고 오직 재판소의 판결에 의해서만 이혼할 수 있도록 규정한 것이다. 둘째는 1955년 1월 27일부 내각결정 제10호 "국가 수수료에 관한 규정" 제11조 9호 및 10호로서, 이는 "경솔한 리혼 소송 제기를 제어하기 위해" 이혼 소송의 경우 2,000원이라는 고액의 소송료를 부과함으로써 당시 50원이었던 보통의 소송료와 차별화한 것이었다.

가족 내부관계에 관해서는 자녀의 부모에 대한 부양의무, 조부모와 손자녀간 상호 부양의무, 형제 자매간의 부양의무 등을 명기하고 있다. 특히 자녀의 부모에 대한 부양의무에 관해서는 "부모가 자녀를 사랑하며 자녀는 부모를 존경하고 봉양하는 것은 우리 인민의 전통적 미풍이다. 부모에 대한 자녀의 관계는 다만 물질적 방조를 제공하는 그것에만 국한되지 않고 보다 광범한 범위를 포괄한다. 그것은 오히려 법률적 권리 의무관계의 틀을 벗어나서 도덕적 확신 밑에 실생활상 깊이 침투되어 있다. 공화국 법에 의한 자녀의 부양의무는 그 중의 한 부분적 측면에 지나지 않는다"라고 기술, 부모를 모시는 것이 법률 규정 이전에 하나의 사회 도덕적

---

688) 조일호, 『조선가족법』 (평양: 교육도서출판사, 1958), 17-20쪽.

규범으로서 누구나 공유하는 정서라는 것을 상정하고 있다.[689] 오히려 법률 규정이 전통적 효 개념에 깊이 기초하고 있다는 것을 숨기지 않고 있다.

조부모와 손자녀간의 관계는 부모, 자식간 慈孝關係의 연장이다. 이에 관해 "공화국 가족법은 조부모와 손자녀와 사이에 호상적인 부양의 권리 의무를 인정한다"고 하여 법률적 차원에서 이를 확인하고, 손자녀가 부모 혹은 배우자로부터 부양을 받을 수 없는 상황이 되었을 때 조부모가 부양의무를 지도록 규정하였다. 형제 자매들간의 법률관계에 관해서는 "공화국 가족법에서는 형제 자매들 사이에서도 호상적인 권리 의무가 인정된다. …미성년 형제 자매에 대해서 뿐만 아니라 상기 조건을 갖춘 성년 형제 자매에 대한 관계에서도 다른 형제 자매의 부양 의무를 인정하는 것은 우리 인민의 가족 생활에서 당연한 것으로 느껴지는 도덕적 확신에 부합된다"라고 하고 있다.[690]

『조선가족법』은 나아가 혈족관계에 대한 개념을 명확히 해 둘 필요가 있다며 위로 고조부, 종증조부로부터 아래로 장증손부, 장헌손부, 종증손녀, 재종손녀 등 광범위한 혈족관계를 나열하여 정의하고,[691] "공화국 가족법은 일정한 범위의 사람들 사이의 권리 의무를 상정함에 있어서 그들 간에 존재하는 혈족적 관계를 넘두에 두는 경우가 적지 않다"고 하여 이들 사이의 관계를 인정한 후 나아가 "공화국 가족법은 혈족 관계로써 연결되지 않은 가족 성원들

---

689) 같은 책, 189-191쪽.
690) 같은 책, 231-233쪽.
691) 같은 책, 51-56쪽.

사이의 관계를 규제한다"고 하여 이들 이상의 혈족관계도 인식하고 있음을 명백히 하고있다.

이상과 같은 가족법의 태도는 사회주의제도의 도입에 따라 친척의 범위가 축소되고 부모 부양에 모든 자녀가 남녀 혹은 장자여부 등에 상관없이 똑같은 의무를 지니는 등 가족 및 가족 내부관계에 많은 변화가 있었지만, 아직도 가족 자체는 중시되고 있고, 가족의 테두리를 넘어 혈족관계가 여전히 의미를 지니고 있으며, 가족 내부에서도 부모 및 조부모에 대한 자식의 태도나 형제 자매 사이의 관계 등에서 여전히 전통적 관계가 바탕을 이루고 있음을 보여주고 있고, 이러한 의식이 법률 규정을 넘어 당시 사회에서 도덕률로서 당연시되고 있었음을 보여준다. 이는 저자의 다음과 같은 지적에서 명확히 확인된다.

> 사람들이 낡은 제도의 억압에서 해방되자 일거에 즉시로 오랜 과거로부터 물려받은 습성과 관념을 청산할 것을 기대하기는 어렵다. 아는 바와 같이 인간의 의식발전은 그들의 경제적 지위에서의 전진보다는 완만하게 진행된다. 특히 기족관계에서의 생활풍습은 사람들의 의식 속에 과거의 잔재가 가장 완강히 남아있는 분야에 속한다. 게다가 우리 인민이 식민지 반봉건적 사회로부터 해방된 후 아직 력사적으로 짧은 기간밖에 경과하지 않았다.692)

법률 이외에 당시 사람들의 행동 속에서도 전통의 존재를 확인할 수 있다. 1961년 11월 15일부터 17일까지 평양에서 열린 「전국

---

692) 같은 책, 21-22쪽.

어머니대회」 참가자들의 증언이 좋은 예들을 제공한다. 사리원시 한 공장의 피복부 공원으로 근무하는 이금희 여성은 자신의 자녀 교육 방침을 "동생들은 형과 누나를 존경하고 그의 말을 잘 듣도록 하면서 웃어른을 존경하도록 교양하는 것"이라고 밝히고, 그 결과로 "지금은 형제간에 서로 사랑하고 도와주는 아름다운 품성들이 계속 나타나고 있다"고 하였다.[693] 자강도 강계시 강서동의 김경희라는 여성은 동네 작업반장으로서 이웃집 여성을 교양한 활동 성과를 소개하는 가운데 가정 내에서 차지하는 여성과 남성의 위상을 보여주는 사례를 제시한다. "한 동무는 노동을 싫어하고 게을러서 일을 안하고 남편이 벌어온 돈도 옳게 쓰지 못하고 …남편이 교양하다 못해 이혼을 제기하고 합숙으로 나갔"으며, 이에 자신과 동네 아주머니들이 열심히 '교양 개조'한 결과, "점차 작업에 열성을 내게 되었으며 어떻게 해서나 자기의 노력으로 집에서 나간 남편이 다시 찾아 들어오게 할 결심으로 맡겨진 일에 모범적으로 참가" 하였고, "자기의 수입으로 아이 옷과 남편의 옷 그리고 자기 옷도 깨끗이 해서 입고, 옷장, 찬장도 사다 놓았으며 점차 늘어 가는 살림에 취미를 부쳐 가정생활을 알뜰히 꾸리였"다는 것이다. 결국 남편도 돌아오게 되고 그 가정은 어느 가정보다 행복한 살림을 꾸리게 되었다고 보고하고 있다. 이 여성은 이러한 방법으로 "시어머니와 사이가 나빠져서 본가에 도로 갔던 한 아주머니도 개조되여 지금은 시어머니가 우리 며느리 밖에 없다고 자랑하게 되었다"[694]고 보고하였다. 집나간 남편을 돌아오게 하기 위하여 부인이 노력하는

---

693) 조선녀성사, 『전국 어머니 대회 문헌집』 (평양: 조선녀성사, 1962), 155쪽.
694) 같은 책, 179-181쪽.

장면이나, 시어머니와 사이가 나빠져 친정으로 '쫓겨간' 장면이 눈에 띄는 부분이다.

또 다른 사례는 평남 중화군 직물공장에 다니는 최옥수라는 여성의 경우이다. 이 여성은 어린 아이 하나를 데리고 여섯 명의 전처 소생과 노모가 있는 집에 재혼해 갔는데, 전처소생들과 노모의 계모에 대한 반발과 배타감정이 매우 높았다고 한다. 열 아홉 살난 맏아들은 계모가 들어와서 달포가 넘도록 말 한마디 바로 건네는 법이 없다가 조금만 언짢으면 "당장 나가라"고 외치며 화풀이를 하는 것이 일쑤였지만, 그 여성은 그와 같은 혼인생활을 감수해 나가며 오로지 가정 분위기의 개선을 위해 노력한 끝에 결국 아이들과 노모의 마음을 돌려놓았다는 것이다. 여기서 '여자가 남자의 집에 재혼해 들어가는 것', '전처 소생들이 계모를 보고 당장 나가라고 하는 것' 등은 그 사회의 결혼형태가 부계 본위의 원칙을 실천하고 있음을 뜻하고 '노모를 모시고 살고 있는 점'은 동양적 집단주의와 가부장권 존중을 그 내용으로 하는 또 하나의 가족제도적 원리의 표현으로 볼 수 있다.[695]

이 보다 조금 더 직접적으로 가정 안과 밖의 사람들 사이의 관계를 확인시켜주는 예가 있다. 1964년 「군중문화출판사」가 발행하고, 1965년 동경의 학우서방이 번인 발행한 『공산주의 례의도덕교양』이 그것이다. 이 책은 가정 내에서 서로 지켜야할 예의범절, 사회적으로 바람직한 행위규범 등을 상세히 예시하고 있는데, 먼저 노인을 사회적으로 공경해야 한다는 것을 다음과 같이 적고 있다.

---

695) 사례는 같은 책 274-291쪽, 해석은 이희봉, 『북한의 가족법과 전통적 가족제도』(서울: 국토통일원, 1975), 13쪽.

"옛날부터 조선 인민은 늙은이들을 극진히 존경하고 돌보아 드리는 아름다운 풍속을 가지고 있다. 《팔뚝 쉬시거든 두 손으로 받치리다./ 나갈 때 계시거든 막대 들고 좇으리다./ 향음주 다 파한 후에 모셔 가려 하노라》. 유명한 16세기 시인 정 철이 지은 이 시는 늙은이를 존경하고 공대하는 조선 사람들의 아름다운 심정을 잘 표현하고 있다. 조선 인민들은 이러한 미풍을 기나긴 세월을 거쳐 오늘 우리 사회에 이르기까지 변함 없이 간직하고 준수하여 왔다. 설날 아침에 이웃 늙은이들을 찾아 다니면서 세배를 하고 기쁘게 해 드리는 것은 우리들이 지켜야 할 초보적인 례절이다. …늙은이와 마주 앉아 이야기할 때에는 몸가짐을 단정히 하며 늙은이의 말을 중동무이하지 말고 끝까지 공손히 들어야 하며 묻는 말에는 알기 쉬운 말로 똑똑히 대답하여야 한다."[696]

자식의 부모 공대에 관해서는[697] 우선 "부모는 언제나 자식을 걱정하고 자식을 위해서라면 어떠한 고통도 참으며 자기의 모든 것을 바치는 것이다. 이러한 부모의 보살핌 속에서 자라난 자식들이 어찌 한시인들 부모 공대를 소홀히 할 수 있겠는가"라고 전제한 뒤, 자식들은 어떠한 경우라도 아침에 부모보다 일찍 자리에서 일어나야 한다든지, 부모에게 대접하는 음식은 온갖 정성을 다하여 만들어야 한다든지, 자식된 사람들은 늙으신 부모들의 마음을 극력 기쁘게 해 드려야 하고 부모의 옷에 각별한 관심을 돌려야 한다는

---

696) 학우서방, 『공산주의 례의도덕교양』 (동경, 1965), 83쪽.
697) 「가정에서 지켜야 할 례의도덕」 節에서 '부모 공대'가 가장 먼저 다루어지고, 그 다음으로 '부부사이', '자녀들에 대한 례절 교양' 등의 덕목이 서술되고 있다.

등의 부모 모시는 방법을 세세히 설명하고 있다. 특히 집안의 대소사 결정에 있어서는 부모와 의논할 것을 권하며, "비록 사소한 물건을 사는 경우라 하여도 부모의 의견을 듣는 것이 좋다. 어머니가 아직 집안 일을 돌볼 수 있다면 며느리는 모든 일을 어머니의 의견을 존중히 하여 처이해야 한다"라고 하여 부모가 공대의 대상일 뿐 아니라 의사결정에 있어서도 영향력을 끼치고 있음을 시사하였다.[698] 이 점은 노부모를 모시고 있는 어떤 남자가 노동의 대가로 받은 분배물과 돈을 처분함에 있어 부모와 상의하여 사용하거나 또는 늙은 부모에게 맡겼다가 필요할 때 찾아서 쓰도록 하였고 그 행위가 북한의 전통적인 풍습인 경노사상의 발현이라 하여 협동조합 내 가정생활의 표본이 되었다는 또 다른 사례와도 일치되는 태도이다.[699]

가정에서의 여성의 역할에 대해서는 "부모를 극진히 공대하고 남편을 잘 섬기는 것은 우리나라 녀성들의 아름다운 덕성의 하나"라고 설명하고, "남편이 자기나 가정의 사사로운 일 때문에 머리를 쓰지 않고 마음껏 일하며 보다 큰 성과를 달성할 수 있도록 힘써야 한다. 이것이 첫째 가는 남편 공대로 된다"라고 규정하여 가정에서의 여성의 역할이 어디까지나 남성을 따라가고 도와주는데 있다는 점을 밝히고 있다. 여성이 직장을 가질 경우에는 직장 일을 열성적으로 하는 것은 물론이고 집안 일은 집안 일대로 충실히 해야 한다. 반면 남편의 임무는 "안해를 자기와 동등한 위치에 놓고

---

698) 같은 책, 88-93쪽.

699) 과학출판사, 『조중친선농업협동조합 농민들의 문화와 풍습』 민속학연구총서 제4집 (평양, 1960), 152쪽, 이봉희, 앞의 책, 13쪽에서 재인용.

대하여야 하며 안해의 사업에 대해서 깊이 이해하고 적극 도와 주어야 한다”는 것으로 한정, 남녀의 위상에 있어 전통적 불균등을 보여준다.[700]

이 외에도 혼인과 관련하여 선보기, 약혼식, 예장, 혼례식, 동상례 등 각종 의식이 규모와 주관자는 다소 달라졌어도 그 형태만은 당시까지 유지하고 있었다는 민속학적 발굴보고라든지,[701] 가족공동체적 조선 사회에서 문중의 단합을 유지하는 기제로서의 역할을 하였던 제사가 음식을 많이 차려놓는 대신에 무덤에다 꽃을 갖다 놓던가 가족들이 한자리에 모여서 경건한 마음으로 죽은 사람의 지난날의 투쟁을 회상하면서 그가 다하지 못한 일을 살아있는 사람들이 마저 하기 위하여 더욱 노력하자는 결의를 다지는 의식 등의 변형된 형태로나마 지속되고 있다든지 하는 사례들을 발견할 수 있다.

이상의 예들은 가족 중심주의, 효를 매개로 하는 가부장적 권위주의, 정치권위에 대한 무조건 복종, 여성의 소외 등 전통의식의 핵심 골격들이 북한 사회에 여전히 살아있음을 보여준다. 그리고 이로부터 북한 사회에는 36년 간의 일제 식민통치, 민주개혁, 사회주의적 개혁 등 전통에 충격적인 정치 사회적 변화가 여러 차례 있었음에도 불구하고, 여전히 전통이 하나의 밑바닥을 흐르는 의식(低流)을 이루고 있었다는 유추를 가능케 한다. 실제로 여러 차례의 충격에 의해 사라진 것은 전통의 제도적 차원이라고 할 수 있는 왕조 정치체제, 경제·사회구조, 법률 등이고 가치 및 행위 차원의

---

700) 같은 책, 94-99쪽.
701) 김신숙, 앞의 글, 25쪽.

전통은 많은 부분 면면히 살아있었다는 것이다.

다만 한 가지 염두에 두어야 할 것은 이 때의 '家' 혹은 '가족'이라는 개념은 이미 전통사회에서의 '가족'과는 의미가 달라졌다는 것이다. 전통사회의 가족이 확대가족, 친족, 문중 등 보다 넓은 범위의 것이었다면, 이 때의 가족은 가구 혹은 가까운 친척이라는 제한적인 혈연집단으로 축소된 것이다. 그것은 북한 당국이 전통적 동족부락으로부터 일부 유력한 친족원 및 그들의 가족을 타지역으로 이주시킴으로써 전통적 '家'의 인적구성을 해체해 놓았고, 사유재산의 폐지와 문중재산의 몰수로 문중단위의 조상제사가 재정적인 기반을 잃음에 따라 가족 구성원의 일체감 형성의 기제로서의 제사가 극히 제한된 범위의 직계조상의 기제 형태로 바뀌었으며, 인민군에 선발되어 나간 청년들이 제대 후 다른 지역의 생산조직(농장)에 배치됨으로써 전통적 '家'의 기반이 허물어졌다는 등의 이유에 기인한다.

유일지배체제를 구축한 김일성 통치는 이와 같은 북한사회 내 가족의 구심력을 기반으로 유일체제를 확고히 하고 정당화시키기 위한 조치들을 취한다. 그리고 이것은 다시 북한사회 내 가족중심적 성향을 더욱 강화시키는 결과를 가져온다. 그 조치의 첫째는 1966년 4월부터 시작되어 1970년 6월에 완성된 성분분류작업이다.702) 북한은 이 작업을 통해 전 주민을 3계층 51개 부류로 구분하고, 그 부류에 따라 대우를 달리했다. 즉 핵심계층은 당·정·군의 간부로 등용되는데 특혜를 주고 적대계층(복잡한 계층)에 대해서는 감시와 제재,

---

702) 주민성분 조사사업은 1958-60년에도 있었으나, 이는 주민 분류라기보다는 불순분자를 색출하는데 비중을 둔 것이었다.

포섭의 대상으로 삼는 등이었다. 이 분류작업의 단위는 물론 개인이 아닌 가족이었다. 이때에는 직계가족뿐만 아니라 직계 3대, 처가, 외가, 6촌까지가 대상이 되었다고 한다.[703] 이는 이후 김일성이 계속적으로 간부선발에서 가정주위환경에만 매달리지 말 것을 요청하고 있는 데서도 확인된다. 개인이 "조직생활을 어떻게 하였고 혁명과 건설사업에 어떻게 이바지하였는가를 전면적으로 보고 그에 대한 정확한 평가를 내리라"는 지적이다.[704] 거꾸로 성분이 '복잡한 계층'에 대해서도 "단결하는 원칙에서 교양개조"하여야 하며 "더욱이 그들의 아들딸들은 절대로 따돌리지 말아야 한다."고도 강조하고 있다.[705] 북한 사회를 철저히 가족을 단위로 운영하고 있다는 반증이

---

703) 통일부, 『북한개요 2000』, 420쪽.

704) 김일성, 「청년들의 특성에 맞게 사로청사업을 더욱 적극화할데 대하여(도, 시, 군, 공장, 기업소, 대학 당위원회 청년사업부장 및 사로청위원장협의회에서 한 연설, 1971년 2월 3일)」, 『김일성저작집』 26 (조선노동당출판사, 1984), 23쪽. 이 외에도 "당조직당조직들은 간부선발사업에서 가정주위환경에만 매달리는 그릇된 경향들을 엄격히 경계하여야 하며 어디까지나 본인의 정치사상적준비정도를 기본으로 하여 간부들을 선발하도록 하여야 하겠습니다"- 「조선노동당 제5차대회에서 한 중앙위원회사업총화보고(1970년 11월 2일)」, 『김일성저작집』 25 (조선노동당출판사, 1983), 338-339쪽, "지금 간부문건들을 보면 가족 및 친척 관계에 대한것만있지 그가 소년단조직생활과 사로청조직생활은 어떻게 하였고 당의 유일사상으로 무장하기 위하여 어떻게 노력하였으며 맡겨진 혁명과업은 어떻게 수행하였는가 하는 사회정치생활정형에 대한것은 밝혀져있지 않습니다.", 「청년들의 특성에 맞게 사로청사업을 더욱 적극화할데 대하여(도, 시, 군, 공장, 기업소, 대학 당위원회 청년사업부장및사로청위원장협의회에서 한 연설, 1971년 2월 3일)」, 『김일성저작집』 26 (조선노동당출판사, 1984), 223쪽 등 그의 지적은 계속된다.

705) 「청년들의 특성에 맞게 사로청사업을 더욱 적극화할데 대하여(도, 시, 군, 공장, 기업소, 대학 당위원회 청년사업부장및사로청위원장협의회에

다. 개인의 사회적 진출과 성공, 실패 여부가 가족에 의해 결정되게 만든 것이다. 이보다 더 가족중심적 정책이 있을 수 있을까? 이에 한 탈북인사는 당시를 회고하며 "가족관계를 중시하는 북한체제 아래서는 달리 변명할 여지가 없었다.…나는 공산주의자들은 왜 이다지 가족주의가 강하고 봉건주의적으로 사고하는지 정말 불만이었다."라고 한탄한다.[706] 이것이 결국 체제로서는 사회와 개인을 감시하고 통제하기 위해 마련한 조치이지만 결국 이것이 사회 내 가족중심적 경향을 가중시켰을 것임은 의심의 여지가 없다.

서 한 연설, 1971년 2월 3일)」, 『김일성저작집』 26 (조선노동당출판사, 1984), 58쪽. 이와 같은 취지의 발언도 "현재 일을 잘하며 우리 당을 진심으로 지지하고 끝까지 따라갈 각오가 되여있는 사람들에 대해서는 성분이 좀 복잡하더라도 믿어주고 정치적으로 걸리고있는 문제들을 풀어주어야 합니다"-「공작기계생산기지를 튼튼히 꾸리자(구성지구 공장, 기업소지도일군협의회에서 한 연설, 1971년 9월 4일)」, 『김일성저작집 26 (조선노동당출판사, 1984), 251쪽, "수상님께서 이 집 문제를 보고받으시고 성분규정이 잘못되였다는것과 이 집 아들들을 정치생활에서 차별하지 말며 앞으로 일을 잘하면 당에도 입당시키고 제일 작은 아들은 나이가 좀 지났지만 본인이 요구하면 이제라도 인민군대에 보내주라고 말씀하시였다"-「공작기계생산기지를 튼튼히 꾸리자(구성지구 공장, 기업소지도일군협의회에서 한 연설, 1971년 9월 4일)」, 『김일성저작집』 26 (조선노동당출판사, 1984), 249쪽 등 계속된다.

706) 황장엽, 『나는 역사의 진리를 보았다』 (한울, 1999), 149-150쪽.

성분 분류 및 대우

계층	부　류	대　우
핵심계층	• 노동자, 고농(머슴), 빈농, 사무원, 노동당원, 혁명유가족, 애국열사유가족, 8·15이후 양성된 인테리, 6.25 피살자 가족, 전사자 가족, 후방가족, 영예군인 등	• 당·정·군간부 등용 • 타계층과 분리 특혜조치 (진학, 승진, 420배급, 거주, 진료 등에서 특혜조치)
동요계층	• 소·중상인, 수공업인, 소공장주, 하층 접객업자, 중산층 접객업자, 월남자 가족(제2·3부류), 중농, 민족자본가, 중국귀환민, 일본귀환민, 8·15이전 양성된 인테리, 안일·부화·방탕한 자, 접대부 및 미신숭배자,유학자 및 지방유지, 경제사범 등	• 각종 하급간부 및 기술자 진출 • 극소수 핵심계층으로 승격
적대계층	• 8·15이후 전락노동자, 부농, 지주, 친일·친미주의자, 반동관료배, 천도교 청우당원, 입북자, 기독교신자, 불교신자, 천주교신자, 출당자, (철직자), 적기관 복무자, 체포·투옥자 가족, 간첩관계자, 반당·반혁명 종파분자, 처단자 가족, 출소자, 정치범, 민주당원, 자본가, 월남자가족(제1부류) 등	• 유해, 중노동에 종사 • 입학, 진학, 입당 봉쇄 탄압 • 제재·감시·포섭 대상으로 분류 - 제재: 강제이주, 격리수용 - 감시: 지정하여 항시 동태감시 - 포섭: 집중적 교양 • 극소수 기본계층으로 재분류(자녀)

※ 통일부, 『북한개요 2000』

이와 더불어 김일성 자신도 '가족'이라는 개념을 긍정적으로 보는 맥락의 발언과 북한이 하나의 '대가정'임을 강조하는 발언을 빈번히 한다. 과연 1970년대 이래로 김일성의 가족에 대한 발언의 맥락이 달라졌다. 앞서 본 바대로 과거 가족하면 '가족주의', '종파주의'와 연결되어 언급되던 것이 1970년대 이래로는 주로 이산가족 상봉, 가정주위환경, 혁명유가족, 전사자와 피살자 가족, 인민군대후방가족 등과의 연계로 바뀌어졌다. 그의 연설에서 '가족'이라는 용어의 사용이 다시 확대된 1971년과 1972년의 경우 19건의 계기를 통해 총 48회 이루어졌는데 이들 가운데 이들과 연계된 발언이 36회를 차지했다.[707] 가족주의, 종파주의에 대한 언급은 찾아볼 수 없다. 1972 개정 헌법이 제63조에 "결혼 및 가정은 국가의 보호를 받는다. 국가는 사회의 세포인 가정을 공고히 하는데 깊은 배려를 돌린다"는 조항으로 가정에 대한 보호를 규정한 것은 이의 연장이다. 이런 측면에서라면 김일성이 비록 "부모를 존경하는 것은 공자의 유교도덕이 아닙니다"라고 변명 같은 전제를 달고는 있지만 기본적으로 "웃 사람을 존경하는 것은 좋은 일이지 나쁜 일이 아니다"라도 발언하게 되는 것도 이상한 일이 아니다.[708]

이와 함께 김일성은 1972년 이후로 북한을 하나의 '대가정'이라고 규정하는 발언을 집중적으로 하게된다. 김일성의 '대가정' 발언은 이

---

707) 김일성의 '가족' 언급은 대체로 연 10건 내외이나 1958년과 1959년에는 25, 24건을 기록했는데, 이때의 언급은 주로 가족주의, 종파주의 등 당시의 정치적 갈등과 관련된 것들이었다. 1971년과 72년의 경우 각각 12건 17건이었다.

708) 「창전인민학교 교원들과 한 담화(1975년 9월 1일)」, 『김일성저작집』 30 (조선노동당출판사 1985), 464쪽.

미 1961년부터 있었던 일이나[709] 사실 그 횟수는 연간 1-2회에 불과
하였다. 그러나 1972년에는 4회를 기록하고 있는데, 예건데 "우리의
노동계급과 협동농민, 근로 인테리의 단결이 더욱 공고화되고 모든
근로자들이 굳게 단합되여 서로 돕고 이끌어나가는 붉은 대가정을
이루고있습니다", "우리나라는 하나의 사회주의적 대가정인 것만큼",
"오늘 우리 사회는 전체 인민이 하나의 정치적 역량으로 굳게 단합
된 화목한 붉은 대 가정을 전변되였으며" 등의 발언이 그들이다.[710]
Bruce Cumings와 같은 학자는 북한 체제의 가족주의적 구성과 이념
에 착안하여 이를 중국, 일본 등의 조합주의와 비교 속에서 '북한의
조합주의'로 개념화한다. 즉 북한사회의 핵심 단위가 가족이고 그 모
델은 지도자의 가족인데, 이 모델이 민족과 국가에 투사되어 가족국
가적 통치방식을 만들었다는 것이다. 이 방식은 과거 조선의 군주들
의 통치방식과 흡사하게 유교와의 공명을 이루고 있으나, 과거의 것
이 군중노선을 강조하지는 않았다는 점에서 차이점도 있어 이를 '조

---

709) "공산주의사회에서는 《하나는 전체를 위하여, 전체는 하나를 위하
여》 모든 사람들이 서로 돕고 고락을 같이하면서 화목하고 단합된 하
나의 대가정을 이루게 됩니다", 「청소년교양에서 교육일군들의 임무
에 대하여(전국교육일군열성자대회에서 한 연설, 1961년 4월 25일)」,
『김일성저작집』 15 (조선노동당출판사, 1981), 76쪽.

710) 각각 「조선민주주의인민공화국의 당면한 정치, 경제 정책들과 몇 가
지 국제문제에 대하여(일본 《요미우리신붕》 기자들이 제기한 질문에
대한 대답, 1972년 1월 10일)」, 『김일성저작집』 27 (조선노동당출판
사, 1984), 41쪽. 「농업근로자동맹의 중심과업에 대하여(조선농업근
로자동맹 제2차대회에서 한 연설, 1972년 2월 16일)」, 『김일성저작
집』 27 (조선노동당출판사 1984), 73쪽. 「우리나라 사회주의제도를
더욱 강화하자(조선민주주의인민공화국 최고인민회의 제5기 제1차회
의에서 한 연설, 1972년 12월 25일)」, 『김일성저작집』 27 (조선노동
당출판사, 1984), 63쪽 등.

합주의'로 규정하는 것이 마땅하다고 한다.[711]

물론 이와 같은 가족의식은 이후에도 지속적으로 생명력을 유지, 확대해 왔다는 점이 소설을 통해 본 북한 주민들의 의식구조 연구,[712] 북한영화 분석을 통한 주민의식 접근,[713] 1990년에 제정된 『가족법』 분석[714] 등 다양한 연구를 통해 확인되고 있다.

---

711) Bruce Cumings, "Corporatism in North Korea," *Journal of Korean Studies* 4 (1982-83), pp.283-285.

712) 이온죽, 『북한사회연구-사회학적 접근』(서울: 서울대학교출판부, 1988) 제7장 "북한 가족의 구조와 기능-소설분석을 중심으로" 참조.

713) 임순희, 『북한의 대중문화: 실태와 변화전망』(통일연구원, 2000)

714) 북한연구소, 『북한 가족법과 가정실태』(서울: 은창문화사, 1991) 참조.

7. 결 론

　이렇게 보면 김일성 통치가 전통을 포섭하고 활용했다는 것은 분명하다. 그리고 이와 관련하여 혁명과 산업화, 공업화의 와중에서 전통이 북한 정치 사회에서 일정한 역할을 했고, 나름대로의 위상을 유지해오고 있다는 것도 분명하다. 다만 김일성의 경우 활용한 전통의 소재가 독특한 것이었고, 이것이 어느 정도는 북한 사회의 독특한 성격을 형성하는데 일정한 역할을 했다는 점은 인정된다. 즉 내용이 아니라 형식면에서의 '다름'은 인정된다는 것이다. 이렇게 보면 북한은 사회주의 혁명과 산업화가 전통을 활용하고, 일정 정도는 타협하는 과정을 통해 그 흐름을 방조하거나 조장시킨 또 하나의 경우로 간주될 수 있다. 오히려 다른 사회주의 혁명의 경우보다도 더욱 강고한 전통의 존재 위에서, 더욱 적극적인 활용을 통해 전통을 지속시키고 확대시킨 활성적인 사례로 평가받아 마땅하다. 즉 전통이라는 시각에서 본 북한 정치 사회의 본질적인 측면은 공산주의 일반과, 그리고 남한을 포함하여 국가주도의 후발산업화를 이룬 국가들의 경우와 '다름없다'는 것이다. 공산주의 집권세력에 의한 전통의 활용이나 전통에의 타협 또한 크게 보아 북한에 특유한 현상은 아니듯이, 북한 또한 일반적 범주에서 벗어나지 않는다. 그 내용을 역사적, 영역별로 부연해 보면 다음과 같다.

　소련에 의한 북한의 해방은 45년에 걸친 일제의 식민통치에 이어 두 가지 방향에서 북한의 전통을 위기에 빠뜨리는 역할을 했다.715) 하나는 북한 전체를 소련 지향적인 분위기로 이끎으로써 과거 북한 스스로가 가지고 있던 과거로부터 이어받은 것들을 평가절하하도록 만들었다는 점이고, 다른 하나는 김일성 및 그의 빨치산 동료 일행의 집권을 보장함으로써 '사회주의 혁명'을 통해 전통의 사회경제적 기반에 직접적인 충격을 가하도록 했다는 점이다.

당시 소련의 선진 문물은 북한의 지도부와 '인민'들을 매료시키기에 충분했다. 자연 소련을 따라 배우는 것만이 조국을 독립 부강한 나라로 만드는 가장 확실한 길로 여겨지게 되고, 북한 전래의 가치, 행위규범, 제도는 극복되어야 할 봉건유습으로 취급되게 되었다. 전통이 존재할 의식의 기반이 흔들린 것이다. 여기에 소련의 힘을 등에 업고 북한을 장악한 김일성과 그의 빨치산 동료 일행은 '일제가 남겨놓고 간 모든 유습'을 타파하여 '민주조선'을 건설하겠다는 기치 아래 소련의 방식을 본 따 '민주개혁', '사회주의 개혁'을 추진함으로써 피폐한 조국을 독립되고 부강한 나라로 만들려는 노선을 취했다. 토지개혁, 농업협동화, 중요산업국유화, 남녀평등법령 등 혁명적인 제 조치들은 이 노선의 실천이었다. 그들에게 전통적인 것은 봉건적인 것, 혹은 일제가 남겨 놓고 간 유습과 동격으로서, 타파의 대상일 뿐이었다. 실제로 김일성과 빨치산 동료 일행이 북한에서 처음 일으킨 대중운동이 1946년부터 진행된 '건국사상총동원운동'이었던 것은 당시 북한 지도부의 전통청산과 근대화로의

---

715) 45년에 걸치는 일제의 체계적이고 철저한 식민통치는 우리 민족에게서 중요한 시기에 스스로의 전통을 변화, 발전, 재규정해갈 기회를 빼앗아갔다는 점에서 우리의 전통을 파괴했다고 할 수 있지만, 스스로의 전통적 성격 및 통치의 필요에 의한 조선의 전통 존중 등의 측면에서 오히려 전통을 온존시킨 측면도 크다고 해석될 수 있다.

방향성, 시급성을 말해준다. 그들의 '개혁정책'은 전통사회의 물적 기반을 해체하고 북한을 새로운 사회로 만들어갔다.

해방 이후 북한의 지도부와 인민들의 전통에 대한 이와 같은 반정서는 사실 세계적인 시각에서 보아 특별한 현상은 아니다. 처음 공산혁명에 성공한 소련의 경우에도 봉건적인 것, 전통적인 것들은 타도의 대상이 되었었고, 중국 공산당 지도부의 반유교적 태도는 유명한 것이었다. 북한의 사회주의, 공산주의 건설 노력이 역사적인 시각에서 산업화, 근대화의 추구로 해석될 수 있다면 프러시아, 일본 등 공산주의 혁명이 아닌 방식으로 근대화를 추구한 대부분의 국가들과도 다르지 않다. 이들 국가들에 있어서도 근대화 시기 전통이 냉대의 대상이었기 때문이다. 더욱 중요한 점은 공산혁명과 근대화로 대부분의 전통이 파괴되었느냐 하는 것, 그리고 공산혁명과 근대화 이후의 국가 사회가 전통과는 관련이 없는 새로운 어떤 것이 되었느냐 하는 것이다. 이 점에 있어서는 그렇지 않다는 것이 전통을 연구하는 학자들의 대체적인 관찰이라는 것을 확인한 바 있다. 북한의 경우에도 사회주의 혁명으로 전통이 위기에 처했던 것이 사실이나, 전통이 전반적으로 파괴되었다고는 보기 어렵다는 것이 여기서의 해석이다. 이 경우 각각의 혁명적 조치들이 전통과의 어떠한 관계 속에서 진행되었는지, 전통이 어느 정도 깊이에서 지속이 되었는지는 더욱 세심한 연구가 필요한 부분이다.

북한에 전통이 다시 숨쉴 수 있는 여건이 조성된 것은 김일성 일파가 소련의 영향을 거부하고 주체를 내세운 것과 관련이 있다. 여기에는 스탈린의 사망으로 비롯된 사회주의권 내부의 변화가 이의 바탕이 되었음은 물론이다. 그 속에서 김일성의 전통에 대한 태도는 적대시로부터 포섭 내지는 활용의 방향으로 변화해 간 것으로 해석된다. 전통문화유산에 대한 태도가 바뀌었고, 가족 등 전통적 가치관에 대한 입장에 변화가 있었다. 소련의 영향을 거부하려다보니 '우리의 것'을 부각시키지 않을 수 없었을 것이다. 혁명도 '조선의 혁명'을 강조해야 했고, 문화도 전통문화를 내세웠다. 말하자면 소련의 磁場으로부터 벗어나려는 노력이 북한의 지도부와 '인민'을 전통의 방향으로 돌려세운 셈이다.

이와 관련하여 김일성이 북한 사회에 부식시켜나간 커다란 두 가지 흐름이 '주체' 와 '혁명전통'이다. '주체' 그리고 그와 관련된 '자주', '자립' 등 개념들이 민족주의적, 전통지향적임은 다양한 연구를 통해서 밝혀진 바 있다.716) 이때 북한 정권이 주장한 '사회주의적 애국주의'가 이 흐름의 연장임은 말할 것도 없다. '혁명전통'의 경우도 극한상황에서 투쟁하여 나라를 독립시켰다는 과장 이외에는 내용이 지도자에 대한 '충성', 지도자의 '자애', 대원들간의 '혁명적 동지애' 등 전통적 가치관과 인간관계를 표상하고 있어 '주체' 못지않게 전통지향적인 특성을 보인다.

전통과는 반대방향에 서 있는 것으로, 또 전통파괴적인 현상으로 일반적으로 인식되고 있는 산업화, 공업화의 경우에도 북한은 오히려 전통을 원용하는 가운데 진행하였다. 공업화 과정을 경제논리보다는 정치논리로 추진했고, 그러다 보니 추진의 주체 또한 정부가 아닌 당 중심으로 되면서, 결과적으로 공업화가 심화될수록 개인 대 개

---

716) 김연각의 논문 「김일성 주체사상에 관한 연구: 그 민족주의적 성격에 대한 비판적 분석」과 김영수의 논문 「북한의 정치문화: 주체문화와 전통정치문화」는 각각 이 두 주제를 다루고 있다.

인의 대면접촉에 기반 하는 일차적 인간관계가 확산되는 현상을 가져왔다. 그 구도가 상하의 관계에 표현된 것이 후원관계(patron-client relationship)이다. 뿐만 아니라 북한은 공업화 추진의 동기부여, 즉 동원의 논리를 대폭 전통적 정서에서 차용하였고, 그 기본 조직인 천리마작업반의 성격 또한 전통적 정서로 이끌어가려 하였다. 산업화가 북한에 있어서는 전통 파괴가 아닌 전통 포섭적인 방향으로 진행된 것이다.

1960년대 후반 이후 김일성이 내외의 도전세력을 모두 물리치고 순수 빨치산 일파에 의한 지배체제를 구축할 수 있게 된 시점에서는 그는 북한사회를 더욱 친전통적으로 이끌어갔다. 체제를 유일 지배체제, 왕조적 지배체제로 점차 바꾸어 나간 것은 물론이고, 이에 더하여 제왕 이상의 개인숭배를 조장해 나갔으며, '충성'과 '효성', '가정' 등 전통적인 정치이념에 기초한 개념들을 대대적으로 유포하였다. 한가지 주목되는 점은 '父'의 위상인데, 소위 '사회정치적 생명체'론에 의하면 전통적으로 '父'가 '孝'의 대상이고 '君'이 '忠'의 대상이었던 반면, 김일성의 경우에는 스스로를 모든 이의 '父'로 설정하여 각 개인의 '父'를 넘어 곧바로 '孝'와 '忠'의 대상이 되었다는 점이다. 그 '효'의 모델로 묘사되는 인물이 김정일이다. 물론 그렇다고 하여 가정에서의 '孝'가 공격받았다는 증거는 없다. 오히려 사회 전체적으로 대상을 불문하고 '孝'가 강조되는 분위기는 가정에서의 '孝'도 부추겼다. '주체' 이후 북한 사회가 10여년 정도 비교적 순수한 전통지향적, 민족주의적 성격을 지킬 수 있었다면, 이 이후로는 특유의 왜곡된 왕조적 성격으로 진행해 나간 것이다. 결과적으로 김정일에의 부자 권력승계의 논리적, 정서적 배경이 된 것도 결국 왕조적 이념이었다.

크게 보아 이와 같은 김일성의 전통에 대한 태도는 '전통의 활용' 내지는 '전통과의 타협'으로 해석될 수 있다. 1950년대 중반 이후 북한이 소련의 영향력으로부터 상대적으로나마 점차 벗어나게 된 것은 동시에 김일성에게는 소련의 압도적인 지지에 의한, 혹은 소련으로 상징되는 공산주의 이상사회 건설이라는 자신의 기왕의 정통성의 기반이 사라지는 것을 의미한다. 이에 김일성은 스스로의 정권의 정당성을 세워야 하는 과제에 직면하게 되고, 여기에 대체물로 등장한 것이 '주체'와 '혁명전통'이라고 할 수 있다. 거꾸로 이와 같은 새로운 정당성의 원천을 만들어 소련과 공산주의로 대표되는 구 정당성을 대체해 나간 과정으로도 이해될 수 있다. '주체'는 당시 국내적으로 정치적 반대파를 제거하는 권력투쟁의 도구로 이용되었음은 물론이고, 이때 이후 이념적으로 김일성 정권의 정당성의 기반의 역할을 충실히 해왔다. 특히 '혁명전통'의 유포는 극한적 상황에서도 조국해방을 위해 투쟁했다는 점, 조직 내부의 전통적 유대 등을 부각시킴으로써 김일성과 그의 빨치산 동료들 모두의 '집단적 카리스마'를 형성하는데 크게 이바지하였다.717) 이 '집단카리스마'가 김일성과 빨치산 동료의 정치적 권위를 높이고 북한 통치를 정당화해주는 밑거름의 역할을 했다는 것은 의심의 여지가 없다. 뿐만 아니라 '주체' 등을 통해 정적을 모두 제거하고 빨치산에 의한 체제를 구축한 이후, 왕조적 유일체제를 구축하고 이를 정

---

717) 북한의 경우에는 Ken Jowitt 교수가 레닌주의에서 발견했던 '당의 카리스마적 비개인주의', '조직적 영웅'과 비교해 볼 때 개개인들이 강조된 집합으로서, 그리고 소수 빨치산의 집단 카리스마라는 점에서 차이를 보인다.

당화하는 데에도 전통적 이념이 활용되었다. 아마도 이점에 있어서는 전통을 활용하는 이외에는 자원이 없었을 것이다. 이와 같은 측면은 김일성 통치에서 전통의 활용의 측면이다. 그리고 전통의 방치되었던 부분 혹은 과거에 타도의 대상으로 섞여있던 부분을 후에 다시 들추어내어 의미를 새롭게 부여하였다는 점에서 이는 전통의 재창조라고도 평가될 수 있을 것이다.

한편 김일성은 북한 사회 전반에 흐르고 있는 전통의 低流에 타협해간 태도도 보였다. 토지개혁과 농업협동화를 추진하면서 중국 공산당의 경우와 같이, 기존의 부락을 해체하지 못하고 그 선을 따라 추진해 간 점이랄지, 가족과 가정을 결국 인정하고 조장하게 된 사실, 혹은 제사와 세시풍속, 민속명절 등 제반 전통을 '공산주의적으로' 개조하지 못하고 다소 변형을 가하기는 하였지만 결국 인정한 점, 특히 추석과 설을 폐지하였다가 40여년 만에 다시 공휴일로 지정하여718) 위상을 회복시킨 점등은 전통에 타협해간 측면으로 볼 수 있다. 다만 한 가지 염두에 두어야 할 것은 전통의 활용이건 전통에의 타협이건 이때의 전통은 과거 그대로의 것이 전승된 것이 아니라 형식과 범위의 면에서 새로운 정치사회 환경 속에 적응된 변형되고 재규정된 형태의 전통이라는 것이다.

김일성의 적극적인 전통 활용의 정책은 한편으로는 해방 이후 북한 노동당이 추구해온 사회주의, 공산주의 이상사회 건설의 이념719)과 사회주의 산업화, 그리고 다른 한편으로는 북한 사회 저변

---

718) 추석과 설은 각각 1988년과 1989년에 '민속명절'로 공휴일로 지정되었다. 통일부, 「북한 주요행사예정표」

719) 사회주의, 공산주의 이상사회를 건설한다는 이념은 처음부터 북한에서 널리 정당성을 인정받는 원칙이었던 것으로 보인다.

에 지속되던 전통의 흐름 등과 상호작용하며 북한 사회를 독특한 모양으로 빚어놓았다.

우선 제도적 측면에서 보면 북한은 의심의 여지없이 사회주의 체제이다. 유일 노동당에 의한 지배나[720] 사유재산의 부정, 중앙집권적 계획경제 등 체제 운영의 핵심 제도들이 사회주의 특유의 그것이다. 이념면에서도 사회주의 건설을 한번도 포기한 적이 없고, 사회주의 체제가 대거 몰락한 1990년대 이후로도 계속 사회주의 건설을 고집하고 있다. 교육이 추구하는 공적 목표도 '사회주의적 인간형'을 길러내는 것이다. '인민'들의 생활을 지배하는 메카니즘도 사회주의적이다. 식량과 의복과 주택을 모두 공적 배급에 의존하고 있고, 특별한 날들에 기대할 수 있는 기타의 특전들도 공식 배급 라인에 의존하고 있다. 각자의 월급과, 농장의 경우 분배 몫이 있지만, 이것으로는 공적 배급을 대체할 수 없다. 이들은 모두 사회주의적 제도로서 전통적인 것과는 거리가 있는 것이다.

그러나 체제가 운영되는 실제의 측면을 보면 전혀 다른 성격이 드러난다. 가장 눈에 띄는 점은 사회 전체가 가부장적 논리와 정서로 운영된다는 점이다. '아버지 수령'과 '어머니 당'이 '인민'들을 '사랑'과 '자애'로 세심히 보살피고 이끌어주며, '인민'들은 오로지 '충성'으로써 이들을 받들어야 된다는 것이 가장 기본적인 논리이다. 지도계층 구성의 인적 특성에서도 빨치산 출신, 김일성-김정일의 인척 혹은 선택된 한정된 인물 등 일단의 일차적이거나 이에 가까운 인간관계의 인물들이 공식적인 직책을 넘어 유사 '君'-'臣'의 관

---

720) 물론 '천도교청우당', '사회민주당' 등 소위 '우당'들이 있으나, 어떤 기준으로도 이들을 정당으로 간주하기 어렵다.

계 속에서 사회전체를 통치해 가는 모습을 볼 수 있다. 김정일이 아버지인 김일성의 정책을 부정하지 못하는 이유를 여기에서도 찾을 수 있다. 사실은 이와 같은 전통적 특성을 지닌 통치 메카니즘까지를 공적인 관계 속에 포함시켜야 할 것이다.

체제의 하부구조에서는 '인민'들과 당관료, 행정관료 사이의 관계가 문제된다. 물론 이들에게서 요구되는 관계는 전통적 인간관계와는 무관한 사회주의적 공식 관계이다. 일한 대로 '노력일수'를 획득하고, 능력에 따라 평가받고 이에 따라 월급과 계급이 부여되는 공적인 관계를 말한다. 그러나 사실은 이들의 관계가 사회주의적이지만은 않다는 것이 다양한 경로의 증언을 통해 확인된다. 사적인 인간관계가 공적인 관계를 왜곡시키고 스스로에게 유리한 방향으로 공적 규율의 적용을 '휘게 만드는' 사례가 빈번하다. 이러한 현상은 과거에도 지속되었지만 경제난이 심각해진 근래에 와서는 그 정도가 더욱 심해졌고, 특히 뇌물을 매개로 한 사적인 인간관계가 만연하고 있다고 한다. 이를 당관료, 행정관료의 입장에서 보면 관료의 세도 혹은 관료주의가 된다. 김일성이 집권 이후 지속적으로 강조한 부문의 하나가 바로 이 관료주의의 문제임은 잘 알려진 사실이다. 관료주의 문제를 지속적으로 지적했다는 것은 곧 이 문제가 그만큼 심각했다는 것이고 끝까지 근절되지 않았다는 말로도 해석된다.

사람들의 사적인 관계에 이르면 전통적 인간관계의 특성은 더욱 두드러진다. 우선 '가족'이라는 단위를 보면, 그 단위 자체가 사회의 가장 중요한 기초 세포로서 중요한 위상을 부여받고 있다는 점은 이미 살펴본 바와 같고, 가족 내 인간관계에 있어서도 가장은 '세대주'로서 가족 부양능력의 유무를 떠나 존중받는 반면, 부인은 '혁명동지'라는 해묵은 북한 당국의 교육과 선동에도 불구하고 여전히 수동적, 약자적 위치에 서있다. 1998년 극에 달한 식량난의 와중에서 '존경받는' 가장은 손을 놓고 있고 부인들이 나서서 식량을 구하러 다닌 사례는 불행한 일이지만 그들의 인간관계의 이와 같은 측면을 보여준다. 부자관계에서의 전통적 '孝'-'親' 관계도 여전히 의식의 중요한 부분을 차지하고 있다. 각종 남북회담과 학술회의에 참가하여 북한 측 대표들과 대화를 나눌 경우, 정치이념이나 통일문제에 관해서는 벽이 느껴지지만 가정사, 일상사로 주제가 돌아가면 대화가 순조롭고 정서가 통한다는 경험담들은 이 중 하나이다.

그러므로 체제는 사회주의적이지만, 그 안의 사고와 인간관계의 형태는 전통적 요소를 다분히 포함하고 있다고 할 수 있다. 즉 형식은 다르지만 내용은 다르지 않다는 것이다. 사회주의적 체제와 전통적 인간관계가 결합된 이와 같은 독특한 모습의 북한사회는 '새로운 형식에 적응된 전통사회'라는 성격으로 정리된다. 새로운 체제 속에 적응되고 재규정되었다는 측면에서 '새로운 형식'이고, 여전히 전통적 특성을 전반적으로 보유하고 있다는 측면에서 '전통사회'인 것이다.

참고문헌

가. 전통 이론

1) 단행본

Allen, George, *The importances of the past: a meditation on the authority of tradition* (Albany: State University of New York Press, 1986)

Anderson, Benedict, *Imagined Communities: Reflections on the Origin and Spread of Nationalism* (London: Verso, 1983)

Beaufort, Simon De, *Yellow Earth, Green Jade* (Cambridge, Mass.: Center for International Affairs, Harvard University, 1978)

Blackwell, William L., *The Industrialization of Russia: An Historical Perspective* (New York: Thomas Y. Crowell Company, 1970)

Blumer, Herbert, *Industrialization as an Agent of Social Change: A Critical Analysis* (New York: Aldine de Gruyter, 1990)

Budick, Sanford, *The Western Theory of Tradition* (New Haven and London: Yale University Press, 2000)

Cho, Lee-Jae and Yada, Moto, ed., *Tradition and Change in the* Asian

Family (University of Hawaii Press, 1994)

Cohen, Paul A., *Discovering History in China: American Historical Writing on the Recent Chinese Past* (New York: Columbia University Press, 1984), 장의식 외 옮김, 『미국의 중국 근대사 연구』(고려원, 1995)

Eisenstadt, Shmuel Noah, *Max Weber: on Charisma and Institution Building* (University of Chicago Press, 1968)

Eisenstadt, *Tradition, Change and Modernity* (New York, London, Sydney, Toronto: John Wiley & Sons, 1973)

Fairbank, John K., *New Views of China's Tradition and Modernization* (American Historic Association, 1968)

Fleischacker, Samuel, *The Ethics of Culture* (Ithaca, Cornell University Press, 1994)

Freedman, Maurice, *Main Trends in Social and Cultural Anthropology* (New York, London: Holms and Meier Publishers, 1978)

Geertz, Clifford, *The Interpretation of Cultures: Selected Essays* (New York: Basic Books, 1973)

Geertz, Clifford and Geertz, Hidred, *Kinship in Bali* (Chicago and London: The University of Chicago Press, 1975)

Geke, Gwame, *Tradition and Modernity: Philosophical Reflections on the African Experience* (New York: Oxford University Press, 1997)

Gross, David, *The Past in Ruins: Tradition and The Critique of Modernity*

(The University of Massachusetts Press: Amherst, 1992)

Hermassi, Elbaki, *The Third World Reassessed* (Berkeley: University of California Press, 1980)

Hobsbawm, E., Ranger, T., ed., *Invention of Tradition* (Cambridge University Press, 1983), 최석영 역, 『전통의 날조와 창조』(서경문화사, 1996)

Horowitz, Irving Louis, *Three Worlds of Development: The Theory and Practice of International Stratification* (New York and London: Oxford University Press, 1972)

Hsu, Francis ed., *Kinship and culture* (Chicago: Aldine Publishing co., 1971)

Jowitt, Ken, *New World Disorder* (University of California Press, 1992)

Kopf, David, British *Orientalism and the Bengal Renaissance* (Berkeley: University of California Press, 1969)

Lasswell, Harold, Lerner, Daniel and Montgomery, John D., ed., *Values and development: appraising Asian experience* (Cambridge, Mass.: MIT Press, 1977)

Lerner, Daniel, *The Passing of Traditional Society* (New York: The Free Press, 1966)

Lewin, Moshe, *Russia/USSR/Russia* (New York: The New Press, 1995)

Lewis, C.E., *The allegory of love: a study in medieval tradition* (New York,

Oxford University Press, 1958)

Lieberthal, Kenneth, *Revolution and Tradition in Tientsin, 1949-1952* (Stanford, California: Stanford University Press, 1980)

Lutz, Jessie G. and El-Shakhs, Salah ed., *Tradition and Modernity: The Role of Traditionalism in the Modernization Process* (University Press of America, 1982)

March, Kathryn and Taqqu, Rachelle, *Women's Informal Associations in Developing Countries: Catalysts for Change?* (Boulder: Westview Press, 1986)

Miller, Barbara D., *Cultural Anthropology* (Allan & Bacon, 1999)

Nyiri, J. C., *Tradition and Individuality* (Dordrecht / Boston / London: Kluwer Academic Publishers, 1992)

Pelikan, Jaroslav, *The Vindication of Tradition* (New Haven and London: Yale University Press, 1984)

Phillips, A. A., *The Australian tradition; studies in a colonial culture* (Melbourne, London, Cheshire- Landsdowne, 1966)

Pocock, J. G. A., *Politics, Language, and time: Essays on political thought and History* (N.Y: Athenium, 1971)

Pye, Lucian W., *The Spirit of Chinese Politics* (Harvard University Press, 1968, 1992)

Rudolph, Lloyd I. and Rudolph, Susanne Hoeber, *The Modernity in Tradition: Political Development in India* (University of Chicago Press,

1967)

Schram, Stuart, *Mao Tse-tung* (New York: Simon & Schuster, 1966)

Schurman, Franz, *Ideology and Organization in Communist China* (Berkeley: University of California Press, 1966)

Schwartz, Benjamin, *China and Other Matters* (Harvard University Press, 1996)

Shils, Edward, *Tradition* (The University of Chicago Press, 1981)

Shue, Vivienne, *The Reach of the State* (Stanford, California : Stanford University Press, 1988).

Singer, Milton, *Traditional India: Structure and Change* (Philadelphia: The American Folklore Society, 1959)

Wakeman, Fredric Jr. and Grant, Carolyn, eds., *Conflict and Control in Late Imperial China* (Berkeley: University of Berkeley Press, 1975)

Walder, Andrew G., *Communist Neo-Traditionalism* (University of California Press, 1986)

Weber, Max, *Theory of Social and Economic Organization* tr. by Talcott Parsons (Macmillan, 1947)

Willerton, John, *Patronage and Politics in the USSR* (Cambridge University Press, 1992)

또끄빌 지음, 이용재 옮김, 『구체제와 프랑스혁명』(서울: 일월서각, 1989년)

2) 논 문

Acton, H. B., "Tradition and Some Other Forms of Oder," *Proceedings of the Aristotalian Society, n.s., vol 53* (1952-53): 2

Bendix, Reinhard, "Preconditions of Development: A Comparison of Japan and Germany," in R.P. Dore ed., *Aspects of Social Change in Modern Japan* (Princeton: Princeton University Press, 1967)

Bendix, Reinhard, "Tradition and Modernization Reconsidered," *Comparative Studies in Society and History* (1967)

Chan, Adrian, "Confucianism and Deng's China," Mabel Lee and A.D. Syrokomla-Stefanowska ed., *Modernization of Chinese Past* (Broadway, Australia: Wild Peony; Honolulu Hawaii: University of Hawaii Press, 1993)

Easter, Gerald M., "Personal Networks and Postrevolutionary State Building: Soviet Russia Reexamined", *World Politics* 48.4 (1996)

Eisenstadt, S. N., "Breakdown of Modernization," *Economic Development and Cultural Change* 12 (1964)

Fu, Zhengyuan, "Continuities of Chinese Political Tradition," *Studies in Comparative Communism, Vol.XXIV, No.3*, September 1991

Gerschenkron, "Reflections on the Concept of 'Prerequisites' of Modern Industrialization," in *Economic Backwardness in Historical Perspective* (Cambridge, Mass.: The Belknap Press of Harvard University Press, 1966)

Giddens, Anthony, "Living in a Post-Traditional Society", Ulich Beck, Anthony Giddens and Scott Lash, *Reflective Modernization* (Stanford University Press, 1994)

Gray, Jack and Brown, Archie ed., *Political culture and political change in Communist States 2nd ed.* (New York: Holmes & Meier Publishers, 1979)

Kopf, David, "Modernization and Westernization: Process and Pattern in History," Jessie G. Lutz and Salah El-Shakhs, *Tradition and Modernity: The Role of Traditionalism in the Modernization Process* (University Press of America, 1982)

Murakami, Yasusuke, "Ie Society as a Pattern of Civilization," *Journal of Japanese Studies*, Vol.10 No.2 (Summer, 1984)

Wei-ming, Tu, "Introduction: Cultural Perspective" in Tu Wei-ming ed., *China in Transformation* (Cambridge, Massachusetts: Harvard University Press, 1994).

나. 북한 문헌

1) 총서류

『조선전사』 (과학·백과사전출판사)
『김일성선집』 (평양: 조선노동당출판사)
『김일성 저작집』 (평양: 조선노동당출판사)
『김일성 저작선집』 (평양: 조선노동당출판사)
『조선중앙년감』
『민주조선』
『조선신문』
『조소문화』
『력사제문제』
백과사전출판사, 『조선대백과사전』(평양, 1995)
『노동신문』
과학백과사전출판사, 『위대한수령 김일성동지의 로작 용어사전』
    (1982)

2) 단행본

과학백과사전출판사, 『위대한 수령 김일성동지의 로작 용어사전』
    (1982)
김일성, 『현정세와 우리 당의 과업』 (평양: 조선노동당출판사,

1966)

김정일, 『주체혁명위업의 완성을 위하여』(조선노동당출판사, 1987)

김한주, 『우리나라에 있어서 맑스레닌주의 농업강령의 승리적 실현』(조선노동당출판사)

김한주, 『조선민주주의 인민공화국에서의 농업협동화 운동의 승리』(조선노동당출판사, 1959)

리상걸, 『친애하는 지도자 김정일동지의 론문 《주체사상에 대하여》의 해설』 (평양: 사회과학출판사, 1983)

박영철, 『수령에 대한 충실성과 사회정치적 생명체』(조선노동당출판사, 1990)

사회과학 출판사, 『주체사상의 창시와 력사적 의의』 (평양, 1983)

徐光霽, 『北朝鮮紀行』 (서울: 靑年社, 1948)

尹世平, 『新朝鮮民族文化所論』 (평양: 민주조선 출판사, 1947)

조선녀성사, 『전국 어머니 대회 문헌집』(평양: 조선녀성사, 1962)

조선노동당중앙위원회 당력사연구소, 『조선노동당략사』(평양: 조선노동당출판사, 1979)

조일호, 『조선가족법』(평양: 교육도서출판사, 1958)

최범용, 『北鮮의 政治狀勢』 (해방청년동맹 연구부, 1945)

최성욱, 『우리당의 주체사상과 사회주의적 애국주의』 (평양: 조선노동당 출판사, 1966)

8.15해방 1주년 기념 중앙준비위원회(한설야 편), 『反日鬪士演說

集』(1946. 8. 10)

학우서방, 『공산주의 례의도덕교양』(동경, 1965)

한재덕, 『김일성장군개선기』(평양: 민주조선출판사, 1947)

『기본 건설사업 발전을 위한 우리 당의 정책』(조선노동당출판사, 1961)

『당 열성자들에게 주는 주간보』 제 2 호 (서울: 1950)

『당의 정치노선 및 당사업 총결과 결정: 당 문헌집』(1), (평양: 정로출판사, 1949)

『제2차 전국 천리마 작업반운동 선구자대회 문헌집』(조선청년사, 1968)

『조선민주주의인민공화국 최고인민회의 제1차회의 회의록』(조선민주주의 인민공화국 최고인민회의 상임위원회, 1948. 12. 5)

『조중친선농업협동조합 농민들의 문화와 풍습』 민속학연구총서 제4집 (평양: 과학출판사, 1960)

『주체사상의 지도적 원칙』(평양: 사회과학출판사, 1984)

『천리마기수 독본』(직업동맹출판사, 1963)

3) 논 문

김상학, 「자립적 민족 경제 건설과 사회주의 경제 법칙」, 『근로자』 1964년 16호

김신숙, 「우리나라 협동조합 농민들의 가족풍습」, 조선민주주의

인민공화국 고고학 및 민속학연구소 민속학 연구 총서 제2집 『민속학 론문집』(과학원출판사, 1959)

김일, 「조성된 정세에 대처하여 경제건설과 국방건설을 더 잘하기 위한 1968년 인민경제발전 계획에 대하여」, 『노동신문』 1968년 4월 28일자.

김일성, 「북조선 정치정세」, 『남북조선 제정당 사회단체 대표자 연석회의 중요 자료집』 (서울: 신흥출판사, 1948)

김일성, 「우리민족의 대단결을 이룩하자」(1991년 8월 1일자 담화)

김일출, 「농촌노동자들의 새로운 문화와 생활풍습에 관하여」, 중앙정보부, 『북한 민속학 자료집』(1974)

김정일, 「주체사상교양에서 제기되는 몇 가지 문제에 대하여(조선노동당 중앙위원회 책임일군들과 한 담화, 1986년 7월 15일)」, 『김정일선집』 8 (조선노동당출판사, 1998)

김창원, 「실학사상가들의 애국자주사상」, 『근로자』 1967년 1호

김하명, 「사회주의적 애국주의 교양과 문학예술」, 『근로자』 1967년 4호

리근영, 「전변된 협동벌」, 『근로자』 1960년 7호

리석심, 「우리나라에서의 자립적 민족 경제 건설」, 『근로자』 1962년 제19호 (평양: 근로자사)

리형우, 「사회주의적 애국주의와 프로레타리아 국제주의」, 『력사과학』, 1956년 1호

로춘근, 「공산주의자들은 민족적이익의 철저한 옹호자들이다」,

『근로자』 1973년 11호

리성준, 「주체사상과 군중로선」, 『근로자』 1980년 제7호 459호

민　훈, 「근로자들 속에서의 사회주의적 애국주의교양」, 『근로
자』 1967년 6호

박룡성, 「지방 공업의 확고한 토대 축성과 새로운 발전 단계」,
『근로자』 1962년 9월(하) 2호

심상돈, 「사회주의적 애국주의는 우리 혁명 발전의 위력한 추동
력이다」, 『근로자』 1961년 6월호

엄기현, 「항일유격대원들의 수령에 대한 무한한 충직성」, 『근로
자』 1967년 7호

오백룡, 「붉은 군대와 더불어」, 『항일 빨치산 참가자들의 회상기』
4 (평양, 1960)

염상기, 「사람들과의 사업에서 중요한것은 간부들과의 사업이다」,
『근로자』 1961년 3호

윤영식, 박희석, 「항일유격대원들의 고상한 혁명적동지애」, 『근로
자』 1967년 12호

조선노동당 중앙위원회, 「축하문: <근로자>편집일군들에게」, 『근
로자』 1986년 제12호

주학석, 「근로자들 속에서의 사회주의적 애국주의 교양」, 『근로
자』, 1971년 11호

최원근, 「항일유격대내에서의 정치교양사업」, 『근로자』 1967년 11호

최춘황, 「3대혁명붉은기 쟁취운동은 사회주의, 공산주의 건설을

다그치는 전인민적 대중운동」, 『근로자』 1987년 제2호 538호

편성, 「나라의 살림살이와 사회주의적 애국주의」, 『근로자』 1967년 10호

하수홍, 최원근, 「항일유격대원들의 불요불굴의 투쟁정신」, 『근로자』 1967년 7호

현명준, 「사회주의적애국주의는 우리 인민의 고상한 정신도덕적 풍모」, 『근로자』 1981년 6호

황철산, 「조중친선농업협동조합 농민들의 문화와 풍습」, 조선민주주의 인민공화국 고고학 및 민속학연구소 민속학 연구 총서 제2집 『민속학 론문집』(과학원출판사, 1959)

「근로자들 속에서의 사회주의적 애국주의교양」, 『근로자』 1967년 제6호

「근로자들 속에서의 사회주의적 애국주의교양」, 『근로자』 1971년 제11호

「김일성동지에 의하여 창건되고 령도되는 우리 당은 필승불패의 대오로 장성하였다」, 『근로자』 1967년 10호

「나라의 살림살이와 사회주의애국주의」, 『근로자』 1967년 제10호

「당원들과의 사업, 대중들과의 사업이 가져 온 빛나는 결실-강서군 학송 농업 협동조합 제4작업반 당단체에서」, 『근로자』 1961년 3호

「분렬을 가져 올 각국 당들의 회의는 저지시켜야 한다」, 『근로자』 1964년 17호

「사회주의적 애국주의는 노동계급과 근로인민의 참다운 국제주의」,

『근로자』 1977년 제8호

「사회주의적 애국주의와 력사교양」, 『근로자』 1964년 22호

「사회주의 진영을 옹호하자」, 『근로자』 1963년 21호

「자립적민족경제건설에서 이룩한 우리 당의 고귀한 경험」, 『근로자』 1979년 10호

「자주성을 옹호하자」, 『근로자』 1966년 8호

「주체의 깃발아래 개화 발전한 우리나라 력사과학」, 『력사과학』 1980년 4호

「8·15 해방후 조선 역사학계가 걸어온 길」, 『력사과학』 1960년 6 호.

「항일무장투쟁에서 이룩된 영광스러운 혁명전통을 더욱 빛내이자」, 『근로자』 1967년 4호

「항일유격대원들의 수령에 대한 무한한 충직성」, 『근로자』 1967년 7호

「항일무장투쟁에서 이룩된 영광스러운 혁명전통을 더욱 빛내이자」, 『근로자』 1967년 4호

「해방후 15년간의 경제학계의 발전」, 『경제연구』 1960년 3호, 이병천 편 『북한학계의 자본주의 관계 발생 논쟁』

다. 국문자료

1) 단행본

경남대 극동문제연구소, 『북한의 경제』(1990)

경남대 극동문제연구소, 『북한의 정치이념: 주체사상』(1990)

고대아세아문제연구소, 『북한연구자료집』(1974)

국제정보연구원, 『북한정보총람』(1999)

국토통일원, 『조선노동당대회자료집』

국토통일원, 『북한최고인민회의자료집』

국토통일원, 『북한의 농업생산에 관한 연구』(1989)

김남식 외, 『북한사회의 올바른 이해를 위하여』(현장문학, 1990)

김연철, 『북한의 산업화와 경제정책』(역사비평사, 2001)

김재용, 『북한 문학의 역사적 이해』(서울: 문학과지성사, 1994)

김정배 편, 『북한이 보는 우리 역사』(을유문화사, 1990)

김주환 엮음, 『미국의 세계전략과 한국전쟁』 (청사, 1989)

김학준, 『북한 50년사』 (동아출판사, 1995)

대륙연구소, 『북한법령집』 제4권

민병천 편저, 『북한공산주의』(서울: 대왕사, 1983)

민족통일연구원, 『조선전사해제』(1994)

민족통일연구원, 『북한 주요 기초문헌 해제집(Ⅲ): 「근로자」해제』(1995)

박형중, 『북한적 현상의 연구』(연구사, 1994)

북한연구소, 『북한총람』(1983)

북한연구소, 『북한 가족법과 가정실태』(서울: 은창문화사, 1991)

서대숙, 『북한의 지도자 김일성』(1989)

서대숙, 『현대북한의 지도자 - 김일성과 김정일』(을유문화사, 2000)

안드레이 란코프, 『북한 현대정치사』(서울: 오름, 1995)

안병우·도진순 편 『북한의 한국사 인식 Ⅰ』(한길사, 1990)

양재인 외, 『북한의 정치이념 주체사상』(서울: 경남대학교 극동문제연구소, 1990)

양호민 외, 『남북한체제의 강고화와 대결-1955년에서 1965년까지』(소화, 1996)

와다 하루끼 지음, 이종석 옮김, 『김일성과 만주항일전쟁』(창작과 비평사, 1992)

이온죽, 『북한사회연구-사회학적 접근』(서울: 서울대학교출판부, 1988)

이우영, 『북한 정치사회화에서 전통문화의 역할』(민족통일연구원, 1993)

이정식, 『한국공산주의 운동사』 1, 1986

이종석, 『새로쓴 현대북한의 이해』(역사비평사, 2000)

이희봉, 『북한의 가족법과 전통적 가족제도』(서울: 국토통일원,

1975)

임순희, 『북한의 대중문화: 실태와 변화전망』(통일연구원, 2000)

전상인, 『북한 가족정책의 변화』(서울: 민족통일연구원, 1993)

정창현, 『곁에서 본 김정일』(토지, 1999)

주강현, 『북한민속학사』(이론과 실천, 1991)

중앙일보사, 『조선민주주의 인민공화국』(하)(1994)

최명 외, 『북한개론』(을유문화사, 1990)

최성, 『북한정치사』(풀빛, 1997)

최완규 외, 『북한사회주의건설의 정치경제』(경남대학교출판부, 1993)

통일문제연구소, 『북한경제자료집 제2호』(민족통일, 1989)

한국정신문화연구원, 『북한 통치 이데올로기 연구- 그 현황과 방
    향』(1984)

허동찬, 『김일성평전: 허구와 실상』(서울: 북한문제연구소, 1987)

황장엽, 『나는 역사의 진리를 보았다』(한울, 1999)

통일부, 『북한개요 2000』

통일원, 『북한의 주요원전 색인목록(Ⅳ)』(1996)

통일교육원, 『북한의 주요원전 색인목록(Ⅴ)』(1997)

『북한조선노동당대회 주요문헌집』(돌베게, 1988)

『안보통일문제 기본자료집(북한편)』(동아일보사, 1972)

『천리마운동과 북한 경제-북한 45년』(금강서원, 1990)

『월간조선』 1996년 1월호 별책 「한국현대사 비자료 125건」

Stone, I. F., 『비사 한국전쟁』(신학문사, 1988)

스즈키 마사유키(鐸木昌之), 『北朝鮮: 社會主義と 傳統の 共鳴』(東京大出版會, 1992), 유영구 옮김, 『김정일과 수령제 사회주의』(중앙일보사, 1994)

2) 논 문

강정구, 『한국전쟁과 북한사회의 사회구조적 변화』, 경남대 극동문제연구소, 『한국전쟁과 북한사회주의체제 건설』

고성준, 「정치이념과 전통정치문화의 상호관련성 분석」, 고성준 외, 『전환기의 북한 사회주의』(대왕사, 1992)

김근식, 「북한 발전전략의 형성과 변화에 관한 연구」(서울대 박사학위논문, 1999)

김두섭, 「한반도의 인구변천, 1910~1990: 남북한의 비교」, 국토통일원, 『통일문제연구』 1989년 봄호

김연각, 「김일성 주체사상에 관한 연구: 그 민족주의적 성격에 관한 비판적 분석」(서울대 박사학위논문, 1993)

김영수, 「북한의 정치문화: '주체문화'와 전통정치문화」(서강대학교 박사논문, 1991)

박현선, 「현대 북한의 가족제도 연구」(이화여자대학교 박사학위논문, 1999).

박형중, 「북한에서 '현대와 전통', '정치와 종교'」(1998년 한국정치학회 추계발표회 발표논문)

박명림, 「한국전쟁의 발발과 기원」(고려대 박사학위논문, 1994)

박형중, 「북한에서 관료제적 연줄과 비공식 도당 형성에 관한 연구」(통일연구원, 1995.10)

부남철, 「북한의 유교적 전통윤리 정책: 가족윤리·법을 중심으로」, 통일원, 『북한·통일연구논문집 (IV)』(1992)

서동만, 「1950년대 북한의 정치갈등과 이데올로기 상황」, 역사문제연구소 편, 『1050년대 남북한의 선택과 굴절』(역사비평사, 1998)

안나 루이스 스트롱, 「북한, 1947년 여름」, 『해방전후사의 인식』 5 (한길사)

이문웅, 「남북한 사회의 변화와 전통유교문화: 가족과 친족을 중심으로」, 경남대 극동문제연구소 편, 『분단 반세기 남북한의 사회와 문화』(1996)

이성봉, 「북한의 자립적 경제발전전략과 김일성체제의 공고화 과정(1953-70)에 관한 연구」(고려대 박사학위논문, 1999)

이종석, 『조선노동당연구』

이태섭, 「북한의 집단주의적 발전 전략과 수령 체계의 확립」(서울대학교 박사학위논문, 2000)

전미영, 「김일성 담화 분석을 통해 본 북한체제의 정당화 전략」(한국정신문화연구원 박사학위논문, 2000)

전인영, 「주체사상의 형성 배경과 이론적 체계」, 『세계와 인간』

(서울: 한마당, 1988)

전현수, 「『쉬띄꼬프 일기』가 말하는 북한정권의 성립과정」, 역사 문제연구소, 『역사비평』 1990년 가을호

최재현, 「북한사회이념 속의 전통적 요소」, 『동아연구』 14 (서강 대학교 동아연구소, 1988)

鐸木昌之, 「북한의 '사회정치적 생명체'론」, 박한식 편, 『북한의 실상과 전망』(동화연구소, 1991)

M. E. 뜨리구벤꼬, 「한반도 분단상황에서의 인민민주주의 혁명의 성 격」, 연세대 대학원 현대사 연구회, 『북한 현대사』(공동체, 1989)

라. 외국어 자료

1) 단행본

Brun, Ellen and Hersh, Jacques, *Socialist Korea: A Case Study in the Strategy of Economic Development* (New York: Monthly Review Press, 1976)

Burawoy, M., *The Politics of Production: Factory Regimes Under Capitalism and Socialism* (Verso, 1985)

Campeanu, Pavel, *Exit: Toward Post-Stalinism*, tr. by Michel Vale (Armonk, N.Y., London: M.E. Sharp, Inc., 1990)

Davis, Horace B., *Toward A Marxist Theory Of Nationalism* (New York: Monthly Review Press, 1978)

Erik Van Ree, *Socialism in One Zone-Stalin's Policy in Korea, 1945-1947* (Oxford: BERG, 1989)

Felton, Monica, *That,s Why I Went* (London: Lawrence & Wishart, 1953)

Grinker, Roy Richard, *Korea and Its Futures* (St. Martin's Press, 1998)

Hermassi, *The Third World Reassessed* (Berkeley: University of California Press, 1980)

Kang, Thomas Hosuck,: Changes in the North Korean Personality from Confucian to Communist," Jae Kyu Park and Jung Gun Kim, ed., *The Politics of North Korea* (Seoul: Institute for Far Eastern Studies, Kyungnam University, 1979)

Kautsky, John H., *Communism and the Politics of Development* (N.Y./London/ Sydney: John Wiley and Sons, Inc., 1968)

Kim, Ilpyong J., *Communist Politics in North Korea* (N. Y.: Praeger Publishers, 1975)

Koh, Byung *Chul, The Foreign Policy of North Korea* (New York: Frederick A. Praeger, 1969)

Lee, Mun Woong, *Rural North Korea Under Communism: A Study of Social Change, Rice University Studies* Vol 62, No.1, Winter 1976 (Texas Houston: Rice University)

Milovan Djilas, *Conversations with Stalin* (N.Y.: Harvest Book, 1962)

Rigby, Feher, T. H. Rigby, Ferenc Feher, ed., *Political Legitimation in Communist States* (Palgrave Macmillan, 1982)

Scalapino, Robert and Chong-sik, Lee, *Communism in Korea* (Berkeley, Los Angeles, and London: University of California Press, 1972)

Senghaas, Dieter, *The European Experience: A Historique of Development Theory, tr. by K.H. Kimmig* (Leamington Spa/Dover, New Hampshire: Berg Publishers, 1985)

Suh, Dae-Sook, *Korean Communism, 1945-1980: A Reference Guide to the Political System* (Honolulu: The University Press of Hawaii, 1981)

Ulam, Adam B., *Expansion and Coexistence: Soviet Foreign Policy 1917-73, Second Edition* (N.Y.: Praeger, 1974)

2) 논 문

Chung, Chin O., *Pyongyang between Peking and Moscow: North Korea's Involvement in the Sino-Soviet Dispute, 1958-1975* (The University of Alabama Press, 1978)

Cumings, Bruce G, "Corporatism in North Korea," *Journal of Korean Studies 4* (1982-83)

Cumings, "Kim's Korean Communism", *Problems of Communism* March 1974

Easter, Gerald M., "Personal Networks and Postrevolutionary State Building: Soviet Russia Reexamined," *World Politics* 48.4 (1996)

Ginsburg, George, "Soviet Development Grants and Aid to North Korea, 1945-1980," *Asia Pacific Community* No. 18 (Fall, 1982)

Halliday, John, "Secret War of the Top Guns," *The Observer* 5 July, 1992.

Hyun, Syng-il, "Industrialization and Industrialism in a Developing Socialist Country: Convergence Theory and the Case of North Korea," Diss. University of Utah, 1982

Jones, T. Anthony, "Modernization Theory and Socialist Development,"

Mark G. Field ed., *Social Consequences of Modernization in Communist Societies* (Baltimore and London: The Johns Hopkins University Press, 1976)

Mao Tse-tung, "On Tactics against Japanese Imperialism (35. 12. 27)," *Selected Works of Mao Tse-tung* Vol. 1 (Peking: Foreign Languages Press, 1975)

Mao Tse-tung, "Talks at the Yenan Forum on Literature and Art(1942, 5)," *Selected Works of Mao Tse-tung* (Peking: Foreign Language Press, 1967)

Ree, Erik van, "The Limit of Juche: North Korea's Dependence on Soviet Industrial Aid, 1953-76," *Journal of Communist Studies* Vol.5 No. 1 (1989)

Robinson, Joan, "Korean Miracle," *Monthly Review* 16, No.9 (January 1965)

Stalin, Joseph, "The International Situation and the Defense of the U.S.S.R." Speech to the Joint Plenum of the Central Committee and Central Control Commission of the CPSUCB Aug. 1. 1927, Works Vol. 10

Yang Ho-Min, "Mao Zedong's Ideological Influence on Pyongyang and Hanoi: Some Historical Roots Reconsidered," Robert A. Scalapino and Dalchoong Kim ed., *Asian Communism: Continuity and Transition* (University of California Berkeley, 1988)

Zagoria, Donald S., "North Korea: Between Moscow and Beijing,"

Robert A. Scalapino and Jun-Yop Kim ed., *North Korea Today* (Berkeley: University of California, 1983)

徐東晩, 「北朝鮮にゎける社會主義　體制の成立　1945~1961」(東京大 博士學位論文, 1995)

● **저자** ●

● 박광호 (朴廣鎬)

약력

서울대학교 외교학과 졸업
서울대학교 대학원 정치학 석사
서울대학교 대학원 정치학 박사
미국 UC. Berkeley 수학

통일부 정보분석국 근무
미국 CSIS 초빙연구원
통일부 남북회담사무국 근무
통일부 교류2과장
통일부 문화교류과장

국무총리 국무조정실 통일안보과장

전통(傳統) - 북한사회 이해의 열쇠

• 초판 인쇄	2004년 11월 1일
• 초판 발행	2004년 11월 2일
• 지 은 이	박광호
• 펴 낸 이	채종준
• 펴 낸 곳	한국학술정보㈜
	경기도 파주시 교하읍 문발리
	파주출판문화정보산업단지 526-2
	전화 031) 908-3181(대표) · 팩스 031) 908-3189
	홈페이지 http://www.kstudy.com
	e-mail(e-Book사업부) ebook@kstudy.com
• 등 록	제일산-115호(2000. 6. 19)
• 가 격	24,000원

ISBN   89-534-2152-7 93340 (paper book)
          89-534-2153-5 98340 (e-book)